비트코인, 이더리움 및 하이퍼레저를 이용한 블록체인 프로젝트 구축

예제로 배우는
블록체인

예제로 배우는 블록체인

비트코인, 이더리움 및 하이퍼레저를 이용한 블록체인 프로젝트 구축

초판 1쇄 발행 2019년 9월 1일

지은이 벨라이 바드르, 리처드 호록스, 쉰 (브라이언) 우 / **옮긴이** 류광 / **펴낸이** 김태헌
펴낸곳 한빛미디어(주) / **주소** 서울시 서대문구 연희로2길 62 한빛미디어(주) IT출판사업부
전화 02-325-5544 / **팩스** 02-336-7124
등록 1999년 6월 24일 제25100-2017-000058호 / **ISBN** 979-11-6224-217-9 93000

총괄 전태호 / **책임편집** 이상복 / **기획 · 편집** 서현 / **교정** 오현숙
디자인 표지 박정화 내지 김연정 조판 다인
영업 김형진, 김진불, 조유미 / **마케팅** 송경석, 조수현, 이행은, 홍혜은 / **제작** 박성우, 김정우

이 책에 대한 의견이나 오탈자 및 잘못된 내용에 대한 수정 정보는 한빛미디어(주)의 홈페이지나 아래 이메일로
알려주십시오. 잘못된 책은 구입하신 서점에서 교환해드립니다. 책값은 뒤표지에 표시되어 있습니다.

한빛미디어 홈페이지 www.hanbit.co.kr / **이메일** ask@hanbit.co.kr

지금 하지 않으면 할 수 없는 일이 있습니다.
책으로 펴내고 싶은 아이디어나 원고를 메일(writer@hanbit.co.kr)로 보내주세요.
한빛미디어(주)는 여러분의 소중한 경험과 지식을 기다리고 있습니다.

벨라이 바드르, 리처드 호록스, 쉰 (브라이언) 우 지음

류광 옮김

비트코인, 이더리움 및 하이퍼레저를 이용한 블록체인 프로젝트 구축

예제로 배우는
블록체인

[PACKT] PUBLISHING HB 한빛미디어 Hanbit Media, Inc.

추천사

벨라이 바드르가 블록체인에 관한 책을 쓰겠다고 말했을 때부터 나는 그를 적극적으로 도왔다. 경험 있는 개발자인 나조차도 아직 공부하지 못한 주제들을 제안하기도 했다. 1년 후 그의 책을 읽고 내 기대를 뛰어넘은 책이라는 점을 알게 되어서 더할 나위 없이 기뻤다. 그런 만큼, 벨라이의 책 **『예제로 배우는 블록체인』**을 기꺼이 여러분에게 추천한다.

대부분 동의하겠지만, 블록체인은 IT 업계를 뒤흔든 혁신적인 기술이다. 그래서 블록체인에 관심을 가지는 개발자가 점점 늘고 있다. 그러나 내 경험에 비추어 보면, 초심자에게 쉬운 용어로 블록체인을 설명하고 주요 블록체인 솔루션들로 프로젝트를 구축하는 구체적인 예제로 블록체인을 가르치는 유용한 지침서를 찾기란 그리 쉽지 않다.

이 책은 이런 상황을 바꾸고자 기획된 책으로, 블록체인 기술을 개발자의 관점에서 소개한다. 그러한 책을 쓴다는 것은 커다란 가치를 지닌 막중한 과제이지만, 벨라이와 공동 저자들은 이를 너끈히 해냈다.

실제로 이 책은 비트코인, 이더리움, 쿼럼, 하이퍼레저 같은 다양한 개념과 기술을 이용해서 사실적인 프로젝트들을 처음부터 단계별로 구축해 가면서 독자의 학습을 돕는다. 비트코인 비슷한 대안 암호화폐를 만드는 방법, 코인 공개(ICO)를 실행하는 방법, 개인정보를 보호하는 사설 사업망을 구축하는 방법 등 다양한 예제들을 통해서 배우게 될 것이다.

이 책이 초보자들을 위한 것만은 아니다. 이 책은 블록체인 기술을 배우고자 하는 경험 있는 프로그래머에게도 도움이 되며, 심지어는 이런 기술에 이미 익숙한 개발자의 추가적인 학습에도 도움이 된다. 비트코인을 이미 어느 정도 알고 있는 독자라면 이 책을 좀 더 수월하게 읽을 수 있을 것이며, 그렇지 않은 독자는 기본 개념부터 차근차근 채워 나가면 된다.

벨라이는 교육자다. 그것도 아주 훌륭한 교육자. 그는 여러분이 관련 개념을 피상적으로 배우는 것에 만족하지 않고, 실질적인 능력과 기술을 갖추길 원한다. 또한 뭔가 배우고자 하는 사람에게는 반드시 실습이 필요하다는 점을 잘 알고 있다. 실제로 이 책은 예제를 구현하며 새로운 기능과 개념을 제시한다. 저자는 여러분이 예제로 실제로 작성하고 실행해 보길 권하고, 더 나아가서 예제들을 더욱 개선하고 확장해 보라고까지 권한다.

나는 이 책을 재미있고 유익하게 읽었으며, 여러분도 그러리라 생각한다. 재미있게 읽으시길!

샘 하우어 Sam Hauer

NSApps 공동 창업자

지은이 · 감수자 소개

지은이 **벨라이 바드르** Bellaj Badr

경험 있는 보안 및 소프트웨어 공학자로, 블록체인을 열정적으로 사랑한다. 현재 기업용 블록체인 솔루션을 개발하는 블록체인 스타트업인 Mchain CTO이다.

CTO 역할 외에, 전 세계 여러 기업에 전략 및 기술 자문을 제공하는 기술 자문가로도 일한다. 또한, 새로운 업무 지향적 블록체인 프로토콜의 확립과 관련된 여러 블록체인 프로젝트들에도 참여한다. 개발자 콘퍼런스에서 자주 강연하는 바드르는 두 천사의 아버지다.

> ❝ 나를 지지해 준 가족과, 이 책을 마무리하도록 허용한 멋진 우리 아이들
> 아르와와 유세프에 감사한다. ❞

지은이 **리처드 호록스** Richard Horrocks

영국에 거주하는 프리랜서 이더리움 개발자이자 풀 스택 개발자이다. 케임브리지 대학교에서 이학사 및 이학석사 학위를 받았고 여러 해 동안 Cisco System의 기술 수석 직원으로 일하면서 캐리어급 라우팅 하드웨어의 운영체제 개발에 참여했다. 이후 IT 업계를 떠나서 영어 교사로 일했다.

암호화폐의 등장으로 다시 IT 업계에 관심을 가지게 된 2015년부터 이더리움과 다른 여러 암호화폐들을 다루고 있다. 주된 관심사는 암호경제(cryptoeconomics)와 보상 계층(incentive layer)인데, 특히 메커니즘 설계와 토큰 공학에 초점을 둔다.

컴퓨터 앞에 있지 않을 때는 요가를 즐기며, 오토바이를 타다 넘어지는 것도 재미있어 한다.

지은이 **쉰 (브라이언) 우** Xun (Brian) Wu

SmartChart 창립자이자 CEO이다. 16년 넘게 블록체인, 빅데이터, 클라우드, UI, 시스템 기반 구조의 설계와 개발에서 방대한 실무 경험을 쌓았다. 『*Hyperledger Cookbook*』(Packt, 2019), 『*Seven NoSQL Databases in a Week*』(Packt, 2018), 『*Blockchain Quick Start Guide*』 (Packt, 2018)를 비롯하여 다수의 책을 공동 저술했으며, Packt에서 출간한 50권 넘는 전문서의 기술 감수를 수행했다. 여러 블록체인 스타트업에 자문을 제공하며, 블록체인에 관한 다수의 특허

를 가지고 있다. 브라이언은 또한 NJIT 컴퓨터 과학 석사 학위도 가지고 있다. 현재 미국 뉴저지에서 두 명의 아름다운 딸 브리지트와 샬로트와 함께 살고 있다.

> **❝ 이 책을 쓰는 동안 나를 참아주고 지지해 준 부모님과 아내, 아이들에게 감사한다. ❞**

감수자 카르티케얀 수크마란 Karthikeyan Sukumaran

지난 3년 동안 블록체인 연구 개발에 관여했으며, 10년 이상 모바일 및 웹 플랫폼을 통해서 업계 경력을 쌓았다. 자신이 창립한 블록체인 스타트업에서 CEO를 지내면서 다양한 컨설팅, 자동차, 공급망, 물류, 금융 회사를 위한 여러 블록체인 프로젝트를 설계했다. 또한 인도의 블록체인 공동체에서 잘 알려진 강연자이다. 현재 카르티케얀은 인도 증권예탁결제원(Depository Trust and Clearing Corporation, DTCC)을 위해 블록체인을 연구·개발하는 DLT Labs의 부국장(associate director)이다.

감수자 아파프 우다 Aafaf Ouaddah

경험 있는 보안 기술자로, 현재 블록체인과 관련된 박사 학위를 준비하고 있다. 분산 시스템 분야에서 광범위한 경험을 쌓았다. 현재 선임 연구원으로서 분산 시스템, 블록체인, IoT와 포그 컴퓨팅fog computing의 보안과 개인정보보호를 연구한다. 다양한 콘퍼런스와 워크숍에서 10편이 넘는 연구 논문을 발표했으며, IEEE, Springer, Elsevier와 함께 여러 명망 있는 국제 학술지에 논문을 게재했다.

옮긴이 소개

옮긴이 **류광** ryugwang@gmail.com

25년여의 번역 경력을 가진 전문 번역가로, 커누스 교수의 『The art of computer programming』(한빛미디어) 시리즈와 『컴퓨터과학의 기초를 다지는 단단한 수학』(인사이트, 2018), 『UNIX 고급 프로그래밍』(퍼스트북, 2014), 『Game Programming Gems』 시리즈 등 60여 권의 다양한 IT 전문서를 번역했다.

번역과 프로그래밍 외에 소프트웨어 문서화에도 많은 관심이 있으며, 수많은 오픈소스 프로젝트의 표준 문서 형식으로 쓰이는 DocBook의 국내 사용자 모임인 **닥북 한국**(http://docbook.kr)의 일원이다. 홈페이지 *occam's Razor*(http://occamsrazr.net)와 게임 개발 사이트 *GpgStudy*(http://www.gpgstudy.com)를 운영한다.

옮긴이의 글

이 책의 원고를 마지막으로 교정하던 6월 중순, 암호화폐와 관련해서 두 가지 사건이 많은 이의 주목을 받았습니다. 2019년 6월 18일 페이스북은 자신이 주도하는 암호화폐 프로젝트인 리브라Libra의 백서[1]를 발표했습니다. 그리고 6월 21일 자금세탁 및 테러 자금 조달 방지를 위한 국제기구인 FATF(Financial Action Task Force; 국제자금세탁방지기구)는 암호화폐 규제 지침 권고안[2]을 발표했습니다. 거대 SNS 기업이 직접 암호화폐를 발행하기로 했다는 것과 각국 정부 및 당국을 위한 구체적인 규제안이 만들어졌다는 것은 블록체인과 암호화폐가 단지 한때 유행하고 사라질 어떤 것이 아니라 세상을 바꾸는 '파괴적인(disruptive)' 힘을 가진 기술임을 잘 보여주는 사건이라고 할 수 있습니다.

그러한 파괴력의 한 축이 블록체인과 암호화폐가 가진 혁신적인 개념과 착안이라면, 다른 한 축은 그런 착안을 실현하는 구체적인 컴퓨터 프로그램일 것입니다. 이 책은 기본적으로 후자에 관심이 많은 사람을 위한 책으로, 특히 (저자 서문을 인용하자면) "처음부터 현재의 블록체인 기술로 할 수 있는 일이 무엇이고 그것을 어떻게 구현하면 되는지를 실질적이고 상세한 실습 예제들을 통해서 독자에게 전달"합니다. 제목 자체가 '예제로 배우는 블록체인'인 만큼 이 책은 예제를 무척이나 강조하는데, 이와 관련해서 유념할 점이 있습니다.

흔히 사람들은 예제가 많은 책을 '무작정 따라 하기' 또는 '스텝 바이 스텝' 같은 표현과 연관시키곤 합니다. 이 책에 단계별로 따라 할 수 있는 예제들이 많이 나오긴 하지만, 무작정 따라 해서 원하는 결과를 얻을 수 있는 예제는 그리 많지 않습니다. 그보다는 독자의 응용과 시행착오가 필요한 예제들이 많습니다. 블록체인을 처음 접하는 개발자를 염두에 두고 쓴 책이지만, 그렇다고 프로그래밍 초보자가 대상은 아닙니다. 예제의 단계와 단계 사이에는 "이 책의 대상 독자라면 이 정도는 당연히 알 것이다."라는 가정하에서 굳이 언급하지 않고 넘어가는 것도 있습니다. 저자가 너무 생략한 것이 아닌가 싶은 경우에는 역주로 보강하기도 했지만, 어쨌든 예제의 단계들을 "이렇게 하면 이런 결과가 나온다"가 아니라 "이런 결과가 나오게 해야 한다"로

---

1 https://libra.org/en-US/white-paper/(비공식 한국어 번역본은 https://kr.thenodist.com/articles/31453)

2 https://static.coindesk.com/wp-content/uploads/2019/06/Embargo-Virtual-Asset-Guidance.pdf

해석해야 할 수 있음을 기억하기 바랍니다. 이런 접근 방식이 오히려 학습에 도움이 될 것입니다. 무작정 따라 해서 책에 나온 결과를 얻는 것이 초기에 학습 대상에 대한 두려움을 극복하고 자신감을 가지는 데는 도움이 될 수는 있지만, 뭔가가 머리와 몸에 쌓이고 새겨지려면 적극적인 응용과 시행착오가 필요할 것입니다.

한편, 저자의 의도와는 무관하게 예제가 잘 작동하지 않을 수도 있습니다. 소프트웨어는 계속해서 변합니다. 개발자가 환경의 변화에 맞게 명시적으로 갱신하기도 하고, 소프트웨어 자체는 그대로 있어도 환경이 바뀌어서 결과적으로는 소프트웨어가 변하는 것과 마찬가지의 결과가 나기도 합니다. 원서 출간 후 관련 소프트웨어의 변화 때문에 잘 작동하지 않게 된 예제들이 좀 있습니다. 한 예로, 제4장부터 나오는 이더리움 스마트 계약 작성 언어인 Solidity의 개발팀은 원서가 이미 인쇄 및 배포 단계로 접어든 2018년 11월 중순에 버전 0.5.0을 발표했는데, 이 버전에는 이 책의 예제들이 기준으로 하는 0.4.x를 비롯한 기존 버전과의 하위 호환성을 깨는 변경 사항들이 많이 있었습니다. 이 외에도 이 책에 등장하는 여러 패키지와 프레임워크가 원서 출간 후 변했고, 번역서가 나온 후에도 계속 변할 것입니다. 번역하면서 여러 오류와 불일치에 대한 해결책 또는 우회책을 본문에 반영하거나 역주로 추가했지만 그것으로는 충분치 않을 것이고, 이후에도 소프트웨어 변화 때문에 새로운 오류가 계속 생길 것입니다. 블록체인과 스마트 계약, DApp에 관한 정보를 웹에서 찾는 것은 그리 어렵지 않고, 아마 비슷한 문제를 겪고 해결책을 찾아서 공유하는 사람들도 많겠지만, 예제 오류를 단답형 문제로 취급해서 해결책을 바로 적용하는 것으로 만족하는 것은 앞 문단에서 말한 '무작정 따라 하기'와 다를 바 없습니다. 그보다는, 예제 오류를 스스로 시행착오를 거치면서 해당 주제와 기술을 좀 더 깊게 공부하는 기회로 삼는 것이 장기적으로는 바람직할 것입니다.

앞 문단에서 스스로 시행착오를 거치길 권했지만, 그렇다고 웹이나 다른 책을 전혀 보지 말라는 뜻은 당연히 아니었습니다. 오류의 직접적인 해결책보다는 근본적인 원인을 이해하는 것이 중요하며, 그러려면 다양한 자료를 참고해야 할 것입니다. 예를 들어 이더리움 예제의

Solidity 버전 관련 오류는 김태형 님의 "Solidity 0.5.0에서의 변경사항을 소개합니다."[3] 같은 문서가 도움이 될 것입니다. 번역하면서 참고한 자료를 제 홈페이지 occam's Razor(http://occamsrazr.net)의 이 책을 위한 페이지에 올릴 테니 참고하시기 바랍니다. '번역서 정보' 페이지'에 이 책을 위한 페이지로의 링크가 있습니다. 그 페이지에 질문이나 의견을 올릴 공간도 있으니 많이 활용해 주세요. 오타, 오역 보고도 환영합니다.

마지막으로, 번역과 교정 과정을 잘 이끌어 주신 한빛미디어 서현 님을 비롯해 이 책의 탄생을 가능하게 한 모든 분께 감사드립니다. 일일이 이름을 언급하지 못해 죄송할 따름입니다. 그리고 눈에 띄는 큰 오타는 물론이고 초미세먼지만큼 작은 실수도 무수히 잡아낸 아내 오현숙에게 감사와 사랑을 보냅니다.

재미있게 읽으시길!

류광

---

3 https://medium.com/day34/ab6104296164

서문

블록체인은 세계 경제의 여러 분야를 뒤흔들 것이라고 예견되는 파괴적인 기술이다. 이 혁신 기술은 현재 지배적인 중앙집중적 패러다임을 탈중앙화 패러다임으로 전환함으로써 중재 및 신뢰에 의존하는 업계를 지금과는 전혀 다른 모습으로 개혁하려 한다.

지난 몇 년간 폭발적으로 성장한 블록체인은 현재 다양한 형태로 진화했으며, 다양한 기술과 도구가 탄생했다. 성숙한 것들과 아직 신생아 단계인 것들을 포함해서 수많은 기술과 도구가 난무하다 보니, 블록체인의 핵심 착안과 개념을 이해하고 숙달하는 것이 꽤나 어려운 일이 되었다.

이 책은 그러한 상황을 타개하기 위한 하나의 해답이다. 블록체인의 현재 인기에 힘입어 많은 책이 나왔지만, 우리 저자들이 보기에 대부분의 책은 블록체인의 이론적 측면만 다루거나 근거 없는 장밋빛 미래를 제시하는 데 치중한다. 즉, 미래에 블록체인이 어떻게 쓰일지 예측할 뿐 그런 것들을 실제로 어떻게 구현하는지에 대한 구체적인 세부사항은 제대로 알려주지 않는다. 이 책은 다르다. 이 책은 좀 더 실용적이다. 이 책은 처음부터 현재의 블록체인 기술로 할 수 있는 일이 무엇이고 그것을 어떻게 구현하면 되는지를 실질적이고 상세한 실습 예제들을 통해서 독자에게 전달한다.

이 책은 크게 네 부분으로 구성된다. 첫 부분에서는 블록체인을 소개하고 주요 개념을 개괄적으로 설명한다. 나머지 세 부분에서는 각각 비트코인, 이더리움, 하이퍼레저의 여러 응용 및 구현 방법을 예제들을 통해서 살펴본다.

이 책의 대상 독자

이 책의 주된 대상 독자는 블록체인 초보자이다. 이 책의 목표는 블록체인 기반 프로젝트를 좀 더 쉽고 수월하게 수행하는 방법을 독자에게 알려주는 것이다. 이를 위해 이 책은 여러 블록체인 솔루션들의 기술적인 세부사항을 설명하고, 전형적인 블록체인 프로젝트를 구축하는 과정을 단계별로 제시한다. 이 책을 다 읽고 나면 독자는 블록체인에 기초한 튼튼하고 확장성 있는 분산 시스템을 구축하고 관리할 수 있게 될 것이다.

이 책의 주요 내용

각 장(chapter)의 주요 내용은 다음과 같다.

제1장 처음 접하는 블록체인은 블록체인을 전반적으로 소개하고, 블록체인 기술에 깔린 여러 개념을 설명한다.

제2장 비트코인 결제 시스템 구축은 고객 친화적 결제 시스템 예제를 통해서 비트코인의 여러 개념을 설명하고, 비트코인 블록체인에서 스마트 계약을 활용하는 방법도 소개한다.

제3장 나만의 암호화폐 만들기는 제2장에서 설명한 비트코인의 일반적인 사항들을 좀 더 심화해서, 비트코인 소스 코드를 이용해서 새로운 암호화폐를 만들어 본다.

제4장 이더리움을 이용한 P2P 경매는 이더리움을 소개하고, 탈중앙화 응용 프로그램을 구축하는 데 필요한 이더리움의 기본 기능과 개념, 도구를 설명한다. 특히 이 장에서는 이후의 장들에서 계속 쓰이는 스마트 계약 언어인 Solidity를 소개한다.

제5장 Truffle과 Drizzle을 이용한 톤틴 게임은 제4장의 이더리움 논의를 더욱 심화해서, 좀 더 복잡한 탈중앙화 응용 프로그램을 작성한다. 이 장의 예제는 Solidity의 고급 기능과 Truffle 개발 환경을 사용한다.

제6장 블록체인 기반 선물 시스템은 이더리움에 관한 지난 두 장을 더욱 심화해서, 오라클과 서드파티 API를 이용해서 외부에서 이더리움의 스마트 계약과 상호작용하는 방법을 논의한다.

제7장 기업용 블록체인에서는 기업용 사설 블록체인이라는 개념과 그 용도를 소개하고, 이더리움의 기업 중심 포크(파생 프로젝트)인 Quorum을 이용해서 사설망을 구축하는 방법을 자세히 설명한다.

제8장 ICO 구현은 이더리움 블록체인의 사업적 활용이라는 주제를 계속 이어서, 토큰 판매라고도 하는 ICO(코인 공개)를 준비하고 실행하는 과정을 상세히 설명한다.

제9장 분산 저장소 IPFS와 Swarm은 이더리움에 관한 이전 장들을 더욱 심화해서, 탈중앙화 응용 프로그램에 탈중앙화된 파일 저장소를 도입하는 방법을 살펴본다.

제10장 하이퍼레저에 기초한 공급망은 이 책이 다루는 세 번째 블록체인 네트워크인 하이퍼레저를 소개한다. 이 장은 하이퍼레저의 주요 개념과 기본 특징을 소개하고, 비트코인이나 이더리움과의 차이점을 짚어 본다. 그런 다음에는 하이퍼레저를 이용해서 공급망을 구현하고 운영하는 방법을 설명한다.

제11장 하이퍼레저를 이용한 신용장 관리는 제10장의 논의를 더욱 심화해서, 두 거래 당사자가 두 은행과 신용장을 이용해서 안전하게 상품을 사고파는 과정을 하이퍼레저를 이용해서 구현해 본다.

이 책의 활용 방법

이 책은 독자가 리눅스Linux의 터미널이나 윈도우Windows의 명령 프롬프트 같은 명령줄 인터페이스(CLI)에 익숙하다고 가정한다. 단, 그렇다고 독자가 셸 스크립팅에 능숙해야 하는 것은 아니다. 또한, 이 책은 독자가 일반적인(특정 언어에 국한되지 않은) 프로그래밍 지식을 갖추고 있다고 가정한다. 특정 언어(JavaScript 등)에 관한 지식이 있으면 더 좋을 만한 예제들도 나오지만, 그런 지식이 꼭 필요한 것은 아니다.

이 책에는 꽤 많은 프로그래밍 언어와 기술들이 등장하므로, 독자가 그 모든 것에 익숙할 가능성은 크지 않다. 따라서 새로운 것을 기꺼이 배우고자 하는 자세로 이 책을 읽을 것을 강력히 권한다.

예제 코드 파일

이 책의 예제 코드 파일들은 번역서 출판사 한빛미디어의 웹사이트에서 내려받을 수 있다.[1]

1. 웹 브라우저로 http://www.hanbit.co.kr/에 접속한다.

2. 홈페이지 위쪽에서 **SUPPORT**를 클릭한 후 **자료실**로 들어간다.

3. 검색창을 이용해서 이 책의 제목 "예제로 배우는 블록체인"을 검색한다.

4. 검색 결과에서 **예제 소스**를 클릭한 후 **다운로드**를 클릭한다.

파일을 내려받은 후에는 적절한 압축 유틸리티를 이용해서 압축 파일을 풀기 바란다. 다음은 흔히 쓰이는 압축 유틸리티들이다.

- **윈도우**: WinRAR, 7-Zip

- **맥OS**: Zipeg, iZip, UnRarX

- **리눅스**: 7-Zip, PeaZip

예제 파일들은 GitHub 저장소 https://github.com/PacktPublishing/Blockchain-By-Example에도 있다. 혹시 예제 코드가 갱신되면 이 저장소에 반영될 것이다.

참고로 https://github.com/PacktPublishing/에는 원서 출판사 Packt의 여러 서적과 동영상 강의에 쓰이는 다른 예제 코드 파일들도 있으니 살펴보기 바란다.

원색 이미지 파일

이 책에 쓰인 스크린숏과 도식들의 원색 이미지들을 담은 PDF를 제공한다. https://www.packtpub.com/sites/default/files/downloads/9781788475686_ColorImages.pdf에서 내려받을 수 있다.

---

1 원서 출판사 사이트에서 내려받을 수도 있다. https://www.packtpub.com의 검색창으로 "blockchain by example"을 검색해서 원서 상세 페이지를 찾거나 https://www.packtpub.com/big-data-and-business-intelligence/blockchain-example 페이지로 직접 가서, 왼쪽 책 표지 이미지 아래의 'Code Files'를 클릭하면 된다.

조판 관례

이 책에는 다음과 같은 텍스트 조판 관례가 쓰였다.

본문 문단 안의 소스 코드 조각이나 데이터베이스 테이블 이름, 디렉터리 및 파일 이름, 파일 확장자, URL, 사용자 입력 등은 CodeInText 같은 글꼴로 표시한다. 예: "참고로, 스크립트 실행 도중 특정 변수의 값을 출력하고 싶다면 console.log() 메서드를 사용하면 된다."

소스 코드 블록은 다음처럼 표시한다.

```
var bitcoin = require('bitcoinjs-lib');
var rp = require('request-promise');
```

독자가 명령줄 인터페이스에 입력할 명령은 다음과 같이 굵은 고정폭 글꼴로 프롬프트 기호와 함께 표시하고, 명령의 출력은 굵지 않은 고정폭 글꼴로 표시한다.

```
$ bitcoin-cli --regtest getbalance
50.00000000
```

새 용어나 중요한 단어, 화면에 있는 단어(GUI의 메뉴 항목이나 웹페이지의 링크 등)는 **굵은 글꼴**로 표시한다. 예: "고객이 **Transaction Details** 버튼을 클릭하면 세부사항을 서버에 요청하는 check_details() 함수가 호출된다."

NOTE   주의할 사항이나 중요한 사항은 이런 글 상자로 표시한다.

TIP   유용한 요령이나 조언은 이런 글 상자로 표시한다.

일러 두기

이 책에 모든 각주는 역자 주이다.

목차

제1장   처음 접하는 블록체인

제2장   비트코인 결제 시스템 구축

제3장   나만의 암호화폐 만들기

제4장 이더리움을 이용한 P2P 경매

제5장　Truffle과 Drizzle을 이용한 톤틴 게임

목차

제6장 블록체인 기반 선물 시스템

제7장   기업용 블록체인

제8장   ICO 구현

제9장 분산 저장소 IPFS와 Swarm

제10장 하이퍼레저에 기초한 공급망 관리

제11장 하이퍼레저를 이용한 신용장 관리

목차

제**1**장

처음 접하는 블록체인

블록체인^{blockchain}이 무엇일까? 엄청난 화제를 불러일으킨 주제이다 보니 여러분도 블록체인이라는 용어를 들어 보았을 것이고, 블록체인이 뭔지 궁금했을 것이다. 어쩌면 이 책을 읽는 주된 이유가 그것일 수도 있겠다. 이 책의 첫 장인 제1장에서는 개발자의 관점에서 블록체인이 무엇인지 살펴본다.

이미 알고 있을 수도 있겠지만, 블록체인은 다양한 분야를 극적으로 혁신할 잠재력을 가진 신기술이다. 기본적으로 그러한 잠재력은 인터넷을 통해서 가치, 즉 실제 자산을 신뢰성 있게 전송하는 채널을 블록체인이 제공할 수 있다는 점에 기초한다.

블록체인은 **정보의 인터넷**(internet of information)에서 **가치의 인터넷**(internet of value)으로 넘어가는, 그럼으로써 잠재적으로 기존의 금융 체계와 결별할 수 있는 능력을 갖추고 있다.

대중 앞에 처음 등장했을 당시의 인터넷과 비슷하게, 블록체인은 여러 면에서 하나의 혁명이다. 이것이 그냥 한때의 유행이 아님은 확실하다. 그 이유는 블록체인이 예전에는 풀 수 없었던 금융상의 딜레마에 대한 하나의 해결책을 제시하기 때문이다. 역사상 처음으로 인류는 신뢰없는 환경(인터넷 등) 안에서 권위를 가진 기관에 의존하지 않고도 신뢰를 확립할 수 있게 되었다. 그런 측면에서 블록체인을 신뢰 기계(trust machine)라고 부르는 사람들도 있다.

블록체인의 잠재적인 영향은 엄청나다. 그 영향은 단순히 금융 부문을 탈중앙화 (decentralization)하는 것을 훨씬 넘는다. 사실, 중간 단계들을 건너뛰는 블록체인의 능력은 기술과 관련된 거의 모든 분야를(심지어는 인터넷까지도) 재정의할 수 있으며, 그럼으로써 하나의 P2P(peer-to-peer; 동급 간 또는 동위 간) 세상을 가능하게 한다.

이상의 짧은 설명을 통해서 여러분도 이 책의 주제인 블록체인이 얼마나 중요한 기술인지 맛보았기를, 그리고 지금 당장 이 기술을 공부하는 것이 얼마나 시의적절한 일인지 확신하게 되었길 바란다. 책 제목이 암시하듯이, 이 책은 추상적인 개념들을 늘어놓기보다는 구체적인 블록체인 프로젝트들을 구축해 나가면서 블록체인을 설명한다.

그렇긴 하지만, 책 전체의 소개에 해당하는 이번 장은 다소 추상적인 개념도 이야기하지 않을 수 없다. 그런 개념들은 이후의 장들에서 여러 프로젝트를 구축할 때 요긴한 배경지식이 될 것이다.

이번 장에서 다루는 주제는 다음과 같다.

- 암호화폐란 무엇인가?
- 블록체인이란 무엇인가?
- 비트코인을 보내고 받는 방법
- JavaScript를 이용해서 어떤 자료를 하나의 비트코인 블록체인에 저장하는 방법
- 다양한 블록체인 형식들

그러나 이번 장에서 다음과 같은 주제는 이야기하지 않는다.

- 블록체인에 깔린 바탕 암복호화 기술
- 암호화폐 사고팔기

이번 장의 전반부에서는 기본적인 개념을 소개한다. 후반부에는 좀 더 실질적인 내용으로 넘어가서, 블록체인과 상호작용하는 방법을 유명한 Hello World 예제를 통해서 설명한다.

1.1 블록체인과 암호화폐의 등장

블록체인에 깔린 논리와 개념을 이해하는 데 어려움을 겪는 사람들이 많다. 그런 걸 왜 배워야 하는지 자체를 의문시하기도 한다. 그러한 어려움은 기본적으로 블록체인이 어떤 문제들을 풀

고자 하는지, 그리고 블록체인이 우리에게 제공하는 장점이 무엇인지를 명확하게 파악하지 못하기 때문에 생기는 것이다.

그래서 여기서는 블록체인이 어떤 문제를 풀고자 하는지부터 명확하게 설명하겠다. 이를 위해서는 암호화폐(cryptocurrency)의 개념과 그 역사를 살펴봐야 한다.

1.1.1 가상화폐에서 암호화폐로

블록체인이 갑자기 나타난 것은 아니다. 블록체인은 지난 몇십 년간 소위 핀테크^{fintech}(금융기술)와 가상화폐가 진화한 결과로 등장했다.

지난 세기 끝 무렵, 인터넷의 대중화에 힘입어 디지털 화폐가 기존의 전자 현금 시스템의 한 확장으로서 등장했다. 새로운 디지털 화폐를 만들어 내는 프로젝트들이 여럿 등장했는데, 이를테면 E-cash, E-gold, WebMoney, Liberty Reserve 같은 것들이 있었다.

1990년대에 이런 프로젝트들이 크게 성공하긴 했지만, 21세기로 접어들면서 파산 또는 정부의 영업 정지 명령으로 사라졌다. 하룻밤 새에 사라질 수도 있는 화폐라는 것은 금융 부문에서 진정한 악몽이다. 그러나 그런 디지털 화폐 시스템들은 본질적으로 중앙집중적이었기 때문에 그런 상황을 피할 수 없었다.

또한, 그런 디지털 화폐들은 금융 사기를 방지하거나 시스템 안의 신뢰를 유지하려면 항상 어떠한 중앙 기관(central authority)이 필요했다.

이러한 치명적인 약점 때문에, 그와는 반대인 탈중앙 모형이 하나의 해법으로 제시되었다. 그러나 그런 탈중앙적 환경에서 중앙 기관 없이 신뢰를 확립하기가 어려웠다. 이러한 딜레마는 신뢰성 있는 디지털 화폐를 만드는 데 있어 풀리지 않는 고르디우스 매듭과 같은 난제가 되었다.

다행히 암호학의 발전과 작업 증명(proof of work) 같은 몇몇 현명한 해법들(이를테면 해시캐시 프로젝트—http://hashcash.org를 보라) 덕분에 이러한 딜레마를 극복할 희망이 생겼다.

1.1.2 비트코인의 탄생

2008년에 나카모토 사토시^{Nakamoto Satoshi}가 이 도전에 맞서서 비트코인^{bitcoin}이라는 디지털 화폐를 제안했다. 이 새로운 화폐는 암호학의 기법들을 이용해서 소유권을 관리하고 시스템의 보안을 확립한다. 그래서 이런 화폐를 암호화폐라고 부르게 되었다.

사토시는 앞에서 언급한 문제점들을 당시에는 **블록들의 사슬**(chain of blocks)이라고 불렸던 기술로 해결했다. 공개된 비트코인 백서(https://bitcoin.org/bitcoin.pdf)에서 그는 새로운 P2P 전자 현금 시스템(peer-to-peer electronic cash system)인 비트코인을 소개하고, 비트코인에 깔린 기술인 블록체인을 상세히 설명했다.

비트코인은 최초의 신뢰성 있는, 그리고 전적으로 개인 간 P2P 거래로만 이루어지는 분산 전자 현금 시스템이다. 비트코인은 다음과 같은 네 가지 기본 개념을 바탕으로 한다.

- 소유권과 신원(identity) 확립을 위한 암호화
- 이중 지급 방지를 위한 거래 확인 및 네트워크 보안을 담당하는 작업 증명 합의 메커니즘
- 투명한 공유 원장(블록체인)
- 익명성

네트워크의 과반수(>50%)가 정직하다고 가정할 때, 비트코인 시스템은 프로토콜이 정의하는 합의(consensus) 규칙들에 따라 자동으로 거래(transaction)를 검증한다. 공유 블록체인을 사용하는 덕분에 각 참여자는 거래 기록과 전송자의 지급능력(solvency)을 확인할 수 있으며, 확인 결과에 따라 해당 거래의 유효 여부를 투표할 수 있다.

거래 유효 투표는 참여자가 네트워크의 보안을 위해 서비스에 투여한 전체적인 해시력(hash-power)에 의존한다(초기에는 CPU당 1표).

암호화폐를 사용하려면 사용자는 특정 클라이언트 프로그램을 설치하고 가상 지갑(wallet)을 만들어 암호화 키 쌍(비밀 키/공개 키)을 생성하고, 자신의 블록체인을 전체 네트워크와 동기화해야 한다. 공개 키는 클라이언트가 유효한 주소를 생성하는 데 쓰인다. 그리고 주어진 한 주소로 전송된 자금은 그 주소의 계산에 쓰인 비밀 키로 제어된다. 즉, 소유권은 이처럼 안전한 암호학의 원리들에 따라 관리된다.

다음 그림은 비트코인의 P2P 네트워크에 거래가 진행되고 하나의 블록체인에 추가되는 과정을 보여준다.

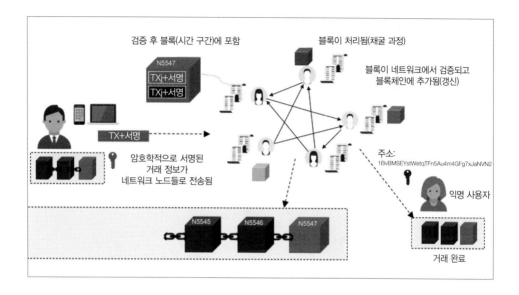

하나의 비트코인 네트워크에서 사용자들은 서로를 알지 못한다. 그리고 그 비트코인 네트워크에서 블록체인은 유일한 진실의 출처(source of truth)로 작용하며, 모든 사용자는 블록체인에서 이전의 합의 결과들을 조회한다. 블록체인과 합의 프로토콜의 조합 덕분에 네트워크는 단일 장애점(single point of failure, SPOF)[1] 없이 거래들을 관리할 수 있다.

1.1.3 블록체인이란 무엇인가?

비트코인과 블록체인을 혼동하는 사람들도 있는데, 비트코인은 블록체인을 바탕으로 작동하는 하나의 응용이다. 간략하게 정의하자면 블록체인은 시간이 지남에 따라 점점 커지는 추가 전용(append-only) 거래 정보 데이터베이스로, 저장된 거래 정보의 손상(의도치 않은 삭제와 변조)을 방지하기 위한 암복호화 수단들을 갖추고 있다.

비유적으로 원장(ledger)이라고 부르는 이 데이터베이스는 네트워크에 의해 검증된 금융 거래 정보를 수집, 기록한다. 이 네트워크는 **블록**block이라고 부르는 기본 단위들이 블록의 암호

---

1 단일 장애점은 고장이 나면 시스템 전체가 멈추게 되는 하나의 요소를 뜻한다.

학적 해시hash 값을 통해서 사슬(체인)처럼 연결된 형태이다. 네트워크의 합의 메커니즘으로 검증된 블록만 기존의 '블록들의 사슬'에 추가되며, 결과적으로 자료의 무결성이 보장된다. '블록체인'이라는 이름은 이러한 블록들의 사슬에서 비롯된 이름이다.

연결된 블록들에서 블록 하나의 비트 하나만 변해도 해시 연결 관계가 무너져서 사슬이 끊어지며, 그러면 네트워크 합의 메커니즘은 블록체인을 거부한다.

다음은 네트워크의 모든 구성원(노드)이 동일한 거래 기록을 볼 수 있도록 각 구성원이 블록체인을 복제하고 처리하는 과정을 나타낸 그림이다. 새 블록이 검증되면 네트워크의 모든 노드가 동일한 복사본으로 동기화된다.

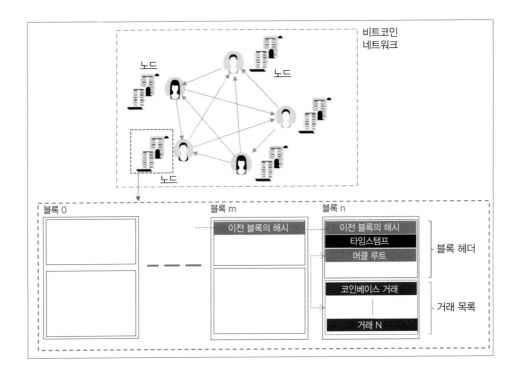

이 그림은 블록체인의 구체적인 자료 구조도 보여준다. 블록체인은 거래 정보와 스마트 계약을 담은 블록들이 해시 값으로 연결된 형태이다. 그럼 블록체인의 핵심 구성요소들을 좀 더 자세히 살펴보자.

1.1.3.1 블록

블록체인을 원장 또는 장부에 비유한다면, 하나의 블록은 확인된 거래들을 기록하는 원장의 한 페이지 또는 하나의 표에 해당한다. 블록체인의 각 블록은 해시로 고유하게 식별되며, 헤더 부분과 본체로 구성된다.

헤더는 블록의 생성에 관한 정보(타임스탬프, 머클 루트, 넌스 값, 난이도 대상, 버전)와 이전 블록에 대한 참조로 구성되며, 본체(body)는 승인된 거래들로 이루어진다.

하나의 블록이 성공적으로 검증되면(이를 '채굴되었다(mined)'라고 말하기도 한다), 그 블록은 공식 블록체인의 일부가 된다. 그러면 그 블록 안에서 새 비트코인들이 생성되고(코인베이스 거래), 그 비트코인들이 검증자('채굴자')들에게 지급된다.[2]

1.1.3.2 거래

거래 또는 트랜잭션은 블록체인 시스템의 가장 근본적인 구축 요소이다. 거래는 블록체인 네트워크 안의 두 주소 사이에서 진행된 가치 전달(transfer of value)을 나타낸다. 여기서 가치는 곧 암호화폐이다.

좀 더 구체적으로 말하면, 거래 정보는 블록체인 프로토콜(비트코인이나 이더리움 같은)이 정의하는 작은 자료 구조로 구현된다. 그 자료 구조는 거래 정보의 특성들(메타데이터, 입력들, 출력들 등등)과 모형(model)을 정의한다.

자금을 보내는 사용자(전송자)는 자신의 개인 키(자신의 지갑에 담긴)를 이용해서 거래에 서명하며, 자금을 받을 대상(수신자)의 주소도 지정한다. 전송을 마친 후 거래가 공표되면 네트워크의 사용자들은 디지털 서명과 공개 키를 이용해서 거래를 검증하고, 전송자가 거래 정보에 명시된 특정 주소에 담긴 비트코인들을 소비할 권한이 있는지도 점검한다.

1.1.3.3 스마트 계약

스마트 계약(smart contract)은 블록체인의 가장 멋진 개념 중 하나이다. 스마트 계약은 블록체인 자체에 저장된, 스스로 실행되는(self-executing) 스크립트이다. 스마트 계약은 업무

---

2 코인베이스 거래(coinbase transaction)는 새로 채굴된 블록에 대해 자동으로 생성되는 첫 번째 거래로, 코인 생성 자체를 거래의 내용으로 한다.

논리(business logic)를 불가침의 계약 조항들로 번역해서 중개인(broker)이나 변호사, 기타 중간 매개체에 의존하지 않고 스스로 실행되게 만든다. 스마트 계약 덕분에 블록체인은 단순한 블록들의 네트워크 이상의 것이 된다.

비트코인 초창기의 스마트 계약은 기본적인 잠금(locking) 및 해제(unlocking) 스크립트의 형태였지만, 다른 블록체인들이 등장하면서 좀 더 복잡한 형태로 발전했다.

가트너Gartner 보고서 *Why Blockchain's Smart Contracts Aren't Ready for the Business World*(https://www.gartner.com/smarterwithgartner/why-blockchains-smart-contracts-arent-ready-for-the-business-world/)에서 서술하듯이, 스마트 계약은 블록체인의 여러 동력 중 좀 더 강력하고 파괴적인 것에 속하며, 기업들이 점점 더 많은 관심을 보이고 있다. 가트너의 예측에 따르면, 2022년이 되면 전 세계 기업과 조직의 25% 이상이 스마트 계약을 사용할 것이다.

이처럼 스마트 계약은 중요한 개념이므로, 이후의 장들에서 주요 블록체인 플랫폼(비트코인, 이더리움, 하이퍼레저)의 스마트 계약을 좀 더 자세히 소개할 것이다.

이상으로 블록체인의 주요 개념을 살펴보았다. 그럼 지금까지 배운 것의 이해를 돕는 실습 예제로 넘어가자.

1.2 블록체인 다루기

하나의 기술로서의 블록체인은 빠르게 발전해왔으며, 다양한 블록체인 프로젝트들이 등장했다. 그러나 가장 두드러진 블록체인 응용 프로젝트는 물론 비트코인이다. 블록체인에 관한 정보를 찾아보면 거의 항상 비트코인을 만나게 된다.

그래서 이번 장에서도 비트코인을 주된 예로 삼는다. 애초에 블록체인의 최초 응용이 비트코인이며, 거의 모든 블록체인 프로젝트는 비트코인의 설계와 메커니즘을 흉내 낸다는 점에서 이는 당연한 선택이라 할 수 있다.

이 실습 예제에서는 비트코인 네트워크에 연결해서 전통적인 "Hello World" 메시지를 블록체인에 저장해 본다. 이 예제에서 보듯이 비트코인 거래를 블록체인 안에 작은 양의 자료를 저장하는 용도로 사용할 수 있다. 실제로 이를 이용해서 비트코인에 기초한 분산 시스템을 구축한 예들도 있는데, 이를테면 Colored Coins나 Counterparty, Tierion 등이 그러한 예이다.

비트코인에 숨겨진 메시지들이 얼마나 많이 저장되어 있는지 알면 아마 놀랄 것이다.

1.2.1 시작하기

메시지를 블록체인에 저장하려면 두 개의 비트코인 클라이언트(수신자와 전송자)를 설정해야 한다. 그런 다음에는 하나의 '원 거래(raw transaction)'를 구축한 후 소량의 비트코인을 메시지와 함께 보내면 된다.

비트코인 블록체인에 자료를 저장하는 잘 알려진 방법 하나는 값이 0인 OP_RETURN 출력을 생성하는 것이다. OP_RETURN은 비트코인 프로토콜이 정의하는 스크립트 옵코드^{opcode}의 하나이다. 비트코인 프로토콜에 따르면 이 옵코드를 이용해서 최대 80바이트의 자료를 블록체인에 저장할 수 있다. 실제로 script/standard.h(https://github.com/bitcoin/bitcoin/blob/0.15/src/script/standard.h)를 보면 다음과 같은 정의가 있다.

```
static const unsigned int MAX_OP_RETURN_RELAY = 83;
```

최대 83바이트 중 세 바이트는 필수적인 옵코드 식별자를 담는 데 사용하고, 나머지 80바이트를 추가적인 메시지에 사용한다. 좀 더 중요한 점은, 이 OP_RETURN 출력이 가지치기(pruning)의 대상이 된다는 것인데, 가지치기는 이후에 블록체인이 너무 커지는 일을 방지하는 데 도움을 준다.

이상의 설명에서 이해하기 어려운 부분이 있다고 해도 걱정할 필요는 없다. '출력'이나 '스크립트' 같은 비트코인 개념들은 다음 장에서 좀 더 자세히 나온다.

이 실습 예제에서는 다음 두 방법을 이용해서 메시지를 저장해 본다.

- RPC 명령과 비트코인 클라이언트를 이용해서 OP_RETURN 출력을 담은 하나의 원 거래를 생성한다.
- 온라인 REST API를 이용해서 원 거래를 생성하고 전송하는 Node.js 프로그램을 작성, 실행한다.

두 번째 방법을 위해서는 JavaScript 프로그래밍 언어에 어느 정도 익숙할 필요가 있다.

1.2.1.1 처음 실행해 보는 비트코인 클라이언트

비트코인 클라이언트는 비트코인 연산들(거래 전송, 지급액 수신 등등)을 수행하기 위한 최종 사용자용 소프트웨어이다. 비트코인 클라이언트를 실행함으로써 여러분은 비트코인 네트워크의 일부가 된다.

이번 예제에서는 비트코인 코어^{Bitcoin Core}와 일렉트럼^{Electrum}이라는 두 가지 비트코인 클라이언트를 사용한다. 구체적으로, 전송자는 일렉트럼을 이용하고 수신자는 비트코인 코어(가장 유명한 비트코인 클라이언트이다)를 사용한다.

이하의 과정은 우분투^{Ubuntu} 16.04를 기준으로 한다. 우분투를 돌리는 한 대의 컴퓨터에 두 클라이언트를 모두 설치해서 실습을 진행하겠다.

다음은 우분투에서 비트코인 코어(버전 0.15.2)를 설치하는 명령들이다.[3]

```
$ wget https://bitcoincore.org/bin/bitcoin-core-0.15.2/bitcoin-0.15.2-x86_64-lin
ux-gnu.tar.gz
$ tar xzf bitcoin-0.15.2-x86_64-linux-gnu.tar.gz*
$ sudo install -m 0755 -o root -g root -t /usr/local/bin bitcoin-0.15.2/bin/*
```

NOTE 다른 운영체제의 경우를 비롯해서 비트코인 코어의 설치에 관한 좀 더 자세한 정보가 https:// bitcoin.org/en/full-node#other-linux-distributions에 나와 있다.[4]

---

3 참고로, 우분투의 편리한 apt-get 유틸리티를 이용하는 방법도 있다. 다음 명령들을 실행하면 최신 버전의 비트코인 코어(GUI 및 CLI) 가 설치된다.

```
$ sudo apt-add-repository ppa:bitcoin/bitcoin
$ sudo apt-get update
$ sudo apt-get install bitcoin-qt bitcoind
```

4 윈도우나 맥OS용 비트코인 코어도 있긴 하지만, 이후의 예제들이 대부분 우분투를 기준으로 하므로, 우분투 사용자가 아닌 독자도 지금 우분투를 설치하길 강력하게 권한다. 가상화 기술(VirtualBox, VMWare, Windows Subsystem for Linux 등)을 이용하면 현재 사용하는 컴퓨터에 그리 어렵지 않게 우분투를 설치할 수 있다. "윈도우에 우분투 설치" 같은 문구로 웹을 검색해 보면 쉽게 따라 할 수 있는 설치 문서를 찾을 수 있을 것이다.

일렉트럼은 경량 지갑(lightweight wallet)이다. 경량 지갑, 즉 가벼운 지갑이라는 것은 블록체인 전체를 내려받지 않아도 되는 지갑을 뜻하는데, 좀 더 구체적인 의미는 잠시 후에 명확해질 것이다. 다음은 일렉트럼을 내려받아 설치하는 명령들이다.

```
$ wget https://download.electrum.org/3.3.4/Electrum-3.3.4.tar.gz
$ sudo apt-get install python3-setuptools python3-pyqt5 python3-pip
$ sudo pip3 install Electrum-3.3.4.tar.gz
```

두 클라이언트를 모두 잘 설치했다면, 다음으로 할 일은 둘을 네트워크와 동기화하는 것이다.

1.2.1.2 블록체인과 동기화

앞에서 언급했듯이, 블록체인은 네트워크의 모든 컴퓨터에 복제되는 하나의 거래 데이터베이스이다. 비트코인을 보내거나 받으려면 엄청난 크기(200GB 이상)의 자료를 동기화해야 한다.

다행히, 그런 부담을 피하는 방법이 두 가지 있다.

- 비트코인 코어 같은 전체 노드(full-node) 클라이언트의 경우에는 가지치기 기능을 활성화한다.
- 일렉트럼 같은 경량 클라이언트(SPV 클라이언트)를 사용한다. 일렉트럼은 전체 블록체인을 지역 컴퓨터(현재 사용 중인 컴퓨터)에 복사하는 대신 일렉트럼 서버들에서 블록체인 정보를 가져온다.

여기서는 두 방법 모두 시험해 보겠지만, 블록체인의 위력을 최대한 발휘하려면 비트코인 코어 같은 전체 노드 클라이언트를 사용하는 것이 항상 바람직하다는 점도 기억하기 바란다.

비트코인 코어 실행

비트코인 코어를 실행하려면 우선 `bitcoin.conf`라는 설정 파일을 비트코인 코어가 인식하는 디렉터리에 만들어야 한다. 그 디렉터리는 운영체제마다 다른데, 다음은 주요 운영체제의 기본 위치들이다.

- **윈도우**: `%APPDATA%\Bitcoin\`
- **맥OS**: `$HOME/Library/Application Support/Bitcoin/`
- **리눅스**: `$HOME/.bitcoin/`

리눅스에서는 사용자 홈 디렉터리에서 `mkdir ~/.bitcoin` 명령으로 .bitcoin 디렉터리를 생성한 후 `nano ~/.bitcoin/bitcoin.conf` 명령으로 bitcoin.conf 파일을 생성하면 된다.

이제 bitcoin.conf를 다음과 같이 작성한다.[5]

```
rpcuser=user_name          #JSON-RPC 연결에 사용할 사용자 이름
rpcpassword=your_password  #JSON-RPC 연결에 사용할 패스워드
server=1                   #JSON-RPC 명령 실행을 위한 서버 활성화
testnet=1                  #실제 비트코인 네트워크 대신 시험용 네트워크에서 실행
prune=550                  #가지치기 모드 활성화
```

각 줄에서 # 다음 부분은 해당 옵션을 설명하는 주석이다. 입력을 마친 후에는 적절히 저장하고 편집기를 종료한다(nano 편집기의 경우에는 **Ctrl+X**를 누른 후 **Y**를 누르고 **Enter** 키를 누르면 된다).

이것으로 우리의 첫 클라이언트를 시험용 네트워크(이하 간단히 시험망)에서 실행할 준비가 끝났다. 시험망은 메인 네트워크와 같은 규칙을 따르되 시험 목적으로만 쓰이는 비트코인 네트워크이다. 시험망은 가치가 없는 비트코인들을 사용하는 하나의 공공망(public network)이다. 이 네트워크를 이용해서 무료 거래들을 전송하고 여러분의 응용 프로그램을 시험해 볼 수 있다.

> **NOTE** 이 글을 쓰는 현재, 비트코인 블록체인의 용량은 200GB를 넘는다. 따라서 **bitcoin.conf** 파일에 **prune=<n>** 형태의 옵션을 지정해서 가지치기 기능을 활성화하는 것이 바람직하다. 여기서 **<n>**은 지역 컴퓨터에 할당할 블록체인의 용량으로, 단위는 MB이고 최솟값은 550이다. 550MB를 지정한다고 해도, 블록체인 자체뿐만 아니라 추가적인 색인 파일들과 로그[08] 파일들, 그리고 UTXO 데이터베이스 때문에 전체적인 저장 공간은 몇 GB가 될 수 있음을 주의하기 바란다(필자의 경우는 2GB). **prune=<n>**으로 지정한 가지치기 용량은 단지 내려받을 블록들의 개수만 결정할 뿐이다.

---

5   비트코인 코어의 버전에 따라서는 rpcpassword 항목에 #로 시작하는 주석이 있으면 실행이 되지 않으므로, 실제로 bitcoin.conf를 작성할 때 해당 주석을 생략하기 바란다.

그럼 비트코인 코어를 실행해 보자. 새 **명령줄 인터페이스**(command line interface, **CLI**) 창(운영체제에 따라서는 터미널 창 또는 명령 프롬프트)을 열고 다음 명령을 실행하기 바란다.

```
$ bitcoin-qt
```

그러면 비트코인 코어의 GUI 버전이 실행되어서, 다음과 같이 시험망에 연결된 표준적인 GUI 인터페이스가 나타난다.

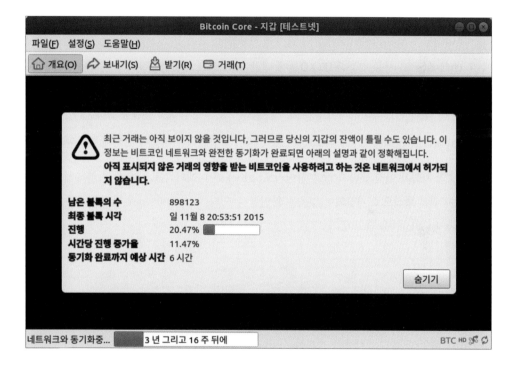

GUI 버전 대신 다음과 같이 CLI 모드로 비트코인 데몬(비트코인 서버)을 실행할 수도 있다.

```
$ bitcoind
```

두 모드(bitcoind 또는 bitcoin-qt) 모두 동일한 RPC 명령들을 지원하므로 어떤 쪽을 선택해도 상관없다. 여기서는 btcoin-qt를 기준으로 설명한다.

비트코인 코어가 실행되면 기본 자료 디렉터리(.bitcoin) 안에 다음과 같은 여러 하위 디렉터리와 파일이 만들어진다.[6]

주요 디렉터리들은 다음과 같다.

- blocks: 실제 비트코인 블록들이 여기에 저장된다.
- chainstate: 사용 가능한 **UTXO**들에 대한 LevelDB 데이터베이스가 여기에 저장된다. UTXO는 Unspent Transaction Output(미지출 거래 출력)의 약자이다. 간단히 말해서 이 LevelDB 데이터베이스는 모든 사용자가 소유한 금액의 총량을 말해준다.
- wallet: 개인 키들이 저장된 wallet.dat 파일을 암호화한 버전이 여기에 저장된다.

네트워크 동기화가 아직 끝나지 않은 상태라도, blocks/ 디렉터리를 열어 보면 블록체인의 여러 블록이 원본 형식으로 저장되어 있음을 확인할 수 있다. 각 blk00*.dat 파일은 다수의 원본 블록(raw block)들을 담고 있다.

나중에 이 파일 중 하나의 내용을 살펴볼 것이다.

TIP .bitcoin 디렉터리의 내용에 관해서는 https://en.bitcoin.it/wiki/Data_directory의 공식 문서화에 더 자세히 나와 있다.

---

6 지금은 시험망을 사용하고 있으므로, 실제로는 .bitcoin 디렉터리 자체가 아니라 .bitcoin 안의 testnet3 디렉터리에 이러한 하위 디렉터리들과 파일들이 만들어짐을 주의하기 바란다.

비트코인 서버(bitcoind 또는 bitcoin-qt)가 실행 중인 상태에서 또 다른 터미널 창을 열기 바란다. 이번에 할 일은 다음처럼 bitcoin-cli getnewaddress 명령을 이용해서 새 주소를 생성하는 것이다.

```
user@ByExample-node:~$ bitcoin-cli getnewaddress
2MsHsi4CHXsaNZSq5krnrpP4WShNqtuRa9U
```

간단히 말하자면, bitcoin-cli는 명령줄에서 RPC 명령을 bitcoind나 bitcoin-qt에 보내는 도구이다(bitcoin-qt에서도 **도움말 – 디버그 창**(영어판은 **Help – Debug window**)의 콘솔을 이용해서 RPC 명령을 실행할 수 있다).

비트코인 코어는 이 정도로 마무리하겠다. 계속해서 블록체인과 동기화하도록 놔두고, 일렉트럼의 설정으로 넘어가자.

일렉트럼 실행

앞에서 일렉트럼을 내려받고 설치했을 것이다. 이제 명령줄에서 electrum --testnet을 실행해서 일렉트럼을 시험망 모드로 연다. 일렉트럼을 처음 실행하면 새 지갑을 설정하는 마법사가 나타난다. 다음 단계들을 따라 하기 바란다.[7]

1. 첫 대화상자에서 **Auto Connect**를 선택하고 **Next** 버튼을 클릭한다.

2. **Standard wallet**을 선택하고 **Next** 버튼을 클릭한다.

3. "Your wallet generation seed is:"라는 문구가 있는 화면이 나올 때까지 계속해서 **Next** 버튼을 클릭한다. 텍스트 상자에 표시된 단어들을 암기하거나 종이에 적은 후[8] **Next**를 클릭해서 **Confirm Seed** 화면으로 넘어간다(아래 오른쪽). 텍스트 상자에 시드 단어들을 정확히 입력한다.

---

7 우분투의 로컬 설정에 따라서는 일렉트럼의 GUI가 한국어로 표시될 수 있는데, 예를 들어 "Next"가 "다음 것"으로, "&Encrypt/ decrypt message"가 "및 암호화은 / 메시지를 해독"으로 번역되어 있는 등 기계 번역의 흔적이 많이 남아 있기 때문에 독자가 실제로 사용하기에는 어려우리라고 판단해서, 이하의 설명에서는 영어 버전을 기준으로 한다. 참고로 윈도우용 Electrum은 그냥 영어 버전이 표시된다.

8 보안 때문에 복사가 비활성화되어 있다.

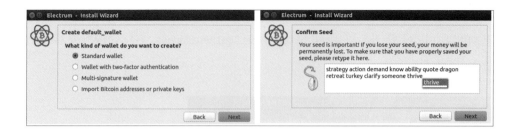

4. **Next** 버튼을 클릭하면 패스워드를 입력하는 화면이 나오는데, 원한다면 입력하지 않고 넘어가도 된다.

5. 마지막으로 **Next** 버튼을 클릭해서 마법사를 종료하면 일렉트럼은 다수의 새 주소들과 함께 새로운 지갑을 생성한다. 일렉트럼 GUI를 종료하고, 이제부터는 CLI 모드를 사용한다. 다음 명령들을 실행해서 시험망용 일렉트럼 데몬을 띄운다.

```
$ electrum --testnet daemon start
$ electrum --testnet daemon load_wallet
```

6. 이제 이 데몬에 대해 JSON/RPC 명령을 실행해 보자. 새 터미널 창을 열고 electrum --testnet listaddresses를 실행하면 다음과 같은 결과가 출력된다.

```
user@ByExample-node:~$ electrum --testnet listaddresses
[ecc] warning: libsecp256k1 library not available, falli
[
    "n3CKupfRCJ6Bnmr78mw9eyeszUSkfyHcPy",
    "mhc5YipxN6GhRRXtgakRBjrNUCbz6ypg66",
    "msvrqSHwJFFhS17ReQjMJyd1y4S6n7hirm",
    "mjSiyuBwjS8qeTmK44x97jG7Zmfq3ZB9Ai",
    "mq8izx8q2ydz6P3jhrPjqaPMSurkkwzaTD",
    "myE8qY9MDkRxsuFPUHVZrueMPZxc9TcZBU",
    "mqWMijZC7fdFDWao2KpcGWHgnEviqNN3xu",
    "mwMHzcxBcucgMG1E4CmXK2JjGMwbvEF9Mt",
```

이렇게 해서 공공 비트코인 네트워크와의 거래를 시작하는 데 필요한 환경을 갖췄다. 그럼 비트코인 거래를 생성, 교환하고 블록체인에 저장하는 방법을 살펴보자. 구체적으로는, 비트코인 원 거래를 구축하고, 서명하고, 네트워크에 공표하는 방법을 예제와 함께 살펴보겠다.

1.2.2 방법 1: 비트코인 코어를 이용한 원 거래 구축

간결함을 위해, 이 실습 예제에서는 자세한 설명 없이 비트코인 코어에서 원 거래를 생성하고 전송하는 데 필요한 명령들 자체에 집중한다.

이번 절의 내용을 바로 이해하지 못해도 걱정할 필요는 없다. 제2장 **비트코인 결제 시스템 구축**에서 이번 절에서 소개하는 새 개념들(입력, 출력, 스크립트 등등)을 설명한다.

1.2.2.1 우리 주소에 자금 추가

거래를 생성하려면 우선 거래에 사용할 자금이 필요하다. 즉, 앞에서 새로 만든 주소에 얼마 정도의 비트코인을 추가해야 한다. 다행히 시험망 환경에서는 응용 프로그램의 시험을 위한 가치 없는 비트코인들을 제공하는 무료 비트코인 자금원이 존재하는데, 그런 자금원들을 비유적으로 **비트코인 수도꼭지**(bitcoin faucet)라고 부른다.

웹에는 여러 온라인 비트코인 수도꼭지 사이트가 있는데, 여기서는 `http://bitcoin faucet.uo1.net/`을 사용하겠다. 이 사이트에 접속해서, 앞에서 일렉트럼으로 생성한 주소 중 첫 번째 것(이를 '우리 주소'라고 부르기로 하자)으로 비트코인을 얻기 바란다. 그러면 다음과 비슷한 페이지가 나올 것이다.

1.2.2.2 미지출 거래 출력(UTXO)

그럼 비트코인 수도꼭지가 정말로 우리 주소로 비트코인을 보냈는지를 확인해보자. 이를 위해서는 비트코인 RPC 서버에 대해 `listunspent` 명령을 실행해서 UTXO들을 나열해봐야 한다.

비트코인 코어를 사용하는 경우에는, 비트코인 코어 데몬이 실행 중인 상태에서 명령줄에서 다음을 실행한다.

```
$ bitcoin-cli listunspent
```

그런데 이 명령이 그냥 다음과 같은 빈 결과를 출력할 수도 있다.

```
[{ }]
```

이는 비트코인 코어가 블록체인 동기화를 아직 마치지 못했기 때문이다(동기화에는 몇 시간이 걸릴 수 있다). 그때까지 기다리는 대신, 결과를 바로 확인할 수 있는 일렉트럼을 사용하기로 하자.

그렇다고 비트코인 코어의 데몬(또는 GUI)을 종료하지는 말기 바란다. 가끔은 비트코인 코어의 강력한 명령줄 인터페이스로 원 거래를 조작할 것이기 때문이다.

일렉트럼으로 UTXO를 확인하는 명령은 다음과 같다.

```
$ electrum --testnet listunspent
```

이 명령을 실행하면 다음과 비슷한 결과가 출력될 것이다.

```
user@ByExample-node:~$ electrum --testnet listunspent
[ecc] warning: libsecp256k1 library not available, falling back to python-ecdsa
[
    {
        "address": "n3CKupfRCJ6Bnmr78mw9eyeszUSkfyHcPy",
        "coinbase": false,
        "height": 1356645,
        "prevout_hash": "0791521362528725683caedf998006cf68b1cd817be1694ef0daca265d9b4252",
        "prevout_n": 1,
        "value": "1.1"
    }
]
```

이 결과는 비트코인 수도꼭지에서 하나의 거래를 전송받았음을 보여준다. prevout_hash 필드는 그 거래의 고유한 식별자이다. 그리고 value 필드는 거래의 금액인데, 이 예의 경우 1.1비트코인이다.

좀 더 정확히 말하면, 이 출력은 이전 거래에서 하나의 UTXO(미지출 거래 출력)가 지갑에 남아 있음을 뜻한다. 이 하나의 UTXO를 새로운 원 거래의 입력으로 사용할 수 있다. 다음은 기존 거래의 출력과 새 거래의 입력 사이의 관계를 보여주는 그림이다.

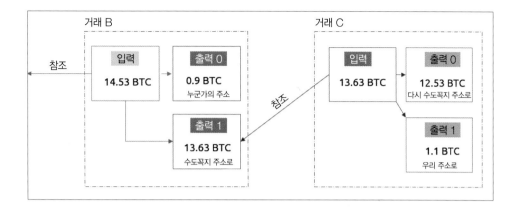

비트코인에서 하나의 거래는 이전 거래의 출력을 지출(소비)하고, 이후 거래에서 지출할 수 있는 새 출력을 생성한다. 실제로, 사용자는 단지 UTXO를 지출하는 것만으로 자금을 다른 주소로 보낼 수 있다.

앞의 도식을 보면, 수도꼭지에서 받은 거래(거래 C)는 기존 거래가 생성한 기존 출력(출력 1)을 입력으로 소비한다. 거래 C는 두 개의 출력을 생성하는데, 하나(출력 1)는 우리를 위한 것이고 다른 하나(출력 0)는 잔금(change)을 수도꼭지에 돌려주기 위한 것이다. 이러한 잔금 반환은 거래의 출력들이 완전히 지출되어야 한다는 조건 때문에 필요하다.

예상과는 달리 비트코인에서 거래들은 전체 사용자 잔액(global user balance)을 갱신하지 않는다. 즉, 비트코인은 계좌–잔액 모형(account/balance model)을 따르지 않는다. 대신 그냥 하나 이상의 입력들과 출력 사이에서 비트코인들을 이동하기만 한다. 이를 UTXO 모형이라고 부른다. 전체 잔액은 비트코인 클라이언트가 수신된 미지출 거래들이 전송한 가치들을 합산해서 계산한다.

1.2.2.3 거래 생성

그럼 앞에서 받은 거래 출력을 지출하는 거래를 생성해 보자. 새로운 원 거래를 생성하는 데 필요한 정보는 앞의 `listunspent` 출력에 모두 나와 있다. `prevout_hash`와 `prevout_n`이 바로 그것이다.

오랜 관례에 따라, `hello world`라는 메시지를 새 거래에 포함하기로 하자. 그러려면 이 메시지를 16진 값들로 표현된 문자열로 변경해야 하는데, 다행히 웹에는 문자열을 16진 문자열로 바꾸어주는 서비스가 많다. 이를테면 https://codebeautify.org/string-hex-converter가 그런 서비스인데, 이것으로 hello world를 변환하면 68656c6c6f20776f726c64가 나온다.

다음으로, RPC 명령 createrawtransaction을 이용해서 원 거래를 생성한다. 이 명령은 다음과 같은 매개변수들을 요구한다.

- txid: 기존 거래에 있는 출력(새 거래에서 지출할)의 식별자. 일렉트럼 출력 결과의 prevout_hash 필드를 사용하면 된다.
- vout: 그 출력의 색인. 일렉트럼 UTXO 출력 결과의 prevout_n 필드를 사용하면 된다.
- data: 거래에 포함할 메시지의 16진 문자열.
- 수신자 주소. 앞에서 bitcoin-cli로 생성한 주소를 사용하면 된다.
- 보낼 금액. 단위는 비트코인 화폐의 기본 단위인 BTC(비트코인 동전 하나에 해당)이다.

다음은 1BTC를 송금하는 원 거래를 생성하는 명령이다. 송금액을 0으로 설정하는 것도 가능하다.

```
$ bitcoin-cli createrawtransaction "[{\"txid\":\"0791521362528725683caedf998006c
f68b1cd817be1694ef0daca265d9b4252\", \"vout\": 1}]" "{\"data\":\"68656c6c6f20776
f726c64\",\"2MsHsi4CHXsaNZSq5krnrpP4WShNgtuRa9U\":1.0000000}"
```

원 거래가 성공적으로 생성되면, 다음과 같이 원 거래를 나타내는 긴 16진 문자열이 출력된다.

```
020000000152429b5d26cadaf04e69e17b81cdb168cf068099dfae3c682587526213529107010000
0000ffffffff0200000000000000000d6a0b68656c6c6f20776f726c6400e1f5050000000017a914
008051b4d96aa26269dfd36af0eb9c2b2fa894568700000000
```

TIP 터미널 창에서 CLI 명령들을 좀 더 편하게 실행하는 한 방법은 명령의 결과를 터미널의 한 변수에 저장하고 다른 명령 실행 시 그 변수를 사용하는 것이다. 그러면 긴 16진 문자열을 일일이 입력할 필요가 없다. 예를 들어 RAW=$(bitcoin-cli createrawtransaction .....) 형태로 createrawtransaction 명령을 실행하면 그 명령의 출력이 RAW 변수에 저장되며, 이후 명령에서 그 변수에 담긴 값을 $RAW로 참조할 수 있다.

거래 자료 구조

원 거래를 표현하는 16진 문자열이 이해가 잘 안 될 것이다. 이 문자열에 나온 바이트들의 의미는 다음과 같다.

표현		길이(바이트)	값
버전		4	02000000
입력 개수		1	01
입력 1	이전 출력 ID(리틀 엔디언, 예약됨)	32	52429b5d26cadaf04e69e17b81cdb168cf068099dfae3c682587526213529107
	vout(이전 출력 색인)	04	100000000
	SciptSig 길이	01	00
	SciptSig 바이트열	04	ff ff ff ff
생성된 출력 개수		1	02
출력 1	사토시 단위의 금액(1BTC = 1억 사토시)	8	0000000000000000
	스크립트 길이	1	0d
	ScirptPubKey: OP_RETURN 〈푸시 크기〉〈페이로드(hello world의 16진 문자열)〉	13	6a 0b 68656c6c6f20776f726c64
출력 2	사토시 단위의 금액(리틀 엔디언 순서의 16진수)	8	00e1f50500000000
	스크립트 길이	1	17
	ScirptPubKey(실제 출력 스크립트)	23	a914eb949dbe8d3b175e7f3c20b6a62c1f1403bd9087
잠금 시간 (거래가 블록체인에 추가될 수 있는 가장 이른 시각)		04	00 00 00 00

이 결과에서 보듯이, 이 거래(ID가 **0791...252**인)의 입력은 하나(수도꼭지에서 받은 유일한 미지출 거래)이고 출력은 다음 둘이다.

- 스크립트가 **OP_RETURN**인 하나의 **OP_RETURN** 출력
- 1BTC(1억 사토시)를 수신자 주소에 보내는 출력

deserialize RPC 명령을 이용하면 거래의 16진 문자열을 사람이 이해하기 쉬운 형태로 변환할 수 있다. electrum --testnet deserialize <원 거래 16진 문자열>을 실행하면 다음과 같이 유효한 JSON 객체의 형태로 거래 정보가 표시된다.

```
user@ByExample-node:~$ electrum --testnet deserialize 020000000152429b5d26cadaf04e69e17b81cdb168cf068099dfae3c682587526213529107010000000ffffffff020
a0b68656c6c6f20776f726c6400e1f5050000000017a914008051b4d96aa26269dfd36af0eb9c2b2fa8945687000000000
[ecc] warning: libsecp256k1 library not available, falling back to python-ecdsa
{
    "inputs": [
        {
            "address": null,
            "num_sig": 0,
            "prevout_hash": "0791521362528725683caedf998006cf68b1cd817be1694ef0daca265d9b4252",
            "prevout_n": 1,
            "scriptSig": "",
            "sequence": 4294967295,
            "type": "unknown"
        }
    ],
    "lockTime": 0,
    "outputs": [
        {
            "address": "6a0b68656c6c6f20776f726c64",
            "prevout_n": 0,
            "scriptPubKey": "6a0b68656c6c6f20776f726c64",
            "type": 2,
            "value": 0
        },
        {
            "address": "2MsHsi4CHXsaNZSq5krnrpP4WShNgtuRa9U",
            "prevout_n": 1,
            "scriptPubKey": "a914008051b4d96aa26269dfd36af0eb9c2b2fa8945687",
            "type": 0,
            "value": 100000000
        }
    ],
    "partial": false,
    "segwit_ser": false,
    "version": 2
}
```

비트코인 코어의 경우에는 bitcoin-cli decoderawtransaction으로 같은 결과를 얻을 수 있으며, https://live.blockcypher.com/btc-testnet/decodetx/ 같은 온라인 복호화 서비스를 이용해도 된다.

1.2.2.4 거래 서명

거래를 생성한 후에는 비트코인 네트워크로 전송해야 한다. 그런데 거래를 전송하려면 먼저 bitcoin-cli signrawtransactionwithkey 명령으로 거래에 서명해야 한다. 이 서명에는 우리 주소에 대응되는 개인 키를 사용해야 한다. 그래야 해당 출력이 우리의 소유임을 증명할 수 있으며, 소유권이 증명되어야 1BTC를 수신자에게 보낼 수 있다.

우선 할 일은 우리 주소(수도꼭지에서 비트코인 자금을 받은 주소)에 대한 개인 키를 얻는 것이다. 다음 명령을 실행하면 된다.

```
$ electrum --testnet listaddresses | electrum --testnet getprivatekeys -
```

명령의 제일 끝에 대시(−)가 있음을 주의하기 바란다. 이 대시는 파이프(|) 연결된 앞 명령의 결과를 입력으로 사용한다는 뜻이다. 이 명령을 실행하면 일련의 개인 키들이 출력된다. 앞에서 첫 번째 주소를 우리 주소로 사용했으므로, 그에 대응되는 첫 번째 개인 키를 복사하기 바란다(p2pkh: 부분은 제외하고).

```
user@ByExample-node:~$ electrum --testnet listaddresses | electrum --testnet  getprivatekeys -
WARNING: ALL your private keys are secret.
Exposing a single private key can compromise your entire wallet!
In particular, DO NOT use 'redeem private key' services proposed by third parties.
[
    "p2pkh:cOx4Ucd3uXEpa3bNnS1JJ84qWn5diChfChtfHSkRaDNZOYA1FYnr",
    "p2pkh:cVZn69R4DwrPHVPGk5z63VfPebk3HVqbgCPCpDTEd3nw2KRUuSJE",
    "p2pkh:cSKqWnito7E1bNCmA7QW9FehwX8KZ1HwgMaRH8YocJ44ghz1oYNg",
    "p2pkh:cQFuxDStLrqVCzKKLjMhKnSsvsowVEUJwUFoWckhd9RWRrPSuKuu",
    "p2pkh:cQL23Vcj4dXXcn42Vc1LrrvZiFijbBaVx4b5GnnSy6cMtVCYcV15",
    "p2pkh:cRhUCBnUf5fTWGYq1HdeibqcvTdDzhskTtJkjmxeVjrqwrJxAzNW",
    "p2pkh:cRktM73Hvu7EvPNxUQTxZ6733h8wiQ81FcbuCovihKcn3RD5GV3R",
    "p2pkh:cSU4oqXniw3TwsA8kzRh5zjQaUYEriDFpHYmEKKoLSDjbBS1NH4L",
```

TIP 비트코인을 실제로 사용할 때는 개인 키를 절대로 노출해서는 안 된다. 개인 키가 있으면 누구라도 해당 주소의 비트코인을 지출할 수 있음을 기억하기 바란다.

다음으로, 지출할 출력의 scriptPubKey를 얻어야 한다. 이 정보는 이 거래는 앞에서 만든 원 거래가 아니라 그 전에 수도꼭지에서 자금을 받은 거래에 들어 있다. 터미널에서 다음 명령을 실행해서 그 거래의 16진 문자열을 조회하기 바란다.

```
$ electrum gettransaction --testnet "0791521362528725683caedf998006cf68b1cd817be
1694ef0daca265d9b4252"
```

다음으로, 이 16진 문자열을 복호화해서 scriptPubKey를 얻는다.

```
$ electrum --testnet deserialize 0200000001915bf222c2e4e6ff36760168904ae102a0e96
8d83b3c575077d5475aa94dd9bf010000006b483045022100b129bc0fb5631aa668c48bb7a8fef0c
81fec131d2f68ba430cd7cd
9de0bd971b02203dabbf054790e31b4fd1b9a333881cd480c19b38a229e70f886dbb88ee4673f101
2103bcf53d63d2fa14ee04d9ebb9170dfa7987298689c7e6ceb765c1d3ccd7f9ad01fefffffff02d6
18b24a000000001976a914b9172e192d2805ea52fa975847eea0657e38fef888ac80778e06000000
001976a914edcce89f510bf95606ec6a79cb28a745c039e22088ac63b31400
```

이 명령을 실행하면 다음과 같은 결과가 출력된다.

```
"outputs": [
    {
        "address": "mxPd583YeW6iw3cCgfrmrdcXKG6PLM2fBj",
        "prevout_n": 0,
        "scriptPubKey": "76a914b9172e192d2805ea52fa975847eea0657e38fef888ac",
        "type": 0,
        "value": 1253185750
    },
    {
        "address": "n3CKupfRCJ6Bnmr78mw9eyeszUSkfyHcPy",  ⇐
        "prevout_n": 1,
        "scriptPubKey": "76a914edcce89f510bf95606ec6a79cb28a745c039e22088ac",
        "type": 0,
        "value": 110000000
    }
],
"partial": false,
"segwit_ser": false,
"version": 2
}
```

"outputs" 부분에 scriptPubKey들이 있다. 서명에는 두 번째 출력에 있는 것, 즉 그림에 직사각형으로 강조된 것을 사용해야 한다.

scriptPubKey는 출력을 지출하기 위해 꼭 충족해야 하는 조건에 해당하는 스크립트의 키이다. 새 소유자는 출력을 받은 주소와 연관된 개인 키를 이용해서 이 scriptPubKey의 조건들을 충족한다.

네트워크는 거래의 디지털 서명이 유효한지 검증해서, 만일 유효하면 그 거래를 새 거래의 입력으로 사용한다. 거래의 암복호화 부분(scriptSig와 scriptPubKey)은 상당히 복잡한데, 이에 관해서는 다음 장에서 좀 더 설명하겠다.

이제 scriptPubKey와 여러 정보를 이용해서 signrawtransactionwithkey 명령을 실행하면 서명 과정이 끝난다. 이 RPC 명령의 구조는 다음과 같다.[9]

```
$ signrawtransactionwithkey "거래 16진 문자열" ["개인키1",..] ( [{"txid":"거래
ID","vout":n,"scriptPubKey":"16진 문자열","redeemScript":"16진 문자열"},..] )
```

거래 16진 문자열 다음의 "개인키1" 부분에 앞에서 얻은 개인 키 문자열을 넣어야 한다. 그다음의 JSON 배열에서 "scriptPubKey"의 "16진 문자열"에는 앞에서 얻은 scriptPubKey 문자열을 넣어야 한다. 나머지 txid 등은 이전에 원 거래를 생성할 때 사용한 것을 지정하면 된다. 필요한 정보를 적절히 채워서 명령을 실행하면 다음과 같은 결과가 나올 것이다.

```
$ bitcoin-cli signrawtransactionwithkey "020000000152429b5d26cadaf04e69e17b81cdb
168cf068099dfae3c682587526213529107010000000ffffffff020000000000000000d6a0b686
```

---

9 참고로, 이런 명령의 원형에서 소괄호로 감싼 (...)은 생략할 수 있는 옵션을 뜻한다.

```
56c6c6f20776f726c6400e1f5050000000017a914008051b4d96aa26269dfd36af0eb9c2b2fa8945
68700000000" '["c0x4Ucd3uXEpa3bNns1JJ84qWn5diChfChtfHSkRaDNZ0YA1FYnc"]' '[{"txid
":"0791521362528725683caedf998006cf68b1cd817be1694ef0daca265d9b4252", "vout":1,"
scriptPubKey":"76a914edcce89f510bf95606ec6a79cb28a745c039e2208ac", "redeemScrip
t":""}]'
{
  "hex":
"020000000152429b5d26cadaf04e69e17b81cdb168cf068099dfae3c68258752621352910701000
00000ffffffff02000000000000000000d6a0b68656c6c6f6f20776f726c6400e1f5050000000017a91
4008051b4d96aa26269dfd36af0eb9c2b2fa894568700000000",
  "complete": true
}
```

결과에 "complete": true가 있으면 원 거래의 서명이 완료된 것이다. 이제 서명된 거래를 시험망으로 전송해보자.

1.2.2.5 거래 전송

거래를 블록체인으로 보내려면 일렉트럼의 broadcast RPC 명령을 사용한다. 다음 예처럼 broadcast 다음에 거래의 16진 문자열을 지정하면 된다.

```
user@ByExample-node:~$ electrum --testnet broadcast 020000000152429b5d26cadaf04e69e17b81cdb168cf068099dfae3c68258752621352910701000006a4730440220537e1923a82b9c910fb55
2f2facd45ed89a03c5cd7ff66093c7e2d399783c1b902206edffba148dfaeabeeceace51e060497141169ae5d4c1ce095aafa30723aec2930121024efef56dcfe9044cfc6c10b717a503e7f5a910312f25560a99
a048a4a21d33c5fffffffff0280000000000000000d6a0b68656c6c6f6f20776f726c6400e1f5050000000017a914008051b4d96aa26269dfd36af0eb9c2b2fa894568700000000
[ecc] warning: libsecp256k1 library not available, falling back to python-ecdsa
[
    true,
    "d3e300c2f2eedf673ab544f4c2b09063353e618ab8a0c9444e931d0145e43ded"
```

일렉트럼의 출력에는 거래 해시 ID의 16진 문자열이 포함되어 있다.[10] 이 예제의 경우 그 16진 문자열은 다음과 같다.

d3e300c2f2eedf673ab544f4c2b09063353e618ab8a0c9444e931d0145e43ded

---

[10] 참고로, 일렉트럼의 버전에 따라서는 거래 전송에 문제가 있을 때만 오류 메시지가 출력되고 문제가 없었으면 아무것도 출력되지 않을 수 있다. 거래 해시 ID는 이후 예제들에 전혀 쓰이지 않으므로, 아무것도 출력되지 않았어도 걱정할 필요는 없다.

1.2.2.6 블록체인에서 거래에 담긴 메시지 조회

지금까지의 과정이 잘 진행되었다면, hello world 메시지가 비트코인의 시험망 블록체인에 잘 저장되었을 것이다.

다음은 지금까지의 과정이 잘 진행되었음을 보여주는 화면이다. 하나의 입력(이전 거래에서 얻은 자금)을 소비해서 두 개의 출력이 생성되었다는 점을 확인할 수 있다. 첫 출력은 메시지가 포함된 하나의 OP_RETURN 거래이고 다른 하나는 1BTC를 수신자에게 전송하는 거래이다. 윗부분에서 거래에 포함된 hello world 메시지도 확인할 수 있다.

거래를 이처럼 일목요연하게 확인할 수 있는 것은 멋진 일이다. 웹에는 이런 거래 조회 서비스를 제공하는 사이트들이 여럿 있는데, 앞의 화면은 https://live.blockcypher.com/btc-testnet/tx/<거래 ID>에서 얻은 것이다. <거래 ID> 부분에 여러분의 거래 ID를 지정하면 앞의 화면과 비슷한 결과를 볼 수 있을 것이다.

이상의 과정을 실제 비트코인 네트워크에서 실행해 보면 더 멋지겠지만, 그러려면 고가의 실제 비트코인이 필요하다.

1.2.2.7 지역 블록체인 사용

비트코인 코어의 블록체인 동기화가 끝났다면, 지역 컴퓨터에서 블록들을 파싱해서 거래를 찾고 저장된 메시지를 확인할 수 있다.

블록체인 블록의 내용을 좀 더 편하게 살펴보려면 bless 같은 GUI 16진 편집기가 필요하다. 터미널 창에서 sudo apt-get install bless를 실행해서 bless를 설치하기 바란다.

설치가 끝났으면 bless를 실행한 후 blocks 디렉터리에 있는 .blk 파일 중 하나를 열어보자. 그러면 다음과 같은 모습이 될 것이다.

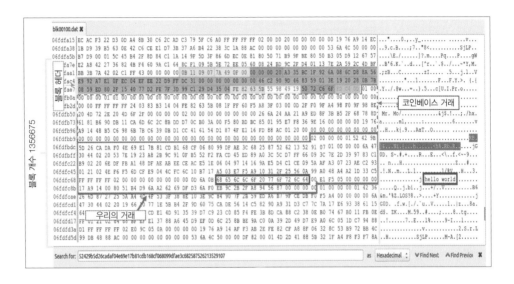

이 스크린샷에서 보듯이, bless 창은 크게 세 부분으로 나뉜다.

- 왼쪽 열은 오프셋들을 표시한다.
- 가운데 창은 블록의 16진 바이트 값들을 표시한다.
- 오른쪽 열은 가운데 창과 같은 내용을 7비트 문자들로 표시한다. 8비트 문자들은 그냥 마침표로 표시한다.

우리의 거래를 찾으려면 상단 도구 모음에서 **Find** 버튼을 클릭한 후 하단의 **Search for:** 필드에 원 거래의 16진 문자열을 입력하면 된다. 지금 열린 blk**.dat 파일에 없다면 다른 blk**.dat 파일들도 찾아보기 바란다. 필자는 blk00100.dat 파일에서 찾아냈다.

처음에는 bless 화면의 내용이 그리 의미가 있어 보이지 않겠지만, 일단 우리의 거래가 있는 부분을 찾았다면 블록체인에 저장한 메시지를 쉽게 찾아낼 수 있다. 오른쪽 열을 보면 hello world 메시지가 문자열 형태로 표시되어 있을 것이다.

또한, 우리의 거래에 해당하는 블록의 시작 부분도 찾을 수 있다. '마법의 수(magic number)'라고 부르는 블록 헤더 바이트열 0b110907을 찾고, 그 위치부터 블록 자료 구조의 정의에 따라 바이트들을 해석하면 된다.

앞에 나온 스크린샷의 원색 버전(서문 참고)을 보면 블록 헤더 부분이 노란 테두리로 표시되어 있으며, 블록 헤더의 여러 필드가 다양한 색상으로 강조되어 있다. 예를 들어 우리 거래는 파란색, 코인베이스 거래는 회색이다.

> **TIP** 지금은 가지치기 모드에서 블록체인과 상호작용하고 있으므로 여러분의 지역 컴퓨터에는 최신의 블록들만 있을 것이며, 따라서 여러분의 블록들에는 필자의 거래가 나타나지 않을 수 있다. 그러나 과정을 잘 따라 한다면 여러분의 거래는 볼 수 있을 것이다.

다음은 블록 자료 구조이다. 이것을 참고해서 bless 화면에 나온 바이트들을 해석해 보기 바란다.

바이트열		크기
마법의 수		4바이트
블록 크기		4바이트
블록 헤더	버전	4바이트
	이전 블록의 해시	32바이트
	해시 머클 루트	32바이트
	타임스탬프	4바이트
	비트 표현	4바이트
	넌스 값	4바이트
거래 카운터		1-9바이트
일련의 거래들		–

이상으로 '방법 1'의 실습 예제를 마무리하겠다. 비트코인 코어와 일렉트럼의 명령줄 도구를 이용해서 추가적인 메시지가 포함된 거래를 블록체인에 보내고, 그 메시지를 온라인 또는 지역에서 확인할 수 있었다. 이런 방법이 항상 요구되는 것은 아니지만, 언젠가 유용하게 써먹을 일이 있을 것이다.

그럼 OP_RETURN 출력을 포함한 원 거래를 생성하고 전송하는 또 다른 방법을 살펴보자.

1.2.3 방법 2: JavaScript를 이용한 원 거래 구축

아마 코드를 좀 짜보고 싶은 생각이 들 것이다. 여러분의 기대에 부응해서, 이번 실습 예제에서는 JavaScript 코드를 작성한다.

이번 절에서는 앞에서 일일이 명령줄로 수행한 과정을 자동화하는 간단한 Node.js 스크립트를 작성한다. 즉, 원 거래를 생성하고 시험망으로 전송하는 과정을 JavaScript 코드에서 진행한다. 이번 실습에서는 온라인 REST API(chain.so/api)를 통해서 비트코인 시험망과 상호작용할 것이므로, 일렉트럼과 비트코인 코어는 실행을 중지해도 된다.

> **NOTE** 온라인 REST API를 사용하면 블록체인의 가장 큰 장점인 "중간 매개체 없는 상호작용 능력"이 사라진다. 즉, 이 방법에서는 우리가 가진 블록체인 복사본을 사용하는 대신, 제3자를 믿고 제3자에게 거래 자료의 전송과 수신을 맡긴다. 따라서, 해당 서비스 공급자가 잘못된 또는 오래된 자료를 전달할 위험을 감수해야 한다.

1.2.3.1 준비

Node.js 프로그램을 구축하려면 Node.js와 **NPM**(Node Package Manager; 노드 패키지 관리자)이 필요하다. 아직 설치하지 않았다면 이들을 독자의 시스템에 설치하기 바란다.[11]

OP_RETURN 출력을 포함한 거래를 생성하는 데 사용할 수 있는 비트코인 라이브러리는 여러 가지이다. 이를테면 다음과 같은 것들이 있다.

- bitcore (https://bitcore.io/)
- php-OP_RETURN (https://github.com/coinspark/php-OP_RETURN)
- python-OP_RETURN (https://github.com/coinspark/python-OP_RETURN)

----

11 설치 방법과 설치 파일이 https://nodejs.org/ko/download/에 있다. Node.js를 설치하면 NPM도 함께 설치된다. 최신 버전보다 LTS 버전이 더 안정적이니, LTS 버전을 설치해서 사용하고 나중에 최신 기능이 필요해지면 그때 최신 버전으로 넘어가는 것이 좋을 것이다. 또한, NPM의 공식 문서(https://docs.npmjs.com/downloading-and-installing-node-js-and-npm)는 Node.js의 설치 프로그램 대신 nvm 같은 Node 패키지 관리자를 이용해서 Node.js와 NPM을 설치할 것을 강력하게 권장한다는 점도 참고하기 바란다.

이번 예제에서는 Node.js에 맞게 작성된 `bitcoinjs-lib`라는 JavaScript 라이브러리를 사용한다. 다음은 npm을 이용해서 이 라이브러리를 설치하는 명령이다.

```
$ npm install bitcoinjs-lib --save
```

또한, Node.js에서 요청을 HTTP를 통해서 온라인 REST API로 보내기 위해서는 request라는 패키지(모듈)가 필요하다. 다음은 request 및 관련 패키지를 설치하는 명령들이다.

```
$ npm install request --save
$ npm install request-promise --save
```

방법 1에서처럼, 원 거래를 생성하려면 주소와 개인 키가 필요하다. 이전에 사용한 주소와 개인 키를 사용하면 된다.

1.2.3.2 코드 작성

`hello.js`라는 이름의 새 JavaScript 파일을 만들고, 다음과 같은 코드를 입력하기 바란다. 우선, require 지시자를 이용해서 `bitcoinjs-lib` 모듈과 `request-promise` 모듈을 불러온다.

```
var bitcoin = require('bitcoinjs-lib');
var rp = require('request-promise');
```

다음으로는 필요한 변수들을 선언, 정의한다.

```
var data = Buffer.from('Hello World', 'utf8');
var testnet = bitcoin.networks.testnet;
var privateKey = 'cQx4Ucd3uXEpa3bNnS1JJ84gWn5djChfChtfHSkRaDNZQYA1FYnr';
var SourceAddress = "n3CKupfRCJ6Bnmr78mw9eyeszUSkfyHcPy";
```

이 변수들은 순서대로 다음을 나타낸다.

- 거래에 포함할 메시지의 바이트열
- 사용할 비트코인 네트워크(시험망)
- **WIF**(Wallet Import Format) 형식의 개인 키
- 지출할 UTXO가 있는 원본 주소('우리 주소')

이제 온라인 REST API를 이용해서 우리 주소에 남아 있는 미지출 출력을 조회한다. 이때 비트코인을 받을 주소도 지정한다. 조회 결과를 해석해서 txid를 비롯한 여러 정보를 적절한 변수들에 설정한다.

또한, 거래를 검증한 대가로 네트워크(채굴자)들에 지급할 거래 수수료도 설정한다. 수수료는 5,000 사토시(0.0005BTC)로 한다.

```
var url = "https://chain.so/api/v2/get_tx_unspent/BTCTEST/"+SourceAddress;
var DestionationAddress = '2MsHsi4CHXsaNZSq5krnrpP4WShNgtuRa9U';
var options = {
    uri: url,
    json: true
};

rp(options).then(function (response) {
    var index = response.data.txs.length - 1;
    console.log(response.data.txs[index]);
    var UtxoId = response.data.txs[index].txid;
    var vout = response.data.txs[index].output_no;
    var amount = Number(response.data.txs[index].value*100000000);
    var fee = 0.0005*100000000;
}).catch(function (err) { console.error(err);});
```

참고로, 스크립트 실행 도중 특정 변수의 값을 출력하고 싶다면 console.log() 메서드를 사용하면 된다.

이제 거래를 생성할 준비가 되었다. GET 요청의 응답을 처리하는 then 블록의 끝에, 구체적으로 말하면 var fee = ...과 }).catch(... 사이에 다음 행들을 추가하기 바란다.

```
const RawTransaction = new bitcoin.TransactionBuilder(testnet);
RawTransaction.addInput(UtxoId, vout);
RawTransaction.addOutput(DestionationAddress, parseInt(amount - fee));
scrypt = bitcoin.script.compile([bitcoin.opcodes.OP_RETURN,data]);
RawTransaction.addOutput(scrypt, 0);
```

첫 행은 bitcoinjs-lib의 TransactionBuilder를 이용해서 새 원 거래를 생성한다. 둘째 행은 이전에 REST API로 조회한 출력을 원 거래의 입력으로 추가한다.

나머지 행들은 두 개의 출력을 원 거래에 추가하는데, 첫 번째 것은 남은 미지출 출력 빼기 수수료만큼의 비트코인을 보내는 출력이고 둘째 것은 OP_RETURN 출력을 포함한 0BTC짜리 출력이다.

여기까지가 새 원 거래를 생성하는 코드이다. 이제 이 거래를 비트코인 시험망 블록체인으로 전송해야 한다. 그러려면 개인 키를 이용해서 거래에 서명해야 하는데, 다음이 그러한 코드이다(계속해서 then 블록에 추가하면 된다).

```
var keyPair = bitcoin.ECPair.fromWIF(privateKey, testnet);
RawTransaction.sign(0, keyPair);
```

둘째 행의 RawTransaction.sign(0, keyPair)은 **P2PKH**(Pay-to-Public-Key-Hash) 출력을 지출하는 거래의 서명을 위한 것이다. 비트코인은 다양한 종류의 거래와 주소 형식을 지원한다. m이나 n으로 시작하는 주소는 일반적인 P2PKH 거래를 받지만, 2로 시작하는 주소는 **P2SH**(Pay-to-Script-Hash) 거래를 받는다.

P2SH를 위한 거래에 서명할 때는 앞의 것과는 다른 코드가 필요하다. 다음은 P2PKH용 개인 키를 이용해서 P2SH를 위한 거래에 서명하는 코드이다(스크립트에 추가하지는 말 것).

```
const p2wpkh = bitcoin.payments.p2wpkh({ pubkey: keyPair.publicKey,
                                 network: bitcoin.networks.testnet });
const p2sh = bitcoin.payments.p2sh({ redeem: p2wpkh,
                             network: bitcoin.networks.testnet});
RawTransaction.sign(0, keyPair, p2sh.redeem.output, null, parseInt(amount));
```

서명을 마친 후에는 서명된 거래를 특정 주소에 보낸다. 구체적으로는, 서명된 거래의 16진 표현을 담은 JSON 객체를 POST 요청을 통해서 REST API에 보내야 한다. 다음이 그러한 코드이다.

```
var Transaction=RawTransaction.build().toHex();
var Sendingoptions = { method: 'POST',
    url: 'https://chain.so/api/v2/send_tx/BTCTEST',
    body: {tx_hex: Transaction}, json: true
};
rp(Sendingoptions).then(function (response) {
```

```
    var Jresponse = JSON.stringify(response);
    console.log("Transaction ID:\n"+Jresponse);
}).catch(function (err) { console.error(err); });
```

여기까지 입력했다면 파일을 저장하고 `node hello.js` 명령으로 실행해 보기 바란다. 원 거래가 유효하고 네트워크에 잘 전송되었다면 다음과 비슷한 결과가 출력될 것이다.

```
user@ByExample-node:~/deletme$ node hello.js
{ txid: '0615fe519f4583546ea9d39d3ca7628eeea56cd3037ea64d1bb0e967f48d93e4',
  output_no: 0,
  script_asm: 'OP_DUP OP_HASH160 edcce89f510bf95606ec6a79cb28a745c039e220 OP_EQU
ALVERIFY OP_CHECKSIG',
  script_hex: '76a914edcce89f510bf95606ec6a79cb28a745c039e22088ac',
  value: '1.10000000',
  confirmations: 0,
  time: 1533938378 }
Transaction ID:
{"status":"success","data":{"network":"BTCTEST","txid":"f917abfa314ebd774a4a659c
69c924cab3d8e4e9f4f41ccd7620a985b373a2fb"}}
```

스크립트의 출력을 보면, 지출된 출력의 세부사항과 함께 성공을 뜻하는 상태 메시지 및 거래 ID를 확인할 수 있다. 추가로, 이전 예제에서처럼 웹의 거래 조회 서비스를 이용해서 거래 정보를 확인해 보는 것도 좋을 것이다.

이상으로 비트코인을 전송하고 자료를 블록체인에 저장하는 첫 번째 Node.js 응용 프로그램을 작성해 보았다. 간단한 프로그램이었지만, 좀 더 복잡한 응용 프로그램을 작성하는 출발점으로 손색이 없다. 또한, 블록체인에 기초한 나만의 독자적인 프로토콜을 개발하는 출발점으로도 사용할 수 있을 것이다.

예제 스크립트의 전체 코드가 Github의 `https://github.com/bellaj/HelloWorld`에 있으니 참고하기 바란다.

1.3 여러 종류의 블록체인

블록체인은 원래 비트코인을 위한 기술로 출발했다. 그러나 비트코인이 성공을 거두면서 블록체인 자체도 하나의 신뢰 기계이자 중간 매개체 제거 요소로서 인기를 끌었으며, 다양한 업계가 이 새 기술을 받아들이거나 이 새 기술에 맞게 변화해야 한다는 압력을 받았다.

결과적으로, 사토시가 공개한 원래의 블록체인을 변형한 다양한 블록체인이 개발되었다. 이번 장의 마지막 절에서는 블록체인에 기초한 여러 주요 기술을 간단히 살펴본다.

1.3.1 블록체인의 분류

현재 블록체인 기술들은 그 패러다임에 따라 크게 네 종류로 나눌 수 있다. 이들을 구분하는 기준은 크게 두 가지인데, 하나는 네트워크의 종류이고 다른 하나는 구현된 접근 제어 방식이다. 다른 말로 하면, 블록체인 기술들은 P2P 네트워크에 누가 참여할 수 있는가(즉, 누가 네트워크의 노드를 운영할 수 있는가)와 블록체인 기록들에 어떻게 접근하느냐로 구분된다.

다음 표는 네 가지 블록체인 모형과 대표적인 블록체인 기술들의 예를 정리한 것이다.

모형	특성	기술	장점
공공(pubic) 블록체인	일반 대중이 네트워크에 참여해서 자료를 읽고 쓸 수 있다. 이 모형은 암호화폐에 쓰이는 본연의 블록체인에 해당한다.	비트코인. Zcash, 이더리움, Litecoin. NXT 등.	완전한 탈중앙화 높은 보안성 검열 저항적 낮은 신뢰 익명성 투명성
사설(private) 또는 내부 블록체인	하나의 조직 또는 기관이 관장하는 네트워크로, 자신의 사설 네트워크에 참여하고 접근하는 모든 규칙을 해당 조직이 정의한다. 따라서 승인된 개체만 거래 자료를 읽을 수 있다. 조직이 정의한, 신뢰도 수준이 높은 노드들이 거래를 승인한다.	Monax, Symbiont Assembly, Iroha, Kadena, Chain. Quorum, MultiChain.	기밀성 인증된 참여자들 개인정보보안 빠름 비용 낮음
컨소시엄 또는 혼성 블록체인	사설 블록체인과 공공 블록체인이 혼합된 형태로, 특정 산업의 이해관계자들처럼 알려진 개체들이 컨소시엄을 형성하거나 공유 플랫폼을 활용해서 블록체인 네트워크를 운영한다. 누가 네트워크에 가입할 수 있고 누가 블록체인 합의 과정에 참여할 수 있는지를 네트워크 참여자들이 결정한다.	하이퍼레저 패브릭, Tendermint, Symbiont, Assembly. R3 Corda, Iroha, Kadena, Chain, Quorum, MultiChain.	기밀성 인증된 참여자들 개인정보보안 빠름 비용 낮음
BaaS (서비스로서의 블록체인)	서비스 공급자가 클라우드 플랫폼으로 블록체인 응용 프로그램들을 제공한다. 서비스 공급자는 블록체인 네트워크를 관리하고, 사용자(고객)는 업무 논리를 정의한다.	IBM 클라우드. Azure, Rubix, Stratis, AWS. SAP, Oracle.	유연성 규모가변성 복잡도 감소

아마도 이런 여러 가지 블록체인 중 여러분의 프로젝트에 적합한 것이 무엇인지 궁금할 것이다.

이 질문의 답은 해당 프로젝트의 구체적인 요구 조건에 따라 달라지겠지만, 일반적으로 신뢰 없는 환경(송금 시스템이나 자금 출처 증명 등을 위한)에서는 공공 블록체인 모형을 사용하고 참여자들이 기존의 신뢰 관계를 공유하고 하나의 공유된 서비스를 구축하려는 경우에는 다른 모형들을 사용한다.

사설 블록체인은 응용 프로그램을 빠르게, 그리고 거래의 비용을 소비하지 않고 시험하기 위한 지역 블록체인 환경을 구축하는 데 적합하고, BaaS 모형은 높은 규모가변성(scalability)이 필요한, 그리고 사용자가 응용 프로그램을 손쉽게 설치, 설정하는 것이 중요한 프로젝트에 적합하다.

1.4 요약

이 책의 첫 번째 장인 이번 장에서는 여러분이 블록체인 프로젝트를 구축하는 데 필요한 블록체인의 핵심 개념들을 소개했다.

또한, 명령줄 도구와 JavaScript를 이용해서 비트코인의 블록체인과 상호작용하는 방법도 살펴보았다. 이제 여러분은 블록체인을 안전하고 신뢰성 있는 금고로 사용하는 혁신적인 솔루션들을 구축할 준비가 되었다. 블록체인을 기반으로 삼아서 문서의 신빙성을 점검하거나, 제품의 출처를 증명하거나, 자산을 디지털화하는 등의 다양한 프로젝트를 개발할 수 있다.

블록체인을 활용하는 능력을 키우는 데는 비트코인을 깊게 이해하는 것이 큰 도움이 된다. 그런 차원에서 다음 장에서도 계속해서 비트코인을 공부한다. 다음 장에서는 이번 장의 예제보다 좀 더 발전된 예제로 비트코인 결제 응용 프로그램을 만들어 볼 것이다.

## 제2장

비트코인 결제 시스템 구축

제1장은 블록체인과 비트코인을 이해하고 학습하는 첫걸음에 해당했다. 제1장에서는 블록체인과 비트코인의 여러 기본 개념을 소개했으며, 원 거래의 생성과 서명, 전송 같은 여러 기본 연산을 살펴보고 이들을 이용해서 비트코인 블록체인에 자료를 저장하는 예제도 실습해 보았다. 이번 장에서도 계속해서 비트코인에 관한 예제들을 통해서 블록체인을 살펴본다. 특히, 비트코인 결제 프로토콜에 기초한 사용자 친화적 결제 시스템과 비트코인 스마트 계약을 구축해 볼 것이다.

이번 장의 목표는 여러분이 비트코인의 작동 방식을 이해하는 데 필요한 기술적 배경지식을 갖추는 것과 JavaScript와 Java 같은 아주 흔히 쓰이는 프로그래밍 언어를 이용해서 비트코인 응용 프로그램을 구축해 보는 것이다. 프로그래밍에 경험이 있는 독자라면 아마도 JavaScript나 Java에 익숙할 것이겠지만, 그렇지 않은 독자라면 적당한 책이나 문서를 이용해서 해당 언어의 기본을 익힌 후에 이번 장을 읽기 바란다.

이번 장의 주요 내용은 다음과 같다.

- 비트코인 소개
- Node.js와 `bitcore-lib`를 이용한 BIP 70 결제 시스템 구축
- `BitcoinJ`를 이용한 비트코인 클라이언트 구축
- `Rootstock`을 이용한 비트코인 스마트 계약의 작성 및 배치

이번 장의 대부분은 본격적인 코딩 실습에 해당하므로, 이번 장에서 최대한 많은 것을 배우려면 본문에 나오는 예제 코드를 여러분이 직접 입력해서 실행해 보는 것이 좋다. 즐거운 코딩 경험이 되길!

2.1 비트코인이란 무엇인가?

제1장에서 간단히 소개했듯이, 비트코인은 블록체인 기술에 기초한 P2P 전자 화폐 시스템이다. 기술적인 관점에서 비트코인은 블록체인 자료 구조를 관리하고 서로 다른 네트워크 참여자(전송자, 수신자, 채굴자 등등) 사이의 합의를 보장하는 하나의 프로토콜이다. 이 프로토콜은 거래의 검증, 비트코인(화폐로서의) 채굴, 거래 사기 또는 이중 지급 방지를 위한 규칙들을 정의한다.

암호학을 이용해서 자금의 생성과 전송을 제어한다는 점에서, 비트코인은 암호화폐에 해당한다. 좀 더 구체적으로 말하면, 비트코인은 디지털 서명(ECDSA 공개 키 암호화에 기초한)을 이용해서 거래를 진행, 검증하고 암호학적 해시 함수(SHA−256)를 이용해서 블록체인의 보안(무결성, 채굴 공정 등등)을 보장한다.

이 책에서 비트코인 프로토콜을 상세하게 설명하지는 않는다. 그보다는, 최종 사용자 쪽에 더 가까운 고수준 서비스를 구축하는 데 필요한 필수 개념들을 소개하는 데 중점을 둔다. 비트코인을 좀 더 깊게 배우고 싶다면 https://en.bitcoin.it/wiki/Protocol_documentation 에 있는 공식 문서화를 참고하기 바란다.

2.1.1 비트코인을 플랫폼으로 삼은 이유

이번 장에서 블록체인 네트워크를 직접 만들어서 사용하는 대신 비트코인을 이용해서 블록체인 응용 프로그램을 구축하는 이유가 궁금한 독자가 있을 것이다. 이유는 간단하다. 비트코인은 강력한 블록체인 응용 프로그램을 구축하는 데 있어 최고의 선택이 될 수 있기 때문이다. 비트코인이 대중적으로 유명하다는 점을 제외하더라도, 여러분의 다음 프로젝트에서 비트코인을 하나의 플랫폼으로 선택하는 것이 바람직한 이유는 많이 있다. 이를테면 다음과 같다.

- 비트코인은 전자 결제 시스템의 선구자이며, 전 세계의 사용자들에게 가장 접근하기 쉬운 시스템이다.
- 다른 결제 수단들보다 결제 처리가 빠르다.
- 거래 시 지급 거절(chargeback)의 여지가 없다.
- 비트코인은 가장 안전한 블록체인이며, 흔히 쓰이는 결제 수단들보다 안전하다.

다음 절에서는 비트코인 결제 시스템에 익숙해지는 것을 목표로 간단하고 따라 하기 쉬운 실습을 수행해 본다. 그런 다음에는 본격적인 첫 번째 비트코인 응용 프로그램을 구축한다.

2.2 비트코인 시작하기

비트코인을 사용하는 데 필요한 비트코인 클라이언트들은 많이 있으며, 비트코인 프로토콜의 구현도 여러 가지이다. 제1장에서 말했듯이, 흔히 쓰이는 비트코인 클라이언트로는 비트코인 코어 팀이 제공하는 비트코인 코어가 있다. 비트코인 코어는 사토시가 만든 최초의 비트코인 클라이언트의 연장선에 있는 제품이다. 비트코인 코어 팀은 또한 비트코인 프로토콜의 C++ 구현도 제공한다. 이번 장에서는 여러분이 비트코인 코어를 이미 설치했으며 어느 정도 익숙하게 다룰 수 있다고 가정한다.

2.2.1 비트코인 회귀 시험 모드(regtest) 설정

학습이나 시험의 목적으로는 비트코인의 시험망(testnet)을 사용하는 것이 안전하고 비용도 저렴하다(시험망에 대한 좀 더 자세한 정보는 `https://bitcoin.org/en/glossary/testnet`을 보기 바란다). 시험망을 사용하는 방법은 제1장에서 이야기했다. 그런데 비트코인 코어에서 시험망을 사용하려면 여전히 시험망의 전체 블록체인을 내려받아서 검증해야 하는데, 이 과정에 시간이 아주 많이 걸릴 수 있다. 대안은 회귀 시험(regression test, 줄여서 regtest) 모드에서 비트코인 코어를 실행하는 것이다(회귀 시험 모드에 관해서는 `https://bitcoin.org/en/glossary/regression-test-mode`를 보기 바란다).

이 모드에서는 시험용 지역 사설 블록체인 네트워크를 설정해서 거래 검증이나 새 비트코인의 생성을 즉시 진행할 수 있다. 웹 응용 프로그램을 개발하고 시험할 때 자신의 컴퓨터에 웹 서버를 설치해서 웹 응용 프로그램을 돌리는 것이 빠르고 편한 것과 마찬가지로, 비트코인 응용 프로그램을 개발하고 시험할 때는 회귀 시험 모드가 빠르고 편하다.

비트코인 코어를 회귀 시험 모드로 실행하려면 `bitcoin.conf`(제1장 참고)에 `regtest=1`을 추가해야 한다. 또한, 시험망 관련 설정들은 비활성화해야 한다.

여러분의 `bitcoin.conf`를 다음과 같은 형태로 수정하기 바란다.

```
rpcuser=<RPC 사용자 이름>
rpcpassword=<RPC 패스워드>
#testnet=1
#prune=550
regtest=1
server=1
```

회귀 시험 모드에서는 `testnet` 옵션과 `prune` 옵션이 필요하지 않으므로 주석으로 제외했다. 또한, RPC 연결을 위한 사용자 이름과 패스워드 이름도 확인하기 바란다. 이 설정 파일에 지정한 사용자 이름과 패스워드가 이후 예제들에 필요하다.

> **TIP** 여러분의 컴퓨터에 하나의 비트코인 노드가 아니라 여러 개의 비트코인 노드로 이루어진 네트워크를 구축하고 싶다면, 여러 비트코인 자료 디렉터리를 만들고 각 디렉터리에 각자 다른 `bitcoin.conf` 파일을 만들어야 한다. 그런 다음 각 디렉터리에 대해, `-datadir` 옵션과 `-port` 옵션, `-rpcport` 옵션으로 자료 디렉터리와 통신 포트 번호(기본은 8443), RPC 서버 포트 번호(기본은 18442)를 명시적으로 지정해서 `bitcoind` 명령을 실행해야 한다.

비트코인의 회귀 시험 모드에 관한 좀 더 자세한 정보는 공식 문서화(https://bitcoin.org/en/developer-examples#regtest-mode)에 나와 있다.

2.2.1.1 비트코인 서버 실행 및 자금 마련

이 실습 예제에서는 하나의 비트코인 노드에 사설 블록체인을 설정한다. 터미널 창을 하나 띄워서 `bitcoind`(비트코인 노드 서버)를 실행하기 바란다. 그 창은 그대로 두고, 또 다른 터미널 창을 띄운다. 이후의 과정에서 이 창에서 `bitcoin-cli <명령>` 형태로 비트코인 노드 서버

(이하 간단히 '서버')에 대해 RPC 명령을 실행할 것이다. 사용 가능한 모든 RPC 명령의 목록은 `bitcoin-cli --helP`로 확인할 수 있으며, 공식 문서화의 https://en.bitcoin.it/wiki/Original_Bitcoin_client/API_Calls_list 페이지에서 좀 더 자세한 내용을 볼 수 있다.

첫 명령으로, 블록 101개를 빠르게 생성해 보자. 다음 명령을 실행하기 바란다.

```
$ bitcoin-cli generate 101
```

그러면 다음과 같이 생성된 블록들의 ID들이 출력된다.

```
user@ByExample-node:~/deletme$ bitcoin-cli --regtest generate 101
[
  "193a6c217cf7918c1f8b040e415691c131721000746d206e37fc347ede25b1f0",
  "44b3f041bef18fc1265268a752834f5456962b0e7ffe7b2584dd87cd194e0fcc",
  "70edb90d0b3dd510998d15d882b340486dd30eac04bc3650c90d31883f771736",
  "76357d14d35adf2f79b562a6cfa2902defe73fb87efdd115deef2179143aa858",
  "1f1e00f9526fda59632943c96838caed9ee338eef86aa2db2a1ed8dc6e7a794a",
  "347250ca8ed505267dde9f305950dc4e8fd69de37c132f8066a66fa6b0d81168",
  "64f4ca37116dbfbabbdd832a81f469bfc7d83e0856952861344ff05ab2ff1df1",
  "69b3db538b64303c42a8eee7d2ac1d433f03c99803d9623eddc6ebdd8958d65c",
  "07fd1a3186d6bbe7d2613b9ca2ff4ba34dc75205c7992e018d947c10d19aa155",
  "09f31ebf056c4d38070b8dfcd243440de58e299d797464c97e8bb488b49d543b",
  "2d3ed1cad6b92de823f2a7d2f9ed2271f6859a54cf610f856a9bb2fb7e6d0e6c",
  "744db4f8983a5f16c88f723754186289c55a5e985f9f4ac4c5dd71cfe27f7d24",
  "1ac745d9a88a4ef11fd8c64c5ba3a263bcc22694923c32d1483834d60e8df319",
  "31c9709fd9a601688f9ed652dc9034512eb19b956052afd564b16e7b8e57b699",
  "0627f6a23c017f073cb58a0e87acc218aec2fc5ef84cde0f69fadcccbe454630",
```

회귀 시험 모드의 경우 첫 블록은 50BTC만큼의 초기 보상을 생성하며, 그다음 100개의 블록은 그 금액을 승인(confirmation)한다. 다음 명령을 실행하면 실제로 50BTC가 들어왔음을 확인할 수 있다.

```
$ bitcoin-cli --regtest getbalance
50.00000000
```

bitcoin-cli를 통해서 RPC 명령을 실행하는 대신 cURL 같은 HTTP 도구를 이용해서 JSON-RPC 요청을 직접 서버에 보낼 수도 있다. 아직 cURL 유틸리티를 설치하지 않았다면 `sudo apt-get install curl` 명령으로 설치하기 바란다. 다음은 cURL을 이용해서 잔액을 확인하는 명령이다.

```
$ curl --user user:password --data-binary '{"jsonrpc": "1.0", "id":"curltest",
"method": "getbalance", "params": [] }' -H 'content-type: text/plain;' http://12
7.0.0.1:18443
```

--user 옵션의 user:password 부분을 앞에서 bitcoin.conf에 설정한 RPC 사용자 이름과
패스워드로 적절히 대체해야 함을 주의하기 바란다.

> **NOTE** 비트코인 서버가 제공하는 REST API를 이용해서 서버와 상호작용할 수도 있다. 단, 그러려면
> bitcoin.conf에 rest=1 옵션을 추가해서 REST API를 활성화해야 한다. 비트코인 서버가 지원하는
> REST 호출들은 공식 문서화의 https://github.com/bitcoin/bitcoin/blob/master/doc/REST-
> interface.md 페이지에서 볼 수 있다.

이제 회귀 시험 모드에서 비트코인을 시험해 볼 준비가 되었다. 구체적인 예제 프로젝트로 넘
어가기 전에, 예제 프로젝트를 구축하는 데 필요한 몇 가지 기본 지식부터 살펴보기로 하자. 비
트코인의 거래를 이해하는 데 꼭 필요한 개념인 채굴과 스크립팅을 간단히 설명하겠다.

2.2.2 비트코인의 거래

비트코인의 거래를 이해하기 위해서는, 비트코인의 내부 작동 방식을 자세히 알 필요까지는 없
다고 해도, 다음과 같은 핵심 개념 두 가지는 알아야 한다.

- 채굴(mining마이닝)
- 스크립팅

그럼 이 둘을 차례로 좀 더 자세히 살펴보자.

2.2.2.1 채굴

비트코인 네트워크로 전송된 거래는 '비트코인 채굴자(bitcoin miner)'의 '블록' 안에 포함되
어야 비로소 마무리(finalization; 종결)된다. 채굴자가 되는 데 어떤 특별한 조건이 필요한
것은 아니다. 거래를 검증하기에 충분한 컴퓨팅 능력을 제공할 수 있는 사용자라면 누구나 채
굴자가 될 수 있다. 비트코인 네트워크에 연결된 채굴자들은 거래들을 담은 블록을 처음으로
검증하는 채굴자가 되기 위해 항상 경쟁한다. 채굴자가 블록을 검증하려면 비트코인 프로토콜
(작업 증명)이 정의하는 함수의 해를 구해야 하는데, 그러려면 복잡한 수학 연산들을 자신의
컴퓨터로 실행해야 한다. 처음으로 해를 구한 채굴자는 새로 생성된 비트코인들을 상금으로 받

으며, 각 거래에 부여된 '거래 수수료'도 받게 된다. 또한, 자신의 블록이 블록체인에 포함된다.

그런데 이런 메커니즘에는 역공학(reverse engineering)을 통한 악용의 여지가 존재하기 때문에, 첫 채굴자가 해를 구한 이후에도 추가적인 승인 과정(여섯 개의 블록을 더 채굴하는)을 거친 후에야 거래가 마무리되었다고 간주된다.

2.2.2.2 스크립팅

비트코인 시스템의 멋진 기능 중 하나는 자금을 받은 수신자가 이후에 그 자금을 소비(지출)하려면 반드시 만족해야 하는 조건들을 정의하는 스크립트script를 거래에 지정할 수 있다는 것이다. 이러한 스크립팅 능력 덕분에 비트코인은 "프로그래밍이 가능한(programmable)" 화폐, 줄여서 프로그램 가능 화폐가 된다. 기본적으로 모든 거래의 입력과 출력에는 스크립트가 지정된다. 비트코인 스크립트는 비트코인 프로그래밍 언어로 작성된다. Forth포스와 비슷한 비트코인 프로그래밍 언어는 일단의 명령들 또는 '옵코드opcode(연산 부호)'들을 제공한다. 스크립트를 구성하는 옵코드들은 왼쪽에서 오른쪽 순으로 스택stack을 통해 평가되며, 최종적으로는 스크립트 실행의 성공 또는 실패 여부에 해당하는 값이 산출된다.[1]

일반적으로 한 거래의 입력(들)에는 거래의 잠금을 해제하는(unlocking) 스크립트가 포함되고, 출력(들)에는 거래를 잠그는 스크립트가 포함된다. 전자의 잠금 해제 스크립트를 흔히 ScriptSig라는 식별자로 지정하고, 후자의 잠금 스크립트를 ScriptPubkey라는 식별자로 지정한다. 거래의 유효성을 검증할 때는 두 스크립트를 연달아 실행해서 둘 다 참(true)으로 평가되는지 확인한다. ScriptPubkey로 지정된 스크립트의 실행 결과가 참이라는 것은 해당 출력이 잘 보호되었다는 뜻이고, ScriptSig로 지정된 스크립트의 실행 결과가 참이라는 것은 거래의 수신자가 실제로 해당 송금액의 유효한 소유자라는 뜻이다. 두 스크립트 모두 참이어야 거래의 유효성이 검증된다. 다음은 이 두 스크립트의 위치와 그 검증 과정을 나타낸 도식이다.

---

1 Forth류의 스택 기반 언어에 익숙하지 않은 독자를 위해 간단하게만 설명하자면, 예를 들어 2 + 3이라는 표현을 스택 기반 언어에서는 2 3 +의 형태로 표기한다(후위 표기법). 해석기는 주어진 표현식을 왼쪽에서 오른쪽으로 훑는다. 해석기는 가장 먼저 만난 2를 스택에 넣고, 그다음에 있는 3을 스택에 넣는다. 마지막의 +를 만난 해석기는 스택에 있는 두 값을 뽑아서 더하고, 그 결과인 5를 스택에 넣는다(결과적으로 스택에는 전체 표현식의 결과인 5만 남는다).

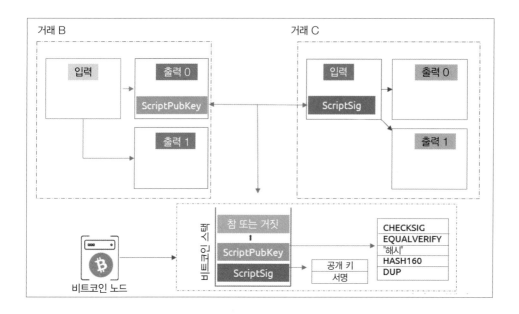

비트코인 언어의 여러 옵코드를 원하는 대로 조합해서 스크립트를 작성함으로써 다양한 종류의 거래를 구현할 수 있다. 다음 표는 표준적인 거래 종류들과 해당 스크립트들을 요약한 것이다(첫 열의 약자들은 잠시 후에 나온다).

스크립트 종류	스크립트 형식		설명
P2PKH	ScriptPubKey	OP_DUP OP_HASH160 〈공개 키〉 〈PubKeyHash〉 OP_EQUALVERIFY OP_CHECKSIG	P2PKH(Pay-to-Public-Key-Hash) 스크립트는 비트코인 블록체인에서 가장 흔히 쓰이는 스크립트로, 하나의 주소에 비트코인 금액을 보낼 때 사용한다(그 주소는 공개 키 해시를 Base58check 형식으로 부호화한 것으로, 항상 1로 시작한다).
	ScriptSig	〈서명〉 〈공개 키〉	
P2PK	ScriptPubKey	〈공개 키〉 OP_CHECKSIG	P2PK(Pay-to-Public-Key) 스크립트는 채굴자가 자신이 새로 채굴한 비트코인 금액을 수령하는(redeem)하는 데 사용하는 스크립트이다.
	ScriptSig	〈서명〉	
P2SH	ScriptPubKey	OP_HASH160 〈스크립트 해시〉 OP_EQUAL	P2SH(Pay-to-Script-Hash) 스크립트는 거래의 수령 조건들을 거래 생성자가 아니라 수신자들이 지정하게 하는 특별한 스크립트이다. 수신자들은 반드시 스크립트 해시에 부합하는 스크립트를 제공해야 한다.
	ScriptSig	〈서명〉 〈직렬화된 스크립트〉	

다중 서명	ScriptPubKey	ScriptPubKey=2 〈공개 키 A〉 〈공개 키B〉 〈공개 키 C〉 n OP_CHECKMULTISIG	다중 서명(Multi-Signature) 스크립트는 출력을 N개의 공개 키로 잠근다. 출력을 풀려면 그 키들 중 적어도 M개를 풀어야 한다. 거래의 수령자는 그 M개의 공개 키들에 대응되는 M개의 유효한 서명들을 제공해야 한다.
	ScriptSig	〈서명 1〉〈서명 2〉 또는 서명 m:n의 임의의 순열	
P2WSH	ScriptPubKey	0 [32바이트의 sha256(증인 스크립트)]	P2WSH(Pay-to-Witness-Script-Hash) 스크립트는 P2SH와 비슷하되, 소유권 증명을 위한 수령 스크립트가 ScriptSig(서명 + 수령 스크립트)가 아니라 증인에게 있다.
	ScriptSig	비워둠(서명이 ScriptSig가 아니라 '증인'에게 있으므로)	
P2WPKH	ScriptPubKey	ScriptPubKey: 0 [20바이트의 hash160(공개 키)]	P2WPKH(Pay-to-Witness-Public-Key-Hash) 스크립트는 P2KH와 비슷하되, 필요한 자료가 증인에게 있다.
	ScriptSig	비워둠	
널 자료		OP_RETURN OP_DATA_X	이 스크립트는 주어진 거래가 소비가 불가능한 거래일 수 있으며 잠재적으로 가지치기될 출력임을 표시하는 용도로 쓰인다. 이 스크립트는 유효하지 않은, 따라서 대응되는 ScriptSig가 존재하지 않는 스크립트로 간주된다.

이 외에 사용자가 자신만의 잠금 스크립트를 정의하는 것도 가능하지만, 채굴자들에게 그것을 채굴해 달라고 요청해야 한다.

TIP 주어진 거래가 표준적인 거래인지는 비트코인 코어의 IsStandard() 함수와 IsStandardTx() 함수로 확인할 수 있다는 점도 기억하기 바란다. 더 나아가서, C++에 익숙한 독자라면 https://github.com/bitcoin/bitcoin/blob/master/src/script/interpreter.cpp에 있는 스크립트 해석기(interpreter) 소스 코드를 보고 스크립트의 작동 방식을 좀 더 깊게 이해할 수 있을 것이다.

이상으로 비트코인의 스크립팅을 간단하게 소개했다. 비트코인 스크립트들을 실제로 만들고 사용해 보면 이들을 좀 더 잘 이해할 수 있을 것이다. 그럼 JavaScript를 이용해서 표준 P2PKH 스크립트와 커스텀 스크립트를 실제로 생성해 보자.

JavaScript를 이용한 P2PKH 스크립트 생성

이번 장의 첫 실습 예제는 JavaScript와 강력한 비트코인 라이브러리인 bitcore-lib를 이용해서 P2PKH 스크립트(하나의 비트코인 주소로 자금을 보내는 스크립트)를 구축하는 것이다. 이번 장의 예제들은 우분투 LTS 16.04를 기준으로 한다. 아직 설치하지 않았다면, Node.js(https://nodejs.org)를 설치하기 바란다(제1장 참고). 이제 다음 명령으로 bitcore 패키지를 설치한다.

```
$ npm install bitcore-lib --save
```

그럼 텍스트 편집기(nano 등)를 이용해서 다음과 같은 아주 간단한 스크립트를 작성해보자.

```
var bitcore = require('bitcore-lib');
var Address = bitcore.Address;
var address = Address.fromString('n3CKupfRCJ6Bnmr78mw9eyeszUSkfyHcPy');
var script = bitcore.Script.buildPublicKeyHashOut(address);
console.log(script);
```

bitcore.Script 객체는 비트코인 스크립트를 구축하기 위한 인터페이스를 제공한다. 이 객체는 또한 표준 종류의 스크립트를 생성하는 간단한 인터페이스도 제공한다. 앞의 코드에 나온 buildPublicKeyHashOut(address)가 그러한 예로, 이 메서드는 주어진 주소에 대한 출력을 생성하는 **P2PKH**(Pay-to-Public-Key-Hash) 스크립트를 만들어낸다.

앞의 소스 코드를 script.js라는 이름으로 저장한 후 node script.js로 실행하기 바란다. 그러면 다음과 같은 형태의 ScriptPubKey 스크립트(잠금 스크립트)가 출력될 것이다.

```
<Script: OP_DUP OP_HASH160 20 0xedcce89f510bf95606ec6a79cb28a745c039e220 OP_EQUA
LVERIFY OP_CHECKSIG>
```

수신자가 이 잠금 스크립트를 풀려면, 수신자의 개인 키와 짝을 이루는 공개 키로 Hash160 (RIPEMD160(SHA256(공개_키)))를 수행한 결과가 위의 해시 0xedcce89f510bf95606ec6a 79cb28a745c039e220과 같아야 한다. 이 해시 값은 수신자의 비트코인 주소에서 추출한 것인데, 비트코인 주소는 다음과 같이 정의된다.

```
비트코인 주소 = [버전 번호 (1바이트)]+[공개 키의 Hash160]+[체크섬(4바이트)]
```

이렇게 구한 16진 주소 문자열을 Base58로 부호화하면 n3CKup... 같은 형태의 주소가 된다. 수신자가 공개 키를 제공한 경우, 잠금 스크립트의 `OP_EQUALVERIFY OP_CHECKSIG` 조건을 만족하려면 수신자는 그 공개 키에 대응되는 자신의 비밀 키를 이용해서 거래에 서명해야 한다.

커스텀 스크립트 생성

앞에서 언급했듯이, 표준 스크립트 대신 나만의 커스텀 스크립트를 정의하는 것도 가능하다. 이번 예제에서는 X+13=15라는 간단한 방정식에 기초한 비표준 스크립트를 정의한다. 이 스크립트를 잠금 스크립트로 지정한 거래의 출력을 소비하려면, 수신자는 이 방정식의 해(당연히 2이다)를 제공하는 스크립트를 ScriptSig로 지정해서 잠금을 풀어야 한다.

이 방정식과 그 해를 비트코인 언어로 표현하면 다음과 같다.

잠금 스크립트(ScriptPubKey): "x+13=15"	OP_X OP_13 OP_ADD OP_15 OP_EQUAL
해제 스크립트(ScriptSig): "2"	OP_2

비트코인에서는 이처럼 사용자가 정의한 커스텀 스크립트를 지정해서 거래를 만들 수 있다. 그럼 방금 말한 퍼즐(ScriptPubkey)을 포함한 비표준 거래를 JavaScript와 `bitcore` 라이브러리를 이용해서 만들어 보자.

우선, 새 거래에 사용할 UTXO가 필요하다. 한 터미널 창에서 비트코인 코어가 회귀 시험(regtest) 모드로 실행되고 있는 상태에서, 다른 터미널 창에서 `bitcoin-cli listunspent` 명령을 실행해서 UTXO의 거래 ID(txid)와 ScriptPubkey, 주소를 확인하기 바란다. 그런 다음 `bitcoin-cli getnewaddress` 명령으로 새 대상 주소를 생성한다.

UTXO의 개인 키는 `bitcoin-cli dumpprivkey <UTOX 주소>`로 확인할 수 있다. 필요한 정보를 모두 얻었다면, 그에 따라 다음 스크립트를 적절히 수정하기 바란다(전체 코드는 `https://github.com/bellaj/Bitcoin_payment/tree/master/custom%20scripts/`의 custom_pubkeyscript.js에 있다).

```
var bitcore = require('bitcore-lib');
```

```
// UTXO의 개인 키
var pkey = 'cPJCt9r5eu9GJz1MxGBGgmZYTymZqpvVCZ6bBdqQYQQ5PeW4h54d';
// 대상 주소
var Taddress = 'n1PoDECeUwbXgktfkNkBcmVXtD2CYUco2c';
//PubKeyScript
var lockingscript = bitcore.Script('OP_13 OP_ADD OP_15 OP_EQUAL');
//UTXO 세부사항
var g_utxos=[{"address":"mxXKY9HfcZruJp15eGonMz2hzVNjT22sdx", "txid":
    "c6758cf22346d3d8b7b6042b7701a5f07d140732bf5b93e1fb92ed250e5b6d20",
    "vout":0, "scriptPubKey": "210330b8e88054629399e6c90b37503f07fbc1f83aa72444dd2
cfd9050c3d08d75fcac", "amount":50.0}];

var transaction = new bitcore.Transaction();
transaction = transaction.from(g_utxos);
//주어진 금액(사토시 단위)을 보내기 위한 첫 출력을 거래에 추가한다.
transaction = transaction.to(Taddress, 4000000000);

transaction = transaction.fee(0.0001*100000000);
transaction = transaction.addOutput(new bitcore.Transaction.Output(
    {script: lockingscript, satoshis: 1000000000,address:Taddress }));
transaction = transaction.sign(pkey); //모든 입력을 서명한다.
console.log("Raw Transaction\n" + transaction);
```

주요 부분을 설명하자면, 이 코드는 우선 Transaction() 메서드로 거래 객체를 생성한다. 그런 다음에는 출력 두 개를 추가하는데, 하나는 40BTC를 대상 주소로 보내는 것이고(표준 P2PKH 스크립트가 적용된다) 다른 하나는 커스텀 스크립트를 지정해서 10BTC를 같은 대상 주소로 보내는 것이다.

이 코드를 custom_pubkeyscript.js라는 이름으로 저장한 후 node custom_pubkey script.js로 실행하면 생성된 거래의 16진 문자열이 출력될 것이다. bitcoin-cli decoderaw transaction <거래 16진 문자열> 명령으로 거래 내용을 해독하면 다음과 같이 커스텀 ScriptPubKey를 확인할 수 있다.

```
{
  "value": 10.00000000,
  "n": 1,
  "scriptPubKey": {
    "asm": "13 OP_ADD 15 OP_EQUAL",
    "hex": "5d935f87",
    "type": "nonstandard"
  }
}
```

이제 `bitcoin-cli sendrawtransaction <거래 16진 문자열>` 명령으로 새 거래를 지역 네트워크에 전송하기 바란다. 문제가 없다면 거래 ID가 출력될 것이다. `bitcoin-cli generate 1` 명령으로 블록 하나만 채굴하면 이 거래가 검증된다.

다음으로, 10BTC를 담은 비표준 출력을 소비해보자. 이를 위해서는 그 거래의 잠금 스크립트가 제시한 퍼즐의 답인 2를 제공하는 잠금 해제 스크립트(ScriptSig OP_2)를 지정해서 새 거래를 생성해야 한다. 다음이 그러한 코드이다(전체 코드는 앞에서 언급한 GitHub 저장소의 `custom_sigscript.js`에 있다).

```
var unlockingScript = bitcore.Script().add('OP_2');
var transaction = new bitcore.Transaction();
transaction.addInput(new bitcore.Transaction.Input({prevTxId:
    'c6758cf22346d3d8b7b6042b7701a5f07d140732bf5b93e1fb92ed250e5b6d20',
    outputIndex: 1, script: unlockingScript }),
    unlockingScript, 10000);
transaction = transaction.to(Taddress, 90000000);
transaction = transaction.fee(0.001*100000000);
console.log(transaction)
```

이 JavaScript 코드는 새 거래를 생성하고 거기에 앞에서 만든, 커스텀 스크립트를 지정한 출력을 가리키는 입력 하나를 추가한다. 이 코드에서 보듯이, 서명을 지정하지 않아도 출력을 소비할 수 있다. 이제 앞에서처럼 이 JavaScript 스크립트를 실행해서 거래 16진 문자열을 얻고 전송, 채굴하기 바란다.

이 코드는 새 거래 객체를 생성하고, OP_2라는 옵코드로 구성된 잠금 해제 스크립트가 지정된 입력을 거래에 추가한다. 이후 거래를 처리할 때는 이 잠금 해제 스크립트(ScriptSig)와 잠금 스크립트(ScriptPubkey)가 차례로 실행된다. 잠금 해제 스크립트의 OP_2에 의해 스택에 2가 들어가고, 잠금 스크립트의 OP_13에 의해 스택에 13이 들어간다. 그런 다음 잠금 스크립트의 OP_ADD에 의해 13과 2를 더한 결과인 15가 스택에 들어간다. 이제 잠금 스크립트의 OP_15에 의해 15가 스택에 들어가고, 마지막으로 OP_EQUAL에 의해 둘을 비교한 결과가 스택에 들어간다. 그러면 스택의 최상위에는 '참'에 해당하는 값이 존재한다. 전체 스크립트(잠금 해제 스크립트와 잠금 스크립트를 연결한)의 평가 결과가 참이므로 출력의 잠금이 풀리며, 결과적으로 출력의 금액을 소비할 수 있게 된다.

모든 것이 잘 진행되었다면, 커스텀 스크립트가 지정된 이전 출력의 금액을 성공적으로 소비할 수 있을 것이다. 사소한 경고 하나를 덧붙이자면, 공공 네트워크에서는 비표준 거래가 검증되지 않을 수도 있다.

이상으로 비표준 거래와 비트코인 스크립팅에 관한 예제를 마무리하겠다. 이제는 비트코인의 기본적인 작동 방식을 파악했을 것이다. 그럼 좀 더 현실적인 응용 프로그램을 구축하는 단계로 넘어가자.

2.3 결제 게이트웨이 구축

비트코인 응용 프로그램을 개발해 본 적이 없는 독자에게는 이번 절이 최상의 출발점이 될 것이다. 이번 절의 실습 예제에서는 비트코인 결제 기능을 온라인 전자상거래 웹사이트에 통합한다. 이 예제의 핵심은 온라인 쇼핑몰의 고객이 그냥 비트코인 결제 URL을 클릭하거나 QR 코드를 스캔하기만 하면 제품의 대금을 비트코인으로 지급할 수 있게 하는 것이다. 이렇게 하면 결제 과정이 훨씬 단순해질 뿐만 아니라, 고객이 결제와는 무관한 개인 정보를 입력할 필요도 없어진다.

2.3.1 프로젝트의 개요

이 예제 프로젝트는 온라인 결제 게이트웨이(payment gateway)를 구축하기 위해 *BIP 70*에 제안된 비트코인 결제 프로토콜을 구현하는 방법을 보여주기 위한 것이다. BIP 70 프로토콜에 기초해서 결제 포털과 고객의 비트코인 지갑 사이의 결제 거래를 관리함으로써, 전자상거래 플랫폼에서 비트코인으로 결제를 직접 처리하는 것이 가능하다.

TIP Bitcoin Improvement Proposal(비트코인 개선 제안)을 줄인 BIP는 비트코인의 기존 기능을 변경하거나 새 기능을 도입하기 위한 제안을 뜻한다. 모든 BIP 제안서를 https://github.com/bitcoin/bips에서 볼 수 있다.

판매자의 웹 응용 프로그램은 커스텀 BIP 72 결제 URL과 그에 대응되는 QR 코드를 표시한다. 고객은 그 URL을 클릭하거나 QR 코드를 스캔해서 자신의 비트코인 지갑(커스텀 비트코인 클라이언트 프로그램)으로 결제를 진행한다. 다음은 이러한 과정을 나타낸 도식이다.

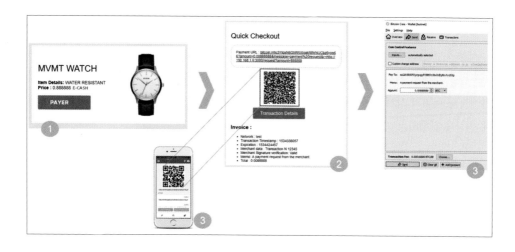

그림에서 보듯이, 이 프로젝트는 다음과 같은 세 가지 요소로 구성된다.

1. 판매자의 서버. Node.js와 `Bitcore` 라이브러리를 이용해서 구축한다.
2. 고객과 상호작용하는 웹 응용 프로그램. 기본적으로 HTML과 JavaScript로 구성된다.
3. 고객의 컴퓨터에서 실행되는 비트코인 클라이언트. Java 언어와 BitcoinJ 라이브러리로 구축한다.

2.3.1.1 비트코인 결제 프로토콜의 개요

비트코인 결제 프로토콜 명세는 BIP 70(https://github.com/bitcoin/bips/blob/master/bip-0070.mediawiki)과 BIP 71(https://github.com/bitcoin/bips/blob/master/bip-0071.mediawiki), BIP 72(https://github.com/bitcoin/bips/blob/master/bip-0072.mediawiki) BIP 73(https://github.com/bitcoin/bips/blob/master/bip-0073.mediawiki)에 있다. 이 프로토콜은 비트코인 주소의 용도를 전송자(송금자)와 수신자 사이의 직접적인 결제 흐름으로 대체함으로써 GUI 지갑 클라이언트를 이용해서 매끄러운 결제 과정을 가능하게 만드는 능력을 비트코인에 추가하기 위해 고안되었다. BIP 70의 주된 목적은

고객의 체험을 개선하고 온라인 결제의 보안을 보장하는 비트코인 결제 솔루션을 제공하는 것이다.

> **TIP** C++에 익숙한 독자라면 비트코인 GitHub 저장소의 `https://github.com/bitcoin/bitcoin/blob/master/src/qt/`에 있는 paymentserver.cpp 파일도 살펴보기 바란다.

사용자(고객)는 비트코인의 내부 메커니즘을 알 필요가 없다. 그냥 URL을 클릭하거나 QR 코드를 스캔해서 자신의 비트코인 지갑을 열고 결제를 진행하면 된다. 다음은 고객의 지갑과 판매자의 서버가 상호작용하는 과정과 비트코인 네트워크가 BIP 70 프로토콜을 이용해서 결제 연산을 진행하는 과정을 나타낸 흐름도이다.

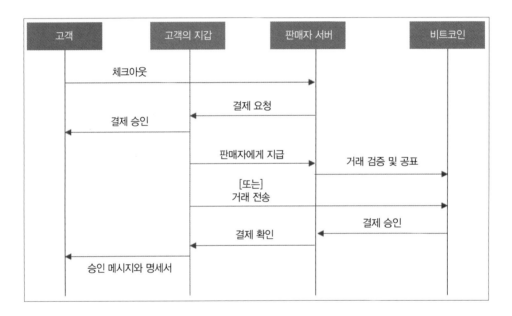

고객이 체크아웃 과정을 시작하면 판매자는 자신의 인증서로 결제 요청에 서명해서 고객의 지갑(클라이언트 프로그램)에 보낸다. 서명된 결제 요청을 받은 고객의 지갑은 그 요청의 세부사항을 해석하고 검증한 후 결제 거래를 다시 판매자에게 보내거나 비트코인 네트워크에 직접 전송함으로써 결제를 승인한다. 그러면 판매자는 결제 승인을 알리는 확인(acknowledge) 메시지를 고객의 지갑에 보낸다. 이때 거래 명세서(영수증) 정보도 함께 보낼 수 있다.

2.3.2 사전 준비

독자가 이 예제 프로젝트를 제대로 따라 하려면 프로그래밍의 기본 개념들을 알고 있어야 한다. JavaScript 코딩 경험이 있으면 더욱 좋다. 이 프로젝트를 위해서는 다음과 같은 소프트웨어가 독자의 컴퓨터에 설치되어 있어야 한다.[2]

- npm (Node.js를 설치하면 npm도 함께 설치된다)
- bower
- git

이번 프로젝트는 회귀 시험 모드가 아니라 시험망에서 진행한다. 이를 위해, 다음을 참고해서 여러분의 bitcoin.conf 파일을 수정하기 바란다.

```
regtest=0
testnet=1
prune=550
```

이제 비트코인 코어를 재시작한 후 두 개의 주소를 생성하기 바란다. 하나는 판매자의 주소로 사용하고 다른 하나는 고객의 주소로 사용할 것이다. 또한, 온라인 비트코인 수도꼭지를 이용해서 고객의 주소에 결제를 위한 자금을 추가하기 바란다(제1장의 §1.2.2.1 참고).

2.3.3 프로젝트 설정

사전 준비가 끝났다면, 우선 이 프로젝트를 위한 새 디렉터리를 생성하고 그 디렉터리로 들어간다.

```
$ mkdir Bitcoin_payment && cd Bitcoin_payment
```

그런 다음 프로젝트 디렉터리 안에 새 하위 디렉터리 두 개를 만든다. 하나는 키들과 인증서를 저장할 keys/ 디렉터리이고 다른 하나는 웹페이지들과 스크립트들을 저장할 views/ 디렉터리이다.

---

2 참고로, bower는 Node.js의 한 모듈이므로 npm으로 설치하면 된다. 한편, git은 apt-get으로 설치할 수 있다.

다음으로, `Bitcoin_payment/` 디렉터리에 다음과 같은 내용으로 `package.json` 파일을 생성한다.

```json
{
  "scripts": {
    "start": "node server.js"
  },
  "dependencies": {
    "bitcore-lib": "^0.15.0",
    "bitcore-payment-protocol": "1.2.2",
    "body-parser": "^1.18.3",
    "express": "^4.16.3",
    "request": "^2.88.0",
    "underscore": "^1.9.1"
  }
}
```

이제 다음 명령을 실행하기 바란다.

```
$ npm install
```

그러면 이 프로젝트의 실행에 필요한 모든 Node 패키지들이 설치, 설정된다.

2.3.3.1 인증서 관리

온라인 보안 결제 시스템에서는 주어진 결제 요청이 실제로 해당 판매자가 보낸 것인지 확인할 필요가 있다. 그러려면 판매자 서버에서 HTTPS를 활성화하거나 BIP 70 결제 요청 검증 기능을 활성화해야 하는데, 두 경우 모두 SSL 인증서가 필요하다. 기본적으로 인증서(certificate)는 제3자 인증 기관(certificate authority, CA)이 해당 판매자의 신원을 확인한 후 발급한다.

　상용 인증 기관에서 인증서를 구매할 수도 있고 Let's Encrypt(`https://letsencrypt.org/`)가 제공하는 무료 인증서를 사용할 수도 있지만, 이번 예제에서는 간편하게 자체 서명된 인증서를 사용하기로 한다. 자체 서명 인증서는 다음과 같이 OpenSSL 도구로 생성할 수 있다.

```
$ openssl req -x509 -newkey rsa:4096 -keyout keys/key.pem -out keys/cert.pem -da
ys 365 -subj "/C=MA/ST=ByExample/L=Testbip70.com/O=Chapter3/OU=Org/CN=Testbip70.
com" -nodes
$ openssl x509 -in keys/cert.pem -out keys/cert.der -outform DER
```

이 두 명령을 실행하면 keys/ 디렉터리에 key.pem, cert.pem, cert.der라는 세 개의 파일이 만들어진다.

2.3.4 판매자 서버

판매자 서버는 Node.js로 구성한다. 판매자 서버는 HTTP와 HTTPS 요청을 받는다. 앞에서 생성한 인증서는 HTTPS 요청을 처리하는 데 쓰인다. 이 책은 Node.js나 JavaScript에 관한 책이 아니므로, 비트코인과 bitcore 라이브러리에 관련된 코드를 위주로 설명하겠다. 다음은 기본적인 웹 서버를 구현하는 코드이다.

```
'use strict';
var bitcore_lib = require('bitcore-lib');
var PaymentProtocol = require('bitcore-payment-protocol');
var express = require('express');
var bodyParser = require('body-parser');
var URI = require('bitcore-lib/lib/uri');
var request = require("request");
const https = require('https');
var fs = require("fs");

var dcert = fs.readFileSync('./keys/cert.der');
var mcert = fs.readFileSync('./keys/cert.pem'); // HTTPS 서버용
var mkey = fs.readFileSync('./keys/key.pem');

var credentials = {key: mkey, cert: mcert};
var app = express();
var os = require('os');
var interfaces = os.networkInterfaces();
var addresses = [];
for (var k in interfaces) {
    for (var k2 in interfaces[k]) {
        var address = interfaces[k][k2];
        if (address.family === 'IPv4' && !address.internal) {
```

```
                addresses.push(address.address);
            }
        }
    }

    var IP = addresses[0];
    var port = 8883;
    var http_port = 3000;

    app.get("/", function(req, res) {
        res.send('Bitcoin Payment protocol');
    });

    app.listen(http_port, function() {
        console.log("-http Server listening on :"+IP+":"+ http_port);
    });

    https.createServer(credentials, app).listen(port, function() {
        console.log("-https Server listening on :"+IP+":"+ port);
    });
```

이 코드는 HTTP 및 HTTPS 요청을 처리하는 간단한 Node.js 서버를 구현한 것이다. 이 코드를 server.js라는 이름으로 저장한 후 node server.js 명령으로 서버를 실행하기 바란다. 그러면 서버는 3000번 포트에서 HTTP 요청을, 8883번 포트에서 HTTPS 요청을 기다리게 된다.

> **TIP** 이 스크립트를 실행했을 때 **Error: More than one instance of bitcore-lib found**라는 오류가 발생할 수도 있다. 그런 경우 잠재적인 해결책이 https://github.com/bellaj/Bitcoin_payment에 있으니 참고하기 바란다.

공인된 인증서가 아니라 자체 서명 인증서를 사용하기 때문에, 웹 브라우저로 HTTPS 서버 (https://localhost:8883)에 접속하면 보안 관련 경고 메시지가 나타나면서 접근을 거부할 수도 있다. 이 문제를 해결하려면 인증서(cert.der)를 독자의 브라우저에 설치해야 한다. 그런 다음 HTTPS 서버에 접속하면 **Bitcoin Payment protocol**이라는 메시지가 표시될 것이다.

서버에 코드를 더 추가할 것이므로, 서버의 터미널 창에서 **Ctrl + C**를 눌러서 서버를 중지하기 바란다. 이제부터는 bitcore 라이브러리를 이용해서 결제 요청을 생성하는 기능을 서버에 추가한다.

2.3.4.1 결제 요청 URI 구축

우선 응용 프로그램의 기본 네트워크를 시험망으로 설정하고, 판매자의 주소도 정의한다. 다음 코드를 서버 코드(server.js)의 끝에 추가하기 바란다.

```
bitcore_lib.Networks.defaultNetwork =
    bitcore_lib.Networks.testnet;        // 시험망
var Merchant_address = "mhc5YipxN6GhRRXtgakRBjrNUCbz6ypg66";
```

이 예제에서는 정적인 비트코인 주소를 사용하지만, 실제 구현이라면 고객의 주문과 연관된 고유한 결제 주소를 판매자가 생성해야 한다. 또는, 다음처럼 주소를 무작위로 생성할 수도 있다 (서버에 추가하지는 말 것).

```
var privateKey = bitcore_lib.PrivateKey(merchant_pkey);  // 특정 개인 키를
                                                          // 인수로 지정한다.
var publicKey = bitcore_lib.PublicKey(privateKey);
var Merchant_address = bitcore_lib.Address(publicKey,
    bitcore_lib.Networks.defaultNetwork );
```

다음으로, 비트코인 결제 URI를 구축하는 간단한 함수 compose_uri()를 추가한다.

```
function compose_uri(amount_to_pay) {
    var pay_url = "http://"+IP+":"+http_port+"/request";
    var uriString = new URI({
        address: Merchant_address,
        amount : amount_to_pay, // 결제 금액(단위는 사토시)
        message: 'payment request'
    });
    var paymentUri = uriString+"&r="+pay_url;
    return paymentUri;
}
```

이 compose_uri() 함수는 bitcoin:이라는 커스텀 프로토콜(BIP 21에 정의되어 있다)로 시작하는 결제 요청 URI를 생성한다. 이 결제 요청 URI은 대상 주소와 결제 금액 정보를 포함하며, BIP 72 스타일의 URI에 쓰이는 특별한 질의 인자 r도 포함한다. 이 r은 결제 요청을 가져올 장소의 URL을 지정한다. 이러한 커스텀 프로토콜 URI은 클릭 시 브라우저나 모바일 앱이

등록된 프로토콜 처리 프로그램(이 경우는 비트코인 클라이언트)을 자동으로 띄워주므로 사용자에게 큰 도움이 된다.

여기까지가 결제 요청 URI를 생성하는 부분이다. 그럼 그러한 결제 요청을 실제로 처리하는 부분으로 넘어가자.

2.3.4.2 요청 처리

판매자의 웹 응용 프로그램은 몇 개의 뷰와 하나의 컨트롤러, 그리고 기본적인 사용자 모형(모델)으로 이루어진 MVC 패턴을 따른다. 사용자 등록이나 로그인/로그아웃 기능은 없다. HTTP(S) 요청을 처리하는 데는 인기 있는 웹 응용 프레임워크인 **Express**(https://expressjs.com/)를 사용하기로 한다. 이 프레임워크는 들어온 HTTP 요청들을 그에 해당하는 개별 동작(action)으로 연결하는 역할을 한다.

체크아웃 뷰

서버 쪽 처리가 시작되는 최초의 종점(endpoint)은 /checkout이다. 결제를 원하는 사용자는 브라우저로 이 경로에 대한 HTTP 요청을 서버에 전달한다. 이 요청을 처리하기 위해, /checkout 기능을 수행하기 위한 get 처리부를 다음과 같이 정의한다.

```
var path = require("path");
app.use(express.static(path.join(__dirname + '/views')));
app.get('/checkout', function(req, res) {
    res.sendFile(path.join(__dirname+'/views/index.html'));
});
```

Express에 익숙하지 않은 독자를 위해 잠깐 설명하자면, 이 코드는 일종의 미들웨어(https://expressjs.com/en/guide/using-middleware.html)처럼 작동하는 하나의 콜백 함수를 정의한다. 사용자가 브라우저로 서버의 /checkout 경로에 접근하면 이 콜백 함수가 호출된다. 콜백 함수는 sendFile 메서드를 이용해서 views/ 디렉터리에 있는 정적 index.html 파일을 브라우저에 전송한다.

결제 진행

체크아웃 뷰에 있는 **Pay with BTC** 버튼을 사용자가 클릭하면 브라우저는 /Processing Payment 경로로 가게 된다. 이에 대한 콜백 함수는 다음과 같다. 코드에서 보듯이, 이 콜백 함수는 비트코인 결제 URI를 생성해서 브라우저에 전달한다.

```
app.use(bodyParser.json());
app.post("/ProcessingPayment", function(req, res) {
    var amount_ = req.body.amount;
    var resp = compose_uri(amount_)+"?amount="+amount_;
    res.send(resp);
});
```

결제 요청 세부사항 설정

비트코인 결제 URI의 커스텀 프로토콜 때문에, 고객이 결제 링크를 클릭하면 고객의 지갑(비트코인 클라이언트)이 열려서 결제 요청을 처리하게 된다. 고객이 결제를 승인하면, 지갑 프로그램은 필요한 모든 정보를 판매자 서버의 /request 종점에 전달한다. /request 요청에 대해 서버는 우선 클라이언트가 넘겨준 금액으로 하나의 비트코인 P2PKH 거래를 생성한다.

```
var urlencodedParser = bodyParser.urlencoded({ extended: false });
app.get("/request", urlencodedParser, function(req, res) {
    var amount = req.query.amount;
    amount = (amount === undefined) ? 0 : amount; // 금액이 지정되지 않았으면
                                                  // 0으로 설정
    var merchant_outputs = []; // 결제 금액 전송 대상
    var outputs = new PaymentProtocol().makeOutput();
    outputs.set('amount', amount);
    var script = bitcore_lib.Script.buildPublicKeyHashOut(
        Merchant_address.toString());
    outputs.set('script', script.toBuffer());
    merchant_outputs.push(outputs.message);
```

그런 다음에는 결제 세부사항을 담은 PaymentRequest 메시지를 생성한다.

```
var details = new PaymentProtocol().makePaymentDetails();
var now = Date.now() / 1000 | 0;
details.set('network', 'test');
```

```
details.set('outputs', merchant_outputs);
details.set('time', now); //PaymentRequest 생성 시점(UNIX 타임스탬프)
details.set('expires', now + 60 * 60 * 24); // PaymentRequest 요청
                                 // 만료 시각(이 시점이 지나면 요청이
                                 // 더 이상 유효하지 않은 것으로 간주된다)
details.set('memo', 'A payment request from the merchant.');
// PaymentRequest 메시지를 보내고 PaymentACK 메시지를 돌려받을 URL
details.set('payment_url', "http://"+IP+":"+http_port+"/payment?id=12345");

// 결제 요청을 식별하기 위한 문자열
details.set('merchant_data', new Buffer("Transaction N 12345"));
```

이 코드가 설정하는 여러 결제 요청 필드에 관한 좀 더 자세한 정보는 공식 BIP 70 문서
(https://github.com/bitcoin/bips/blob/master/bip-0070.mediawiki#paymentdetail
spaymentrequest)를 보기 바란다. 결제 요청의 세부사항을 모두 정의한 다음에는 다음과 같
이 최종 결제 요청을 생성한다.

```
var request = new PaymentProtocol().makePaymentRequest();
request.set('payment_details_version', 1);
var certificates = new PaymentProtocol().makeX509Certificates();
certificates.set('certificate',dcert);
request.set('pki_type', 'x509+sha256');
request.set('pki_data', certificates.serialize());
request.set('serialized_payment_details', details.serialize());
request.sign(mkey);
var rawbody = request.serialize(); // 요청을 직렬화한다.
res.set({
    'Content-Type': PaymentProtocol.PAYMENT_REQUEST_CONTENT_TYPE,
    'Content-Length': request.length,
    'Content-Transfer-Encoding': 'binary'
});
```

이 코드는 PKI(public-key infrastructure; 공개 키 기반구조)를 이용해서 판매자의 신원
을 PaymentRequest에 연관시킨다. 이를 위해, pki_type 필드에 해당 PKI의 구체적인 종류를
지정하고, pki_data 필드에 인증서를 지정한 후 판매자의 개인 키를 이용해서 요청에 서명한
다. 그런 다음 서명된 요청을 직렬화해서 응답의 본문(body)으로 설정한다. 응답의 구체적인
형식은 요청을 보낸 프로그램이 비트코인 클라이언트인지 아니면 브라우저인지에 따라 달라
진다.

```
    if (req.query.browser==1) {
        var buf = new Buffer(rawbody, 'binary').toString('base64');
        res.contentType(PaymentProtocol.PAYMENT_REQUEST_CONTENT_TYPE);
        res.send(buf);
    } else {
        // 비트코인 클라이언트를 위한 응답
        res.status(200).send(rawbody);
    }
});
```

결제 처리 및 확인

고객이 자신의 비트코인 클라이언트에서 결제 요청을 승인하면, 비트코인 클라이언트는 판매자 서버가 제공한 URL(payment_url)을 이용해서 판매자 서버의 payment/ 경로로 결제 거래처리 요청을 보낸다. 다음은 이를 처리하는 서버 쪽 코드이다.

```
var rawBodyParser =
    bodyParser.raw({type: PaymentProtocol.PAYMENT_CONTENT_TYPE});
app.post("/payment", rawBodyParser, function(req, res) {
    var body = PaymentProtocol.Payment.decode(req.body);
    var payment = new PaymentProtocol().makePayment(body);
    var refund_to = payment.get('refund_to'); //환급 대상 주소
    var memo = payment.get('memo');
    // 결제 요청에 명시된 금액을 완전히 지급하는, 서명된·유효한 비트코인 거래
    var Rawtransaction = payment.get('transactions')[0].toBuffer();
    var TransactionToBrodcast =
        new bitcore_lib.Transaction(Rawtransaction).toString('hex');
/* ... 필요하다면 여기서 제1장에서처럼 chain.so의 REST API를 이용해서 거래를
    공표할 수도 있다. ... */
```

이 코드는 요청에 담긴 결제 세부사항을 이용해서 비트코인 거래를 생성한다. 설계에 따라서는 이 지점에서 서버가 웹 API나 bitcore-p2p(https://github.com/bitpay/bitcore-p2p) 등을 이용해서 거래를 공표(broadcasting)할 수도 있다. 그러나 이 예제에서는, 고객에게 거래를 최종적으로 확인할 기회를 주기 위해 클라이언트 쪽에서 거래를 비트코인 네트워크에 전송하게 한다.

거래를 생성한 후에는, 클라이언트에게 결제 확인 메시지를 수신자 ID와 함께 보낸다. 비트코인 네트워크를 청취(listening)하면, 이런 메시지가 전달되기 전에 거래가 네트워크에 들어오는지의 여부를 파악하는 것도 가능하다.

```
var ack = new PaymentProtocol().makePaymentACK();
ack.set('payment', payment.message);
ack.set('memo',
    'Payment processed,Thank you ;) \n invoice ID :'+req.query.id);
// ... 결제 명세서를 데이터베이스에 저장 ...
var rawack = ack.serialize();
res.set({
    'Content-Type': PaymentProtocol.PAYMENT_ACK_CONTENT_TYPE,
    'Content-Length': rawack.length,
});
res.send(rawack);
});
```

결제 명세서

판매자가 송장(invoice) 또는 결제 명세서(영수증)를 고객에게 제공한다면 전체 시스템이 좀 더 완전해질 것이다. 그러려면 데이터베이스 기반 송장 시스템을 프로젝트에 추가해야 할 것이다. 그런 시스템이 있다고 가정할 때, 다음은 고객이 결제 ID를 지정해서 서버의 /invoice 경로를 요청했을 때 결제 명세서를 고객에게 제시하는 서버 쪽 코드의 뼈대이다.

```
app.get("/invoice", urlencodedParser, function(req, res) {
    var invoice_id = req.query.id;
    var detail="details about the invoice N:"+invoice_id;
    /*.... 데이터베이스에서 해당 결제 명세서를 조회해서 detail에 설정한다... */
    res.send(detail);
});
```

이렇게 해서 서버의 뒷단(backend)이 완성되었다. 그럼 고객이 실제로 상호작용할 앞단을 구축해보자.

2.3.5 앞단

앞단(frontend), 즉 고객이 실제로 볼 웹페이지들을 구축하는 부분 역시 뒷단에서처럼 bitcore 라이브러리를 사용한다. 편의를 위해, **bower**라는 Node.js 패키지 관리 시스템을 이용해서 앞단을 위한 코드를 관리하기로 한다. 우선 views/에 다음과 같은 내용으로 bower. json 파일을 만들기 바란다.

```
{
  "dependencies": {
    "bitcore-lib": "^0.15.0",
    "bitcore-payment-protocol": "1.2.2"
  }
}
```

그런 다음 views/ 폴더 안에서 다음 명령을 실행하면 앞단을 위한 bitcore 모듈들이 설치된다.

```
$ bower install
```

다음으로, views/ 디렉터리 안에서 다음 명령을 실행해서 QR 코드 라이브러리를 설치한다.

```
$ git clone https://github.com/davidshimjs/qrcodejs
```

이제 실제 웹페이지를 만들 차례이다. views/ 디렉터리에 다음과 같은 내용으로 index. html 파일을 작성한다.

```
<html>
<head>
  <script src="bower_components/bitcore-lib/bitcore-lib.js"></script>
  <script src="bower_components/bitcore-payment-protocol/bitcore-payment-protocol.
min.js"> </script>
  <script src="qrcodejs/qrcode.js"></script>
  <script src="//ajax.googleapis.com/ajax/libs/jquery/3.2.1/jquery.min.js"
   type="text/javascript"></script>
  <link rel="stylesheet" type="text/css" href="style.css" />
</head>
<body>
  <div class="main_div">
    <form id="myForm">
```

```
      <img src="watch.jpg" width="200px" class="item">
      <br>
      <h3>MVMT WATCH</h3>
      <strong>Item Details:</strong> WATER RESISTANT
      <br>
      <strong>Price :</strong> 0.888888 BC.
      <input type="hidden" id="amount" value=888888>
      <br>
      <br>
      <input
        type="submit"
        value="Pay with BTC"
        id="submit"
        onclick="event.preventDefault();ProcessingPayment()" />
    </form>
  </div>
  <script src="./main.js"></script>
</body>
</html>
```

이 파일은 하나의 제품(고급 시계)을 판매하는 예제용 웹페이지이다. 이 페이지에는 결제 과정을 시작하는 버튼이 있으며, 고객이 그 버튼을 클릭하면 main.js에 정의된 JavaScript 함수가 실행된다.

그럼 views/ 디렉터리에 main.js 파일을 만들고 필요한 JavaScript 함수들을 정의해 보자. 우선, 다음은 앞에서 언급한 ProcessingPayment() 함수의 정의이다. 이 함수는 Ajax 호출을 이용해서 서버 뒷단의 결제 URL을 요청한다.

```
function ProcessingPayment() {
    var amount_ = $('#amount').val();
    $.ajax({
        method: 'POST',
        url: '/ProcessingPayment',
        data: JSON.stringify({'amount' : amount_}),
        contentType: 'application/json',
        processData: false,
        success: function(data) {
            pay(data);
        }
    });
}
```

서버가 결제 URL을 보내면 ProcessingPayment()는 그 URL을 인수로 해서 다음과 같은 pay() 함수를 호출한다. pay()는 그 URL과 **Transaction Details**라는 버튼, 그리고 결제 URL로 가는 QR 코드를 현재 웹페이지에 표시한다.

```
function pay(pay_url) {
    document.write("<body><div class='pay_div'><h3>Quick Checkout</h3><div class=
'result' id='result' name='result'> <div class='overview'> Payment URL : <a href="
+pay_url+ ">"+ pay_url +"</a> </div><br> <div id='qrcode'></div> <input type='hidd
en' id='amount' value='888888'> <br> <input type='button' value='Transaction Detai
ls' onclick='check_details()' id='check' class='check'><div class='details'></div>
</div><script src='./main.js'></script> <link rel='stylesheet' type='text/css' hre
f='style.css' /></body>");

    var qrcode = new QRCode(document.getElementById("qrcode"), {
        text: pay_url.toString(),
        width: 128,
        height: 128,
        colorDark : "#000000",
        colorLight : "#ffffff",
        correctLevel : QRCode.CorrectLevel.H
    });
}
```

고객이 **Transaction Details** 버튼을 클릭하면 check_details() 함수가 호출된다. 이 함수는 거래의 세부사항을 서버에 요청한다.

```
function check_details() {
    var amount_ = $('#amount').val();
    $.ajax({
        method: 'GET',
        url: '/request?amount='+amount_+'&browser=1',
        datatype:'binary',
        processData: false,
        success: function(data) {
            get_payment_details(data);
        }
    });
}
```

이 요청에 응답해서 서버가 보낸 결제 세부사항 자료는 get_payment_details() 함수로 전달된다. 이 함수는 서버의 자료를 적절히 분석해서 고객에게 결제 세부사항을 표시한다.

```javascript
function get_payment_details(rawbody) {
    try {
        var body = PaymentProtocol.PaymentRequest.decode(rawbody);
        var request = (new PaymentProtocol()).makePaymentRequest(body);
        var version = request.get('payment_details_version');
        var pki_type = request.get('pki_type');
        var pki_data = request.get('pki_data');
        var serializedDetails =
            request.get('serialized_payment_details');
        var signature = request.get('signature');
        var verified = request.verify();
        verified=(verified) ? "Valid" : verified;
        var decodedDetails =
            PaymentProtocol.PaymentDetails.decode(serializedDetails);
        var details =
            new PaymentProtocol().makePaymentDetails(decodedDetails);
        var network = details.get('network');
        var outputs = details.get('outputs');
        var time = details.get('time');
        var expires = details.get('expires');
        var memo = details.get('memo');
        var payment_url = details.get('payment_url');
        var merchant_data = details.get('merchant_data');

        $('.details').append('<h3>Invoice :</h3><ul><li> Network : '+network+'</l
i><li>Transaction Timestamp : '+time+'</li><li>Expiration Date: '+expires+'</li><l
i>Merchant data : '+merchant_data+'</li><li> Merchant Signature verification: '+ve
rified+'</li><li>Memo: '+memo+'</li><li> Total : 0.0088888</li>');
    } catch (e) {
      console.log(('Could not parse payment protocol: ' + e));
    }
}
```

이 함수는 중요한 결제 세부사항들을 표시한다. 특히, request.verify()가 돌려준 판매자 신원 검증 결과가 매우 중요하다. request.verify()는 결제 요청 서명을 이용해서 판매자의 신원을 검증한다.

TIP 앞단을 이처럼 처음부터 직접 구축하는 대신, Yoman 생성기 같은 비계(scaffolding) 도구를 이용하면 새 웹 프로젝트의 구조를 단 몇 초 만에 생성할 수 있다.

이제 프로젝트의 서버 쪽 구성요소가 모두 완성되었다. 그럼 지금까지의 결과를 확인해 보자.

2.3.6 웹 응용 프로그램 미리 보기

이제 지금까지 만든 것이 잘 작동하는지 살펴볼 차례이다. 우선 프로젝트 루트 디렉터리 (bitcoin_payment/)에서 npm start를 실행해서 판매자 서버를 시동한다. 그런 다음 웹 브라우저로 http://<지역 컴퓨터 IP>:3000/checkout에 접속한다.

모든 것이 잘 되었다면, 다음 스크린숏처럼 제품 하나와 **Pay with BTC** 버튼이 있는 웹페이지가 브라우저에 표시될 것이다.

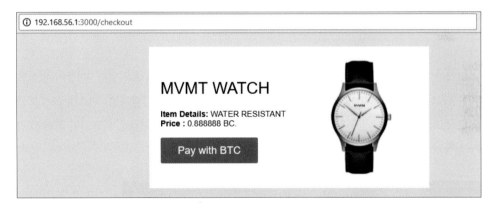

TIP 개발 과정에서 실제 웹 서버 주소로 웹 응용 프로그램을 시험해보고 싶다면, 지역 호스트 설정 파일(우분투의 경우 /etc/hosts)에 <지역 IP> <도메인 이름> 형태의 행을 추가하면 된다. 예를 들어 필자는 127.0.0.1 bip70.com을 추가했다(따라서, 이후 예제에 나오는 bip70.com은 사실 127.0.0.1을 뜻한다).

클라이언트가 구매를 결심하고 **Pay with BTC** 버튼을 클릭하면, 다음과 같이 커스텀 결제 URL이 표시된 체크아웃 뷰가 나타난다.

고객이 **Transaction Details** 버튼을 클릭하면 결제 세부사항이 표시된다. 이상이 없음을 확인한 고객이 **Palyment URL:** 다음에 있는 결제 요청 URL을 클릭하면, 커스텀 프로토콜 (bitcoin:)에 따라 브라우저가 비트코인 클라이언트를 실행한다. 다음은 비트코인 코어 GUI 가 실행된 모습이다.

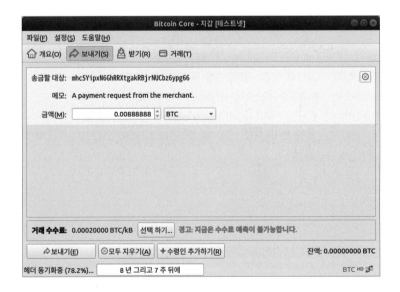

비트코인 클라이언트는 판매자의 서버에 연결해서 결제 세부사항(금액, 판매자 주소 등)을 조회하고, 결제를 위한 거래를 준비한다. 위의 화면을 보면 판매자 서버가 보낸 메모가 표시되어 있음을 확인할 수 있다. 고객은 결제 금액(텍스트 필드에 표시되어 있긴 하지만 수정할 수는 없다)을 확인한 후, 이상이 없으면 **Send**(또는 **보내기**) 버튼을 클릭한다. 그러면 거래가 비트코인 네트워크로 직접 전송된다(공표).

거래를 전송한 후, 비트코인 클라이언트는 서버가 보낸 결제 확인 메시지를 표시한다. 다음이 그러한 모습이다.

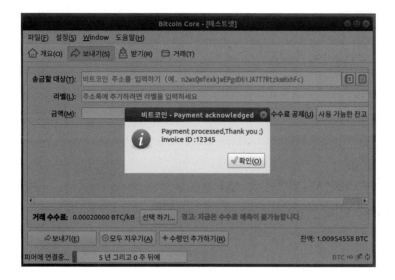

한편, 스마트폰 사용자라면 QR 코드를 스캔해서 결제를 진행할 수도 있다. 이 기능을 시험해 보려면 **Bitcoin Wallet for Testnet**이나 **copay** 같은 스마트폰용 비트코인 지갑 앱이 필요하다. 구글 플레이 스토어 등에서 그런 앱을 설치해서 실행한 후, 판매자 서버와 동일한 시험망에 접속하도록 적절히 설정하기 바란다. 그런데 결제 페이지의 QR 코드를 스캔해서 앱을 띄웠을 때, 판매자 서버의 인증서가 신뢰받는(trusted; 신뢰할 수 있는) 인증 기관이 서명한 인증서가 아니라는 이유로 결제가 진행되지 않을 수 있다. 이 문제를 해결하려면 해당 모바일 OS에 판매자 서버의 인증서를 추가해야 한다. 일단 그 문제를 해결하고 나면, 모바일 비트코인 지갑을 이용해서 쾌적하게 결제를 진행할 수 있다. 다음은 **Bitcoin Wallet for Testnet**으로 시험한 모습이다.

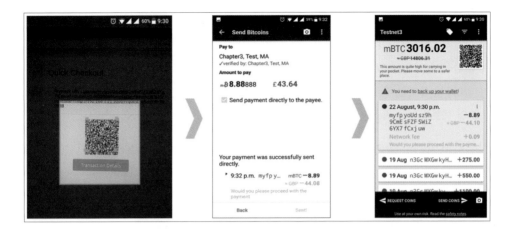

이제 비트코인으로 제품을 구매할 수 있는 온라인 웹 쇼핑몰이 완성되었다. 다음 절에서는 좀 더 심화된 실습으로, 기존의 범용 비트코인 클라이언트 대신 사용할 가벼운 비트코인 지갑을 Java로 작성해 본다.

2.4 BitcoinJ를 이용한 결제 프로토콜 구현

Java를 이용해서 비트코인 응용 프로그램을 구축하는 방법을 배우고 싶었던 독자라면 이번 절이 아주 좋은 출발점이 될 것이다. 이번 실습 예제에서는 BitcoinJ라는 라이브러리를 이용해서 비트코인 결제 프로토콜(BIP 70)을 구현하는, 그리고 앞에서 만든 Node.js 서버와 상호작용해서 결제를 처리하는 Java 비트코인 클라이언트를 작성한다.

2.4.1 사전 준비

이번 실습 예제를 따라 하려면 Java 개발 환경을 갖추어야 한다. 특히, 독자의 컴퓨터에 다음과 같은 소프트웨어들의 최신 버전이 설치되어 있다고 가정한다.

- Java 8(https://www.java.com/)
- Eclipse^{이클립스} IDE(https://www.eclipse.org/downloads)

이들을 내려받고 설치하는 구체적인 방법은 해당 제품의 공식 문서화를 참고하기 바란다.

2.4.1.1 BitcoinJ 설치

이 예제 프로젝트는 비트코인 네트워크와의 상호작용을 위해 설계된, 그리고 BIP 70(https://bitcoinj.github.io/payment-protocol) 프로토콜을 지원하는 Java 라이브러리 BitcoinJ를 사용한다. 설치와 관리의 편의를 위해 Maven의 BitcoinJ 플러그인(버전 0.14.17)을 설치하기로 한다. Java 개발자가 아닌 독자를 위해 잠깐 설명하자면, Maven은 Java 프로젝트를 위한 빌드 자동화 도구이다. Maven은 프로젝트에 필요한 의존 라이브러리들을 자동으로 내려받아서 설치해준다.

우선 할 일은 새 Maven 프로젝트를 생성하는 것이다. Eclipse를 열고 주 메뉴에서 **File | New | Other**를 선택한 후 **Maven** 폴더의 **Maven Project**를 선택해서 프로젝트 생성 과정을 적절히 진행한다(Maven 프로젝트에 익숙하지 않은 독자라면 제6장의 §6.3.2를 참고하기 바란다). 프로젝트가 생성되었으면 pom.xml 파일을 찾아서, 다음과 같이 BitcoinJ와 slf4j-api에 대한 의존성 참조 정보를 파일에 추가한다.

```
<dependency>
  <groupId>org.bitcoinj</groupId>
  <artifactId>bitcoinj-core</artifactId>
  <version>0.14.7</version>
  <scope>compile</scope>
</dependency>
<dependency>
  <groupId>org.slf4j</groupId>
  <artifactId>slf4j-simple</artifactId>
  <version>1.7.21</version>
</dependency>
```

Slf4J는 BitcoinJ가 사용하는 로깅^{logging} 프레임워크이다. 이 프레임워크로 다양한 로그 기록들을 살펴봄으로써, BitcoinJ 응용 프로그램의 작동 과정과 내부 상황을 좀 더 쉽게 파악할 수 있다. 이제 pom.xml 파일을 오른쪽 클릭한 후 **Run As | Maven**을 선택하면 필요한 라이브러리들이 갖추어진 빈 Java 프로젝트가 생성된다.

그럼 BitcoinJ를 이용한 프로그래밍을 시작해 보자.

2.4.2 BitcoinJ 비트코인 클라이언트 작성

제일 먼저, 프로젝트의 src/main/java 폴더에 Cbip70이라는 이름의 새 Java 클래스를 추가하기 바란다. 이 클래스의 main 메서드에서 판매자의 Node.js 서버와의 상호작용을 진행할 것이다.[3]

2.4.2.1 비트코인 지갑 설정

main 메서드에서는 우선 자바 로그 관리 라이브러리의 하나인 Slf4J를 이용해서 로깅을 활성화한다. 이에 의해, 이후 로그가 기본 형식보다 좀 더 간결한 형식으로 출력된다.

```
BriefLogFormatter.init();
```

그런 다음에는 이 클라이언트가 사용할 비트코인 네트워크를 지정한다. Node.js 서버가 이미 시험망에서 돌아가고 있으므로, 다음과 같이 시험망을 선택하면 된다.

```
final static NetworkParameters params = TestNet3Params.get();
```

실제 비트코인 네트워크를 사용하고 싶다면 TestNet3Params 대신 MainNetParams를, 회귀 시험 모드를 사용하고 싶다면 RegTestParams를 이용하면 된다.

다음으로, WalletAppKit 객체를 생성해서 하나의 경량 **SPV**(Simplified Payment Verification; 단순화된 결제 검증) BitcoinJ 지갑을 만든다. BitcoinJ의 문서화에 나와 있듯이, WalletAppKit은 새 SPV BitcoinJ 앱을 설정하는 데 필요한 틀들(Peers, BlockChain, BlockStorage, Wallet)을 감싼 클래스이다.

```
WalletAppKit kit =
    new WalletAppKit(params, new File("."), "walletappkit");
```

이 객체를 생성하면, 생성자의 셋째 인수가 파일 이름이고 파일 확장자는 각각 .wallet

---

3 이하의 설명은 단계별 따라 하기 방식이 아니라 코드의 주요 부분을 논리적인 순서로 설명하는 방식으로 진행됨을 주의하기 바란다. 전체 소스 코드는 https://github.com/bellaj/BitcoinJ_Bip70/blob/master/src/main/java/org/chapter6/BitcoinJClient/Cbip70.java에 있다.

과 .spvchain인 두 파일이 생성자의 둘째 인수로 지정된 디렉터리에 생성된다. 전자는 지갑 정보를 담고, 후자는 블록체인 정보를 담는다. 지금 예에서는 프로젝트 루트 폴더(.)에 `walletappkit.wallet`과 `walletappkit.spvchain`이 만들어진다. `WalletAppKit`이 잘 생성되었으면 다음과 같이 블록체인 다운로드 과정을 시작하고 다운로드가 끝날 때까지 기다린다.

```
kit.startAsync();
kit.awaitRunning();
```

이 `kit`은 비트코인 네트워크의 다른 노드들에 연결된 하나의 비트코인 노드로 작동해서, 블록체인과 동기화한다(헤더들만 내려받는다).

TIP 회귀 시험 모드에서 kit 객체를 지역 비트코인 클라이언트에 연결하고 싶다면 `kit.connectToLocalHost()` 메서드를 사용하면 된다. 사용 가능한 다른 여러 메서드와 그 내부 작동 방식에 관한 좀 더 자세한 사항은 WalletAppKit 클래스의 문서화와 소스 코드를 살펴보기 바란다.

다음으로, 고객의 비트코인 주소를 대표하는 객체를 생성하고 주소와 잔액을 출력한다.

```
Address CustomerAddress=kit.wallet().currentReceiveAddress();
System.out.println("Customer's address : " + CustomerAddress);
System.out.println("Customer's Balance : "+kit.wallet().getBalance());
```

이제 지갑을 사용할 준비가 되었다. 그 전에, 고객의 비트코인 주소(`currentReceive Address` 메서드가 출력한)에 자금을 좀 채워 넣어야 한다. 제1장 §1.2.2.1을 참고해서 온라인 수도꼭지에서 그 주소로 비트코인을 전송하기 바란다. 그런 다음 지금까지의 코드로 클라이언트를 실행하면, 다음과 같이 Eclipse IDE의 콘솔 창에 블록체인 동기화 상태에 관한 정보와 함께 고객의 비트코인 주소와 잔액(balance)이 표시될 것이다. 잔액이 0이 아니어야 한다.

2.4.2.2 결제 요청 처리

이제 판매자가 보낸 BIT 70 URI를 읽어서 결제를 진행하는 기능을 추가해 보자. 이 클라이언트를 비트코인 URI 프로토콜 bitcoin:에 대한 처리기로 등록해서 비트코인 결제 URL을 가져오는 것도 그리 어려운 일은 아니지만, 간결함을 위해 여기서는 그냥 Node.js 서버가 제공한 결제 URL을 하나의 지역 변수에 직접 배정하기로 한다(URL에서 이 예제와 무관한 인자들은 생략했다).

```
String url = "bitcoin:mhc5YipxN6GhRRXtgakRBjrNUCbz6ypg66?r=http://bip70.com:3000/
request?amount=888888";
```

이 URL에서 중요한 부분은 r 인자의 값이다. 이 값은 판매자 서버의 한 URL이므로, 독자의 Node.js 서버 IP나 도메인 이름에 맞게 적절히 수정하기 바란다.

이 URL을 이용해서 판매자에게 결제 세부사항을 요청하기 전에, 고객의 지갑에 비트코인 자금이 있는지부터 점검하자.

```
if (Float.parseFloat(String.valueOf(kit.wallet().getBalance())) == 0.0){
    System.out.println(
        "Please send some testnet Bitcoins to your address "
        + kit.wallet().currentReceiveAddress());
} else {
    sendPaymentRequest(url, kit);
}
```

자금이 있다면, sendPaymentRequest() 메서드를 호출해서 결제 정보를 요청한다. 이 메서드의 정의는 다음과 같다.

```
private static void sendPaymentRequest(String location,
    WalletAppKit k) {
    try {
        if (location.startsWith("bitcoin")) {
            BitcoinURI paymentRequestURI = new BitcoinURI(location);
            ListenableFuture<PaymentSession> future =
                PaymentSession.createFromBitcoinUri
                    (paymentRequestURI,true);
```

```
            PaymentSession session = future.get();

            if (session.isExpired()) {
                log.warn("request expired!");
            } else { // 결제 요청은 일정 시간 동안만 유효하다.
                send(session, k);
                System.exit(1);
            }
        } else {
            log.info("Try to open the payment request as a file");
        }
    } catch (Exception e) {
        System.err.println( e.getMessage());
    }
}
```

이 메서드는 두 부분으로 이루어진다. 첫 부분은 비트코인 URI를 파싱해서 결제 세부사항을 요청할 URL을 얻고, 둘째 부분은 send() 메서드를 이용해서 요청을 전송한다.

PaymentSession 클래스의 createFromBitcoinUri 메서드는 주어진 결제 요청 URI를 이용해서 결제 세션을 시작한다. 이 메서드의 둘째 인수가 true이면 시스템의 신뢰 저장소(trust store)가 결제 요청의 서명을 검증한다. 만일 서명이 유효하지 않으면 CertPathValidator Exception 예외가 발생한다. future.get() 메서드는 결제 요청을 파싱한 결과를 담은 결제 세션 객체를 돌려준다.

결제 세션이 확립되면, send() 메서드를 호출해서 결제를 진행한다. 이 과정에서 다양한 종류의 예외가 발생할 수 있는데, 여기서는 코드의 간결함을 위해 그냥 하나의 전역 try/catch 절을 이용해서 모든 종류의 예외를 처리한다.

2.4.2.3 결제 대금 전송

그럼 결제를 실제로 진행하는 send 메서드를 살펴보자. 결제 대금을 전송하기 전에 이 메서드는 먼저 결제 요청의 세부사항을 점검하는데, 특히 판매자의 x509 인증서가 유효한지 확인한다. 또한, 고객이 눈으로 보고 확인할 수 있도록 결제 세부사항을 콘솔 창에 출력한다.

```
private static void send(PaymentSession session,WalletAppKit k) {
    log.info("Payment Request");
```

```
log.info("Amount to Pay: " +
    session.getValue().toFriendlyString());
log.info("Date: " + session.getDate());
// 판매자의 메모에는 결제할 제품의 이름이 들어 있을 것이다.
log.info("Message from merchant : " + session.getMemo());
PaymentProtocol.PkiVerificationData identity = session.verifyPki();

if (identity != null) {
    // 인증서에서 추출한 판매자 신원
    log.info("Payment requester: " + identity.displayName);
    // 인증서를 발급한 인증 기관(CA)
    log.info("Certificate authority: " +
        identity.rootAuthorityName);
}
```

여기에서 중요한 것은 PKI 시스템을 이용해서 판매자의 신원과 서명을 확인하는 것이다. 특히, session.verifyPki() 호출은 판매자의 DER 인증서(PaymentRequest의 서명에 쓰인 개인 키에 대응되는 공개 키를 담은)가 신뢰받는 루트 인증 기관이 서명한 인증서인지 확인한다. 인증서가 유효하다면 판매자의 신원과 해당 인증 기관을 출력한다.

다음으로, send 메서드는 getSendRequest 메서드를 호출해서 판매자에게 보낼 대금이 정확히 얼마인지 조회한다. 아직은 요청에 담긴 거래가 완료되지 않았다. 거래가 완료되려면 클라이언트가 completeTx 메서드를 호출해서 결제 거래를 승인해 주어야 한다. 이 메서드는 결제 요청 객체에 담긴 지시사항들에 따라 적절한 출력들과 서명된 입력을 거래에 추가한다. 그런 다음 클라이언트는 환불 주소와 간단한 메모를 포함한 결제 거래를 판매자에게 전송한다.

```
final SendRequest request = session.getSendRequest();
k.wallet().completeTx(request);
String customerMemo = "Nice Website";
Address refundAddress =
    new Address(params,"mfcjN5E6vp2NWpMvH7TM2xvTywzRtNvZWR");
ListenableFuture<PaymentProtocol.Ack> future = session.sendPayment(
    ImmutableList.of(request.tx), refundAddress, customerMemo);

if (future != null) {
    PaymentProtocol.Ack ack = future.get();
    ...
```

여기서 completeTx 메서드는 getSendRequest 메서드가 돌려준 송금 요청 객체에 담긴 대금을 완전하게 지급하는 거래를 생성한다. 그다음의 sendPayment 메서드가 거래를 비트코인 네트워크에 실제로 공표하지는 않는다. 이 메서드는 고객이 결제를 승인했음을 알리는, 그리고 환불 주소를 담은 결제 승인 메시지를 판매자에게 전송한다.

좀 더 구체적으로 말하면, 만일 판매자의 결제 요청에 결제 요청 URL(payment_url 인수)이 지정되어 있다면, 이 메서드는 결제 메시지를 직렬화한 문자열을 본문으로 해서 그 URL에 POST 요청을 보낸다. 그러면 서버가 결제 거래를 비트코인 네트워크로 전달한다.

결제 승인 메시지를 보낸 클라이언트는 서버의 확인 메시지를 기다렸다가 그 메시지를 출력한다.

```
...
System.out.println("Memo from merchant :"+ack.getMemo());
...
```

그런 다음에는 주어진 거래를 고객 지갑의 미결 풀(pending pool)에 집어넣는다.

```
...
kit.wallet().commitTx(request.tx);
...
```

잠시 Node.js 서버(server.js)로 돌아가서, 고객이 승인한 결제 거래를 비트코인 네트워크로 공표하는 기능을 구현하자. 이를 위해, /payment 경로에 대한 HTTP(S) 요청을 처리하는 부분에 다음과 같이 chain.so 웹 API를 이용해서 원 거래를 공표하는(제1장 §1.2.3.3 참고) 코드를 추가한다.

```
...
    var Rawtransaction = payment.get('transactions')[0].toBuffer();
    var TransactionToBrodcast =
        new bitcore_lib.Transaction(Rawtransaction).toString('hex');
    var ack = new PaymentProtocol().makePaymentACK();
    ack.set('payment', payment.message);
    console.log("the merchant brodcast")
```

```
    var Sendingoptions = {
        method: 'POST',
        url: 'https://chain.so/api/v2/send_tx/BTCTEST',
        body: { tx_hex: TransactionToBrodcast },
        json: true };

    rp(Sendingoptions).then(function (response) {
        var Jresponse= JSON.stringify(response);
        ack.set('memo', 'Payment processed,Thank you ;) \ninvoice ID :'
            + req.query.id + "\nTransaction Details : "+Jresponse );
    var rawack = ack.serialize();
    res.set({
        'Content-Type': PaymentProtocol.PAYMENT_ACK_CONTENT_TYPE,
        'Content-Length': rawack.length,
        });
    res.send(rawack);
});
...
```

이 예제에서는 생략했지만, 실제 응용 프로그램이라면 거래를 공표한 후 거래가 결제의 조건들을 만족하는지를 서버가 점검해야 할 것이다. 또한, 거래가 다양한 이유로 실패할 수 있으므로, 결제 대금이 들어왔는지 먼저 확인한 후에 확인 메시지를 보내야 할 것이다.

다시 클라이언트로 돌아가서, 만일 판매자 서버의 비트코인 URI에 결제 요청 URL이 들어 있지 않으면, 서명된 거래를 클라이언트가 직접 공표한다.

```
...
} else {
    Wallet.SendResult sendResult = new Wallet.SendResult();
    sendResult.tx = request.tx;
    sendResult.broadcast =
        kit.peerGroup().broadcastTransaction(request.tx);
    sendResult.broadcastComplete = sendResult.broadcast.future();
}
```

이제 모든 처리가 끝났으므로, 실행 중인 모든 서비스를 적절히 종료하고 응용 프로그램을 끝낸다.

```
log.info("stopping.."); kit.stopAsync(); kit.awaitTerminated();
```

이렇게 해서 여러분의 첫 BitcoinJ 응용 프로그램이 완성되었다. 이 실습 예제의 전체 소스 코드가 GitHub의 https://github.com/bellaj/BitcoinJ_Bip70에 있다.

2.4.2.4 프로젝트 시험

이제 이 예제 프로젝트가 제대로 작동하는지 시험해 볼 차례이다. 프로젝트를 실행하기 전에, BitcoinJ가 서버의 인증서를 검증하는 데 사용할 키들을 담은 신뢰 저장소(신뢰받는 키 저장소)를 정의해야 한다. 이를 위해 다음과 같이 keytool 명령을 실행한다(keytool은 Java가 제공하는 기본 유틸리티 중 하나이다. 이에 관한 자세한 사항은 오라클의 공식 Java 문서화를 참고하기 바란다).

```
$ keytool -import -keystore clientkeystore -file <판매자 인증서 디렉터리>/cert.
der -alias bip70.com -storepass changeit
```

이 명령을 실행하면 clientkeystore라는 파일이 만들어진다. 이 파일을 Eclipse 프로젝트에 적절히 도입(import)하고, **Run As**를 클릭한 후 **Run Configurations** 대화상자의 **Arguments** 탭에 있는 **VM arguments** 입력 상자에 -Djavax.net.ssl.trustStore=clientkeystore라는 매개변수를 추가한다.

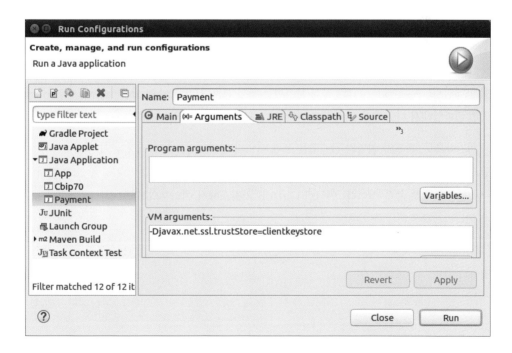

TIP 커스텀 신뢰 저장소를 이런 식으로 지정하는 대신, createFromBitcoinUri 메서드 호출 시 셋째 매개변수에 지역 키 저장소가 지정된 TrustStoreLoader 객체를 지정하는 것도 좋은 방법이다. createFromBitcoinUri 메서드의 원형은 다음과 같다.

```
createFromBitcoinUri(BitcoinURI uri, boolean verifyPki, TrustStoreLoader trustStoreLoader)
```

셋째 인수를 지정하지 않으면 시스템의 기본 신뢰 저장소가 쓰인다.

이제 프로젝트를 컴파일하고 실행해 보기 바란다. 모든 것이 잘 되었다면 Eclipse의 콘솔 창에 SVP 지갑의 활동과 판매자의 결제 요청 세부사항이 표시될 것이며, 결제가 성공적으로 진행되었다면 거래 명세서 ID와 함께 판매자의 메모도 표시될 것이다.

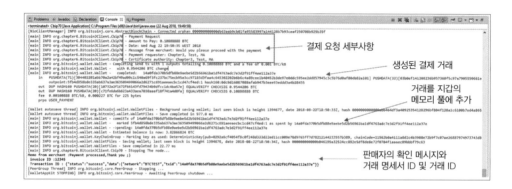

이렇게 해서, 시험망에서 BIP 70 프로토콜을 통해 결제를 진행하는 Java 클라이언트를 구축한다는 목표가 달성되었다. 지금까지의 과정에서 보았듯이 BitcoinJ는 사용하기 쉽고 강력한 프레임워크이다. BitcoinJ의 공식 문서화를 읽어 보고, BitcoinJ가 제공하는 코드 예제들도 직접 컴파일해서 시험해 보길 강력히 권한다.

마지막으로, 코드와 설명의 간결함을 위해 서버와 클라이언트의 코드를 군이 최적화하지 않았으며, 있으면 좋을 여러 기능을 과감히 생략했음을 언급한다. 예를 들어 지갑을 GUI 형태로 구축한다면 더욱 좋을 것이다. 언급한 GitHub 저장소에서 여러분의 풀 요청(pull request)을 기다리겠다.

2.5 비트코인 스마트 계약

제1장에서는 스마트 계약(smart contract)이라는 것이 블록체인에 일단의 계약 조항 (clause)들을 정의하는 하나의 프로그램이라고 간략히 소개했다. 스크립팅 언어(보안상의 이유로 기능이 제한된)를 이용해서 자금을 제어한다는 개념을 처음으로 제안한 블록체인 응용은 비트코인이지만, 사실 스마트 계약이라고 하면 사람들은 대체로 또 다른 블록체인 응용인 이더리움Ethereum을 떠올린다. 이더리움은 튜링 완전(Turing-complete) 스마트 계약 언어를 제공한다. 그밖에도 비트코인 네트워크에서 좀 더 진보된 고급 스마트 계약을 구축하고 실행하기 위한 여러 프로젝트(Rootstock, Counterparty, Ivy 등)가 탄생했다. 이번 절에서 여러분은 스마트 계약에 기초한 '비트코인 2.0'의 세계를 경험하게 될 것이다.

2.5.1 Rootstock 소개

흔히 RSK로 줄여 쓰는 Rootstock(`https://www.rsk.co`)은 튜링 완전 스마트 계약을 비트코인 생태계에 도입하기 위한 프로젝트이다. Rootstock은 '양방향 연결(two-way peg)'을 이용해서 비트코인 블록체인에 또 다른 블록체인을 부착한다. Rootstock으로 전송된(잠긴, 그리고 소비할 수 없는 특별한 주소를 통해서) 비트코인은 Rootstock 안에서 살아가는 '똑똑한 (스마트)' 비트코인이 된다. 스마트 비트코인을 나중에 비트코인 블록체인으로 다시 돌려보내는 것도 가능하다. 이처럼 기존 비트코인 블록체인에 부착한 개별적인 블록체인을 사이드체인 sidechain이라고 부른다. 내부적으로 Rootstock의 노드들은 이더리움 Java 구현의 한 이식판을 사용한다. 특히, Rootstock의 튜링 완전 언어로 작성된 스마트 계약은 EVM(이더리움 가상 기계)에서 실행된다. 더 나아가서, Rootstock은 결제 처리가 더 빠르며, 초당 최대 100건의 거래를 처리하는 수준으로 규모를 확장할 수 있다고 한다.

2.5.1.1 Rootstock 설치 및 설정

우선 할 일은 RskJ(RSK 프로토콜의 Java 구현)를 설치하는 것이다. 우분투에서는 다음과 같이 간단한 명령들로 설치할 수 있다.

```
$ sudo add-apt-repository ppa:rsksmart/rskj
$ sudo apt-get update
$ sudo apt-get install rskj
```

설치가 끝나면 다음과 같은 설정 유틸리티가 나타나서 사용할 비트코인 네트워크를 묻는다. 이번 예제에서도 시험망을 사용할 것이므로 testnet을 선택한다.

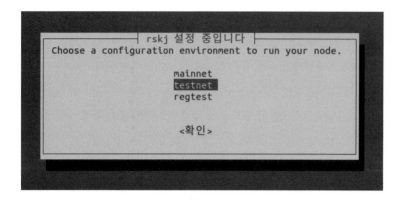

다음으로, 설치된 노드의 몇 가지 설정을 변경해야 한다. 우선 /etc/rsk/의 node.conf 파일에서 wallet 섹션을 찾아서 enabled = true를 추가하기 바란다. 이러면 계정 생성이 활성화된다.[4]

```
wallet {
  accounts = []
  enabled = true
}
```

그리고 HTTP 보안과 관련된 CORS 설정도 변경해야 한다. 같은 파일에서 cors = "localhost"를 찾아서 cors = "*"로 변경하기 바란다.

또한, 가지치기 서비스를 활성화하기 위해 prune 섹션에도 enabled = true를 추가하기 바란다.

2.5.1.2 RSK 다루기

RSK 노드의 설정을 마쳤다면, 다음 명령을 실행해서 RSK를 하나의 서비스로 실행한다.

---

4 RskJ의 버전에 따라서는 node.conf에 wallet 섹션이 아예 없을 수도 있다. 그런 경우 그냥 파일 끝에(기존의 모든 { ... } 블록 바깥에) wallet { ... } 전체를 추가하면 된다.

```
$ sudo service rsk start
```

그러면 RSK가 배경에서 데몬으로 실행되면서 블록체인(몇 GB 정도이다)을 /var/lib/rsk/
database/testnet 디렉터리에 내려받기 시작한다. 이 서비스를 재시작하거나, 중지하거나,
현재 상황을 보고 싶으면 다음 명령들을 사용하면 된다.

```
$ sudo service rsk restart
$ sudo service rsk stop
$ service rsk status
```

TIP tail -f /var/log/rsk/rsk.log 명령을 실행하면 RSK 노드의 작동 현황을 자세하게 살펴볼 수 있다.

RSK 프로젝트는 RPC 명령을 통해서 RSK 노드와 상호작용할 수 있는 유용한 콘솔도 제공
한다. 이 편의용 콘솔은 다음과 같이 npm으로 설치할 수 있다.

```
$ git clone https://github.com/rsksmart/utilities.git
$ cd utilities/console && npm install
```

설치가 끝나면 다음 명령을 실행해서 콘솔에 접속하기 바란다(기본적으로 RSK 노드는
4444번 포트에서 실행된다).

```
$ node console.js -server localhost:4444
```

RSK 콘솔에서 다양한 RPC 명령으로 RSK 스마트 노드를 조작할 수 있다. 사용 가능한
RPC 명령들은 공식 문서화(https://github.com/rsksmart/rskj/wiki/JSON-RPC-API-
compatibility-matrix)에 나와 있다.

RSK 노드는 이더리움 노드처럼 RPC를 통해서 Web3 API를 외부에 제공한다. RSK 콘솔은
web3js(이더리움 프로젝트의 일부이다)에 기초해서 JavaScript 코드로 Web3 API의 명령들
(비트코인 관련 환경에서 사용할 수 있는)을 실행하는 도구이다. 이 API에 관해서는 제4장 **이
더리움을 이용한 P2P 경매**와 제5장 **Truffle과 Drizzle을 이용한 톤틴 게임**, 그리고 제6장 **블록체인
기반 선물 시스템**에서 좀 더 이야기한다.

TIP 블록체인의 동기화가 끝났는지는 RSK 콘솔에서 web3.eth.syncing 명령으로 확인할 수 있다. 이 명령이
false를 돌려주었다면 노드가 현재 동기화 중이 아니라는 뜻이다. 또한, web3.eth.blockNumber 명령으로
블록 번호를 확인하는 것도 한 방법이다. 그 번호가 RSK 탐색기(explorer.testnet.rsk.co/blocks)에 나
온 마지막 블록의 번호와 같으면 동기화가 끝난 것이다.

2.5.1.3 계정 설정

블록체인 동기화를 기다리는 동안 RSK 콘솔에서 새 계정(계좌)을 만들어 보자.

```
$ web3.personal.newAccount('새 계정의 패스워드')
$ web3.personal.unlockAccount(web3.eth.accounts[0], '새 계정의 패스워드', 0)
```

이제 다음 명령을 실행하면 새 계정의 잔액을 확인할 수 있다.

```
$ web3.eth.getBalance(web3.eth.accounts[0]).toNumber()
```

여기서 web3.eth.accounts는 생성된 계정들을 담은 배열이다(첫 계정의 색인은 0). 새로 만든 계정이므로 당연히 잔액이 0일 것이다. 참고로, Rootstock이 사용하는 화폐를 스마트 비트코인이라고 부르며, 그 단위는 RBTC이다.[5] 예제를 실행하려면 자금이 필요한데, 보통의 비트코인처럼 온라인 '수도꼭지'들에서 시험망용 스마트 비트코인을 공짜로 받을 수 있다. http://faucet.testnet.rsk.co 같은 수도꼭지에서 자금을 충원하기 바란다.

자금을 채웠다면, 같은 명령을 다시 실행해서 잔액을 다시 확인해보기 바란다.

```
$ web3.eth.getBalance(web3.eth.accounts[0]).toNumber()
```

그런데 블록체인의 동기화가 아직 끝나지 않았다면 여전히 잔액이 0으로 나올 수 있다. 그런 경우에는 RSK 콘솔 대신 웹의 RSK 탐색기에서 잔액을 확인해 보기 바란다. 웹 브라우저에서 다음과 같은 형태의 URL을 열면 되는데, 여기서 <계정 주소>는 앞에서 web3.personal.newAccount 명령이 출력한 16진 문자열(제일 앞의 0x 포함)이다.

```
https://explorer.testnet.rsk.co/address/<계정 주소>
```

TIP 1BTC를 1RBTC로 환전할 수 있는 **Rootstock**의 사이드체인 기능('**양방향 연결**' 메커니즘)을 사용하고 싶다면, 먼저 여러분의 계정 주소를 화이트리스트에 등록하고(https://github.com/rsksmart/rskj/wiki/Whitelisting-in-RSK 참고) 여러분의 비트코인들을 **TestNet Federation**(시험망 연방) 주소 2MyqxrSnE 3GbPM6KweFnMUqtnrzkGkhT836으로 보내야 한다. 그런 다음에는 https://utils.rsk.co를 이용해서 여러분의 개인 키를 RSK 개인 키로 변환한 후 **RSK** node.conf를 통해서 여러분의 노드에 등록해야 한다.

....

5   원래는 Smart Bitcoin을 줄인 SBTC였는데 이후 Rootstock의 R로 시작하는 RBTC로 바뀌었다. Rootstock 관련 문서 중에는 여전히 SBTC를 언급하는 문서들이 남아 있으므로, SBTC라는 이름을 기억해 두면 좋을 것이다.

2.5.2 첫 번째 비트코인 스마트 계약 작성

RSK로 스마트 계약을 작성하려면 이더리움의 스마트 계약 언어인 Solidity를 사용해야 한다. 이번 장에서 Solidity 언어를 아주 자세하게 설명하지는 않겠다. 여기서는 Solidity 스마트 계약을 여러분의 RSK 노드에 배치하고 RSK 콘솔을 통해서 스마트 계약과 상호작용하는 방법만 살펴보기로 한다.

이번 절에서 시험해 볼 스마트 계약 스크립트는 다음과 같다.

```solidity
pragma solidity ^0.4.21;

contract store {
    string public Message;

    function set (string NewMessage) public {
        Message = NewMessage;
    }
}
```

간단하게만 설명하자면, 이 스마트 계약은 Message라는 변수와 그 변수에 값을 설정하는 동작을 제어하는 설정 메서드를 정의한다. 이 설정 메서드 set은 주어진 메시지를 블록체인에 저장한다.

2.5.2.1 계약의 배치

RSK 노드가 네트워크와 동기화되었다고 할 때, **Remix**리믹스라는 도구를 이용하면 계약을 네트워크에 손쉽게 배치(deployment)할 수 있다.[6] Remix는 브라우저 기반 IDE로, 개발자는 웹 브라우저 안에서 Solidity 스마트 계약을 작성, 컴파일하고 블록체인에 배치할 수 있다. Remix는 제4장 **이더리움을 이용한 P2P 경매**와 제5장 **Truffle과 Drizzle을 이용한 톤틴 게임**에서 좀 더 살펴볼 것이다.

---

6 deployment는 어떤 소프트웨어를 특정 설치 장소로 가져가서 설치하고 실행 가능한 상태로 설정하는 과정을 모두 아우르는 개념이다. deployment를 '배포'라고 옮기는 경우도 있지만, 일반적으로 배포는 deployment보다는 distribution에 좀 더 강하게 연관되므로 이 번역서에서는 '배치'를 사용한다. 배치에 원래 deployment에 해당하는 뜻이 들어 있긴 하지만(이를테면 병력 배치 등), 지금 맥락에서는 배치가 배포의 배와 설치의 치를 합쳐서 만든 용어라고 생각해도 될 것이다.

다음은 Remix를 현재 실행 중인 RSK 노드에 연결하는 과정이다.

1. 웹 브라우저에서 `http://remix.ethereum.org`에 접속해서 Remix IDE를 연다.

2. 오른쪽 창의 **Run** 탭에 있는 **Environment** 선택 목록에서 **Web3 Provider**를 선택한다.

3. 그러면 **Web3 Provider Endpoint** 입력 상자가 나타나는데, 여러분의 RSK 노드 주소 (기본은 `http://localhost:4444`)를 입력하고 **OK**를 클릭한다.

노드와 연결되면, 앞의 스마트 계약 코드를 Remix의 코드 창에 입력한 후 **Run** 탭의 **Deploy** 버튼을 클릭한다. 그러면 입력된 스마트 계약을 배치하는 거래가 네트워크에 전송된다. RSK VM은 이더리움 VM에 기초하므로, 스마트 계약의 배치와 상호작용에 따르는 비용은 가스^{gas} 단위로 계산된다. 그렇지만 결국에는 가스 대금이 RBTC로 지급된다.

계약이 RSK로 전송되는 동안 Remix는 코드 창 아래의 콘솔에 중요한 정보를 표시한다.

TIP Solidity 컴파일러 버전 0.5에서 하위 호환성을 깨는 변화가 있었기 때문에, 앞에 나온 스마트 계약을 오류 없이 컴파일하려면 예전 버전(이를테면 버전 0.4.25+ 등)을 사용해야 한다. 컴파일러 버전은 코드 창 오른쪽 의 **Compile** 탭에서 변경할 수 있는데, 좀 더 자세한 사항은 공식 문서화(`https://remix.readthedocs.io/en/latest/settings_tab.html`)를 참고하기 바란다.

2.5.2.2 계약과 상호작용

계약이 시험망에 성공적으로 배치되었으면 이제 계약과 상호작용할 수 있다. 상호작용에도 Remix를 사용한다. 배치가 성공하면 계약의 실행 가능한 메서드들이 Remix의 오른쪽 창에 나타난다. 지금 예제에서는 `set` 메서드가 나타나는데, 그 오른쪽 입력 필드에 메서드 인수를 입력한 후 메서드 이름을 클릭하면 메서드가 실행된다. 다음은 `hello`라는 문자열을 큰따옴표로 감싸서 지정한 후 그 메서드를 실행한 모습이다.

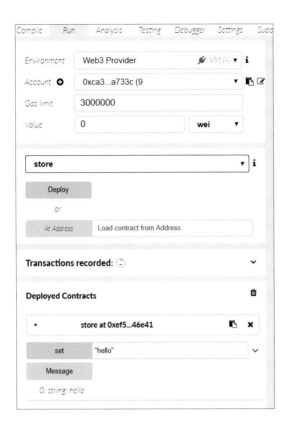

파란 **Message** 버튼을 클릭하면 Remix는 계약의 저장소에서 Message라는 이름의 변수에 담긴 값을 조회해서 표시한다. 앞의 그림에서 보듯이, 방금 설정한 문자열 hello가 출력된다.

이상으로 여러분의 첫 번째 스마트 계약을 작성하고 RSK 시험망에 성공적으로 배치해 보았다. 스마트 계약을 시험망이 아니라 RSK의 주 네트워크에 배치하고 싶다면 RSK 팀에 요청해서 여러분의 계정을 화이트리스트에 추가해야 한다. 주 네트워크는 화이트리스트에 있는 계정들만 받아들이기 때문이다.

고급 스마트 계약 기능을 비트코인에 도입하는 프로젝트가 Rootstock뿐인 것은 아니다. **Counterparty** 같은 다른 여러 프로젝트도 이더리움의 것과 비슷한 스마트 계약과 DApp 구축을 가능하게 하는 비트코인 기반 프로토콜을 제공한다. **Ivy**도 그런 프로젝트이지만, 이더리움의 것과는 다른 자신만의 스마트 계약 언어(비트코인 스크립트로 컴파일되는)를 사용한다. Ivy를 시험해 보고 싶다면 https://ivy-lang.org/bitcoin에 있는 온라인 계약 작성 도구를 사용하기 바란다.

2.6 요약

이번 장에서는 가장 유명한 블록체인인 비트코인을 이용해서 실제로 사용 가능한 응용 프로그램을 작성해 보았다. 이제 여러분도 비트코인 기술을 결제 시스템으로 또는 고급 스마트 계약을 실행하는 플랫폼으로 활용할 수 있는, 번듯한 블록체인 프로그래머의 자격을 갖추었다고 할 수 있다.

이번 장의 실습 예제들을 통해서 우리는 비트코인을 좀 더 깊게 이해할 수 있었으며, 비트코인의 스크립팅 메커니즘도 어느 정도 자세히 살펴보았다. 더욱 중요한 것은, bitcore 라이브러리를 이용해서 비트코인 결제 기능을 웹 응용 프로그램 또는 데스크톱용 응용 프로그램에 추가하는 방법을 배웠다는 것이다. 이번 장에서는 또한 RSK 네트워크를 이용해서 Solidity 언어에 기초한 스마트 계약을 비트코인 환경에 배치하고 상호작용하는 방법도 배웠다.

다음 장에는 더욱더 흥미로운 실습 예제가 등장한다. 다음 장에서는 비트코인의 소스 코드를 이용해서 우리만의 암호화폐를 만들어 본다. 다음 장의 실습 예제는 여러분이 비트코인의 프로토콜을, 그리고 블록체인 전반을 좀 더 깊게 이해할 아주 좋은 기회가 될 것이다.

## 제3장

나만의 암호화폐 만들기

제2장에서는 비트코인 결제 프로토콜에 기초한 결제 시스템을 구축하는 실습 예제를 통해서 비트코인의 주요 개념을 학습했다. 또한, 제2장에서는 진보된 스마트 계약 기능을 비트코인에 도입하는 Rootstock 같은 프로젝트들을 활용하는 방법도 배웠다. 그렇긴 하지만, 블록체인을 깊게 이해하고 숙지하는 데는 나만의 암호화폐를 직접 만들어 보는 것보다 나은 방법이 없다. 암호화폐를 무에서 창조해 내는 것은 이 책의 범위를 넘는 주제이다. 대신 이번 장에서는 기존의 비트코인 소스 코드에 기초해서 새로운 암호화폐를 만드는 방법을 살펴본다.

이번 장에서는 비트코인의 기능성을 거의 다 제공하는 대안 암호화폐(흔히 **알트코인**altcoin이라고 부르는)를 구축하는 데 필요한 기본 개념을 설명한다. 이번 장에서 만드는 대안 암호화폐의 이름은 독자(reader)가 만든 알트코인이라는 의미를 담은 리더코인Readercoin이다. 이번 장은 비트코인을 복제하고 커스텀화해서 새 암호화폐를 만드는 과정을 설명한다.

이번 장은 크게 두 부분으로 나뉜다.

- 비트코인 소스 코드 컴파일
- 리더코인의 설계와 구축

독자의 프로그래밍 실력이 아주 뛰어나지 않아도, 그리고 비트코인의 세부사항을 깊게 알지 않아도 따라 할 수 있도록, 주요 단계의 실행 명령들을 구체적으로 제시해 두었다. 이번 장을 다 읽고 나면 여러분도 비트코인을 복제해서 자신만의 암호화폐를 구축할 수 있게 될 것이다.

3.1 비트코인 소스 코드 컴파일

비트코인 프로젝트는 MIT 라이선스 하에서 배포되는 오픈소스 프로젝트이다. 이는 여러분도 비트코인의 소스 코드를 수정해서 자신만의 암호화폐를 만들 수 있다는 뜻이다. 새 암호화폐를 구축하는 첫 단계로, 일단은 빌드 과정에 익숙해지는 것을 목표로 삼아서 비트코인 소스 코드를 수정 없이 컴파일해 보자.

3.1.1 빌드 시스템 준비

이번 실습을 제대로 따라 하려면 다음과 같은 요소들을 갖추어야 한다.

- 두 대 이상의 컴퓨터 또는 가상 기계(VM): 이하의 내용은 노트북과 그 안에서 실행되는 우분투 16.04 VM을 기준으로 한다. 우분투의 다른 버전(14.04나 17.04 등)에서도 잘 작동할 것이다.

- 텍스트 편집 소프트웨어. 필자는 nano를 사용한다.

- 시간과 인내심, 그리고 대량의 커피.

C++ 프로그래밍에 관한 기본적인 지식이 있으면 크게 도움이 될 것이다. 적어도, 기본적인 컴파일 오류들을 이해하고 수정할 정도의 지식은 있어야 한다. 또한, 이번 장에는 비트코인 프로토콜과 관련된 여러 기술적 주제들이 등장하므로, 이 책의 이전 장들과 함께 비트코인 공식 문서화(https://bitcoin.org/en/developer-documentation)도 수시로 참고하는 것이 좋겠다.

3.1.1.1 빌드 도구 및 의존 라이브러리 설치

우선, 이번 장의 실습 예제들에서 사용할 비트코인 소스 코드는 비트코인 프로토콜을 가장 완전하게 구현한 프로젝트인 비트코인 코어 프로젝트의 소스 코드임을 밝혀 둔다. 이 프로젝트는 다음과 같은 여러 외부 라이브러리에 의존한다.

- libssl: OpenSSL(https://www.openssl.org) 중 TLS 지원 부분
- Boost C++: 다중 스레드, 파일 시스템 연산, 의사난수 생성 같은 다양한 기능을 위한 알고리즘과 자료 구조를 제공하는 일단의 라이브러리들(https://www.boost.org 참고)

- libevent: 이벤트 통지 라이브러리(http://libevent.org 참고)

- Miniupnpc: UPnP IGD 클라이언트(방화벽 점프 지원)(https://github.com/miniupnp/miniupnp)

- libdb4.8: 지갑 정보를 저장할 버클리 데이터베이스(wallet.dat 파일)을 위한 라이브러리(https://github.com/berkeleydb/libdb)

- Qt: Qt SDK(GUI 클라이언트에만 필요함)(https://www.qt.io)

- Protobuf: 결제 프로토콜에 쓰이는 자료 교환 형식(GUI 클라이언트에만 필요함)(https://github.com/protocolbuffers/protobuf)

이 의존 라이브러리들을 설치하려면 먼저 기존 패키지들을 갱신하고 업그레이드해야 한다.

```
$ sudo apt-get update
$ sudo apt-get upgrade
```

이제 컴파일을 위한 필수 도구들부터 설치하자. 다음처럼 여러 도구를 하나의 apt-get 명령으로 설치할 수 있다.

```
$ sudo apt-get install build-essential libtool autotools-dev automake pkg-config libssl-dev libevent-dev bsdmainutils python3 git
```

설치 과정에서 출력되는 메시지들을 잘 살펴보고 뭔가 문제가 발생하지는 않았는지 확인하기 바란다. 설치가 잘 되었다면, 다음으로는 Boost C++ 라이브러리 중 이번 장의 실습들에 필요한 부분만 설치한다.

```
$ sudo apt-get install libboost-system-dev libboost-filesystem-dev libboost-chrono-dev libboost-program-options-dev libboost-test-dev libboost-thread-dev
```

이 설치에 뭔가 문제가 있다면, 그냥 다음 명령을 이용해서 Boost 개발 패키지들을 모두 설치해 보기 바란다.

```
$ sudo apt-get install libboost-all-dev
```

그런 다음에는 버클리 데이터베이스(Berkeley DB) 라이브러리를 설치한다. 비트코인 코어는 지갑 정보는 물론이고 지갑이 제대로 작동하는 데 필요한 기타 정보도 버클리 데이터베이스에 저장한다(지갑 파일들은 BDB에, 블록체인 색인들은 LevelDB에 저장한다).

다음은 버클리 DB 라이브러리 4.8을 설치하는 명령들이다.

```
$ sudo apt-get install software-properties-common
$ sudo add-apt-repository ppa:bitcoin/bitcoin
$ sudo apt-get update
$ sudo apt-get install libdb4.8-dev libdb4.8++-dev
```

bitcoin-qt를 위한 의존 라이브러리 설치

Qt5 기반 비트코인 GUI 클라이언트인 bitcoin-qt를 빌드하려면 Qt5 관련 의존 라이브러리들을 설치해야 한다.

```
$ sudo apt-get install libqt5gui5 libqt5core5a libqt5dbus5 qttools5-dev qttools5
-dev-tools libprotobuf-dev protobuf-compiler qt5-default
```

이제 모든 빌드 도구와 의존 라이브러리들이 갖추어졌다. 그럼 이 빌드 시스템을 이용해서 비트코인 소스 코드를 컴파일해보자.

3.1.1.2 비트코인 소스 코드 복제

우선, 독자의 홈 디렉터리에 workspace/라는 디렉터리를 생성하고 그 디렉터리로 들어가기 바란다. 여기에 비트코인 소스 코드를 내려받을 것이다.

```
$ mkdir workspace && cd workspace
```

비트코인 소스 코드는 git을 이용해서 내려받기로 한다. 다음은 GitHub의 비트코인 코어 저장소에 있는 최신 버전의 소스 코드를 현재 디렉터리에 복제하는 명령이다.

```
$ git clone https://github.com/bitcoin/bitcoin.git && cd bitcoin
```

소스 코드를 모두 내려받으려면 시간이 좀 걸릴 것이다. 복제가 끝나면 bitcoin/라는 새 디렉터리가 생긴다. 그 안에 비트코인 코어의 모든 소스 코드가 들어 있다.

3.1.2 비트코인 코어 빌드하기

의존 라이브러리들이 모두 갖추어져 있다고 할 때, 앞에서 설치한 autotools(GNU 빌드 시스템)를 이용해서 빌드 과정을 자동으로 진행할 수 있다. bitcoin/이 현재 디렉터리(작업 디렉터리)인 상태에서 다음 명령들을 차례로 실행하면 된다.

```
$ ./autogen.sh
$ ./configure --with-gui=qt5 --enable-debug
$ sudo make
```

둘째 명령의 두 옵션 with-gui와 enable-debug 앞에 빈칸이 있다는 점과 - 기호가 두 개라는 점을 주의하기 바란다.

원한다면 configure 명령에 추가적인 옵션을 지정해서, 이를테면 실행 파일의 최종 위치를 변경하는 것도 가능하다. 이 명령에 지정할 수 있는 다양한 옵션을 https://github.com/bitcoin/bitcoin/blob/master/doc/build-unix.md에서 볼 수 있다.

configure 명령에 지정한 두 옵션 중 --with-gui=qt5는 GUI 클라이언트도 빌드하라는 뜻이고, --enable-debug는 디버그 정보를 생성하라는 뜻이다. 만일 명령줄 클라이언트(bitcoin-cli)만 빌드하고 싶다면 --with-gui=qt5 대신 --without-gui를 지정하면 된다(비트코인 데몬 bitcoind는 두 경우 모두 빌드된다).

TIP 빌드에 걸리는 시간을 줄이고 싶다면, --disable-tests 인수를 지정해서 시험용 코드 생성을 생략하면 된다.

make 명령을 실행하면 컴파일이 시작되는데, 시간이 꽤 걸린다. 기다리는 동안 커피 한 잔을 즐기는 것도 좋겠다.

의존 라이브러리들이 제대로 설치되어 있었다면 별 오류 없이 컴파일이 끝났을 것이다. 오류가 있다면 적절히 해결한 후 다시 make 명령을 실행하기 바란다.

TIP make를 실행하기 전에 Qt의 빌드 도구인 qmake를 실행하거나, Qt Creator를 설치하고 contrib 폴더에 있는 bitcoin-qt.pro 파일을 열어서 빌드를 진행해도 된다.

이제 비트코인 코어가 모두 빌드되었다. 원한다면 다음 명령으로 실행 파일들을 시스템 경로에 설치할 수도 있다.

```
$ sudo make install
```

이 명령을 실행하면 비트코인 명령들이 PATH에 추가되므로, 어느 디렉터리에서나 `bitcoin-qt` 또는 `bitcoind`를 실행할 수 있다. 소스 코드를 변경했다면 매번 다시 `make`와 `make install`을 실행해 주어야 한다는 점을 기억하기 바란다.

이렇게 해서 소스 코드로부터 비트코인 코어를 성공적으로 컴파일해 보았다.

3.1.2.1 빌드 결과 점검

그럼 비트코인 코어가 실제로 빌드되었는지, 특히 실행 파일들이 잘 만들어졌는지 살펴보자. `bitcoin/` 디렉터리에서 다음 명령들을 실행해 세 실행 파일이 실제로 해당 디렉터리에 있는지 확인하기 바란다.

```
$ ls src/bitcoind
$ ls src/bitcoin-cli
$ ls src/qt/bitcoin-qt
```

실행 파일들이 있다면, 실제로 실행도 해 보자. 예를 들어 터미널에서 `./src/qt/bitcoin-qt`를 실행하면 다음과 같이 비트코인 코어의 '환영합니다' 창이 나타날 것이다[1].

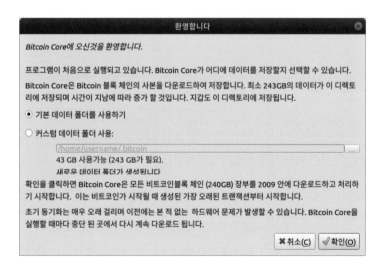

---

[1] 실행 시 설정 파일을 찾지 못했다는 오류가 날 수도 있는데, 그런 경우 제1장을 참고해서 `bitcoin.conf` 파일을 새로 만들고 다음과 같이 그 파일의 경로를 -conf 옵션으로 지정해서 실행해보기 바란다.

```
$ src/qt/bitcoin-qt -conf=<절대경로>/bitcoin.conf
```

이제 새로운 알트코인을 만드는 데 필요한 빌드 환경이 온전하게 갖추어졌다. 그럼 나만의 대안 암호화폐를 만드는 단계로 넘어가자.

3.2 새 암호화폐: 리더코인

드디어 이번 장의 메인 이벤트가 시작된다!

비록 비트코인 소스 코드를 복제해서 만드는 것이긴 하지만, 리더코인을 비트코인과는 다르게 설계하려고 한다. 특히, 화폐의 이름과 겉모습은 물론, 새 화폐를 찍어내는 방식과 사용자에게 공급하는 방식도 비트코인과는 조금 다르게 만들기로 한다.

다음은 **리더코인**의 주요 매개변수들이다.

화폐 이름	리더코인^{Redercoin}
통화 단위	RDC
블록 시간	2.5분
초기 블록 보상	10
반감기	매 10만 블록(174일)
포트 번호	RPC 포트: 19333
	P2P 포트: 9333
총 공급액	200만 RDC
난이도 조정	576블록 이후에
블록 크기	최대 8MB

3.2.1 비트코인 소스 코드 복제

비트코인 코어는 새 릴리스가 자주 나오는 아주 활발한 프로젝트이다. 이 글을 쓰는 현재 비트코인의 최신 버전은 0.15이다. 버전 역사는 https://bitcoin.org/en/version-history에서 볼 수 있다. 버전이 바뀔 때마다 많은 기능이 추가되거나 제거된다. 따라서, 여러분이 관심을 두는 특정 기능이 특정 버전에 있는지를 확인하려면 변경 내역(change log)을 살펴볼 필요가 있다. 예를 들어 내부 채굴(internal mining) 기능은 버전 0.13에서 제거되었다.

이번 실습은 이 글을 쓰는 현재 최신의 주요 버전인 0.15의 소스 코드를 복제해서 리더코인을 구축하지만, 0.16 이상의 버전으로도 가능할 것이다. 다음 명령을 실행하면 비트코인 0.15의 소스 코드가 readercoin이라는 새 디렉터리에 복제되며, 그 디렉터리가 현재 디렉터리가 된다.

```
$ git clone -b 0.15 https://github.com/bitcoin/bitcoin.git readercoin && cd read
ercoin
```

git 명령으로 주어진 저장소의 모든 과거 버전과 미래 버전에 접근할 수 있다. 이 예에서 보듯이, -b 옵션을 이용해서 특정 버전, 좀 더 정확히는 특정 가지(branch)를 선택할 수 있다.

다음으로, GitHub에 있는 비트코인 코어 원본 저장소(origin)와의 연결 관계를 끊어야 한다. 다음 명령을 실행하면 된다.

```
$ rm -rf .git
```

리더코인 소스 코드의 버전들을 git으로 관리하기 위해, readercoin 디렉터리에 새 git 저장소를 만들자. 다음 명령들을 실행하기 바란다.

```
$ git init
$ git add -A
$ git commit -m "initial commit"
```

더 나아가서, 이 git 저장소에 대한 원격 저장소도 마련하기로 한다. 다른 컴퓨터에서도 손쉽게(일일이 소스 코드를 복사할 필요 없이) 개발을 이어나갈 수 있다는 점에서, 원격 저장소를 두는 것은 좋은 습관을 넘어서 거의 필수적인 절차라고 할 수 있다.

GitHub 웹사이트에 로그인해서 새 온라인 저장소를 만들고, 그 저장소의 git URL (https://로 시작해서 .git으로 끝나는)을 다음과 같이 지역 git 저장소의 원격 저장소로 등록한 후 초기 커밋commit을 푸시(전송)하기 바란다.

```
$ git remote add origin <새 GitHub 저장소 URL>
$ git push -f origin master
```

이제 비트코인 소스 코드를 수정할 준비가 되었다. 이하의 실습을 진행하는 과정에서, 언제라도 make를 실행해서 코드 수정이 잘 되었는지 확인할 수 있다는 점을 기억하기 바란다. 또한, 코드에 중요한 변화가 있을 때마다 변경 사항을 커밋하고 원격 저장소에 전송하는 습관을 들이길 권한다. 그러면 뭔가 문제가 생겼을 때 언제라도 이전 버전으로 돌아갈 수 있으며, 또한 다른 컴퓨터에서 최신의 코드로 개발을 계속 진행할 수 있다.

3.2.2 리더코인으로 브랜드 변경

가장 먼저 할 일은 비트코인 프로젝트의 브랜드를 리더코인에 맞게 바꾸는 것이다. 이를 위해, 다음 두 명령을 실행해서 모든 파일 이름에서 bitcoin을 readercoin으로, 그리고 btc를 rdc로 변경한다.

```
$ find . -exec rename 's/bitcoin/readercoin/' {} ";"
$ find . -exec rename 's/btc/rdc/' {} ";"
```

두 명령은 현재 디렉터리와 모든 하위 디렉터리에서 이름에 bitcoin이나 btc가 있는 파일을 찾아서 이름을 적절히 변경한다.

TIP 버전에 따라서는 우분투에 rename 명령이 기본으로 설치되어 있지 않을 수 있다. 그런 경우에는 먼저 sudo apt install rename으로 rename을 설치한 후 두 명령을 다시 실행하면 된다.

이 두 명령은 소스 코드 파일들과 make 명령이 사용하는 파일들의 이름도 변경하기 때문에, 소스 코드 파일 안의 #include 문이나 make용 파일 안의 경로에 있는 Bitcoin과 BTC도 Readercoin과 RDC로 변경해야 한다. 다음이 이를 위한 명령들이다. 다양한 대소문자 구성까지 고려해야 하므로 명령이 꽤 많아졌다.

```
$ find ./ -type f -readable -writable -exec sed -i "s/bitcoin/readercoin/g" {} ";"
$ find ./ -type f -readable -writable -exec sed -i "s/Bitcoin/Readercoin/g" {} ";"
$ find ./ -type f -readable -writable -exec sed -i "s/BitCoin/ReaderCoin/g" {} ";"
$ find ./ -type f -readable -writable -exec sed -i "s/BITCOIN/READERCOIN/g" {} ";"
$ find ./ -type f -readable -writable -exec sed -i "s/bitcoind/readercoind/g" {} ";"
$ find ./ -type f -readable -writable -exec sed -i "s/BTC/RDC/g" {} ";"
$ find ./ -type f -readable -writable -exec sed -i "s/btc/rdc/g" {} ";"
```

이 명령들을 일일이 실행하는 것이 번거롭다면 이들을 하나의 bash 스크립트로 만들어서 한꺼번에 실행하면 된다. 이 명령들이 모두 완료되려면 몇 분 정도 걸릴 것이다. 완료 후, 혹시라도 어딘가에 bitcoin이라는 문자열이 남아 있는지 확인하고 싶다면 grep -ri "bitcoin" 명령을 실행해 보기 바란다.[2]

TIP 아니면 gedit 같은 텍스트 편집기를 이용해서 프로젝트 소스 파일들에 있는 모든 Bitcoin과 BTC를 치환할 수도 있다.

이러한 Bitcoin 문자열 치환은 git 파일들에도 영향을 미친다. 이후 git로 버전을 관리할 때 색인(index) 파일의 서명이 잘못되었다는 오류가 나지 않으려면 다음 명령들을 실행해야 한다.

```
$ rm -f .git/index
$ git reset
```

그런 다음 수정 사항들을 모두 반영하고 원격 저장소에 전송한다.

```
$ git add -A
$ git commit -m "rename bitcoin into readercoin occurrences"
$ git push origin master
```

그럼 src 디렉터리로 가서 소스 코드를 수정해 보자.

3.2.3 포트 번호 변경

비트코인은 다음 두 포트에서 클라이언트의 연결을 기다린다.

- P2P 포트(주 네트워크의 기본 P2P 포트는 8333이고 시험망은 18333)
- RPC 포트(주 네트워크의 기본 RPC 포트는 8332이고 시험망은 18332)

리더코인은 주 네트워크와 시험망 모두 비트코인과는 다른 포트 번호들을 사용한다. 그러면 포트가 겹치는 일 없이 비트코인 클라이언트와 리더코인 클라이언트를 동시에 실행할 수 있다.

---

2   화룡점정의 의미로, GUI 클라이언트(bitcoin-qt)의 현지화용 파일 src/qt/locale/readercoin_ko_KR.ts에 있는 '비트코인'이라는 한글 문자열까지 '리더코인'로 바꾸면 더욱 좋을 것이다.

독자가 주로 사용하는 텍스트 편집기에서 src/ 디렉터리의 chainparams.cpp 파일과 chainparamsbase.cpp 파일을 열고, 다음을 참고해서 포트 번호를 설정하는 변수들을 수정하기 바란다.

- 주 네트워크(CMainParams 클래스와 CBaseMainParams 클래스):

```
chainparams.cpp: nDefaultPort = 9333;
chainparamsbase.cpp: nRPCPort = 9332;
```

- 시험망(CTestNetParams 클래스와 CBaseTestNetParams 클래스)

```
chainparams.cpp: nDefaultPort = 19333;
chainparamsbase.cpp: nRPCPort = 19332;
```

그런데 이런 식으로 일일이 포트 번호를 찾아서 변경하려면 시간이 오래 걸릴 것이다. 그보다는 다음 명령들로 모든 파일에서 포트 번호들을 일관되게 변경하는 것이 낫다.

```
$ find ./ -type f -readable -writable -exec sed -i "s/8332/9332/g" {} ";"
$ find ./ -type f -readable -writable -exec sed -i "s/8333/9333/g" {} ";"
```

독자가 원하는 다른 포트 번호들을 사용해도 된다. 단, 사실상 표준으로 쓰이는 번호들(HTTP의 80 같은 1000 이하의 번호들)은 피해야 한다.

이렇게 해서 포트 번호 변경이 끝났다. 이들은 '기본' 포트 번호일 뿐이며, 리더코인을 실제로 실행할 때 readercoin.conf나 명령줄의 -rpcport와 -port 옵션을 이용해서 다른 포트 번호를 사용하는 것이 가능하다는 점도 기억하기 바란다.

3.2.4 pchMessageStart 변경

같은 네트워크에 속한 클라이언트(피어)들만 통신할 수 있도록, 비트코인 노드는 각 P2P 프레임에서 흔히 **마법의 수**라고 부르는 4바이트 값을 전송한다. 주어진 노드가 어떤 네트워크에 속해 있는지를 나타내는 이 마법의 수는 pchMessageStart[] 배열에 담겨 있다. 비트코인이 사용하는 마법의 수들은 다음과 같다.

네트워크 식별자	마법의 수	바이트들의 실제 전송 순서
main	0xD9B4BEF9	F9 BE B4 D9
testnet	0xDAB5BFFA	FA BF B5 DA
testnet3	0x0709110B	0B 11 09 07
namecoin	0xFEB4BEF9	F9 BE B4 FE

차별화를 위해, 리더코인은 pchMessageStart 배열의 각 바이트에 2를 더하기로 한다. 우선 chainparams.cpp의 CMainParams 클래스에 있는 pchMessageStart 배열 설정 코드를 다음과 같이 변경하기 바란다.

```
pchMessageStart[0] = 0xfd;
pchMessageStart[1] = 0xc0;
pchMessageStart[2] = 0xb6;
pchMessageStart[3] = 0xdb;
```

그리고 CTestNetParams 클래스의 해당 부분은 다음과 같이 변경한다.

```
pchMessageStart[0] = 0x0d;
pchMessageStart[1] = 0x13;
pchMessageStart[2] = 0x0b;
pchMessageStart[3] = 0x09;
```

마지막으로, CRegTestParams(회귀 시험 모드에 쓰인다)의 것들도 변경한다.

```
pchMessageStart[0] = 0xfc;
pchMessageStart[1] = 0xc1;
pchMessageStart[2] = 0xb7;
pchMessageStart[3] = 0xdc;
```

이 바이트 값들에 어떤 특별한 의미가 있는 것은 아니다. 그냥 0에서 0xFF 사이의 임의의 16진 수를 지정하면 된다.

3.2.5 최초 블록(제네시스 블록)

이제, 대안 암호화폐 구축에서 핵심적인 부분인 '최초 블록'을 다룰 때가 되었다.

한 블록체인의 첫 번째 블록을 최초 블록 또는 제네시스 블록genesis block이라고 부른다. 블록체인의 한 노드가 처음 실행되면, 노드는 최초 블록으로 자신의 블록체인 복사본을 초기화한 후 동기화 과정을 시작한다. 리더코인을 위한 새 블록체인을 만들려면 새로운 최초 블록을 만들어야 하며, 비트코인 소스 코드에서 원래의 최초 블록(2009년 1월이 언급된)을 생성하는 부분을 새로운 최초 블록에 맞게 변경해야 한다.

다음은 chainparams.cpp에 있는, 비트코인의 최초 블록을 생성하는 코드이다.

```
static CBlock CreateGenesisBlock(uint32_t nTime, uint32_t nNonce,
    uint32_t nBits, int32_t nVersion, const CAmount& genesisReward)
{
    const char* pszTimestamp = "The Times 03/Jan/2009 Chancellor on brink of secon
d bailout for banks";
    const CScript genesisOutputScript = CScript() << ParseHex("04678afdb0fe5548271
967f1a67130b7105cd6a828e03909a67962e0ea1f61deb649f6bc3f4cef38c4f35504e51ec112de5c3
84df7ba0b8d578a4c702b6bf11d5f") << OP_CHECKSIG;
    return CreateGenesisBlock(pszTimestamp, genesisOutputScript,
        nTime, nNonce, nBits, nVersion, genesisReward);
}
```

코드를 보면 최초 블록의 코인베이스 거래를 위한 키나 타임스탬프 메시지 같은 미리 정의된 값들을 확인할 수 있다. 새 최초 블록을 사용하려면, 이 코드에 쓰이는 여러 매개변수를 위한 새 최초 블록 해시를 계산해야 한다.

새 최초 블록 자체는 **GenesisH0**이라는 최초 블록 생성용 Python파이썬 스크립트로 생성하기로 하자. 이를 위해, 새 터미널 창을 열고 다음 명령을 실행해서 홈 디렉터리에 GitHub의 GenesisH0 저장소를 복제한다.

```
$ git clone https://github.com/lhartikk/GenesisH0.git && cd GenesisH0
```

그런 다음, 현재 디렉터리가 GenesisH0인 상태에서 다음을 실행해서 생성에 필요한 패키지를 설치한다.[3]

```
$ sudo pip install scrypt construct==2.5.2
```

시험 삼아 원래의 최초 블록을 생성해 보자. GenesisH0 스크립트를 다음과 같이 실행하면 된다.

```
$ python genesis.py -z "The Times 03/Jan/2009 Chancellor on brink of second bail
out for banks" -n 2083236893 -t 1231006505 -v 5000000000
```

이 스크립트로 새로운 최초 블록을 생성하려면 이 스크립트가 받는 여러 옵션을 이해할 필요가 있다.

- -z 옵션은 생략할 수 있다. 이 옵션으로는 날짜가 포함된 타임스탬프 메시지를 지정한다. 비트코인의 최초 블록에는 2009년 1월 3일 자 타임스지의 1면 기사 제목을 날짜와 함께 언급한 *Times 03/Jan/2009 Chancellor on brink of second bailout for banks*가 쓰였다. 아마도 최초 블록이 적어도 2009년 1월 3일 이후에 만들어졌음을 알리기 위해 이런 메시지를 사용한 것 같다.[4]

  다른 대안 암호화폐들도 이처럼 특정 날짜의 신문 기사 제목을 언급한 메시지를 흔히 사용한다. 리더코인의 경우에는 이 책(원서)의 출간 연도가 포함된 *Blockchain By Example 2018*을 사용할 것이다.

- -n 옵션은 넌스[nonce][5] 값이다. 아무 수치나 지정해도 된다.

- -t 옵션에는 최초 블록 생성 시각을 지정한다. 단위는 UNIX 타임스탬프, 즉 UNIX 기원(1970년 1월 1일 0시 0분 0초)에서부터 흐른 초의 수이다. 새 최초 블록을 만드는 경우에는 그냥 현재 시간의 타임스탬프 값을 지정하면 되는데, 이 값은 대부분

---

3 참고로 pip은 Python 2용 패키지 관리 시스템이므로, §3.1.1.1에서 Python 3을 설치할 때 함께 설치되지는 않는다. 만일 이 명령을 실행했을 때 pip를 찾을 수 없다는 오류가 나면 sudo apt install python-pip을 실행해서 pip을 설치하기 바란다(Python 2도 함께 설치된다).

4 덧붙여서, 비트코인이 권한 당국의 손길에서 벗어난 탈중앙화 가상화폐라는 점에서, (영국의) 재무장관이 조만간 은행들에 두 번째로 구제금융을 제공할 것이라는 뜻의 기사 제목 자체도 의미심장하다. 참고로 이 타임스지를 미국의 시사 주간지 *Time*이나 경제지 *Financial Times*와 혼동하는 경우가 있는데, 사토시가 언급한 타임스지는 영국의 일간 신문이다(정식 명칭은 *The Times*).

5 nonce는 "for the nonce"(일단은, 지금으로서는)이나 'nonce word'(임시어; 주어진 대화를 위해 임시로 사용하는 단어) 등으로 활용되는, "당면, 임시, 국한" 등의 뜻을 가진 기존 영어 단어(어원은 같은 뜻의 중세 영어 단어 nones 또는 nonse)이다. 그러나 암호학의 맥락에서는 "number used once"(한 번만 쓰이는 수)를 줄인 말로 생각하는 것이 더 나을 것이다.

의 *nix 시스템에서는 터미널에서 date +%s를 실행해서 구할 수 있다. 또는, Epoch Converter(http://www.epochconverter.com/) 같은 온라인 서비스를 사용해도 된다.

- -v 옵션은 채굴 보상 금액으로, 단위는 1억분의 1코인(비트코인의 경우 1억분의 1BTC, 즉 1사토시)이다. 예를 들어 보상을 50코인으로 설정하려면 50에 10000000을 곱한 값을 지정하면 된다(-v 5000000000). 리더코인에서는 10RDC를 사용할 것이다.

- -b 옵션은 난이도(difficulty)가 1인 채굴 목푯값을 압축해서 표현한 비트열이다. 리더코인에서는 0x1e0ffff0을 사용하는데, 이는 하나의 블록을 채굴하는 데 2.5분이 걸리게 하는 것에 해당한다.

정리하자면, 리더코인을 위한 새 최초 블록을 생성하는(좀 더 정확하게는, 최초 블록을 위한 매개변수들을 생성하는) 명령은 다음과 같다.

```
$ python genesis.py -z "Blockchain by example 2018" -n 1 -t 1529321830 -v 100000
0000 -b 0x1e0ffff0
```

잠시 기다리면 다음과 비슷한 결과가 출력될 것이다.

```
user@ByExample-node: ~/GenesisH0
user@ByExample-node:~/GenesisH0$ python genesis.py -z "Blockchain by example 201
8" -n 1 -t 1529321830 -v 1000000000 -b 0x1e0ffff0
04ffff001d01041a426c6f636b636861696e206279206578616d706c652032303138
algorithm: SHA256
merkle hash: 6bc2585d63185acf3868cc34e0b017b3fb41c00938eb09bc52a3cf73a31ec6a8
pszTimestamp: Blockchain by example 2018
pubkey: 04678afdb0fe5548271967f1a67130b7105cd6a828e03909a67962e0ea1f61deb649f6bc
3f4cef38c4f35504e51ec112de5c384df7ba0b8d578a4c702b6bf11d5f
time: 1529321830
bits: 0x1e0ffff0
Searching for genesis hash..
genesis hash found!
nonce: 490987
genesis hash: 000001a9bbae8bb141c6941838bdacdbcf474b6ed28a0b18b2120b60a68f00ee
user@ByExample-node:~/GenesisH0$ 
```

빙고! 이제 리더코인 소스 코드에 사용할 최초 블록의 정보가 생겼다.

출력의 첫 줄은 최초 거래의 ScriptSig이다. 나머지 값들의 의미는 각 줄의 처음 부분에 나오는 키워드로 짐작할 수 있을 것이다.

그럼 /src/chainparams.cpp의 최초 블록 생성 코드를 이 정보에 맞게 갱신해보자. 좀 더 구체적으로 말하면, 다음과 같은 `CreateGenesisBlock` 함수를 뜯어고칠 것이다.

```
static CBlock CreateGenesisBlock(uint32_t nTime, uint32_t nNonce,
    uint32_t nBits, int32_t nVersion, const CAmount& genesisReward)
{
    const char* pszTimestamp = "The Times 03/Jan/2009 Chancellor on brink of secon
d bailout for banks";
    const CScript genesisOutputScript = CScript() << ParseHex("04678afdb0fe5548271
967f1a67130b7105cd6a828e03909a67962e0ea1f61deb649f6bc3f4cef38c4f35504e51ec112de5c3
84df7ba0b8d578a4c702b6bf11d5f") << OP_CHECKSIG;
    return CreateGenesisBlock(pszTimestamp, genesisOutputScript, nTime,
        nNonce, nBits, nVersion, genesisReward);
}
```

3.2.5.1 타임스탬프 메시지 변경

우선, 나카모토 사토시가 지정한 원래의 타임스탬프 메시지를 앞에서 GenesisH0 스크립트로
새 최초 블록을 생성할 때 지정한 메시지로 바꾼다.

```
const char* pszTimestamp = "Blockchain by example 2018";
```

3.2.5.2 넌스 값, 생성 시각, 비트수 변경

다음으로, `chainparams.cpp`의 CMainParams 클래스와 CTestNetParams 클래스, CRegTest
Params 클래스 정의 부분에서 다음과 같은 형태의 줄들을 찾는다.

```
genesis = CreateGenesisBlock(<타임스탬프>, <넌스>, <비트열>, 1, 50 * COIN);
```

그런 다음 각 줄의 해당 수치들을 다음과 같이 GenesisH0 스크립트로 구한 수치들로 대체
한다.

```
genesis = CreateGenesisBlock(1529321830, 490987, 0x1e0ffff0, 1, 10 * COIN);
```

최초 블록의 채굴에 대한 초기 보상도 50에서 10으로 변경했음을 주의하기 바란다.

3.2.5.3 최초 블록 해시 변경

다른 여러 매개변수가 변경되었으므로, 사토시가 지정한 원래의 최초 블록 해시는 더 이상 유효하지 않다. 따라서 그 해시 값을 GenesisH0 스크립트로 구한 새로운 해시 값으로 변경해야 한다.

chainParams.cpp 파일에는 다음과 같이 기존 해시 값을 언급하는 단언문이 여러 개 있다.

```
assert(consensus.hashGenesisBlock == uint256 ("<기존 최초 블록 해시>"));
```

이 단언문은 주어진 최초 블록 해시가 유효한지 확인해서, 만일 유효하지 않으면 코드의 실행을 중단한다. 이런 단언문들을 모두 주석으로 만들어서 컴파일에서 제외하거나, 해시 값을 새로 생성한 최초 블록의 해시 값으로(접두사 0x를 붙여서) 대체하면 된다.

이후에 클라이언트를 실행했을 때 이 단언문 때문에 오류가 발생한다면, 다음과 같은 문장을 추가해서 해시 값을 확인해 보기 바란다.

```
printf ("Readercoin hashGenesisBlock: % s \n",
    consensus.hashGenesisBlock.ToString().c_str());
```

3.2.5.4 머클 루트 변경

머클 트리Merkle tree는 비트코인에서 중요한 역할을 하는 자료 구조이다. 머클 트리는 전체 거래 목록의 지문(fingerprint)에 해당한다. 사용자는 특정한 거래가 블록에 포함되었는지를 머클 트리를 통해서 확인할 수 있다. 새 최초 블록을 사용하려면 소스 코드에 있는 머클 루트 해시, 즉 머클 트리의 루트root 노드(뿌리 노드)에 대한 해시 값을 새 최초 블록에 맞게 변경해야 한다.

chainparams.cpp에서 다음과 같은 형태의 줄들을 찾기 바란다.

```
assert(genesis.hashMerkleRoot == uint256S("<머클 루트 해시>"));
```

각 줄에서 기존 머클 루트 해시 값을 GenesisH0으로 구한 해시 값으로 대체하면 된다(0x를 붙여서). 이전과 마찬가지로, 디버깅 시에는 다음과 같은 문장으로 루트 해시 값을 출력해 볼 수 있다.

```
printf ("Readercoin hashMerkleRoot:% s \n",
    genesis.hashMerkleRoot.ToString ().c_str ());
```

이상으로 새 최초 블록을 위한 코드 수정이 끝났다.

3.2.6 DNS 시드 노드 제거

다음으로는 코드에서 DNS 시드seed들을 제거해야 한다. DNS 시드는 비트코인 네트워크의 다른 노드들을 찾는 데 사용할 DNS 서버를 말한다. 비트코인 클라이언트가 다른 동급 노드의 주소를 찾을 때는 DNS 시드들에게 DNS 요청을 보낸다. 그러면 DNS 시드는 비트코인 네트워크에 있는 풀 노드full node(완전 검증 노드)들의 IP 주소들을 돌려준다. 비트코인 소스 코드에는 이런 DNS 요청에 쓰이는 DNS 시드들의 목록이 하드코딩되어 있다.

리더코인을 위해서는 하드코딩된 시드 노드들을 주석으로 처리해서 제외해야 한다. chainparams.cpp를 찾아보면 시드들의 벡터 vSeeds에 다음과 같은 형태로 DNS 도메인 이름을 추가하는 줄들이 있다.

```
vSeeds.emplace_back("seed.bitcoin.sipa.be", true);
```

CMainParams와 CTestNetParams에서 이런 vSeeds.emplace_back 호출문들과 vSeeds.push_back 호출문들을 모두 주석으로 제외하기 바란다.

더 나아가서, 다음과 같이 고정된 IP 주소로 시드를 지정하는 문장들도 주석으로 제외해야 한다.

```
vFixedSeeds = std::vector<SeedSpec6>(pnSeed6_main,
    pnSeed6_main + ARRAYLEN(pnSeed6_main));
```

또는, 이런 코드의 끝부분에서 다음과 같은 문장들을 추가해서 시드 벡터들을 아예 비우는 것도 한 방법이다.

```
vFixedSeeds.clear();
vSeeds.clear();
```

더 나아가서, 사용하고자 하는 DNS 시드 서버들을 직접 추가할 수도 있다. chainparamseeds.h를 보면 주 네트워크와 시험망에서 다른 노드들의 IP 주소를 조회하기 위해 연결할 수 있는 노드들의 IP 주소 목록이 있다.

```
]static SeedSpec6 pnSeed6_main[] = {
    {{0x00,0x00,0x00,0x00,0x00,0x00,0x00,0x00,0x00,0x00,0xff,0xff,0x02,0xe4,0x46,0xc6}, 8333},
    {{0x00,0x00,0x00,0x00,0x00,0x00,0x00,0x00,0x00,0x00,0xff,0xff,0x04,0x0f,0xb4,0x1d}, 8333},
    {{0x00,0x00,0x00,0x00,0x00,0x00,0x00,0x00,0x00,0x00,0xff,0xff,0x04,0x0f,0xb4,0x1e}, 8333},
    {{0x00,0x00,0x00,0x00,0x00,0x00,0x00,0x00,0x00,0x00,0xff,0xff,0x05,0x02,0x43,0x6e}, 8333},
    {{0x00,0x00,0x00,0x00,0x00,0x00,0x00,0x00,0x00,0x00,0xff,0xff,0x05,0x27,0xe0,0x67}, 8333},
    {{0x00,0x00,0x00,0x00,0x00,0x00,0x00,0x00,0x00,0x00,0xff,0xff,0x05,0x2b,0x7c,0x9a}, 8333},
    {{0x00,0x00,0x00,0x00,0x00,0x00,0x00,0x00,0x00,0x00,0xff,0xff,0x05,0xbd,0xa5,0x66}, 8333},
    {{0x00,0x00,0x00,0x00,0x00,0x00,0x00,0x00,0x00,0x00,0xff,0xff,0x05,0xe2,0x95,0x91}, 8333},
    {{0x00,0x00,0x00,0x00,0x00,0x00,0x00,0x00,0x00,0x00,0xff,0xff,0x05,0xe4,0x07,0x92}, 8333},
    {{0x00,0x00,0x00,0x00,0x00,0x00,0x00,0x00,0x00,0x00,0xff,0xff,0x05,0xe4,0x40,0x47}, 8333},
    {{0x00,0x00,0x00,0x00,0x00,0x00,0x00,0x00,0x00,0x00,0xff,0xff,0x05,0xf9,0x98,0x65}, 8333},
    {{0x00,0x00,0x00,0x00,0x00,0x00,0x00,0x00,0x00,0x00,0xff,0xff,0x05,0xfe,0x7c,0x37}, 8333},
    {{0x00,0x00,0x00,0x00,0x00,0x00,0x00,0x00,0x00,0x00,0xff,0xff,0x05,0xff,0x40,0xe7}, 8333},
    {{0x00,0x00,0x00,0x00,0x00,0x00,0x00,0x00,0x00,0x00,0xff,0xff,0x05,0xff,0x5a,0xea}, 8333},
    {{0x00,0x00,0x00,0x00,0x00,0x00,0x00,0x00,0x00,0x00,0xff,0xff,0x0e,0xc0,0x08,0x1b}, 21301},
    {{0x00,0x00,0x00,0x00,0x00,0x00,0x00,0x00,0x00,0x00,0xff,0xff,0x12,0x3e,0x03,0x56}, 8333},
    {{0x00,0x00,0x00,0x00,0x00,0x00,0x00,0x00,0x00,0x00,0xff,0xff,0x12,0x55,0x23,0x50}, 8333},
```

시드 노드를 추가하려면, 그냥 보통의 리더코인 노드를 실행한 후 그 노드의 IP 주소(또는, 나중에 사용할 예정인 노드의 IP 주소)를 chainparamseeds.h의 pnSeed6_main 배열과 pnSeed6_test 배열에 적절히 추가하면 된다.

시드 IP 주소를 chainparamseeds.h에 추가하려면 십진수 네 개로 이루어진 IP 주소를 C++의 바이트 배열 형태로 변환해야 한다. 다행히, contrib/seeds에 있는 generate-seeds라는 Python 스크립트를 이용하면 pnSeed6_main 배열과 pnSeed6_test 배열을 정의하는 C++ 코드를 자동으로 생성할 수 있다.

우선 그 디렉터리로 가서(cd ~/workspace/readercoin/contrib/seeds), 텍스트 편집기를 이용해서 nodes_test.txt와 nodes_main.txt에서 기존의 IP들을 모두 삭제하고, 여러분

이 원하는 노드 IP들을 추가한다(IP당 한 줄로). 그런 다음에는 다음 명령을 실행해서 chain paramseeds.h 파일을 갱신한다.

```
$ python3 generate-seeds.py . > ../../src/chainparamseeds.h
```

3.2.7 체크포인트 변경

비트코인 코어 클라이언트에는 특정 블록들이 특정 높이[6]에서 발견되어야 한다는 조건들을 확인하는 일단의 체크포인트들이 소스 코드 자체에 하드코딩되어 있다. 비트코인 코어 클라이언트의 버전이 올라갈 때마다 새로운 체크포인트가 추가되며, 클라이언트는 그 체크포인트 이전의 모든 거래를 기정사실로 받아들인다. 그리고 그 체크포인트 이전의 블록에서 포크[fork](파생)한 블록체인은 비트코인 코어 클라이언트가 받아들이지 않는다. 즉, 체크포인트는 그 시점까지의 모든 거래를 '비가역적'으로 만드는 하나의 표식이다.

리더코인의 블록체인에는 이전의 블록이라는 것이 없으므로, 체크포인트들을 모두 비활성화해야 한다. 체크포인트들이 남아 있으면 리더코인 노드는 존재하지 않는 블록들을 영원히 기다리므로, 새 블록을 생성하거나 블록들을 채굴할 수 없다.

chainparams.cpp 파일에서 checkpointData라는 변수를 정의하는 코드를 찾기 바란다.

```
checkpointData = (CCheckpointData) {
    {
        { 11111, uint256S("0x0000000069e244f73d78e8fd29ba2fd2ed618bd6fa2ee92559f542fdb26e7c1d")},
        { 33333, uint256S("0x000000002dd5588a74784eaa7ab0507a18ad16a236e7b1ce69f00d7ddfb5d0a6")},
        { 74000, uint256S("0x0000000000573993a3c9e41ce34471c079dcf5f52a0e824a81e7f953b8661a20")},
        {105000, uint256S("0x00000000000291ce28027faea320c8d2b054b2e0fe44a773f3eefb151d6bdc97")},
        {134444, uint256S("0x00000000000005b12ffd4cd315cd34ffd4a594f430ac814c91184a0d42d2b0fe")},
        {168000, uint256S("0x000000000000099e61ea72015e79632f216fe6cb33d7899acb35b75c8303b763")},
        {193000, uint256S("0x000000000000059f452a5f7340de6682a977387c17010ff6e6c3bd83ca8b1317")},
        {210000, uint256S("0x000000000000048b95347e83192f69cf0366076336c639f9b7228e9ba171342e")},
        {216116, uint256S("0x00000000000001b4f4b433e81ee46494af945cf96014816a4e2370f11b23df4e")},
        {225430, uint256S("0x00000000000001c108384350f74090433e7fcf79a606b8e797f065b130575932")},
        {250000, uint256S("0x000000000000003887df1f29024b06fc2200b55f8af8f35453d7be294df2d214")},
        {279000, uint256S("0x0000000000000001ae8c72a0b0c301f67e3afca10e819efa9041e458e9bd7e40")},
        {295000, uint256S("0x00000000000000004d9b4ef50f0f9d686fd69db2e03af35a100370c64632a983")},
    }
};
```

---

6 한 블록의 '높이(height)'는 주어진 블록이 최초 블록으로부터 몇 번째 블록인지를 뜻한다. 최초 블록을 제일 아래에 두고 블록체인을 수직으로 세운 모습을 상상하면 '높이'라는 표현을 사용하는 이유를 이해할 수 있을 것이다.

이 변수는 체크포인트 자료(CCheckpointData)들의 배열이다. 각 체크포인트 자료의 첫 요소는 체크포인트에 해당하는 블록의 높이이고 둘째 요소는 그 블록의 해시이다.

리더코인을 위해서는 체크포인트가 하나도 없어야 한다. 체크포인트 쌍들을 모두 삭제하고 다음 코드만 남겨두기 바란다.

```
checkpointData = (CCheckpointData) { { {}, } };
```

앞에 나온 것은 주 네트워크의 체크포인트들이다. 시험망과 회귀 시험 모드의 체크포인트들도 마찬가지로 제거하기 바란다. 아니면, validation.h에서 static const bool DEFAULT_CHECKPOINTS_ENABLED = true;의 우변을 false로 변경하거나, checkpoints.cpp에서 다음과 같이 GetLastCheckpoint 함수가 항상 널 포인터를 돌려주게 할 수도 있다. 이 방법은 체크포인트 기능을 아예 비활성화하는 것임을 주의하기 바란다.

```
CBlockIndex* GetLastCheckpoint(const CCheckpointData& data) {
    const MapCheckpoints &checkpoints = data.mapCheckpoints;
    for (const MapCheckpoints::value_type& i :
            reverse_iterate(checkpoints)) {
        const uint256 &hash = i.second;
        BlockMap::const_iterator t = mapBlockIndex.find(hash);
        if (t != mapBlockIndex.end()) {
            // return t->second;
            return nullptr;
        }
    }
    return nullptr;
}
```

나중에 체크포인트 기능을 사용하고 싶다면, 50개의 리더코인 블록을 미리 채굴하고, 그 블록들의 높이들과 해시들로 checkpointData 변수를 설정한 후 체크포인트 기능을 다시 활성화하면 된다. 체크포인트는 블록체인 개발자가 기존의 블록체인을 매번 다시 채굴하지 않아도 되게 하는 강력한 기능이므로, 아예 비활성화하는 것은 아까운 일이다.

TIP 리더코인 노드가 체크포인트 블록들을 전부 내려받지는 못한 상태에서 리더코인 클라이언트를 실행하면 readercoin is downloading blocks라는 메시지가 출력된다.

3.2.8 chainTxData 객체 변경

다음으로 할 일은 chainparams.cpp에서 chainTxData 객체를 설정하는 문장들을 변경하는 것이다. ChainTxData 형식의 이 객체는 특정 시각에서의 블록체인 상태를 나타내는 여러 필드로 구성된다. 비트코인 코어는 2017년 1월 3일의 블록체인 상태에 해당하는 값들로 이 객체의 여러 필드를 설정한다. 당시 채굴된 블록 개수는 446,482개였다.

```
chainTxData = ChainTxData{
    // 0000000000000000000d97e53664d17967bd4ee50b23abb92e54a34eb222d15ae
    // 블록(높이 478913)의 자료를 기준으로 한다.
    1501801925, // * 알려진 마지막 블록의 UNIX 타임스탬프
    243756039,  // * 최초 블록과 그 타임스탬프 사이의 거래 개수
                //   (SetBestChain debug.log 행들의 tx=... 수치)
    3.1         // * 그 타임스탬프 이후의 초당 거래 횟수 추정치
};
```

리더코인의 블록체인에는 아직 블록이 없으므로, 최초 블록의 정보를 이용해서 이 객체를 설정한다. 이 객체의 첫 필드는 마지막 블록의 생성 시각(타임스탬프)이므로, 기존의 1483472411을 §3.2.5.1에서 사용한 최초 블록 생성 시각으로 변경한다. 둘째 필드는 최초 블록과 마지막 블록 사이의 거래 개수이다. 리더코인에는 최초 블록을 채굴한 거래 하나만 있으므로 184495391을 1로 바꾸어야 한다. 마지막으로, 초당 거래 횟수 추정치인 셋째 필드를 1로 변경한다.

3.2.9 보상 변경

이제부터는 새 암호화폐로서의 리더코인의 통화(화폐) 측면을 변경한다. 이를테면 리더코인 발행 속도나 유통되는 리더코인의 총량을 변경해 볼 것이다. 비트코인 프로토콜은 자신의 하드웨어 자산을 이용해서 힘들게 블록을 채굴한 채굴자들에게 일정한 보상을 제공한다. 비트코인의 초기 보상은 50BTC이고, 시간이 흐르면서(채굴된 블록이 늘어나면서) 점차 감소한다.

src/validation.cpp를 보면 GetBlockSubsidy라는 함수가 있는데, 이 함수의 지역 변수 nSubsidy가 바로 초기 보상 금액이다. 리더코인의 초기 보상 금액은 10RDC이므로, 이 변수를 설정하는 문장을 다음과 같이 변경해야 한다.

```
CAmount nSubsidy = 10 * COIN;
```

chainparams.cpp의 CreateGenesisBlock 함수에서 최초 블록을 생성할 때도 이 금액을 설정했음을 기억하기 바란다. 그 금액과 GetBlockSubsidy에서 설정하는 초기 보상 금액이 반드시 일치해야 한다.

3.2.10 보상 반감 변경

비트코인의 경우 채굴 보상은 블록을 21만 개 채굴할 때마다 절반으로 줄어든다. 지금까지의 비트코인 역사를 보면 채굴 보상이 반감(halving)되는 기간은 약 4년이다. 2009년 비트코인 초기 보상은 50BC였고 2012년 말에는 25BTC로 반감되었으며 2016년에는 12.5BTC로 반감되었다. 이러한 반감이 64번 일어나면 보상은 0으로 수렴하게 된다.

반감기는 chainparams.cpp의 다음 줄들이 결정한다.

```
consensus.nSubsidyHalvingInterval = 210000;
```

리더코인에서는 반감기를 블록 21만 개가 아니라 10만 개(약 174일)로 두기로 하자. 주 네트워크와 시험망 코드의 해당 행들에서 210000을 100000으로 변경하기 바란다.

보상 반감 메커니즘은 src/validation.cpp의 GetBlockSubsidy 함수에 구현되어 있다. 이 함수는 블록체인의 특정 높이에서의 보상 금액을 결정한다.

```
CAmount GetBlockSubsidy(int nHeight,
    const Consensus::Params& consensusParams)
{
    int halvings = nHeight / consensusParams.nSubsidyHalvingInterval;
    // 오른쪽 자리 이동이 정의되지 않을 때는 무조건 블록 보상을 0으로 설정한다.
    if (halvings >= 64)
        return 0;

    CAmount nSubsidy = 50 * COIN;
    // 210,000블록마다(시간으로는 약 4년) 보상을 반감한다.
    nSubsidy >>= halvings;
```

```
        return nSubsidy;
    }
```

이 함수가 사용하는 주요 변수들의 의미는 다음과 같다.

- nHeight는 블록체인의 높이, 즉 지금까지 채굴된 블록 개수이다.

- consensusParams.nSubsidyHalvingInterval은 반감기(반감이 일어나는 블록 개수)
  이다.

- nSubsidy는 주어진 높이에 대한 최종 보상 금액으로, 단위는 비트코인의 가장 작은 단위
  인 사토시이다(1사토시 = 1억분의 1BTC).

nSubsidyHalvingInterval만큼의 블록들이 채굴되면 보상이 반감된다. 결과적으로, 비트코
인의 총유통량은 점근적으로 nSubsidy*nSubsidyHalvingInterval*2에 접근한다.

3.2.11 최대 유통량 변경

비트코인은 궁극적으로 총유통량이 20,999,999.9769BTC, 즉 약 2천1백만 BTC를 넘지 않
도록 설계되었다. 이 총유통량은 헤더 파일 amount.h의 MAX_MONEY 상수로 정의된다.

```
/** 이보다 더 큰 금액(사토시 단위)은 유효하지 않다.
 *
 * 이 상수가 총발행량(total money supply)이 *아님*을 주의하기 바란다. 현재
 * 비트코인의 총발행량은 여러 이유로 21,000,000BTC 미만이지만, 이는 그냥
 * 건전성(sanity) 점검 기준에 해당한다. 이 건전성 점검이 합의 임계적
 * (consensus-critical) 검증 코드에 쓰이는 것과 마찬가지로, MAX_MONEY 상수의
 * 구체적인 값도 합의 임계적이다. (또 다른) 위넘침(overflow) 버그 때문에
 * 날조된 코인 생성이 허용되는 등의 드문 경우는 포크로 이어질 수 있다.
 * */
static const CAmount MAX_MONEY = 21000000 * COIN;
inline bool MoneyRange(const CAmount& nValue)
{ return (nValue >= 0 && nValue <= MAX_MONEY); }
```

여기서 COIN은 10^8사토시와 같다. 리더코인에서는 이 MAX_MONEY를 약 20,000,000(반올림한
값이다)으로 설정한다.

상수 이름에서 오해할 수도 있는데, 비트코인에는 비트코인 **총발행량**(발행 가능한 최대 비트코인 개수)을 결정하는 매개변수가 없다. 총발행량은 그냥 보상 금액과 반감기에서 유도된다. 다음은 리더코인의 초기 보상 금액과 반감기로부터 리더코인 총발행량을 유도하는 Python 스크립트이다. 이를 실행하면 총 **1999999.987**단위라는 결과가 나온다.

```python
COIN = 100 * 1000 * 1000
Reward = 10
Halving = 100000
nSubsidy = Reward * COIN
nHeight = 0
total = 0
while nSubsidy != 0:
nSubsidy = Reward * COIN
nSubsidy >>= nHeight / Halving
nHeight += 1
total += nSubsidy
print "total supply is", total / float(COIN)
```

3.2.12 작업 증명(POW) 매개변수: 목푯값

비트코인은 작업 증명(proof of work, POW)이라고 하는 합의 메커니즘을 이용해서 블록들을 검증(채굴)한다. 작업 증명을 위해서는 특정 요구 조건을 만족하는 해시 값을 무작위 대입(brute-force; 또는 전수조사) 방법으로 구하는 계산 과정이 필요하다. 각 해시는 0에서 256비트 수의 최댓값(이는 상당히 큰 수이다) 사이의 난수로 초기화된다. 채굴자의 해시가 주어진 목푯값(특별한 해시 값)보다 작으면 채굴이 성공한 것이다. 작지 않으면 채굴자는 넌스 값을 변경해서(그러면 해시가 완전히 바뀐다) 다시 시도한다.

작업 증명의 목푯값은 하나의 256비트 수이다. 어떤 후보 블록이 유효하다고 간주되어서 블록체인에 추가되려면, 그 블록의 헤더에 있는 SHA-256 해시가 이 목푯값보다 작거나 같아야 한다. 즉, 이 목푯값은 블록이 반드시 통과해야 하는 '문턱값(threshold)'으로 작용한다.

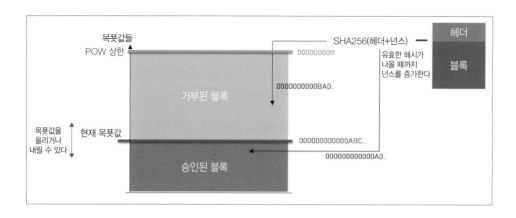

chainparams.cpp에는 powLimit 필드를 설정하는 코드가 있다. 이 필드는 목푯값의 상한에 해당하는데, 거꾸로 말하면 가능한 가장 낮은 난이도를 결정하는 값이기도 하다.

```
consensus.powLimit = uint256S(
  "00000000ffffffffffffffffffffffffffffffffffffffffffffffffffffffff");
```

정의에 의해, 이 상한은 난이도 1을 표현한다. 리더코인에서는 이를 다음과 같이 변경한다. 이 설정은 2.5분마다 하나의 블록이 채굴되는 난이도에 해당한다.

```
consensus.powLimit = uint256S(
  "00000fffffffffffffffffffffffffffffffffffffffffffffffffffffffffff");
```

소스 코드에서는 이 목푯값을 nBits=0x1e0ffff0 형태로 표현하기도 한다. 실제로, chain params.cpp의 genesis.nBits는 이 powLimit 값을 압축한 표현에 해당한다.

같은 파일에는 다음과 같이 최소 체인 작업량을 설정하는 문장들도 있다.

```
consensus.nMinimumChainWork = uint256S(
  "0x00000000000000000000000000000000000000000000001b3fcc3e766e365e4b");
```

클라이언트는 이 값만큼의 체인 작업(chain work)을 수행한 후에야 네트워크와 동기화되었다고 간주한다. 리더코인은 완전히 새로운 블록체인을 사용하므로, 주 네트워크와 시험망 모두 최소 체인 작업량을 0으로 설정해야 한다.

```
consensus.nMinimumChainWork = uint256S("0x00");
```

3.2.12.1 블록 채굴 시간 변경

비트코인에서 블록들과 거래들은 10분 간격으로 승인된다. 이 점을 생각하면 비트코인은 상당히 느린 블록체인 네트워크라 할 수 있다. 리더코인에서는 간격을 조금 더 줄여서, 2.5분마다 블록들이 승인되게 한다(Litecoin이라는 대안 암호화폐도 2.5분을 사용한다).

코드를 수정하기 전에, 비트코인이 블록 채굴 시간을 10분으로 결정한 이유를 잠깐 살펴보자.

비트코인에 블록 채굴 시간을 직접 설정하는 매개변수는 없다. 블록 채굴 시간은 네트워크의 해시 계산 능력과 지연 시간에 따라 결정된다. 사토시는 네트워크의 안정성과 낮은 지연 시간을 고려해서 10분을 선택했다. 그는 먼저 유효한 해시를 계산하는 데 10분이 걸리도록 초기 해시 목푯값(powLimit)을 설정하고, 10분 안에 실제로 유효한 해시가 계산될 수 있도록 블록 해시를 조정했다.

앞의 문단은 블록 채굴 시간이 채굴 난이도와 연관되어 있음을 말해준다. 그럼 난이도와 관련된 코드를 수정해 보자.

난이도 조정 간격

비트코인에서 말하는 난이도(difficulty)는 현재 해시 목푯값에 도달하기가 얼마나 어려운지를 결정하는 매개변수이다. 최하(기준) 난이도는 1로, 이는 최초 블록을 채굴하는 데 쓰인 초기 해시 목푯값에 도달하는 난이도에 해당한다. 비트코인이 난이도 값을 직접 사용하지는 않는다. 난이도 값은 목푯값의 높이 변경을 표현하는 측도로 쓰인다.

비트코인 노드는 블록 2,016개마다 그 이전 블록 2,015개의 타임스탬프들에 기초해서 난이도를 조정한다. 구체적인 난이도 조정 방식은 src/consensus/params.h의 다음 함수에 정의되어 있다.

```
int64_t DifficultyAdjustmentInterval() const {
    return nPowTargetTimespan / nPowTargetSpacing;
}
```

두 변수 nPowTargetTimespan과 nPowTargetSpacing은 chainparams.cpp에서 정의한다. nPowTargetSpacing은 새 거래 블록의 해시 계산 문제를 푸는 데 걸리는 예상 평균 시간이고 nPowTargetTimespan은 작업 증명 문제의 난이도를 조정하는 시간 간격이다. 마지막 난이도 조정에서 난이도가 낮아져서 코인들이 너무 빨리 생성되면, 다음번 난이도 조정에서 난이도가 다시 올라간다. 반대로, 코인들이 너무 느리게 생성되면 다음번 난이도 조정에서 난이도가 내려간다. 리더코인에서는 다음과 같이 이들을 각각 1일(24시간)과 2.5분으로 설정하기로 한다.

```
consensus.nPowTargetTimespan = 24 * 60 * 60;
consensus.nPowTargetSpacing = 2.5 * 60;
```

(24 * 60 * 60) / (2.5 * 60) = 576이므로, 리더코인에서는 약 블록 576개마다 한 번씩 난이도가 조정된다. 관련해서, 같은 파일의 consensus.nMinerConfirmationWindow를 원래의 2016에서 576으로 변경해야 한다.

난이도 조정 비율

난이도를 실제로 조정하는 함수는 src/pow.cpp의 GetNextWorkRequired이다. 이 함수는 지정된 블록 채굴 시간이 지켜지도록 다음번 해시 목푯값을 정의함으로써 암묵적으로 난이도를 조정한다.

```
unsigned int CalculateNextWorkRequired(const CBlockIndex* pindexLast,
    int64_t nFirstBlockTime, const Consensus::Params& params)
{
    if (params.fPowNoRetargeting)
        return pindexLast->nBits;

    // 조정 간격을 제한한다.
    int64_t nActualTimespan =
        pindexLast->GetBlockTime() - nFirstBlockTime;
    if (nActualTimespan < params.nPowTargetTimespan/4)
        nActualTimespan = params.nPowTargetTimespan/4;
    if (nActualTimespan > params.nPowTargetTimespan*4)
        nActualTimespan = params.nPowTargetTimespan*4;

    // 목푯값을 갱신한다.
    const arith_uint256 bnPowLimit = UintToArith256(params.powLimit);
```

```
    arith_uint256 bnNew;
    bnNew.SetCompact(pindexLast->nBits);
    bnNew *= nActualTimespan;
    bnNew /= params.nPowTargetTimespan;

    if (bnNew > bnPowLimit)
        bnNew = bnPowLimit;

    return bnNew.GetCompact();
}
```

그럼 이 함수의 주요 부분을 살펴보자. 우선, 마지막으로 난이도를 조정한 후 지난 시간을 계산한다.

```
int64_t nActualTimespan = pindexLast->GetBlockTime() - nFirstBlockTime;
```

비트코인의 경우 이는 현재 시각과 블록 2016개(리더코인은 576개) 이전 시각의 차이에 해당한다.

다음으로, bnPowLimit는 최하 난이도에 해당하는 목푯값 상한이다.

```
const arith_uint256 bnPowLimit = UintToArith556(params.powLimit);
```

bnNew는 새 목푯값을 담는 객체이다. 다음 줄은 새 목푯값을 압축된 표현으로 설정한다.

```
bnNew.SetCompact(pindexPrev->nBits);
```

이제 목푯값을 적절한 비율(nActualTimespan/params.nPowTargetTimespan)로 증가 또는 감소한다.

```
bnNew *= nActualTimespan;
bnNew /= params.nPowTargetTimespan;
```

다음으로, 갱신된 목푯값이 상한(powlimit)을 넘지 않게 한다.

```
if (bnNew > bnPowLimit) bnNew = bnPowLimit;
```

마지막으로, 함수는 갱신된 목푯값을 32비트로 압축해서 표현한 결과(chainparams.cpp의 nbits)를 돌려준다.

```
return bnNew.GetCompact();
```

예를 들어 어떤 이유로 576개의 블록을 채굴하는 데 24시간의 20%가 더 걸렸다면, 이 함수는 해시 목푯값을 20% 감소해서 난이도를 조정한다. 그러면 몇 반복 이후 블록 채굴 시간이 다시 2.5분 수준으로 회복된다.

3.2.13 코인베이스 성숙도

코인베이스 성숙도 지표(coinbase maturity indicator)는 블록 생성과 블록 소비 사이의 시간 구간으로, 단위는 블록 개수이다. 비트코인의 성숙도 지표는 100이지만, 리더코인에서는 이를 50으로 줄이기로 한다. 이를 위해, src/consensus/consensus.h에서 COINBASE_MATURITY 상수 정의문을 다음과 같이 수정한다.

```
static const int COINBASE_MATURITY = 50;
```

승인 횟수가 COINBASE_MATURITY보다 작은 코인베이스 거래들은 아직 "성숙하지 않는" 것으로 간주해서 소비(지출)가 금지된다. 이는 고아 블록(승인되긴 했지만 블록체인의 일부가 아닌, 격리된 블록)이 생성한 코인들이 소비되는 일을 방지하기 위한 것이다.

3.2.14 블록 크기

이제 비트코인에서 가장 논쟁이 많이 벌어진 주제를 살펴보자.

블록 크기는 말 그대로 블록체인의 한 블록의 크기인데, 구체적으로 말하면 블록 자료 구조를 직렬화한 결과의 바이트 개수이다. 원래 비트코인의 블록 크기는 1MB를 넘지 못하게 되어 있었다. 사토시는 DoS 공격으로부터 네트워크를 보호하기 위해 이러한 상한을 정의했다. 그러나 이후 블록체인에 세그윗SegWit이 도입되면서 블록 크기의 상한이 증가했다. SegWit이라는 이름은 Segregated Witness(격리된 증인)를 줄인 것이다. 세그윗은 블록의 서명들(거래 저장 공간의 약 60%를 차지한다)을 개별적인 공간에 둠으로써 하위 호환성을 유지하면서 블록 크기를 4MB까지 늘리는 기술이다. 하위 호환성을 위해 세그윗은 크기 대신 무게(weight)라는 개념을 도입했다. 기존 노드들(1MB 블록만 인식하는)은 실제 서명들이 아니라 서명들이 있던 자리표(paceholder)들만 볼 수 있지만, 세그윗으로 업그레이드한 노드들은 블록 전체(최대 4MB)에 접근해서 서명들을 검증할 수 있다.

블록의 무게는 다소 복잡한 계산을 통해서 결정된다(단순히 **블록_크기 = 1 MB** 형태로 설정되는 게 아니라). 세그윗 기반 노드에서, 채굴자가 생성한 블록은 validation.cpp에 있는 CheckBlock() 함수의 다음과 같은 조건 점검을 통과해야 한다.

```
// 크기 한계들
if (block.vtx.empty() || block.vtx.size() * WITNESS_SCALE_FACTOR >
        MAX_BLOCK_WEIGHT || ::GetSerializeSize(block, SER_NETWORK,
        PROTOCOL_VERSION | SERIALIZE_TRANSACTION_NO_WITNESS) *
        WITNESS_SCALE_FACTOR > MAX_BLOCK_WEIGHT)
    return state.DoS(100, false, REJECT_INVALID, "bad-blk-length",
        false, "size limits failed");
```

이 코드가 호출하는 GetSerializeSize 함수는 네트워크 무시 증인(network-ignoring witness)들을 위한 블록을 직렬화한 크기(바이트 수)를 돌려준다. 이 코드를 잘 살펴보면, 블록의 무게가 블록의 크기에 WITNESS_SCALE_FACTOR라는 비율(계수)로 비례함을 알 수 있다. 즉, **블록 무게 = 블록 크기 * WITNESS_SCALE_FACTOR**이며, 이 무게가 최대 무게(MAX_BLOCK_WEIGHT)보다 큰 블록은 유효하지 않다고 판정된다.

이러한 무게 개념이 무의미한 편법처럼 보일 수도 있겠지만, 그렇지는 않다. 비트코인 네트워크의 합의(하위 호환성)를 깨지 않고 비트코인의 규모를 확장하는 난제를 해결한 것이 바로 이 무게 개념이다. 리더코인은 새 네트워크로 시작하므로, 블록 크기를 직접 증가하는 것도 가능하다. 그러나 리더코인에서도 세그윗을 이용해서 더 무거운 블록들을 사용하는 해법을 사용하기로 한다.

버전 0.15 이전의 비트코인은 최대 블록 크기를 src/consensus/consensus.h에서 다음과 같이 정의했다.

```
static const unsigned int MAX_BLOCK_BASE_SIZE = 1000000;
```

비트코인 블록(증인 자료를 제외한)이 1MB를 넘지 못한다는 제한은 바로 이 상수에서 비롯된 것이다.

세그윗이 적용되면서부터는 consensus.h에서 다음과 같은 상수들을 정의한다.

```
/** 직렬화된 블록의 바이트 단위 최대 크기(버퍼 크기의 상한으로만 쓰임) */
static const unsigned int MAX_BLOCK_SERIALIZED_SIZE = 4000000;
/** 블록의 최대 무게. BIP 141(네트워크 규칙) 참고. */
static const unsigned int MAX_BLOCK_WEIGHT = 4000000;
/** 한 블록의 최대 서명 점검 횟수(네트워크 규칙) */
static const int64_t MAX_BLOCK_SIGOPS_COST = 80000;
static const int WITNESS_SCALE_FACTOR = 4;
```

허용 가능한 최대 무게를 두 배로 하려면 이 네 상수의 값을 두 배로 해야 한다. 그러면 이론적으로 최대 8MB의 블록이 가능하지만, 좀 더 현실적인 최대 블록은 7.7MB이며(세그윗 트랜잭션들이 100%에 가깝다고 할 때), 이런 블록이 실제로 만들어지는 경우는 드물다. 블록이 크면 규모가변성이 좋아지긴 하지만 블록체인이 좀 더 빠르게 커지는 단점이 있다. 블록체인은 불변이(immutable; 변경 불가) 데이터베이스이므로, 블록체인이 커진다는 것은 중앙집중도가 높아진다는 뜻이다(자료를 저장할 수 있는 지점이 줄어든다는 점에서).

이렇게 해서 BIP141(세그윗 제안)로 가능해진 비트코인 공동체의 분열을 재현해 보았다. 여기서 BIP를 잠깐 살펴보고 다음 예제로 넘어가자.

3.2.15 BIP: 비트코인 개선 제안

제2장에서 잠깐 언급했듯이, Bitcoin Improvement Proposal(비트코인 개선 제안)을 줄인 BIP는 비트코인의 기존 기능을 변경하거나 새 기능을 도입하기 위한 제안을 뜻한다. 하나의

제안(BIP)이 통과되어도 그 즉시 적용되지는 않는다. 비트코인 사용자들이 자신의 소프트웨어를 갱신할 시간을 주기 위해, 각 제안은 블록체인이 현재 높이보다 더 높은 특정 블록 높이에 도달하면 비로소 활성화된다. chainparams.cpp를 보면, 예전의 주요 BIP들(BIP34/65/66)이 다음과 같이 각각의 체크포인트로 정의되어 있다.

```
consensus.BIP34Height = 227931;
consensus.BIP34Hash = uint256S(
    "0x000000000000024b89b42a942fe0d9fea3bb44ab7bd1b19115dd6a759c0808b8");
consensus.BIP65Height =388381;
    // 000000000000000004c2b624ed5d7756c508d90fd0da2c7c679febfa6c4735f0
consensus.BIP66Height = 363725;
    // 00000000000000000379eaa19dce8c9b722d46ae6a57c2f1a988119488b50931
```

체크포인트를 정의할 때 블록 높이를 사용할 수도 있고 블록의 해시를 사용할 수도 있다.

리더코인은 새로운 블록체인으로 시작하므로, 그냥 최초 블록의 높이나 해시로 이 BIP들을 설정하면 된다. 그러면 이들이 처음부터 활성화된다.

```
consensus.BIP34Height = 0;
consensus.BIP34Hash = uint256S(
    "000001a9bbae8bb141c6941838bdacdbcf474b6ed28a0b18b2120b60a68f00ee");
consensus.BIP65Height = 0;
consensus.BIP66Height = 0;
```

BIP 활성화 시점을 결정하는 코드 외에, chainparams.cpp에는 다음과 같이 소프트 포크[soft fork][7]의 배치를 위한 활성화 설정들(목푯값 갱신 주기, 필수 활성화 문턱값, 버전 비트, 포크 시작 시간, 만료 시간) 등을 정의하는 코드도 있다.

```
consensus.nRuleChangeActivationThreshold = 1916; // 2016의 95%
consensus.nMinerConfirmationWindow = 2016;  // nPowTargetTimespan을
                                            // nPowTargetSpacing으로 나눈 값
consensus.vDeployments[Consensus::DEPLOYMENT_TESTDUMMY].bit = 28;
consensus.vDeployments[Consensus::DEPLOYMENT_TESTDUMMY].nStartTime =
```

---

7 간단히 말하면, 소프트 포크는 기존 블록체인 및 노드들에 대한 하위 호환성을 유지하는 포크(파생)를 뜻한다. 하위 호환성을 깨는 포크는 하드 포크(hard fork)라고 부른다.

```
        1199145601; // 2008년 1월 1일
consensus.vDeployments[Consensus::DEPLOYMENT_TESTDUMMY].nTimeout =
        1230767999; // 2008년 12월 31일

// BIP68, BIP112, BIP113 적용
consensus.vDeployments[Consensus::DEPLOYMENT_CSV].bit = 0;
consensus.vDeployments[Consensus::DEPLOYMENT_CSV].nStartTime =
        1462060800; // 2016년 5월 1일
consensus.vDeployments[Consensus::DEPLOYMENT_CSV].nTimeout =
        1493596800; // 2017년 5월 1일

// 세그윗(BIP141, BIP143, BIP147) 적용
consensus.vDeployments[Consensus::DEPLOYMENT_SEGWIT].bit = 1;
consensus.vDeployments[Consensus::DEPLOYMENT_SEGWIT].nStartTime =
        1479168000; // 2016년 11월 15일
consensus.vDeployments[Consensus::DEPLOYMENT_SEGWIT].nTimeout =
        1510704000; // 2017년 11월 17일
```

앞에서 리더코인의 블록 채굴 시간을 consensus.nMinerConfirmationWindow = 576;으로 수정했으므로, 다음처럼 nRuleChangeActivationThreshold를 576의 95%로 설정해야 한다.

```
nRuleChangeActivationThreshold=574;
```

그리고 나머지 설정 중에서 nStartTime과 ntimeout을 다음과 같이 변경한다.

```
consensus.vDeployments[Consensus::DEPLOYMENT_CSV].nStartTime = 0;
consensus.vDeployments[Consensus::DEPLOYMENT_CSV].nTimeout =
        <최초 블록 타임스탬프>;
```

또는, 그냥 원래의 값들을 그대로 두어도 무방하다. 위의 두 줄 바로 다음에는 아래와 같은 기본 가정 설정이 있다.

```
consensus.defaultAssumeValid = uint256S(
    "0x0000000000000000003b9ce759c2a087d52abc4266f8f4ebd6d768b89defa50a");
```

이것은 이 블록의 조상 블록들의 서명들이 유효하다는 가정이다. 리더코인을 위해서는 이 해시를 0으로 설정해야 한다.

```
consensus.defaultAssumeValid = uint256S("0x00");
```

이상은 주 네트워크에 대한 설정 변경이었다. 시험망(CTestNetParams)과 회귀 시험 모드 (CRegTestParams)에 대해서도 마찬가지로 코드를 수정하기 바란다.

이렇게 해서 리더코인 서버와 클라이언트들을 컴파일하고 시험할 준비가 끝났다.

3.2.16 컴파일 및 시험

짜잔! 드디어 고대했던 순간이 왔다.

리더코인을 빌드하는 과정은 이번 장의 도입부에서 비트코인 코어를 빌드한 과정과 사실상 같다. 즉, 현재 디렉터리가 readercoin인 상태에서 다음 명령들을 차례로 실행하면 된다.

```
$ ./autogen.sh
$ ./configure --with-gui=qt5 --enable-debug --disable-tests
$ make && sudo make install
```

컴파일 과정에 문제가 없었다면 src 디렉터리에 세 실행 파일(readercoind, readercoin-cli, readercoin-qt)이 만들어졌을 것이다. 다음 명령으로 실행 파일들의 존재를 확인할 수 있을 것이다.

```
$ ls ./src/readercoind ./src/qt/readercoin-qt
```

다음은 CLI 버전의 실행을 시험해 본 모습이다.

```
user@ByExample-node:~/workspace/readercoin/src$ ./readercoin-cli addnode 192.168.1.4 onetry
user@ByExample-node:~/workspace/readercoin/src$ ./readercoin-cli getblockchaininfo
{
  "chain": "main",
  "blocks": 187,
  "headers": 187,
  "bestblockhash": "00000b6242a3f38d6635be95badbda19263e1cc657de6ad62f67e113b22d186d",
  "difficulty": 0.000244140625,
  "mediantime": 1528732541,
  "verificationprogress": 0.9894736842105263,
  "chainwork": "000000000000000000000000000000000000000000000000000000000bc00bc0",
  "pruned": false,
  "softforks": [
    {
      "id": "bip34",
      "version": 2,
      "reject": {
        "status": false
      }
    },
    {
      "id": "bip66",
      "version": 3,
      "reject": {
        "status": false
      }
    },
    {
      "id": "bip65",
      "version": 4,
      "reject": {
        "status": false
      }
    }
  ],
  "bip9_softforks": {
    "csv": {
      "status": "defined",
      "startTime": 1528707955,
      "timeout": 1528707955,
      "since": 0
    },
    "segwit": {
      "status": "defined",
      "startTime": 1528707955,
```

또한, readercoin-qt로 GUI 버전도 실행해 보기 바란다.

컴파일 과정에 문제가 없었다면, 기본 디렉터리를 설정하라는 GUI 창이 나타날 것이다. 그런데 한 가지 아쉬운 점은 그 창에 비트코인의 로고와 아이콘이 표시된다는 점이다. 우리만의 암호화폐를 위한 프로그램에 비트코인의 상징적인 그래픽이 계속 표시되는 것이 썩 마음에 들지는 않으므로, 그래픽도 바꾸는 것이 좋겠다. 그럼 리더코인 GUI를 닫고, 다시 개발 모드로 돌아가자.

3.2.17 GUI 클라이언트(Qt 지갑)의 시각 디자인

새로 만든 암호화폐를 위한 새로운 로고와 아이콘을 만들어서 GUI 클라이언트에 적용해서 새로운 암호화폐와 차별화한다면 금상첨화일 것이다.

/src/qt/res 디렉터리를 보면 비트맵 파일과 아이콘 파일(확장자가 .ico인)을 비롯해서 GUI에 쓰이는 다양한 그래픽 자원 파일들이 있다. 이들을 여러분의 입맛에 맞게 변경하면 된다. 우선 GUI 지갑이 실행될 때 나타나는 스플래시 창의 배경에 나타나는 로고 이미지부터 바꾸어 보자. 독자가 사용하는 이미지 편집 소프트웨어(Photoshop이나 Gimp 등)로 1024× 1024픽셀 크기의 로고 이미지를 만들기 바란다. 필자는 다음과 같이 커다란 **R**자가 있는 로고를 만들었다. 로고 이미지를 /src/qt/res에 readercoin.png로 저장하고, SVG 형식으로 변환해서 readercoin.svg로도 저장하기 바란다.

시험망의 경우 비트코인 GUI는 녹색 이미지를 사용한다. 차별화를 위해, 리더코인에서는 다른 색(이를테면 빨간색)을 사용하면 좋을 것이다.

이 로고를 .ico 파일로 변환해서 아이콘으로도 사용하기로 한다. 웹에는 비트맵 이미지를 아이콘 파일로 변환해 주는 온라인 서비스 사이트들이 있다. 맥 OS X를 위해서는 확장자가 icns인 파일로 변환해야 한다.

이미지 파일들을 모두 마련했다면, 다시 make를 실행해서 변경 사항을 반영하기 바란다. 이제 리더코인 GUI 클라이언트를 실행하면, 다음과 같이 새로운 모습의 스플래시 화면과 아이콘을 볼 수 있을 것이다.

3.2.18 Qt 클라이언트의 GUI 변경

그래픽 자원 파일들을 바꾸는 것에서 더 나아가서, 지갑의 사용자 인터페이스 자체를 변경하는 것도 가능하다. 비트코인 코어 GUI 클라이언트의 대화상자들은 Qt 프레임워크에 기초한 것으로, **Qt Designer**라는 GUI 개발 도구로 만든다. Qt 클라이언트의 여러 대화상자를 정의하는 Qt 사용자 인터페이스 정의 파일(확장자 .ui)이 src/qt/forms 디렉터리에 있다. 이 파일들을 적절히 수정하면 된다.

Qt에 익숙하지 않은 독자라면 C#/WPF 같은 다른 언어·프레임워크 조합으로 지갑의 GUI를 구현하고, 리더코인의 RPC API를 이용해서 리더코인 노드와 상호작용하는 접근 방식을 사용할 수도 있겠다.

3.2.18.1 GUI 요소 추가

사용자 인터페이스의 변경을 위해, 우선 Qt 전용 IDE인 **Qt Creator**를 내려받아서 설치하기 바란다. 터미널에서 sudo apt-get install qtcreator를 실행하면 된다. **Qt Creator**에는 UI 디자인을 위한 도구도 포함되어 있다.

설치가 끝났으면 다음과 같이 기존 리더코인 GUI 프로젝트를 불러오기 바란다.

1. 터미널에서 qtcreator를 실행해서 Qt Creator를 띄운다.

2. IDE가 나타나면 **New Project**를 클릭한다. 그러면 아래와 같은 모습의 대화상자가 나타날 것이다. 왼쪽 목록에서 **Import Project**를 선택한 후 그 오른쪽 목록에서 **Import Existing Project**를 선택하고 **Choose** 버튼을 클릭한다.

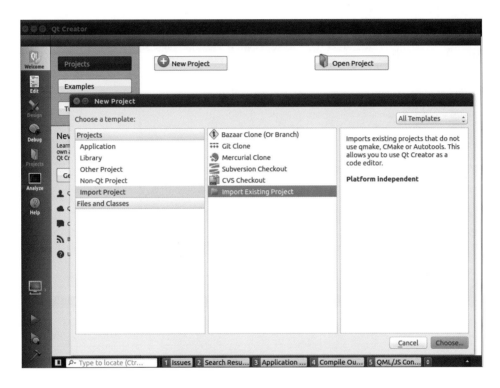

3. 프로젝트 이름을 묻는 **Project name:**에 readercoin-qt를 입력하고, **Location:**에는 리더코인 프로젝트의 src/qt(/home/사용자이름/workspace/readercoin/src/qt)를 지정한 후 다음으로 넘어간다(**Next** 버튼).

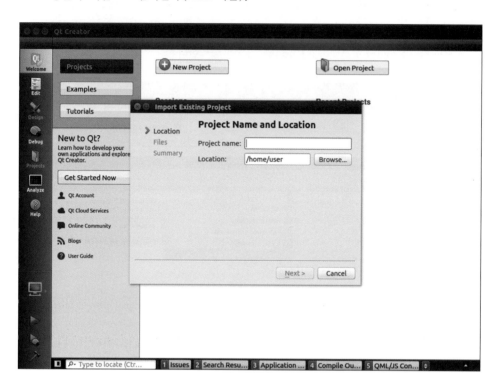

4. 다음 화면에서는 프로젝트로 들여올 파일들을 선택해야 한다. src/qt의 모든 파일과 함께, forms 디렉터리와 test 디렉터리의 모든 파일을 선택한 후 다음으로 넘어간다.

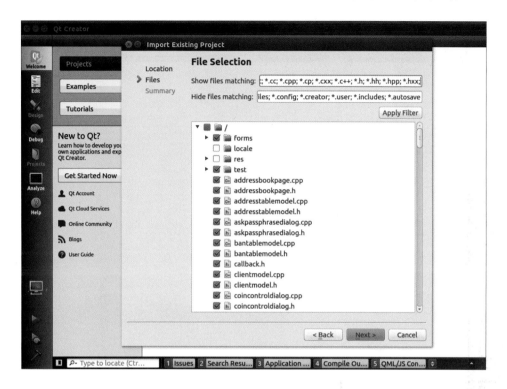

5. 마지막으로 'Summary' 대화상자가 나타난다. 여기서는 버전 관리 설정을 변경할 수 있다(이를테면 git 저장소를 지정하는 등). **Finish** 버튼을 클릭하면 프로젝트가 만들어진다.

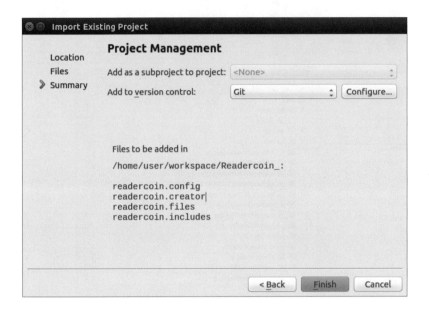

프로젝트 생성 대화상자가 닫히면 Qt Creator의 주 화면을 볼 수 있다. 왼쪽 부분에 프로젝트를 구성하는 파일들이 트리 형태로 표시되어 있음을 확인하기 바란다. 나중에 이 프로젝트를 다시 열려면, **File - Open FIle or Project** 메뉴로 src/qt 폴더에 있는 .creator 파일을 열면 된다.

이제 제일 왼쪽 열에서 **Projects**를 선택한 후 **Manage Kits...** 버튼을 클릭해서 **Options** 대화상자를 띄우기 바란다. 왼쪽 열에서 **Build & Run**이 선택된 상태에서 **Compilers** 탭을 선택하면 자동 검출된 컴파일러들이 표시된다. 원하는 컴파일러를 선택한 후 **OK**를 클릭하기 바란다.

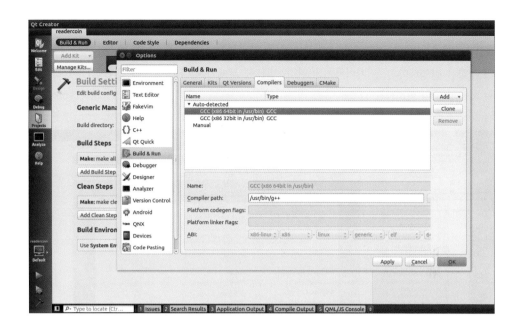

이제 제일 왼쪽 열의 녹색 삼각형 버튼을 클릭하면 프로젝트의 빌드 및 실행이 시작된다.[8] 이번이 Qt Creator 안에서 GUI를 처음으로 실행하는 것이기 때문에, 실행할 파일의 이름과 실행 시 적용할 옵션을 묻는 대화상자가 나타난다. **Executable:**에 src/qt/readercoin-qt를, **Command line arguments:**에는 -printtoconsole을 입력하기 바란다.

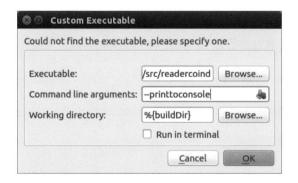

----

[8] 이때 "...규칙이 없습니다"라는 오류가 발생한다면, Build Settings 페이지(Projects – Build & Run – Desktop의 Build 선택)의 Build directory:에서 /src/qt 대신 즉 리더코인 프로젝트 전체의 루트 디렉터리(autogen.sh 파일이 있는 곳)를 지정한 후 다시 시도해 보기 바란다.

프로젝트 빌드가 진행되는 동안, 하단의 창에 Qt Creator가 출력한 로그들이 표시된다. Qt Creator를 이용해서 소스 코드나 어떤 설정을 변경했다면 항상 프로젝트를 다시 빌드해서 변경 사항을 반영해야 함을 기억하기 바란다. 빌드에 문제가 없다면 다음과 같이 GUI 클라이언트 창이 나타날 것이다.

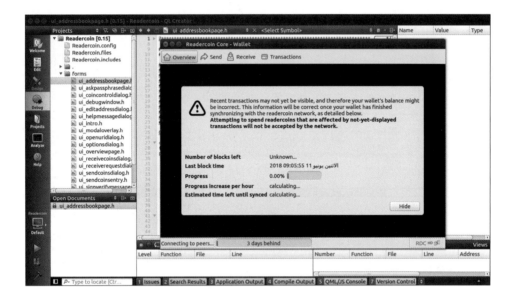

Qt Creator 자체로는 소스 코드만 편집할 수 있다. GUI 대화상자를 시각적으로 편집하려면 Qt Designer가 필요하다. Qt Creator의 프로젝트 파일 트리의 forms에 있는 .ui 파일을 더블클릭하면 Qt Designer가 뜨면서 그 파일이 열린다. 다음은 overviewpage.ui 파일을 연 모습이다.

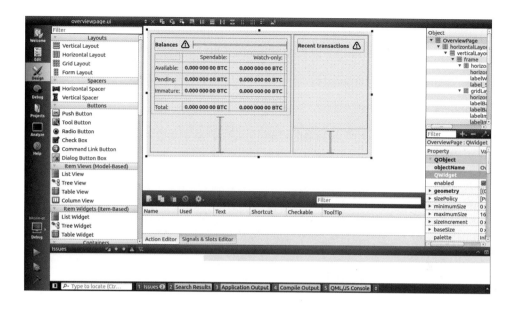

Qt Creator와 Qt Designer를 이용해서 여러 GUI 요소를 제거하거나 수정해 보기 바란다. 새로운 Qt GUI 요소와 해당 기능을 추가하려면 Qt/C++에 관한 기본적인 지식이 필요하다. 뭔가를 수정한 후에는 Qt Creator의 왼쪽 아래에 있는 녹색 삼각형 버튼을 클릭해서 코드를 다시 컴파일해야 한다는 점도 기억하기 바란다.

3.2.19 리더코인 네트워크 구축

이렇게 해서 새 암호화폐를 만드는 데 필요한 대부분의 작업이 끝났다. 그럼 리더코인을 실제로 운영해 보자.

이제부터 할 일은 두 대의 컴퓨터에서 실행되는 두 리더코인 노드로 하나의 리더코인 네트워크를 구축하는 것이다. 두 노드를 각각 **노드 A**와 **노드 B**라고 부르기로 하겠다. 우선, 두 컴퓨터가 서로 통신할 수 있는지를 ping 명령을 이용해서 확인하기 바란다. 이하의 논의에서는 노드 A와 B의 IP 주소가 각각 192.168.1.3과 192.168.1.8이라고 가정한다.

지금까지 리더코인 프로그램들을 개발하는 데 사용한 컴퓨터를 노드 A로 사용하기로 한다. 노드 B를 돌릴 또 다른 컴퓨터에 리더코인 프로그램들을 설치하기 바란다. GitHub 원격 저장소에서 소스 코드들을 복제해서 다시 빌드할 수도 있고, 아니면 그냥 USB나 네트워크 폴더 등을 이용해서 리더코인 프로젝트 폴더를 통째로 복사해도 된다.

두 컴퓨터에 리더코인 프로그램들이 성공적으로 설치되었다고 할 때, 각 컴퓨터에서 readercoin-qt -printtoconsole을 실행해서 Qt 클라이언트를 실행하기 바란다(내부적으로 리더코인 데몬도 함께 실행된다).

-printtoconsole 옵션 때문에 GUI 클라이언트는 콘솔(터미널)에 로그 메시지들이 출력할 것이다.

리더코인 클라이언트를 처음 실행하면 홈 디렉터리에 .readercoin이라는 디렉터리가 만들어지고, 그 안에 여러 필수 파일이 생성된다. 각 컴퓨터에서 클라이언트의 실행을 중지한 후 ~/.readercoin에 다음과 같은 내용으로 readercoin.conf라는 파일을 만들기 바란다.

```
server=1
rpcuser=<사용자이름>
rpcpassword=<패스워드>
addnode=<다른 노드의 IP>
rpcallowip=192.168.0.0/16
```

설정 파일에서 addnode 옵션으로 다른 노드를 추가하는 대신, 다음과 같이 addnode라는 RPC 명령을 클라이언트로 실행해서 상대방 노드를 추가할 수도 있다.

- **노드 A에서:**

```
$ readercoin-cli addnode 192.168.1.3:9333 onetry
```

- **노드 B에서:**

```
$ readercoin-cli addnode 192.168.1.8:9333 onetry
```

한 노드에서 다른 노드를 추가하면 다음처럼 연결이 되었음을 알리는 메시지가 두 노드 모두에서 출력된다. 이런 메시지가 안 나온다면, 잠시 기다렸다가 다시 시도해 보기 바란다.

```
user@ByExample-node: ~
2018-06-18 14:06:11 Bound to [::]:7333
2018-06-18 14:06:11 Bound to 0.0.0.0:7333
2018-06-18 14:06:11 init message: Loading P2P addresses...
2018-06-18 14:06:11 Loaded 0 addresses from peers.dat  0ms
2018-06-18 14:06:11 init message: Loading banlist...
2018-06-18 14:06:11 init message: Starting network threads...
2018-06-18 14:06:11 init message: Done loading
2018-06-18 14:06:11 torcontrol thread start
2018-06-18 14:06:11 net thread start
2018-06-18 14:06:11 dnsseed thread start
2018-06-18 14:06:11 Loading addresses from DNS seeds (could take a while)
2018-06-18 14:06:11 msghand thread start
2018-06-18 14:06:11 0 addresses found from DNS seeds
2018-06-18 14:06:11 dnsseed thread exit
2018-06-18 14:06:11 Imported mempool transactions from disk: 0 successes, 0 fail
ed, 0 expired
2018-06-18 14:06:11 opencon thread start
2018-06-18 14:06:11 addcon thread start
2018-06-18 14:06:14 connect() to 192.168.1.7:9333 failed after select(): No rout
e to host (113)
2018-06-18 14:06:14 Leaving InitialBlockDownload (latching to false)
2018-06-18 14:06:14 receive version message: /Satoshi:0.15.1/: version 70015, bl
ocks=0, us=[::]:0, peer=0
```

두 노드의 연결 여부는 readercoin-cli getpeerinfo 명령으로 확인할 수 있다. 이 명령을 실행하면 다음과 같이 현재 연결된 다른 노드의 모든 정보가 출력된다.

```
user@ByExample-node: ~/bitcoin
user@ByExample-node:~/bitcoin$ ./src/bitcoin-cli  getconnectioncount
2
user@ByExample-node:~/bitcoin$ ./src/bitcoin-cli getpeerinfo
[
  {
    "id": 23,
    "addr": "192.168.1.3:8333",
    "services": "0000000000000005",
    "relaytxes": true,
    "lastsend": 1511116445,
    "lastrecv": 1511116478,
    "bytessent": 355,
    "bytesrecv": 5636,
    "conntime": 1511116445,
    "timeoffset": 0,
    "pingtime": 0.015793,
    "minping": 0.015793,
    "version": 70012,
    "subver": "/Satoshi:0.12.1/",
    "inbound": false,
    "startingheight": 0,
    "banscore": 0,
    "synced_headers": -1,
    "synced_blocks": -1,
    "inflight": [
    ],
    "whitelisted": false
  }
]
```

RPC 명령을 GUI 클라이언트에서 직접 수행할 수도 있다. 방법은 다음과 같다.

1. 리더코인 GUI 지갑을 연다.

2. 주 메뉴에서 **도움말**을 선택한다.

3. 도움말 메뉴에서 **디버그 창**을 선택한다.

4. **콘솔** 탭을 선택한다.

5. 콘솔 창에서 원하는 RPC 명령(readercoin-cli는 빼고)을 실행한다.

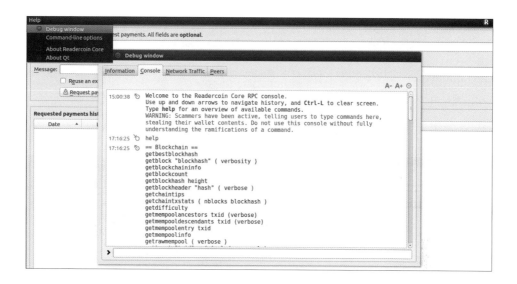

이제 노드들이 리더코인을 주고받을 준비가 되었다. 그런데 지금은 주고받을 자금(RDC) 자체가 없다. 따라서 두 노드 중 하나(또는 둘 다)에서 채굴을 시작할 필요가 있다.

3.2.20 리더코인 채굴

리더코인의 기반이 된 비트코인 0.15에는 내부 채굴 기능이 없으므로, 전용 채굴 도구를 이용해서 리더코인 블록을 채굴해야 한다. 전용 채굴 도구는 많이 있지만, 여기서는 사용하기 쉽고 CPU에서 sha256 해시를 채굴하는 기능을 지원하는 **CPU miner**를 사용하기로 하겠다.

설치는 간단하다. 그냥 GitHub의 https://github.com/pooler/cpuminer/releases에서 최신 릴리스 압축 파일을 내려받은 후 이진 실행 파일 minerd를 추출하면 된다.

cpuminer를 실행하기 전에 먼저 두 노드에서 각각 다음 명령을 실행해서 새 주소를 얻기 바란다.

```
$ readercoin-cli getnewaddress
```

이제 다음 명령을 한 노드에서(또는 두 노드 모두에서) 실행해서 채굴을 시작한다. 마지막의 coinbase-addr 옵션에는 앞에서 얻은 주소를 지정해야 한다.

```
$ ./minerd -o http://127.0.0.1:9332 -u <사용자이름> -p <패스워드> -a sha256d --
no-longpoll --no-getwork --no-stratum --coinbase-addr=<리더코인 주소>
```

CPU miner는 두 노드가 연결되어서 서로 통신을 해야 비로소 채굴을 시작함을 주의하기 바란다. 채굴이 시작되면 새 거래(최초 블록 거래)들의 선언 및 수신을 알리는 여러 로그 항목이 나타날 것이다. 각 거래는 10RDC를 생성한다.

CPU miner로 채굴이 잘 안 된다면 cgminer나 ccminer 같은 좀 더 최신의 도구를 사용해 보기 바란다. 채굴이 진행되는 동안 다른 터미널 창을 띄워서 readercoin-cli getinfo를 실행하면 블록체인의 현재 상태를 자세히 살펴볼 수 있다. 이 명령은 다양한 상태 정보를 담은 JSON 객체를 출력한다. getblockchaininfo라는 RPC 명령을 이용하면 블록체인 처리 현황에 관한 좀 더 구체적인 정보를 얻을 수 있다. 이를테면 채굴된 블록 개수, 마지막 블록의 해시, 체인 작업량, 소프트 포크 상황을 이 명령으로 알아낼 수 있다.

```
user@ByExample-node:~/workspace/readercoin/src$ ./readercoin-cli addnode 192.168.1.4 onetry
user@ByExample-node:~/workspace/readercoin/src$ ./readercoin-cli getblockchaininfo
{
  "chain": "main",
  "blocks": 187,
  "headers": 187,
  "bestblockhash": "00000b6242a3f38d6635be95badbda19263e1cc657de6ad62f67e113b22d186d",
  "difficulty": 0.000244140625,
  "mediantime": 1528732541,
  "verificationprogress": 0.9894736842105263,
  "chainwork": "000000000000000000000000000000000000000000000000000000000bc00bc0",
  "pruned": false,
  "softforks": [
    {
      "id": "bip34",
      "version": 2,
      "reject": {
        "status": false
      }
    },
    {
      "id": "bip66",
      "version": 3,
      "reject": {
        "status": false
      }
    },
    {
      "id": "bip65",
      "version": 4,
      "reject": {
        "status": false
      }
    }
  ],
  "bip9_softforks": {
    "csv": {
      "status": "defined",
      "startTime": 1528707955,
      "timeout": 1528707955,
      "since": 0
    },
    "segwit": {
      "status": "defined",
      "startTime": 1528707955,
```

특정 블록 하나의 모든 세부사항을 알고 싶으면 readercoin-cli getblock <블록 해시> 명령을 사용하면 된다.

```
Terminal  File  Edit  View  Search  Terminal  Help
user@ByExample-node:~$ readercoin-cli getblockhash 0
000003758b8aa3b5066e2d5b2aa4f5c7516868f50d37bfdb55d52ff581425adc
user@ByExample-node:~$ readercoin-cli getblock 000003758b8aa3b5066e2d5b2aa4f5c7516868f50d37bfdb55d52ff581425adc
{
  "hash": "000003758b8aa3b5066e2d5b2aa4f5c7516868f50d37bfdb55d52ff581425adc",
  "confirmations": 1,
  "strippedsize": 242,
  "size": 242,
  "weight": 968,
  "height": 0,
  "version": 1,
  "versionHex": "00000001",
  "merkleroot": "6bc2585d63185acf3868cc34e0b017b3fb41c00938eb09bc52a3cf73a31ec6a8",
  "tx": [
    "6bc2585d63185acf3868cc34e0b017b3fb41c00938eb09bc52a3cf73a31ec6a8"
  ],
  "time": 1528707955,
  "mediantime": 1528707955,
  "nonce": 690552,
  "bits": "1e0ffff0",
  "difficulty": 0.000244140625,
  "chainwork": "0000000000000000000000000000000000000000000000000000000000100010"
}
user@ByExample-node:~$
```

이 출력 예를 보면 최초 블록의 난이도가 1이고 목푯값의 압축된 비트 표현이 **1e00ffff0**임을 알 수 있다. 이 비트열은 목표 해시 값(**target**)을 특별한 형식으로 표현한 것이다.

노드 하나를 이용한 채굴을 **솔로 채굴**(solo mining)이라고 부른다. 그런데 난이도가 특정 수준 이상으로 높아지면 솔로 채굴로는 블록을 채굴하지 못한다. 그런 경우에는 여러 채굴 노드로 하나의 채굴 풀(mining pool)을 만들어서 작업과 보상을 공유하는 방법이 바람직하다.

3.2.21 거래 보내기

이전에 코인베이스 성숙도를 50으로 설정했으므로, 블록을 50개 이상 채굴해야 비로소 리더코인 자금(최초 블록 거래에 설정된 보상)을 다른 노드에 보낼 수 있다.

다음은 **노드 A**에서 **노드 B**로 1RDC를 전송하는 명령이다. 노드 B에서 생성한 리더코인 주소를 지정해야 함을 주의하기 바란다.

```
readercoin-cli sendtoaddress <노드 B의 리더코인 주소> 1
```

아니면 다음처럼 Qt 지갑에서 보낼 수도 있다.

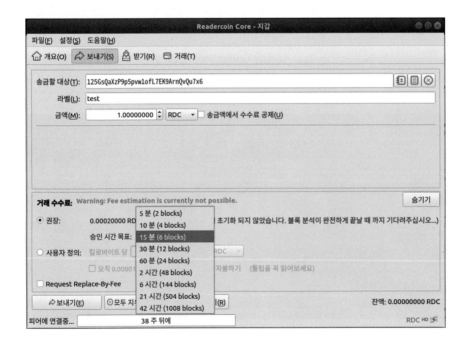

스크린샷에서 보듯이, 비트코인에서처럼 거래 수수료를 정의할 수 있다. 일반적으로 거래 수수료를 높게 지정하면 여러분이 보낸 거래의 처리가 빨라진다. 참고로, **승인 시간 목표:** 설정을 보면 우리가 설정한 리더코인 블록 시간이(비트코인의 블록 시간이 아니라) 적용되었음을 확인할 수 있다.

이제 여러분의 리더코인 네트워크를 확장하고 새 코인을 채굴할 수 있게 되었다. 이처럼 나만의 암호화폐를 직접 만들어서 실행해 보는 과정을 통해서 블록체인을 좀 더 잘 이해하게 되었을 것이다.

다음 절에서는 블록체인 처리 상황을 좀 더 편하게 살펴볼 수 있는 '탐색기(explorer)' 프로그램을 살펴본다.

3.2.22 거래 및 블록 탐색기

블록 탐색기는 모든 거래 처리 상황과 블록 세부 정보를 제공하는 유용한 도구이다. 흔히 쓰이는 블록 탐색기들은 대부분 블록체인 노드들과 통신하는 웹 응용 프로그램이다. 이런 도구를 이용하면 readercoin-cli에서 일일이 RPC 명령을 실행할 필요가 없다. 오픈소스 비트코인 블록 탐색기들은 많이 있다. GitHub를 검색해 보면 Php-Bitcoin-explorer, BitcoinJS explorer, Bitcoin-ABE 같은 프로젝트들을 만날 수 있을 것이다.

이번 절에서는 Node.js 기반의 Iquidus이퀴더스라는 블록 탐색기를 설치하고 사용해 본다. 특히, 비트코인이 아니라 리더코인의 블록들을 읽어서 변환한 후 데이터베이스에 저장하고 웹 인터페이스를 통해서 정보를 표시하도록 설정한다.

3.2.22.1 Iquidus 설치를 위한 준비 사항

Iquidus를 설치하려면 다음과 같은 도구들이 필요하다.

- Node.js V6: 독자가 더 최신 버전을 사용하고 있을 수도 있지만, 이 실습에서는 버전 6을 기준으로 한다. 한 컴퓨터 안에 Node.js의 서로 다른 버전을 설치해서 사용할 수 있다. nvm install V6 명령으로 버전 6을 설치하기 바란다.

- MongoDB: 우선 터미널에서 다음 명령을 실행해서 MongoDB를 설치한다.

```
$ sudo apt-get install -y mongodb-org=3.6.5 mongodb-org-server=3.6.5 mongodb-org
-shell=3.6.5 mongodb-org-mongos=3.6.5 mongodb-org-tools=3.6.5
```

MongoDB를 설치한 후에는 sudo service mongod start를 실행해서 MongoDB 서버를 실행하기 바란다. 그럼 Iquidus 탐색기의 데이터베이스를 설정하는 단계로 넘어가자.

3.2.22.2 Iquidus 데이터베이스 설정

먼저, 터미널에서 mongo 명령을 실행해서 MongoDB 셸shell로 들어간 후 다음을 실행해서 Iquidus용 데이터베이스를 생성, 활성화한다.

```
> use explorerdb
```

그런 다음, 읽기/쓰기 권한을 가진 사용자 계정을 생성한다.

```
> db.createUser( { user: "iquidus", pwd: "3xp!0reR", roles: [ "readWrite" ] } )
```

> **NOTE** MongoDB 2.4.x를 사용하는 경우에는 다음 명령으로 사용자 계정을 생성하기 바란다.
> ```
> > db.addUser( { user: "사용자이름", pwd: "패스워드", roles: [ "readWrite"] })
> ```

3.2.22.3 Iquidus 설치

새 터미널을 열고 GitHub의 Iquidus 저장소를 복제한다.

```
$ git clone https://github.com/iquidus/explorer.git readercoin_explorer && cd re
adercoin_explorer
```

그런 다음 npm을 이용해서 Iquidus를 설치한다. 필요한 모든 의존 모듈들도 함께 설치된다.

```
$ npm install --production
```

Iquidus 설정

리더코인을 위해 Iquidus 탐색기를 사용하려면 settings.json 파일의 몇 가지 옵션을 readercoin.conf 파일에 맞게 설정해야 한다. 우선, 현재 디렉터리(탐색기의 루트 디렉터리)에서 cp settings.json.template settings.json을 실행해서 기본 설정 파일 템플릿을 실제 설정 파일로 복사한다.

그런 다음 텍스트 편집기로 settings.json 파일을 열고, 다음 부분을 찾아서 적절히 수정한다.

```
"coin": "readercoin",
"symbol": "RDC",
"wallet": {
    "host": "localhost",
    "port": 9332,
    "user": "user", // readercoin.conf에 있는 RPC 사용자 이름
    "pass": "password" // 해당 패스워드
},
```

그리고 genesis_block 설정을 찾아서 여러분의 최초 블록의 해시로 변경하기 바란다.

마찬가지로, genesis_tx를 최초 거래의 해시로 변경하기 바란다. 이 해시는 readercoin-cli getblock <최초_블록_해시> 명령의 출력 중 tx 필드에 있다.

다음으로, 여러분의 리더코인 블록체인에 있는 블록 중 하나를 선택해서 그 블록의 정보로 api 섹션의 여러 필드를 수정한다.

```
"api": {
    "blockindex": 0,
    "blockhash": "000003758b8aa3b5066e2d5b2aa4f5c7516868f50d37bfdb55d52ff581425a
dc",
    "txhash": "6bc2585d63185acf3868cc34e0b017b3fb41c00938eb09bc52a3cf73a31ec6a8",
    "address": "1Cccex1tMVTABi9gS2VzRvPA88H4p32Vvn"
},
```

이제 settings.json 파일을 저장하고 편집기를 닫기 바란다.

3.2.22.4 Iquidus 데이터베이스와 블록체인 동기화

Iquidus 탐색기에는 탐색기의 지역 데이터베이스를 블록체인의 정보로 동기화하는 스크립트가 포함되어 있다. scripts/ 폴더의 sync.js가 바로 그것이다. 이 스크립트는 반드시 탐색기의 루트 디렉터리에서 실행해야 한다. 다음과 같은 형태로 실행하면 된다.

```
$ node scripts/sync.js index [모드]
```

모드 옵션에는 다음 세 값 중 하나를 지정한다.

- update: 지난번 동기화에서 현재 블록까지의 색인(index)을 갱신한다.
- check: 색인을 확인해서 빠진 거래나 주소가 있는지 점검한다(있으면 데이터베이스에 추가한다).
- reindex: 색인을 비우고, 최초 블록부터 현재 블록까지 블록체인 전체와 다시 동기화한다.

공식 문서화에 나와 있듯이, cron을 이용해서 이 스크립트를 2분마다 한 번씩 실행하는 것이 바람직하다. 다음은 색인을 1분마다 갱신하고 시장 자료는 2분마다 갱신하는 crontab 설정이다.

```
*/1 * * * * cd /탐색기/경로 && /usr/bin/nodejs scripts/sync.js index update > /de
v/null 2>&1
*/5 * * * * cd /탐색기/경로 && /usr/bin/nodejs scripts/peers.js > /dev/null 2>&1
```

3.2.22.5 지갑 준비

Iquidus 탐색기를 리더코인 노드에 연결하기 전에, 리더코인 노드를 -txindex 옵션을 주어서 실행하거나, 또는 readercoin.conf에 txindex=1을 추가한 후 실행하기 바란다. 이렇게 하면 블록체인에 있는 임의의 거래의 자료를 얻는 작업과 클라이언트가 지금까지 발생한 모든 거래의 색인을 유지하는 작업이 원활해진다. txindex=1 설정 없이 리더코인 노드를 오랫동안 실행하고 있었다면, 색인을 재구축하는 데 몇 시간 정도 걸릴 수 있다.

3.2.22.6 탐색기 시작

이제 Iquidus로 리더코인의 블록들을 살펴볼 준비가 모두 끝났다. MongoDB 서버가 실행 중인 상태에서, Iquidus 루트 디렉터리에서 `npm start`를 실행하면 탐색기 서버가 실행된다.

설치와 설정에 오류가 없었다면, 웹 브라우저로 `http://<서버의 IP 주소>:3331`에 접속하면 탐색기 앞단(웹 인터페이스)이 나타난다.

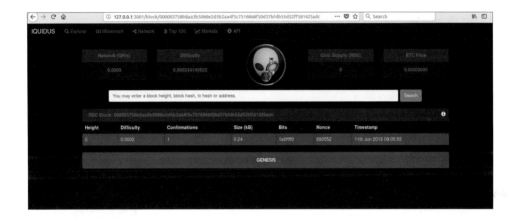

이런 웹페이지가 나오면 성공이다. 축하한다!

이제부터 이 탐색기를 이용해서 블록체인의 모든 정보를 볼 수 있으며, 특정 블록이나 거래, 주소의 자료도 얻을 수 있다. 새로운 대안 암호화폐를 위한 탐색기를 준비하고 실행하는 과정을 따라 하는 데 별 어려움이 없었길 희망한다.

3.2.23 리더코인 거래소 만들기

리더코인 지갑과 네트워크, 블록체인 탐색기까지 갖추었다면, 다음으로 할 일은 이 리더코인을 다른 여러 암호화폐 애호가들이 사용하게 하는 것이다. 리더코인을 기존 화폐와 교환할 수 있게 한다면 리더코인에 관해 관심을 가질 가능성이 커진다. 이를 위해 잘 알려진 코인 거래 플랫폼들에 리더코인을 등록할 수도 있겠지만, 우리만의 환전소 서비스를 구현한다면 더욱 재미있을 것이다.

이번 장이 꽤 길어졌기 때문에, 여기서는 그냥 손쉽게 암호화폐 환전 서비스를 만들 수 있는 **Peatio**라는 멋진 오픈소스 프로젝트를 소개하기만 하겠다. Peatio는 Yunbi Exchange, Binance, Cex.io 같은 유명 거래소에 쓰이는 훌륭한 플랫폼이다. Peatio의 소스 코드와 설치 방법을 GitHub 저장소에서 볼 수 있는데, 특히 우분투용 설치 방법이 `https://github.com/peatio/peatio/blob/master/doc/setup-local-ubuntu.md`에 있다.

Peatio는 암호화폐나 명목 화폐의 예치, 출금, 거래, KYC[9]를 비롯한 모든 기본적인 환전 거래 기능을 제공하는 하나의 완전한 솔루션이며, 설치하기가 어렵지 않다.

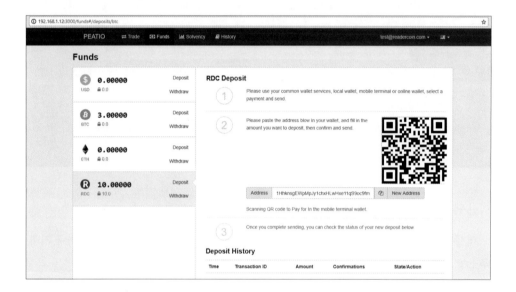

그런데 새 암호화폐를 만들기 전에 독자 자신에게 던져야 할 질문이 하나 있다. 바로, "새 암호화폐의 목적은 무엇인가?"이다. 뭔가 독창적인 발상이 있는가? 비트코인이 가진 어떤 문제점을 해결하려 하는가? 단지 돈을 벌기 위해 새 암호화폐를 만들려 들지는 말기 바란다. 그보다는, 기존 암호화폐의 성능이나 기능성을 개선하고 확장하는 데 집중해야 한다.

---

9 KYC는 Know Your Customer를 줄인 말로, 고객의 신원을 확인하고 관리하는 절차 또는 관련 규제를 뜻한다.

3.3 요약

이번 장의 주된 목적은 암호화폐를 만드는 기본 단계들을 보여주는 것이었다. 이를 위해 비트코인의 코드를 거리낌 없이 복제했다. 비록 암호화폐 구축을 수박 겉핥기 수준으로만 살펴보았지만, 그래도 비트코인 프로토콜을 좀 더 깊게 이해하는 계기이자 비트코인 코어의 소스 코드를 들여다볼 기회가 되었을 것이다.

이번 장을 끝으로 비트코인 세계에 대한 우리의 짧은 탐험을 마치기로 하겠다. 지금까지의 여정이 즐거웠길 희망한다. 이번 장에서 만든 리더코인 프로젝트의 GitHub 저장소 주소는 `https://github.com/bellaj/Readercoin_.git`이다. 이곳에서 이번 장에서 언급하지 않은 내용을 발견할 수 있을 것이다. 아니면, 그냥 소스 코드를 좀 더 효율적으로 읽어 보는 용도로 사용해도 좋을 것이다. 혹시 버그나 개선 사항을 발견했다면 풀 요청(pull request)을 보내기 바란다.

다음 장에서는 종종 블록체인 2.0이라고 불리는 아주 유망한 플랫폼인 이더리움의 세계로 진입해서 블록체인 기술에 대한 우리의 여정을 이어나간다.

## 제 4 장

이더리움을 이용한 P2P 경매

이 책의 첫 부분에서는 블록체인 기술의 첫 응용이자 세상에서 가장 유명한 암호화폐인 비트코인을 소개했다. 제3장까지 우리는 개발자의 관점에서 블록체인을 살펴보고, 비트코인을 이용하는 응용 프로그램들을 구축했다. 이번 장에서는 스마트 계약 기반 블록체인 기술 중 가장 잘 자리 잡고 성숙한 프로젝트인 이더리움Ethereum을[1] 소개한다.

제1장 **처음 접하는 블록체인**에서 논의했듯이, 비트코인의 주된 목표는 정규 화폐 대신 대금 지급에 사용할 수 있는 대안 화폐로서 자리 잡는 것이다. 반면 이더리움의 주된 목표는 **DApp**(decentralized app; 탈중앙화된 응용 프로그램)이라는 분산 응용 프로그램을 구축하고 실행하는 데 필요한 내장 도구들과 화폐 수단들을 개발자들에게 제공함으로써 DApp 개발을 촉진, 확산하는 것이다.

이 책을 관통하는 "예제로 배운다" 접근 방식에 따라, 이번 장에서는 이더리움 블록체인에 기초한, 탈중앙화된 자동차 경매 DApp을 만들어 본다.

이번 장의 목적은 탈중앙화된 응용 프로그램을 구축하는 데 필요한 도구와 개념, 기본 지식을 개발자의 관점에서 여러분에게 소개하는 것이다. 이더리움 프로토콜을 좀 더 상세하게 알고 싶은 독자는 해당 백서(`https://github.com/ethereum/wiki/wiki/White-Paper`)를 참고하기 바란다. 그리고 이더리움의 이론적 측면을 좀 더 파고들고자 하는 독자는 '이더리움 옐로 페

---

1 외래어 표기법에 따르면 '이서리엄' 또는 '이시리엄'이 원 발음에 더 가깝지만, 국내 암호화폐 공동체가 대체로 '이더리움'이라는 표기에 합의했다는 점을 고려해서 이 책에서도 이더리움을 사용한다.

이퍼^{Ethereum Yellow Paper}'라고 부르는 문서(`https://ethereum.github.io/yellowpaper/paper.pdf`)를 보기 바란다.[2]

이번 장은 다음 네 가지 주제를 중심으로 구성된다.

- 이더리움의 개요
- 경매를 위한 스마트 계약에 사용할 Solidity 소개
- 경매 사이트의 앞단에 사용할 web3.js 소개
- 스마트 계약 배치 환경

이번 장을 통해서 이더리움이 여러분처럼 열정적인 개발자들이 블록체인의 위력을 손쉽게 발휘할 수 있게 하는 개발자 친화적인 블록체인임을 확인할 수 있을 것이다. 그럼 시작해 보자.

4.1 이더리움 소개

비트코인이 발표되고 몇 년 동안 비트코인 기반 시스템들이 인상적인 성과를 거두긴 했지만, 기능이 상당히 제한적이었다. 그동안 비트코인의 제약을 극복하려는 시도가 많이 있었지만, 상황이 크게 변한 것은 이더리움이 소개되고부터이다. 비트코인과는 달리 이더리움은 단순히 디지털 화폐를 관리하는 것 이상의 용도로 확장할 수 있다. 실제로, 이더리움은 업무 논리(business logic)를 서술하는 데 좀 더 적합한 범용 블록체인이다. 이더리움에서는 스마트 계약(smart contract)이라고 부르는 고급 스크립트를 이용해서 다양한 업무 논리를 작성할 수 있다. 이전 장들에서 보았듯이 비트코인 스크립트는 기본적으로 소유권 조건들과 지급 규칙들을 표현하기 위한 것이다. 예를 들어 표준 P2PKH(Pay-to-Public-Key-Hash) 스크립트는 전송자가 공개 키로 식별된 수신자에게 코인을 보낼 수 있는 작은 프로그램을 서술한다. 애초에 비트코인이 대안 화폐 시스템으로 설계된 것이므로, 그런 용도에 특화된 스크립트를 사용하는 것은 당연한 일이다. 반면 이더리움은 신뢰 기계(trust machine)로서의 블록체인의 위력을 튜링 완전(Turing-complete) 계약 엔진과 결합함으로써 '탈중앙화된 세계 컴퓨터'를 구현한다는 좀 더 넓은 관점에서 설계되었다.

....

2 참고로 옐로 페이퍼는 이더리움의 공식 명세서 "Ethereum: A Secure Decentralised Generalised Transaction Ledger"의 애칭이다. 공식 명세서의 용지 바탕색이 실제로 황색 계열이다.

비록 이더리움이 비트코인이 처음 소개한 여러 착안을 채용하긴 했지만, 둘 사이에는 차이점이 많이 있다. 다음 표는 이더리움과 비트코인의 주요 차이점을 정리한 것이다.

	이더리움	비트코인
스마트 계약	범용 튜링 완전 스크립팅 언어.	잠금 및 해제 스크립트에 특화된 Forth 비슷한 스크립팅 언어.
채굴 알고리즘	Ethash 작업 증명(PoW), 특수 하드웨어 저항력 있음.	SHA-256 기반 작업 증명, 특수 하드웨어 저항력 없음.
암호화폐 생성	비잔티움 포크 이후 블록당 3ETH (조만간 2ETH로 감소할 예정).[3]	초기에는 50BTC, 이후 21만 블록마다 반감(현재는 12.5BTC).
평균 승인 시간	GHOST(빠른 블록 승인 시간, 3에서 30초).	느린 블록 승인 시간(평균 10분).
무효 블록(stale block)	삼촌 블록과 조카 블록 허용.	고아 블록 거부.[4]
블록체인 모형	두 종류의 계정 모형을 사용: • 외부 계정 • 계약 계정	UTXO 모형.

4.1.1 이더리움 VM과 스마트 계약

흔히 EVM으로 줄여서 표기하는 이더리움 VM(virtual machine; 가상 기계)과 스마트 계약은 이더리움의 핵심 요소이므로, 좀 더 자세히 소개할 필요가 있겠다. 스마트 계약은 1990년대에 닉 서보Nick Szabo가 소개한 개념인데, 그는 이를 디지털 형식으로 명시된 서약 (commitment)들의 집합으로 정의했다. 이더리움에서 스마트 계약은 고수준 언어(Solidity, LLL, Viper)로 작성되며, 블록체인에는 EVM이 실행할 바이트코드bytecode의 형태로 저장된다. 계약이 발동되면 각 노드는 자신의 EVM(스택 기반 VM이다)에서 스마트 계약의 바이트코드를 실행한다. 스마트 계약 기능과의 상호작용은 블록체인 네트워크에 있는 거래들을 통해서 일어난다. 거래에 담긴 스마트 계약 바이트코드를 EVM들이 실행하고, 그에 따라 공유 블록체인

---

3 비잔티움은 이더리움의 2017년 하드 포크에 붙은 이름이다. 그다음 하드 포크인 '콘스탄티노플'이 2019년 3월 1일 자로 시행되었으며, 블록당 채굴 보상이 실제로 2ETH로 감소했다.

4 참고로 삼촌(uncle), 조카(nephew), 고아(orphan) 등은 블록들의 연결 관계를 부모-자식 관계로 비유하는 데서 비롯된 용어이다. 예를 들어 삼촌 블록은 유효한 해시 값을 구하긴 했지만 가장 긴 블록체인에 편입되지는 못한 블록을 말하는데, 부모-자식으로 이어지는 주된 줄기에서 삐져나온 블록이라는 점에서 삼촌이라는 이름이 붙었다. 이더리움은 채굴 시간이 짧기 때문에 이런 블록이 생길 가능성이 커지며, 그래서 이런 블록들에도 어느 정도의 보상을 제공한다.

상태가 갱신된다. 다음은 스마트 계약 실행 환경 및 가상 기계와 블록체인 원장 사이의 상호작용을 개괄한 도식이다.

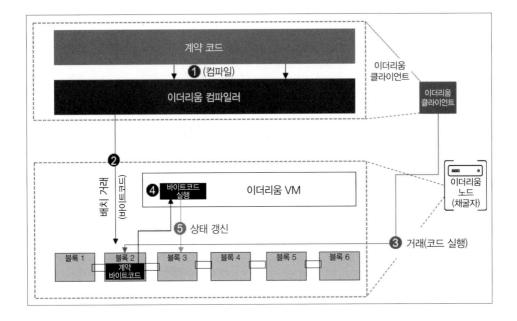

4.1.2 이더와 가스

비트코인처럼 이더리움 네트워크에도 내장 암호화폐가 있다. 이름은 **이더**ether이고 단위는 ETH 이다. 이더는 결제를 위한 디지털 화폐로 쓰일 뿐만 아니라, 시스템에서 DApp을 실행하기 위한 이더리움의 가격 책정 메커니즘에도 쓰인다. 이더리움은 공짜 네트워크가 아니다. 거래에는 거래 수수료가 붙으며, 스마트 계약의 배치(deployment)와 실행에도 수수료가 붙는다. 이더리움 프로토콜은 각 계산의 비용을 가스gas라는 단위로 정의한다. 거래나 계약에 부과되는 이러한 수수료는 채굴자들의 활동을 촉진하고 서비스 거부(DoS) 공격을 방지하는 역할을 한다. 이번 장에서 나중에 이더와 가스의 관계를 살펴볼 것이다.

4.1.3 첫 번째 이더리움 스마트 계약

좀 더 자세한 내용으로 들어가기 전에, 동기 유발 차원에서 스마트 계약에 관한 구체적인 예제를 하나 살펴보자. 다음은 표준적인 Hello World 예제에 해당하는, Solidity솔리디티라는 고수준 스크립팅 언어로 작성된 스마트 계약 코드이다.

```
pragma solidity ^0.4.24;

contract HelloWorld {
    string message = "hello world";

    function setMessage(string msg_) public {
        message = msg_;
    }

    function getMessage() public view returns (string) {
        return message;
    }
}
```

개발자라면 별다른 설명 없이도 이 코드를 이해할 수 있을 것이다. 이 예는 스마트 계약 코드가 별로 복잡할 것이 없음을 보여준다. 이 스마트 계약은 message라는 변수와 그 변수를 읽고 쓰는 함수(메서드) 두 개를 정의한다. 보통의 코드와 다른 점은, 이것이 이더리움의 스마트 계약을 다루는 코드라는 점, 좀 더 구체적으로 말하면 주어진 메시지를 I/O 스트림이나 데이터베이스 연결을 사용하지 않고도 손쉽게 이더리움 블록체인에 저장할 수 있는 코드라는 점이다. 이 코드를 Remix(remix.ethereum.org) 같은 온라인 IDE에서 직접 실행해 볼 수 있다. Remix를 다루는 자세한 방법은 이번 장에서 나중에 살펴본다.

이렇게 해서 여러분의 첫 번째 Hello World 스마트 계약을 만들어 보았다.

4.1.4 DApp이란?

웹 3.0이라는 용어를 들어본 적이 있는지?

웹 3.0이라는 유행어(buzzword)는 간단히 말해서 탈중앙화된 웹을 말한다. 전통적인 웹은 클라이언트-서버 모형을 따르는 웹 응용 프로그램들로 이루어지지만, 탈중앙화된 웹은 DApp디앱들을[5] 실행하는 블록체인 네트워크를 바탕으로 한다. 여기서 DApp은 decentralized application(탈중앙화된 응용 프로그램)을 줄인 표기이다. 간단하게 정의하

---

5 참고로 DApp을 dApp, dapp, DAPP 등으로 표기하기도 하며, '디앱'이 아니라 '댑'으로 발음하기도 한다.

자면, DApp은 P2P(peer-to-peer; 동급 간) 블록체인 네트워크에서 실행되는, 멈출 수 없는(unstoppable) 응용 프로그램이다. DApp의 '중지 불가능성'은 애초에 DApp의 실행을 중재하는 '중간자'라는 개념이 필요하지 않다는 점과 DApp의 실행이 분산 네트워크 전체에서 복제된다는 점에서 비롯된다.

4.1.4.1 DApp의 구조

일반적으로 하나의 DApp은 다음과 같은 두 개의 주 구성요소로 이루어진 2층(two-tier) 응용 프로그램이다.

- 사용자와 접하는 앞단(frontend)
- 블록체인 네트워크에 있는 뒷단(backend), 즉 스마트 계약

앞단은 말 그대로 전면에 나서서 사용자와의 상호작용을 담당한다. Bootstrap이나 그와 비슷한 프레임워크에 익숙한 독자라면 그것을 앞단에 사용하면 된다. 애초에 블록체인 네트워크는 익명 네트워크이므로 사용자 계정의 생성, 관리, 로그인 같은 기능은 필요하지 않다. DApp은 사용자 식별 과정 없이 항상 익명의 계정(주소)을 다룬다. 이더리움의 경우 뒷단의 연산은 스마트 계약이 담당한다. 뒷단에 쓰이는 스마트 계약은 P2P 네트워크의 검증을 거친 계약이다. 다음 도식은 전형적인 DApp의 2층 구조 및 앞단과 뒷단 사이의 상호작용을 보여준다.

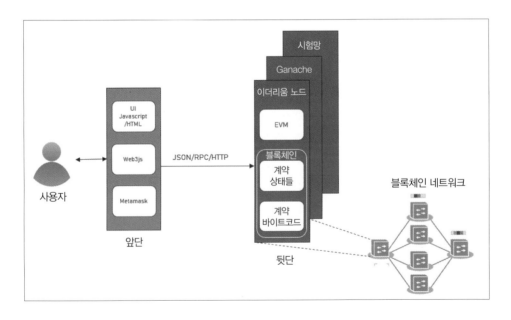

4.2 경매 DApp 만들기

앞에서 이더리움과 DApp을 간단하게나마 소개했다. 그럼 실습 예제를 통해서 DApp에 관한 지식을 좀 더 확장해보자. 이번 절에서는 자동차 경매(auction) DApp을 만든다. DApp 예제에 흔히 쓰이는 경매는 첫 번째 DApp의 대상으로 삼기에 손색이 없을 정도로 복잡한 활동이다. 경매 DApp은 블록체인의 무신뢰성(trustless nature)을 잘 보여준다. 어떤 법규나 신뢰받는 제3자 기관에 의존하지 않고도 자금을 자동으로, 그리고 안전하게 관리할 수 있는 것은 바로 블록체인의 무신뢰성 덕분이다. 더 나아가서, 경매는 요즘 뜨거운 주제인 ICO(가상화폐 공개)와도 연관된다. ICO 토큰 판매를 위한 스마트 계약을 구축하려면 일반적으로 경매가 필요하기 때문이다. ICO는 제8장 **ICO 구현**에서 다룬다.

요약하면, 이번 예제의 경매 DApp은 사용자들이 이더를 이용해서 경매를 시작할 수 있는 하나의 웹 응용 프로그램이다. 이 실습 예제를 통해서 다음과 같은 활동을 수행해 볼 것이다.

- 우선 경매를 위한 스마트 계약을 작성하고(Solidity 언어로) 컴파일한다.
- 웹페이지를 통해서 스마트 계약과 상호작용한다.
- 스마트 계약을 다양한 환경에 배치하고, 지역 블록체인을 설정한다.

4.2.1 경매의 개요

뒷단, 즉 경매를 관리하는 스마트 계약부터 구현해 나가기로 하겠다. 우선은 이 예제가 수행하려는 자동차 경매가 어떤 것인지부터 정의하자.

자동차 소유자는 자신의 스마트 계약을 블록체인에 배치한다. 그러면 자동차 소유자는 경매 소유자(auction owner)가 된다. 계약이 배치되면 즉시 경매가 열리며, 호가(bidding; 매수 신청) 기간이 지나면 가장 높은 가격을 부른 사람이 승자가 된다. 그 외의 참여자들은 자신의 매수 신청액을 회수(withdraw)한다. 이 예제에서 호가는 누적 방식이다. 즉, 여러분이 처음에 100ETH를 불렀는데 다른 누군가가 110ETH를 불렀다면, 그 사람을 이기기 위해 111ETH로 매수 신청액을 올리려는 경우 절대액 111ETH가 아니라 증가분에 해당하는 11ETH를 불러야 한다. 그러면 총 111ETH를 부른 것이 된다.

더 나아가서, 경매 소유자는 몇 가지 예외적인 상황에서 경매를 취소할 수 있으며, 경매가 끝났을 때는 매각가를 회수할 수 있다. 다음은 경매가 진행되는 동안 벌어지는 상호작용의 흐름을 나타낸 도식이다.

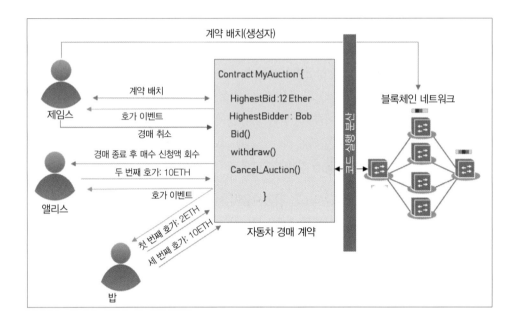

4.2.2 Solidity로 경매 계약 작성

이 예제에서는 Solidity라는 언어로 경매 계약을 작성한다. Solidity는 이더리움 블록체인을 위한 스마트 계약 작성 시 가장 널리 쓰이는 언어로, 문법은 JavaScript와 비슷하다. Solidity로 작성한 소스 코드를 컴파일하면 바이트코드가 나온다. 그 바이트코드를 EVM에서 실행한다. 객체 지향 프로그래밍에 익숙한 독자라면 Solidity로 계약을 작성하는 방법을 금방 배울 수 있을 것이다. 이 경매 예제를 통해서 Solidity의 주요 기본 기능을 소개하겠다.

그럼 시작해 보자.

이 예제의 경매 계약은 그 설계가 간단하다. 우선 기본적인 함수와 이벤트를 선언하는 추상적인 계약 클래스를 정의한다. 그런 다음 이 추상 클래스를 상속해서 구체적인 계약 클래스를 만든다. 이 구체 클래스는 추상 클래스가 요구하는 구현 조건들을 만족한다. 간단히 말해서 이 구체 클래스는 추상 클래스가 선언한 것과 동일한 함수들을 구현한다. 추상 계약 클래스는 계약의 정의를 그 구현과 분리하는 데 도움이 된다. 정의와 구현을 분리하면 코드를 확장하거나 읽고 이해하기가 좋아진다.

우선 텍스트 편집기로 Auction.sol이라는 이름의 텍스트 파일을 만들고(.sol이라는 확장자는 이것이 Solidity 소스 코드 파일임을 말해준다), 다음 코드를 붙여 넣기 바란다. 이 코드는 Auction이라는 추상 계약 클래스를 정의한다.

```solidity
pragma solidity ^0.4.24;

contract Auction {
    address internal auction_owner;
    uint256 public auction_start;
    uint256 public auction_end;
    uint256 public highestBid;
    address public highestBidder;

    enum auction_state {
        CANCELLED, STARTED
    }

    struct car {
        string  Brand;
        string  Rnumber;
    }

    car public Mycar;
    address[] bidders;
    mapping(address => uint) public bids;
    auction_state public STATE;

    modifier an_ongoing_auction() {
        require(now <= auction_end);
        _;
    }

    modifier only_owner() {
        require(msg.sender == auction_owner);
        _;
    }

    function bid() public payable returns (bool) {}
    function withdraw() public returns (bool) {}
    function cancel_auction() external returns (bool) {}

    event BidEvent(address indexed highestBidder, uint256 highestBid);
```

```
    event WithdrawalEvent(address withdrawer, uint256 amount);
    event CanceledEvent(string message, uint256 time);
}
```

아마도 여러분이 이 계약 소스 코드를 단번에 이해하지는 못할 것이다. 어쩌면, 이 정도로 긴 (사실 그리 긴 것도 아니지만) 계약 소스 코드를 처음 본 독자도 많을 것이다. 그래도 걱정할 필요는 없다. 이 첫 번째 추상 계약을 Solidity 학습을 위한 일종의 놀이터로 삼을 것이다. 구체적으로 말하자면, 이 코드를 줄별로, 부분별로 나누어 설명하면서 Solidity의 여러 주요 개념을 설명한다.

4.2.3 계약 코드의 분석

Solidity에서 하나의 계약은 객체 지향 언어의 클래스와 비슷한 형태이다. 실제로 하나의 계약은 다른 객체 지향에서 볼 수 있는 거의 모든 요소(변수, 함수, 구조체, 인터페이스, 라이브러리, 상속 등등)를 정의한다.

계약 코드의 첫 줄 `pragma solidity ^0.4.24;`는 이 코드를 컴파일하는 데 사용할 Solidity 컴파일러의 버전을 명시한 것이다. 캐럿 연산자(^)는 '이상'을 뜻한다. 즉, 이 코드는 0.4.24보다 오래된 버전의 컴파일러로는 컴파일할 수 없다. 반드시 0.4.24 또는 그 이후의 새 버전(하위 호환성을 유지한다고 가정할 때)을 사용해야 한다.

둘째 줄 `contract Auction {...}`은 `Auction`이라는 이름의 계약을 선언한다.

4.2.3.1 상태 변수

계약 선언 시 계약의 어떤 속성을 나타내는 상태 변수(state variable)를 선언할 수 있다. 상태 변수는 계약 선언 범위 안에, 그리고 계약에 속한 함수의 범위 바깥에서 선언한다. 상태 변수는 다른 언어의 클래스 멤버 변수와 비슷하다. 상태 변수는 계약 저장소(블록체인에 있는)에 영구적으로 저장되는 값을 대표한다. 즉, 계약은 상태 변수들을 통해서 자신의 갱신된 값들을 기억한다. Solidity에서 상태 변수를 선언하는 구문은 다음과 같다.

〈변수 형식〉 〈가시성·접근 지정자〉 〈변수 이름〉

지금 계약은 다음과 같은 상태 변수들을 선언한다.

- auction_owner: 경매 소유자(자동차 소유자)의 이더리움 주소이다. 경매가 끝난 후 매 각가를 송금할 주소이기도 하다.
- auction_start와 auction_end: 각각 경매 시작 시각과 종료 시각(둘 다 UNIX 타임스 탬프 값이다)이다.
- highestBid: 현재까지의 최고 매수 신청액으로, 단위는 ETH이다.
- highestBidder: 현재까지의 최고 매수 신청액에 해당하는 경매 참가자의 이더리움 주소 이다.
- bidders: 모든 매수 신청자의 주소를 담는 배열이다.
- Bids: 각 매수 신청자의 주소를 총 매수 신청액에 사상하는 매핑mapping 자료 구조이다.
- STATE: 경매의 상태(진행 중인지, 취소되었는지)를 나타낸다.

상태 변수의 자료 형식

이 예제 코드는 다음과 같은 기본적인 변수 자료 형식(data type) 두 가지만 사용한다.

- uint256
- address

첫 형식은 부호 없는 256비트 정수를 나타낸다. Solidity는 다양한 크기(길이)의 부호 있는 · 없는 정수 형식들을 지원하는데, 한 정수 형식의 이름은 부호 여부와 비트수로 구성된다. 부호 있는 정수 형식은 int로 시작하고 부호 없는 정수 형식은 uint로 시작한다. 비트수는 8에서 256까지 8씩 증가한다. 예를 들어 부호 없는 정수 형식은 uint8, uint16, … uint256이다. address는 이더리움 계정의 주소를 담는 데만 쓰이는 형식으로, 크기는 주소의 길이와 일치하는 20바이트이다.

가시성 및 접근 지정자

예제 코드를 보면 각 변수의 선언에 public이나 internal 같은 키워드가 붙어 있다. 이들은 그 변수의 가시성과 접근 범위를 결정한다. public이 붙은 변수는 계약의 내부와 외부 모두에서 볼 수 있는 공용(public) 변수가 된다(이런 변수에 대해서는 Solidity가 암묵적으로 공용 접근 함수를 정의한다). 반면 internal이 붙은 변수는 현재 계약 또는 현재 계약을 파생(상속)한 계약에서만 접근할 수 있고 계약 바깥에서는 접근할 수 없는 내부 변수가 된다. 파생 계약에서도 접근할 수 있다는 점에서, internal은 다른 객체 지향 프로그래밍 언어의 protected 키워드와 비슷하다. 기본적으로 상태 변수는 내부 변수이다. 즉, 변수 선언 시 아무런 접근 지정자도 지정하지 않으면 자동으로 internal이 적용된다. 계약 외부의 코드가 내부 변수를 읽을 수 있게 하려면 공용 조회 함수(getter)를 명시적으로 정의해 주어야 한다. 다음은 내부 변수 auction_owner를 선언하고 외부에서 읽을 수 있게 조회 함수를 정의하는 코드이다(그냥 auction_owner를 공용 변수로 만들면 이런 조회 함수를 정의할 필요가 없다).

```
address internal auction_owner;

function get_owner() view returns(address) {
    return auction_owner;
}
```

예제 코드에는 쓰이지 않았지만, private(비공개)라는 접근 지정자도 있다. 이것을 지정한 변수는 그것이 정의된 계약 안에서만 접근할 수 있으며, 계약 외부는 물론이고 파생 계약에서도 접근할 수 없다.

4.2.3.2 열거형

다른 여러 프로그래밍 언어처럼 Solidity는 일련의 명명된 상수들로 구성된 자료 형식인 열거형(enumeration type)을 지원한다. 열거형은 읽기 쉬운 코드를 만드는 데 도움이 된다. 지금 예제에서는 경매의 상태(CANCELLED 또는 STARTED)를 나타내는 열거형 auction_state를 정의한다.

열거형을 정의하는 구문은 enum auction_state { CANCELLED,STARTED }처럼 enum 키워드와 열거형 이름, 그리고 열거형 상수들의 목록으로 이루어진다.

열거형을 정의한 후에는 열거형 변수를 선언할 수 있다. 예제의 auction_state public STATE;는 auction_state 형식의 공용 변수 STATE를 선언한다.

열거형에 정의된 상수들은 그 순서에 따라 정숫값이 배정된다. 첫 상수가 0이다. 열거형 변수에 현재 지정된 열거형 상수의 정숫값을 구하려면 uint(STATE)처럼 명시적인 형변환 표현식을 사용해야 한다. 정숫값 대신 열거형 상수를 직접 사용할 수도 있다. 예를 들어 auction_ state.STARTED는 0과 같고 auction_state.CANCELLED는 1과 같다.

4.2.3.3 배열

배열은 Solidity가 지원하는 세 종류의 집합적 자료 구조 중 하나이다(다른 둘은 구조체와 매핑).

    예제 계약은 모든 경매 참가자의 주소를 하나의 동적 배열에 저장한다. Solidity는 길이(배열 원소 개수)가 고정된 배열뿐만 아니라 길이가 가변적인 배열(동적 배열)도 지원한다. 지금 예제의 경우, 경매 참가자의 수를 미리 알 수 없으므로 동적 배열을 사용해야 한다. 다음은 경매 참가자 배열을 선언하는 부분이다.

```
address[] bidders;
```

    고정 길이 배열은 T[n] 형태로 선언한다. 여기서 T는 배열 원소의 형식이고 n은 배열의 길이이다. 동적 배열은 위의 예처럼 원소 개수를 지정하지 않고 T[] 형태로 선언한다.

4.2.3.4 매핑(연관 배열)

매핑mapping(연관 배열)은 특별한 종류의 동적 자료 구조로, 키를 값에 연관(사상)시킨다는 점에서 해시 테이블과 비슷하다. 각 키는 많아야 하나의 값으로 연관된다. 키의 해시가 고유한 색인으로 쓰이기 때문에, 하나의 매핑 객체에 같은 키가 여러 개 있을 수는 없다. 배열의 한 원소에 접근할 때는 한 원소의 정수 색인을 지정하지만, 매핑 객체의 한 요소에 접근할 때는 그 요소의 키를 지정해야 한다.

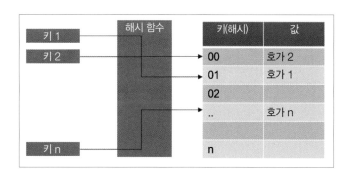

Solidity에서 매핑 변수를 선언할 때는 mapping이라는 키워드를 사용한다. 변수의 형식 부분에 mapping(KeyType => ValueType) 형태의 구문을 지정해야 하는데, 여기서 KeyType은 키의 형식이고 ValueType은 값의 형식이다. 키의 형식으로는 매핑을 제외한 거의 모든 자료형식을 사용할 수 있고, 값의 형식으로는 그 어떤 형식이라도 사용할 수 있다(매핑 형식도 가능). 예제 계약에서는 경매 참가자의 주소를 그 참가자가 부른 가격으로 사상하는 매핑 객체를 사용한다.

```
mapping(address => uint) public bids;
```

다른 변수들처럼 매핑 변수도 공용으로 선언할 수 있다. 그러면 별다른 조회 함수를 정의하지 않아도 계약 외부에서 이 변수를 읽을 수 있게 된다. 매핑은 저장된 요소의 색인을 따로 기억할 필요가 없다는 점에서 아주 유용하다. 예를 들어 한 참가자의 매수 신청액을 저장하려면 그냥 bids["참가자의 주소"] = 금액;을 사용하면 된다.

4.2.3.5 구조체

구조체(structure)는 다수의 변수(형식이 서로 다를 수도 있는)를 하나의 이름으로 지칭할 수 있는 자료 구조이다. 다른 여러 프로그래밍 언어처럼 Solidity에서도 struct라는 키워드로 구조체 형식을 정의한다. 다음은 멤버(필드)가 두 개인 구조체를 선언하는 예이다.

```
struct car {
    string  Brand;
    string  Rnumber;
}
```

이 car라는 구조체는 차종(Brand 필드)과 차량등록번호(Rnumber 필드)로 하나의 자동차를 서술하는 데 쓰인다. 구조체를 정의한 후에는, 그것을 형식 이름으로 사용해서 구조체 변수(객체)를 선언할 수 있다. 예를 들어 car public Mycar;는 Mycar라는 공용 car 객체를 선언한다.

4.2.3.6 함수

경매의 상태를 나타내는 변수들을 선언한 후에는, 경매 계약의 기능을 처리하는 함수들을 정의한다. Solidity의 함수는 다른 프로그래밍 언어의 함수와 다를 바 없다. Solidity에서 함수를 선언할 때는 다음과 같이 function이라는 키워드로 시작하는 구문을 사용한다.

```
function 함수_이름(<매개변수 목록>) {internal¦external¦private¦public}
[pure¦constant¦view¦payable] [returns (<반환 형식들>)]
```

변수처럼 함수에도 접근 지정자 external, internal, private, public이 붙는다. 변수와는 달리 함수는 기본적으로 public이다. 우리의 첫 계약인 auction은 추상 계약이기 때문에 함수를 선언하기만 하고 구현하지는 않는다. 구현은 이 계약을 상속하는 파생 계약이 담당한다.

함수 선언 시 접근 지정자와 함께 다음과 같은 추가적인 함수 특성 지정자들을 지정할 수 있다.

- **constant와 view**: 둘의 역할은 같다. 이들은 이 함수가 계약의 상태를 변경하지 못함을 나타낸다. contant 지정자는 이후 폐기될 예정인데, 함수가 항상 일정한(constant) 결과를 돌려준다고 오해할 여지가 있다는 이유 때문이다.
- **pure**: 이 지정자는 좀 더 엄격한 조건을 명시하는 것으로, 함수가 계약에 저장된 상태를 변경하기는커녕 읽지도 않음을 뜻한다.
- **payable**: 이 지정자는 함수가 이더를 받을 수 있음을 뜻한다.

예제의 추상 계약은 경매의 기본적인 활동에 대응되는 다음과 같은 함수들을 정의한다.

- **bid()**: 호가, 즉 참가자가 매수 신청액을 지정하는 데 쓰인다. 이 예제에서 경매의 호가는 누적 방식이다. 즉, 최고가를 부른 참가자를 이기려면 다음번 호가에서 절대 금액이 아니라 추가분을 불러야 한다.
- **withdraw()**: 경매가 끝났을 때 참가자가 자신의 매수 신청액을 회수하는 데 쓰인다.
- **cancel_auction()**: 경매 소유자가 자신이 시작한 경매를 취소하는 데 쓰인다.
- **destruct_auction()**: 블록체인에서 경매 계약을 제거하는 데 쓰인다.

4.2.3.7 함수 수정자

Solidity의 한 가지 흥미로운 기능은 함수 수정자(function modifier)이다. 함수 수정자는 modifier라는 키워드로 지정하는 특별한 제어 수단으로, 다른 함수의 행동을 수정하는 데 쓰인다. 예를 들어 다음은 함수의 전제조건을 자동으로 점검하는 두 수정자이다.

```
modifier an_ongoing_auction() {
    require(now <= auction_end);
    _;
}

modifier only_owner() {
    require(msg.sender == auction_owner);
    _;
}
```

첫 수정자는 경매가 여전히 열려 있는지(진행 중인지)를 점검하고, 둘째 수정자는 함수의 호출자가 계약의 소유자(auction_owner)인지 점검한다. only_owner() 같은 수정자를 이용해서 계약 소유자에게 특별한 권한을 부여하는(마치 시스템 관리자에게 여러 특권을 부여하듯이) 계약을 가리켜 '소유 가능'(ownable) 계약이라고 부른다. 이는 흔히 쓰이는 스마트 계약 패턴이다. 일반적으로 함수 수정자에서는 require나 revert, assert 같은 함수를 이용해서 여러 조건을 점검한다. 수정자 본문의 밑줄(_)은 수정자가 적용된 함수의 본문으로 대체된다.

4.2.3.8 조건과 오류 처리

Solidity 초기 버전들에서는 어떤 예외적인 상황이 발생했을 때 계약의 실행을 중지하는 용도로 throw라는 특별한 키워드를 사용했다. 이후 버전 0.4.10에서 좀 더 나은 오류 처리를 위해 assert(), require(), revert() 같은 함수들이 도입되었다. 지금도 throw를 사용할 수 있지만, 조만간 폐기될 예정임을 주의하기 바란다.

다음은 호출자가 계약의 소유자인지를 다양한 방식으로 표현한 예이다. 이들의 의미는 모두 같다.

require(msg.sender = owner);	if(msg.sender != owner) {throw;}
	if(msg.sender != owner) {revert();}
	assert(msg.sender = owner);

require()와 assert()에 지정하는 조건과 throw와 revert()에 지정하는 조건이 서로의 역 (반대)임을 주목하기 바란다. require()와 assert()에서는 실행이 계속되려면 반드시 참이 어야 할 조건을 명시하는 반면 throw와 revert()에서는 실행을 중지해야 하는 조건을 명시 한다.

이 함수들의 차이점을 정리하자면 다음과 같다.

- assert(부울 조건): 주어진 부울 조건(boolean condition)이 충족되지 않으면 예외 를 발생한다. 기본적으로 assert는 계약 내부에서 발생한 오류를 위한 것이다. 예외가 발생하면 남은 모든 가스가 소비되며, 모든 변경 사항이 철회된다.
- require(부울 조건): 주어진 부울 조건이 충족되지 않으면 예외를 발생한다. 기본적으 로 require는 입력 또는 외부 구성요소의 오류를 위한 것이다. 예외가 발생하면 남은 모 든 가스가 호출자에게 환급된다.
- revert(): 실행을 중지하고, 상태 변경들을 철회하고, 가스를 환급한다.
- throw: 예외를 발생하고, 남은 모든 가스를 소비한다.

revert()와 require()는 소비되지 않은 가스를 환급하므로, 유효한 조건을 보장하는 데 사 용해야 한다. 반면 assert()는 계약에 해가 되는 연산을 방지하는 데 사용해야 한다. 예를 들 어 위넘침(overflow)이나 아래넘침(underflow)을 피하고자 할 때 assert()를 사용한다. assert()는 뭔가가 아주 잘못되었을 때 사용하는 핸드브레이크이고 다른 함수들은 보통의 브 레이크라고 생각하면 될 것이다.

한편, Solidity의 버전 0.4.22에서는 중요한 기능이 하나 추가되었다. 이제는 revert나 require에 오류의 원인을 뜻하는 문자열을 지정할 수 있다.

```
require(msg.sender == owner, "이 함수는 계약 소유자만 실행할 수 있음");

if (msg.sender != owner) {
    revert("이 함수는 계약 소유자만 실행할 수 있음");
}
```

4.2.3.9 이벤트

이벤트event를 이용하면 EVM 로깅 기능을 좀 더 편하게 사용할 수 있다. 이더리움의 JSON-RPC API에 연결된 그 어떤 체인 밖 환경에서도 이벤트를 청취(발생하길 기다리는 것)하다가 그에 맞게 행동할 수 있다는 점에서, 이벤트는 스마트 계약에서 중요한 개념이다.

DApp에서 이벤트와 로그는 주로 다음 세 가지 용도로 쓰인다.

- 스마트 계약의 반환값을 사용자 인터페이스로 전달한다.
- 앞단에 표시할 자료를 전달하기 위한 비동기 트리거를 제공한다.
- 간단한 자료를 블록체인에 좀 더 손쉽게 저장한다.

Solidity에서 이벤트는 이벤트 함수를 통해서 발생한다. 이벤트 함수는 다음 예처럼 event 라는 키워드를 붙여서 선언한 함수이다. 이벤트 함수의 이름은 이벤트의 이름으로도 쓰인다.

```
event CanceledEvent(string message, uint256 time);
```

이벤트 함수가 호출되면 주어진 인수들이 해당 형식에 맞게 로그에 기록된다. 이 예제에서 CanceledEvent 이벤트는 경매가 취소되면 한 번 발생하는데, 그러면 경매가 취소되었다는 뜻의 메시지(첫 매개변수)가 취소 시간(둘째 매개변수)과 함께 공표된다. 이외에도 이 예제는 다음 두 이벤트를 정의한다.

- BidEvent(): 새 매수 신청액이 등록되면 발생한다. 참가자의 주소와 매수 신청액이 전달된다.
- WithdrawalEvent(): 참가자가 매수 신청액을 회수하면 발생한다. 참가자의 주소와 회수액이 전달된다.

나중에 앞단(웹 인터페이스)을 개발할 때 보겠지만, 웹 3.0의 필터링 기능을 이용해서 사용자 인터페이스에서 색인화된 인수(indexed 키워드가 지정된 매개변수에 해당하는)들의 특정 값들을 걸러내는 것도 가능하다.

지금까지 경매를 위한 일반적인 추상 계약을 정의하는 예제 코드를 통해서 Solidity의 기본적인 프로그래밍 요소들(변수, 자료 형식, 자료 구조 등)을 소개했다. 그럼 이 추상 계약을 상속해서 좀 더 구체적인 스마트 계약을 정의해 보자.

4.2.4 상속

Solidity는 다형성을 위한 여러 고급 기능(다중 상속 등)을 지원한다. 이제부터는 앞에서 정의한 추상 계약을 상속한, MyAuction이라는 또 다른 계약 클래스를 앞의 추상 계약과 같은 소스 코드 파일 안에 작성해 보겠다. 이 계약은 추상 계약에서 선언만 해둔 경매 관련 함수들을 실제로 구현한다.

기존 계약을 상속해서 새 계약을 정의할 때는 contract <새 계약> is <기존 계약> {..} 처럼 is라는 키워드를 사용한다.

예를 들어 MyAuction을 정의하는 코드는 contract MyAuction is Auction {.. }의 형태인데, 여기서 키워드 is는 MyAuction이 Auction을 상속한다는 점을 컴파일러에 말해주는 역할을 한다. 이러한 상속(파생)에 의해 MyAuction 계약은 Auction 계약의 모든 멤버(비공개 함수와 내부 상태 변수를 포함한)에 접근할 수 있다.

> **TIP** 두 계약을 같은 Solidity 소스 코드 파일에 정의하는 대신, 부모 계약(기존 계약)을 개별적인 파일에 정의하고 자식 계약의 소스 코드에서 import "파일이름"; 구문을 이용해서 들여오는 방법도 있다.

4.2.4.1 생성자

다른 **OOP**(object-oriented programming; 객체 지향 프로그래밍) 언어에서처럼 Solidity에서도 계약의 생성자(constructor)를 정의할 수 있다. 계약의 생성자는 계약과 같은 이름의 특별한 함수이다. 다른 OOP 언어와는 달리 계약 생성자는 계약이 블록체인에 처음 배치될 때 한 번만 실행된다. 계약 생성자는 주로 계약의 초기 행동 방식(상태 초기화 등)을 정의하는 용도로 쓰인다.

MyAuction 계약의 생성자는 다음과 같이 대단히 간단하다.

```
function MyAuction (uint _biddingTime, address _owner,string _brand,
                    string _Rnumber) public {
    auction_owner = _owner;
    auction_start = now;
    auction_end = auction_start + _biddingTime* 1 hours;
    STATE = auction_state.STARTED;
    Mycar.Brand = _brand;
    Mycar.Rnumber = _Rnumber;
}
```

계약이 처음 배치될 때 호출되는 이 생성자는 경매 소유자, 경매 시작 및 종료 시간, 판매할 자동차의 세부사항 같은 경매 관련 상태들을 설정한다. 버전 0.4.22부터는 계약 이름 대신 constructor라는 키워드로도 생성자를 정의할 수 있다.

```
constructor(uint _biddingTime, address _owner,string _brand,
    string _Rnumber) public {
    /* ...정의 코드...*/
}
```

4.2.4.2 Solidity의 시간 표현

앞의 생성자를 보면 경매 시작 시간을 now라는 키워드로 설정한다. 이에 의해, 계약이 배치된 즉시 경매가 시작된다. 그리고 경매 종료 시간은 경매 시작 시간에 _biddingTime으로 정의된 만큼의 시(hour)들을 더한 값으로 설정한다.

now 키워드는 계약이 내장된 블록의 타임스탬프를 돌려주는 정수 변수로, block.timestamp 라는 특별한 전역 변수의 별칭이다. Solidity는 또한 몇 가지 유용한 시간 단위들(초, 분, 시, 일, 주, 년)을 제공한다. 접미사 seconds, minutes, hours, days, weeks, years를 상수 뒤에 붙이면 그 상수의 값이 자동으로 해당 단위에 맞는 초 수로 변환된다(이를테면 1 hours는 3600이 되는 등). 예제의 생성자에서는 _biddingTime * 1 hours라는 구문이 쓰였는데, 이는 _biddingTime만큼의 시들에 해당하는 초 수가 된다.[6]

경매 기간을 타임스탬프가 아니라 블록 개수로 관리할 수도 있다. 즉, 특정 블록이 채굴되면 경매가 시작하고, 미래의 특정 블록이 채굴되면 경매를 종료하는 방식도 가능하다. 이를 위해서는 Solidity가 제공하는 block.number라는 특별한 변수를 사용해야 한다. 이 변수는 현재 블록 번호를 돌려준다.

4.2.4.3 특별한 변수와 함수

앞에서 두 개의 특별한 시스템 변수 block.timestamp와 block.number를 언급했다. Solidity

----

6 참고로 시간 단위 접미사는(그리고 wei, ehter 같은 화폐 단위 접미사도) 상수에만 적용할 수 있다. _biddingTime에 바로 hous를 붙이지 않은 것은 그 때문이다. 그리고 접미사 years는 윤년을 고려하지 않고 1년을 항상 365일로 간주한다는 점도 참고하기 바란다.

는 이외에도 여러 특별한 변수와 함수를 제공한다. 전역 이름공간(namespace)에 존재하는 이 변수들과 함수들은 주로 블록과 거래에 관한 정보를 제공한다.

다음은 Solidity의 공식 문서화에 있는 특수 변수 및 함수 목록이다.

- `block.blockhash(uint blockNumber)`: 주어진 블록의 해시(bytes32). 현재 블록을 제외한 최근 256개의 블록에 대해서만 작동한다.
- `block.coinbase`: 현재 블록 채굴자의 주소(address 형식).
- `block.difficulty`: 현재 블록의 난이도(uint 형식).
- `block.gaslimit`: 현재 블록의 가스 한도(uint 형식).
- `block.number`: 현재 블록의 번호(uint 형식).
- `block.timestamp`: 현재 블록의 타임스탬프(UNIX 기원 이후 흐른 초 수)(uint 형식).
- `gasleft`: 남은 가스양(uint 형식).
- `msg.data`: calldata의 복사본(bytes 형식).
- `sg.sender`: 메시지 전송자, 즉 현재 함수를 호출한 계정의 주소(address 형식).
- `msg.sig`: calldata의 처음 네 바이트(bytes4 형식). 이 함수의 식별자에 해당한다.
- `msg.value`: 메시지와 함께 전송된 웨이[wei][7] 단위의 금액(uint 형식).
- `tx.gasprice`: 거래의 가스 가격(uint 형식).
- `tx.origin`: 거래 전송자 주소(address 형식).

`msg` 객체의 모든 필드는 외부 함수 호출마다 달라진다. 예를 들어 `msg.sender`와 `msg.value`는 메시지 전송자(함수 호출자)와 거래에 포함된 금액으로 결정된다. 예제의 생성자에서 경매 소유자를 설정할 때, `_owner` 매개변수를 사용하는 대신 `msg.sender`를 이용해서 배치 거래의 전송자를 직접 경매 소유자로 설정할 수도 있다(`auction_owner = msg.sender;`).

4.2.4.4 예비 함수

Solidity에는 예비 함수(fallback function)라는 특별한 제어 수단이 있다. 예비 함수는 이름

---

7 웨이는 이더리움 화폐의 한 단위로, 1ETH는 10^{18}웨이이다. 참고로 웨이라는 단위 이름은 초기 형태의 암호화폐 B-Money를 개발한 인물인 다이웨이(戴维)에서 비롯했다.

도 없고 매개변수도 없으며 아무것도 돌려주지 않는 함수로, function () public payable {
... 함수 본문 ...}과 같은 형태로 선언된다.

예비 함수는 계약이 호출되긴 했는데 호출된 함수의 서명에 부합하는 함수가 계약에 정의되
어 있지 않을 때 경우에 실행된다. 반드시 정의해야 하는 함수는 아니지만, 자료가 없는 거래를
받았을 때 계약의 반응 방식을 정의하려는 경우 예비 함수를 정의하면 된다. 예비 함수에서 자
금을 받으려면 반드시 payable을 지정해야 한다.

> **TIP** 다른 계약이 호출할 계약을 작성하는 경우에는 이 예비 함수에서 많은 일을 하려 해서는 안 된다. 보안상의 이
> 유로 예비 함수는 2,300단위의 가스만 사용할 수 있으므로, 잘해야 이벤트 로그를 하나 기록하는 정도만 가
> 능하다.

4.2.4.5 추상 계약의 함수 구현

이제 추상 계약의 Auction에 선언된 함수들을 자식 계약 MyAuction에서 구현할 때가 되었다.
Auction 계약에 나온 것과 동일한 이름과 매개변수 목록, 가시성으로 함수를 선언하되, 함수
의 실제 본문까지 정의하면 된다. 그럼 함수의 실제 구현을 차례로 살펴보자.

호가(응찰) 함수

우선, 참가자가 웨이 단위의 매수 신청액을 부르는 데 사용하는 bid 함수를 정의한다.

```
function bid() public payable an_ongoing_auction returns (bool){
    require(bids[msg.sender] + msg.value > highestBid,
        "can't bid, Make a higher Bid");
    highestBidder = msg.sender;
    highestBid = msg.value;
    bidders.push(msg.sender);
    bids[msg.sender] = bids[msg.sender] + msg.value;
    emit BidEvent(highestBidder, highestBid);
    return true;
}
```

끝부분에 함수 수정자 an_ongoing_auction이 추가되었다는 점을 제외하면 함수의 선언은 추
상 계약의 것과 동일하다. 이 함수 수정자는 이 함수가 오직 경매가 진행 중일 때만 실행되게
하는 역할을 한다. 경매가 끝난 후에 이 함수가 호출되면 함수 수정자는 예외를 발생한다. 여러

번 이야기했듯이, 함수에서 호가 거래에 포함된 이더를 받으려면 payable 지정자를 선언에 포함해야 한다.

bid() 함수의 본문에서는 우선 참가자의 총 매수 신청액(기존 신청액 더하기 증가분)이 현재 최고가보다 큰지 점검한다. require(bids[msg.sender] + msg.value > highestBid)가 그 부분이다. 만일 더 크지 않으면 예외가 발생해서 해당 응찰이 거부된다.

더 큰 경우에는 호출자를 현재 최고 응찰자로 설정하고 BidEvent 이벤트를 발생해서 새 최고가와 최고 응찰자를 네트워크에 공표한다. Solidity의 최신 버전에서는 emit 키워드를 이용해서 이벤트를 발생할 수도 있다.

이벤트를 발생하기 전에, 응찰자의 주소를 push 메서드를 이용해서 참가자 주소 배열에 추가한다. 그런 다음에는 bids 매핑에서 응찰자의 매수 신청액을 갱신한다. bids[msg.sender] = bids[msg.sender] + msg.value;가 그 부분이다.

이벤트를 발생한 후에는 함수의 실행이, 다시 말해 호가가 잘 진행되었다는 뜻으로 true를 돌려준다. 이 예제의 다른 모든 함수에서도 이처럼 함수의 반환값은 함수 실행 성공 여부를 뜻한다.

경매 취소

번듯한 경매 시스템이라면 경매 소유자가 경매를 취소할 수도 있게 해야 할 것이다.

경매를 취소하는 함수는 오직 경매의 소유자만 호출할 수 있어야 마땅하다. 또한, 진행 중인 경매만 취소할 수 있어야 한다. 이를 위해 함수 수정자 only_owner와 an_ongoing_auction을 지정한다.

```
function cancel_auction() only_owner an_ongoing_auction
  returns (bool) {
    STATE = auction_state.CANCELLED;
    CanceledEvent("Auction Cancelled", now);
    return true;
}
```

이 함수는 이전에 정의한 열거형 값 auction_state.CANCELLED를 이용해서 경매를 취소 상태로 변경한다. 그런 다음 CanceledEvent 이벤트를 발생해서 경매 취소를 공표한다.

매수 신청액 회수

경매가 끝나면 낙찰자 이외의 참가자들이 자신의 매수 신청액을 다시 가져가게 해야 한다. 보안상의 이유로 이 작업에는 회수(withdrawal) 패턴을 사용하는 것이 좋다. 이 패턴은 보안문제로 자금이 소실되는 일을 방지하는 데 도움이 된다.

```
function withdraw() public returns (bool){
    require(now > auction_end ,
        "can't withdraw, Auction is still open");
    uint amount = bids[msg.sender];
    bids[msg.sender] = 0;
    msg.sender.transfer(amount);
    WithdrawalEvent(msg.sender, amount);
    return true;
}
```

이 함수에는 transfer()라는 새로운 메서드가 쓰였다. 이 메서드는 자신이 속한 객체에 해당하는 주소로 주어진 금액을 전송하는 역할을 한다. 지금 예에서는 msg.sender, 즉 이 함수의 호출자(즉, 회수를 신청한 참가자)에게 매수 신청액만큼의 금액을 전송한다. 비슷한 함수로 send()가 있다.

이 함수는 자금을 전송하는 함수를 구현할 때 권장되는 다음과 같은 바람직한 패턴을 따른다.

- 전제조건들을 점검한다.
- 자금을 전송하되, 전송이 실패하면 예외를 발생해서 메서드 실행을 철회한다.
- 로그 이벤트를 기록하고 true를 돌려준다.

이 함수는 각 참가자가 호출해야 한다. 이렇게 하는 대신, 경매가 끝났을 때 다음처럼 모든 참가자에게 자동으로 환급을 진행하면 되지 않을까 하는 생각을 하는 독자도 있을 것이다.

```
function payback_participants() internal returns (bool){
    uint256 payback = 0;
    for (uint256 i = 0; i < bidders.length; i++)
    {
        if (bids[bidders[i]] > 0) {
```

```
                    payback = bids[bidders[i]];
                    bids[bidders[i]] = 0;
                    bidders[i].transfer(payback);
                }
            }
        return true;
    }
```

그러나 이것은 위험한 반패턴(anti-pattern)이다. send나 transfer 메서드는 다양한 이유로 실패할 수 있으며, 그런 경우 예외 때문에 루프가 일찍 끝나서 나머지 참가자들은 환불받지 못하게 된다. 예를 들어 악의적인 사용자가 지급 불가능 예비 함수가 있는 계약을 이용해서 1위이만 호가했다면 transfer 메서드는 예외를 발생해서 루프를 벗어나게 되며, 따라서 그 사용자 이후의 참가자들은 매수 신청액을 환불받지 못한다.

4.2.4.6 계약의 파괴

뭔가를 부수고 무너뜨리는 일은 언제나 재미있다.

우리의 계약에 핵미사일 발사 버튼을 도입해서, 경매 소유자가 그 버튼을 누르면 계약이 블록체인에서 아예 사라지게 만들면 어떨까? 이 예제에서 계약의 파괴(또는 소멸)는 다음과 같은 destruct_auction() 메서드가 담당한다. 이 메서드는 모든 참가자가 자신의 매수 신청액을 회수한 후에만 실행할 수 있다.

```
function destruct_auction() external only_owner returns (bool) {
    require(now > auction_end,
        "You can't destruct the contract,The auction is still open");
    for (uint i = 0; i < bidders.length; i++)
    {
        assert(bids[bidders[i]] == 0);
    }
    selfdestruct(auction_owner);
    return true;
}
```

이 코드에서 우선 주목할 것은 Solidity에도 다른 주요 언어와 비슷한 형태의 for 문이 있다는 점과, 동적 배열의 길이를 .length 멤버로 알아낼 수 있다는 점이다.

또한 selfdestruct라는 특별한 함수에도 주목하기 바란다. 이 함수는 현재 계약을 파괴하고, 계약의 모든 자금을 인수로 주어진 주소(지금 예에서는 경매 소유자 auction_owner)로 전송한다. 이 함수가 호출되고 나면 더 이상 계약에 접근할 수 없다. 이것은 공간 절약 수단일 뿐만 아니라 비용 절약 수단이기도 한데, 왜냐하면 계약을 다 사용하고 나서 address.transfer(this.balance)를 호출하는 데 드는 가스보다 이 selfdestruct를 호출하는 데 드는 가스가 훨씬 적기 때문이다.

그런데 잠깐, 블록체인은 불변이(immutable; 변경 불가)가 아니었던가?

이 질문에 답하려면 이더리움의 블록 자료 구조를 좀 더 자세히 살펴봐야 하겠지만, 그것은 이 책의 범위를 넘는 주제이다. 이 책의 목적에서는 그냥 selfdestruct 메서드가 계약의 모든 자료를 삭제하고 현재 및 향후의 상태 트리(계약의 계정을 계약의 상태들로 사상하는)에서 계약이 차지하는 공간을 비우긴 하지만 이전 블록들의 자료는 그냥 남겨둔다는 점만 알면 될 것이다. 즉, 기존 블록에는 계약의 바이트코드가 여전히 남아 있다. 단지 상태 트리에서 그 바이트코드에 접근할 수 없을 뿐이다. 따라서 자료는 여전히 변이 불가능이다. 다른 말로 하면, selfdestruct를 호출하면 파괴된 계약의 상태들이 상태 트리에서 제거된다.

TIP Solidity의 예전 버전에서는 selfdestruct 대신 suicide(address recipient)라는 메서드가 쓰였다.

이렇게 해서 경매를 위한 스마트 계약을 완성했다. 그럼 우리의 첫 성과물을 컴파일해서 실행하는 즐거움을 누려보자.

4.2.5 Remix IDE

이번 장에서 나중에 보겠지만, 스마트 계약을 컴파일하고 배치하는 방법과 도구는 다양하다. 그러나 지금 단계에서 우리가 복잡한 도구나 개발 환경을 설치하고 설정하는 데 시간을 낭비하는 것은 그리 바람직하지 않을 것이다. 다행히 이더리움 프로젝트는 Remix라는 이름의 웹 기반 IDE를 제공한다. Browser-Solidity라고도 부르는 이 IDE는 스마트 계약을 작성하고 컴파일, 배치, 실행할 수 있는 온라인 통합 개발 환경이다.

Remix의 URL은 https://remix.ethereum.org/이다. 브라우저로 이 URL을 연 후, auction.sol이라는 이름으로 새 계약 코드 파일을 만들고 앞에서 만든 계약의 전체 코드를 붙여 넣기 바란다. 독자의 편의를 위해 전체 코드를 GitHub의 https://github.com/bellaj/
Car_Auction에 올려 두었다.

코드를 붙여 넣은 후 **Start to compile** 버튼을 클릭하면 코드가 컴파일된다.

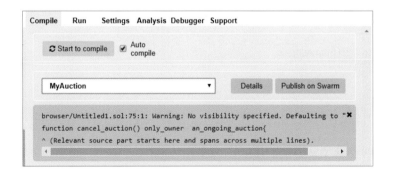

컴파일 과정에서 경고(warning) 메시지가 몇 개 나올 수도 있지만(일부는 실질적인 문제와
는 무관하다), 오류는 없을 것이다. 컴파일이 끝난 후 **Details** 버튼을 클릭하면 자세한 컴파일
결과가 나타난다. 특히 계약의 메타자료와 바이트코드, ABI를 비롯한 계약의 상세한 정보를
볼 수 있는데, 심지어는 계약의 web3.js 배치 코드도 있다. 참고로, **Auto compile**을 체크하
면 소스 코드를 수정할 때마다 Remix가 계약을 자동으로 컴파일한다.

TIP 기본으로 쓰이는 Solidity 컴파일러 +V0.5에서 하위 호환성을 깨는 변경이 있었기 때문에, 이번 장의 계약 코드를 오류 없이 컴파일하려면 예전 버전(이를테면 버전 0.4.25+ 등)을 사용해야 한다. 컴파일러 버전은 코드 창 오른쪽의 **Compile** 탭에서 변경할 수 있는데, 좀 더 자세한 사항은 공식 문서화(https://remix.readthedocs.io/en/latest/settings_tab.html)를 참고하기 바란다.

화면 오른쪽 상단에는 Compile 외에도 **Run, Settings, Debugger, Analysis, Support** 등 여러 가지 탭이 있다. 각 탭이 어떤 기능을 제공하는지 살펴보기 바란다. 컴파일된 계약을 실행하려면 **Run** 탭을 사용해야 한다. 이 탭을 선택하면 다음과 같이 계약을 실행하는 데 필요한 몇 가지 설정이 나타난다.

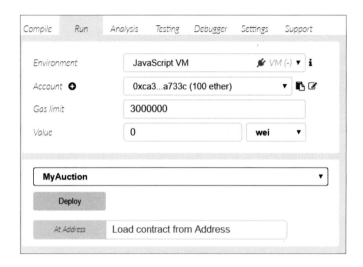

Run 탭은 상하 두 영역으로 구성되는데, 위쪽 영역에서는 다음과 같은 항목들을 설정한다.

- **Environment**: Remix를 연결할 이더리움 배치 환경을 선택한다. 지금 예제에서는 브라우저 안에서 EVM을 모의 실행하는 JavaScript VM을 선택하기 바란다.

- **Account**: 자동으로 생성된, 그리고 각각 100 가상 이더를 가진 일단의 가상 계정이 제시된다. 기본으로 선택된 것을 그대로 두면 된다.

- **Gas limit**: 거래에 대해 지급하고자 하는 가스의 상한(가스 한도)을 설정한다. 역시 그대로 둔다.

- **Value**: 거래를 통해서 보내고자 하는 이더 금액(지금 예에서는 매수 신청액 또는 증가분)을 설정한다(일단은 0을 그대로 둔다).

아래쪽 영역에는 계약의 배치에 관련된 설정들이 있다. 첫 항목은 배치하고자 하는 계약을 선택하는 드롭다운 목록이다. 하나의 소스 파일에 여러 개의 계약이 정의되어 있을 경우 이 목록에서 특정 계약을 선택한다. 지금 예에서는 추상 계약인 Auction이 아니라 그것을 구현한 파생 계약 MyAuction을 선택해야 한다. 바로 아래에는 계약을 배치하는 **Deploy** 버튼과 생성자에 전달할 인수들을 입력하는 텍스트 필드가 있다(인수가 여러 개이면 쉼표로 분리하면 된다). 지금 예제에서는 시 단위의 경매 지속 시간, 경매 소유자의 주소, 차종과 등록번호를 다음처럼 쉼표로 분리해서(그리고 적절히 따옴표로 감싸서) 입력하면 된다.

```
1,"0xca35b7d915458ef540ade6068dfe2f44e8fa733c","ferrari","IS2012"
```

TIP 배치에 사용할 주소가 필요한 경우(이를테면 경매 소유자를 설정하기 위해), 위쪽 영역의 **Account** 목록에서 주소를 하나 선택하고 그 옆의 작은 아이콘을 클릭하면 주소가 클립보드에 복사된다.

추가로, 이미 배치된 계약과 상호작용해야 하는 경우에는 **At Address** 옆에 해당 계약의 주소를 입력한 후 그 버튼을 클릭하면 된다는 점도 기억하기 바란다.

Deploy 버튼을 클릭해서 배치가 성공하면 **Deployed Contracts**라는 이름의 영역에 계약의 여러 함수(메서드)와 상태 변수가 표시된다.

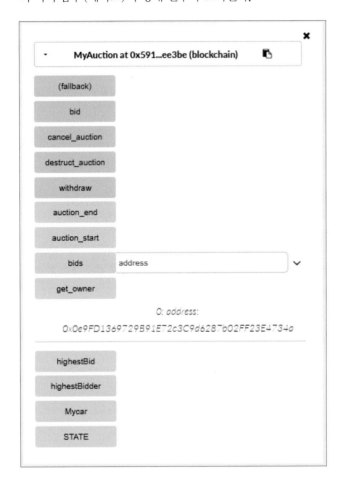

각 상태 변수와 메서드가 빨간색 또는 파란색 버튼으로 표시되는데, 파란색 버튼은 해당 변수나 함수가 public 변수나 pure 또는 view 함수라는 뜻이다. 즉, 빨간색 버튼과는 달리 파란색 버튼은 거래를 시작하지 않고도 읽거나 호출할 수 있다. 이들을 살펴보면 계약의 생성자가 잘 실행되었으며 경매가 메모리의 한 가상 주소에서 진행 중임을 확인할 수 있다.

그럼 경매에 참여해 보자. 호가를 위해 bid() 함수를 호출하려면 먼저 위쪽 영역의 **Value** 필드에 ETH 단위의 매수 신청액을 입력해야 한다. 그런 다음 빨간색 **bid** 버튼을 클릭하면 된다. 여러 명이 참가하는 상황을 흉내 내려면 여러 개의 가상 주소에서 각각 호가를 진행해야 한다. bid()가 잘 실행되면 경매의 상태와 호가 결과가 Remix의 로그 창에 표시될 것이다. 각 로그의 제일 왼쪽에 있는 아래쪽 화살표 버튼을 클릭하면 다음처럼 좀 더 자세한 정보가 나타난다.

거래 비용을 뜻하는 transaction cost 항목과 실행 비용을 뜻하는 execution cost 항목은 거래를 보낸 사용자들(지금 예제의 경우 응찰자들)이 이 호가 거래를 위해 지급할 수수료의 추정치를 나타낸다. 좀 더 구체적으로 말하면 다음과 같다.

- **거래 비용**: 이것은 거래를 전송하는 데 붙는 수수료로, 단위는 가스이다. 이 비용은 거래에 담긴 자료(함수 호출 및 매개변수들)의 크기에 따라 달라진다.

- **실행 비용**: 이것은 거래의 명령들을 수행하는 데 필요한 계산에 드는 비용으로, 단위는 가스이다.

모든 것이 잘 진행되었다면(예를 들어 가스가 모자라거나 하는 일 없이), 이것으로 뒷단은 마무리해도 될 것이다. 그럼 앞단, 즉 경매 참가자를 위한 사용자 인터페이스로 넘어가자.

4.2.6 web3.js를 이용한 경매 호가 양식 구현

앞에서 우리는 Remix를 이용해서 경매 스마트 계약이 잘 작동하는지 확인했다. 이제 이더리움 사용자가 웹 브라우저를 이용해서 경매에 참여할 수 있는 간단한 웹 인터페이스를 만들어 보자. 이더리움은 JavaScript 친화적인 프로젝트이다. JQuery이든, 아니면 ReactJS나 AngularJS이든, 독자에게 익숙한 JavaScript 프레임워크를 이용해서 DApp 사용자 인터페이스를 구축할 수 있다.

우선 DAPP/라는 새 디렉터리를 만들고, 그 안에 index.html과 auction.js라는 두 파일을 만들기 바란다.

HTML 파일은 경매 호가 양식과 경매 현황판을 표시한다. HTML 코드는 다음과 같다.

```html
<html>
<script src="https://code.jquery.com/jquery-3.2.1.min.js"></script>
<link rel="stylesheet" href="https://maxcdn.bootstrapcdn.com/bootstrap/3.3.5/css/
bootstrap.min.css">
<script src="https://maxcdn.bootstrapcdn.com/bootstrap/3.3.5/js/bootstrap.min.js">
</script>
<script src="https://cdn.rawgit.com/ethereum/web3.js/develop/dist/web3.js">
</script>
<script src="./auction.js"></script>
</head>

<body onload="init()">
  <div class="col-lg-12">
    <div class="page-header">
      <h3>Car Auction Dapp</h3>
    </div>
    <div class="col-lg-6">
      <div class="well">
        <div>
          <legend class="lead">Car Details</legend>
          <label class="lead"> Brand: </label>
          <text id='car_brand'></text>
          <br>
          <label class="lead">Registration Number: </label>
          <text id='registration_number'></text>
        </div>
        <legend class="lead">Bid value</legend>
        <small>eg. 100</small>
```

```html
      <div class="form-group">
        <input class="form-control" type="text" id="value" value="10" ></input>
        <text id="valueValidation"></text>
      </div>
      <div>
        <button class="btn btn-default" id="transfer" type="button" onClick=
         "bid()">Bid!</button>
        <br>
        <text id="biding_status"></text>
      </div>
    </div>
  </div>
</div>
<div class="col-lg-6">
  <div class="well">
    <div>
        <legend class="lead">Auction Details</legend>
    </div>
    <div>
      <ul id='transfers'>
        <li>
          <label class="lead">Auction End: </label>
          <text id="auction_end"></text>
        </li>
        <li>
          <label class="lead">Auction Highest Bid: </label>
          <text id="HighestBid"></text>
        </li>
        <li>
          <label class="lead">My Bid: </label>
          <text id="MyBid"></text>
        </li>
        <li>
          <label class="lead">Auction Highest Bider: </label>
          <text id="HighestBidder"></text>
        </li>
        <li>
          <label class="lead">Auction Status: </label>
          <text id="STATE"></text>
        </li>
      </ul>
    </div>
    <br>
    <div>
        <legend class="lead">Events Logs </legend>
```

```
          <text id="eventslog"></text>
        </div>
      </div>
    </div>
  </div>
  <div class="col-lg-6" id="auction_owner_operations">
    <div class="well">
      <div>
        <legend class="lead">Auction Operations</legend>
        <button class="btn btn-default" id="transfer" type="button"
         onClick="cancel_auction()">Cancel auction!</button>
        <button class="btn btn-default" id="transfer" type="button"
         onClick="Destruct_auction()">Destruct auction!</button>
      </div>
    </div>
  </div>
</body>

</html>
```

독자가 HTML에 익숙하다고 가정하고, 이 모든 태그의 의미를 일일이 설명하지는 않겠다. 주목할 부분은 이 웹페이지가 호출하는 JavaScript 함수 bid(), init(), destruct_ auction(), cancel_auction()이다. 기본적인 경매 연산들을 구현하는 이 함수들은 모두 앞에서 만든 개별 JavaScript 파일 auction.js 안에서 정의한다.

그 외에 중요한 부분은 Web3Js 라이브러리를 불러오는 다음 줄이다.

```
<script src="https://cdn.rawgit.com/ethereum/web3.js/develop/dist/web3.js"></scri
pt>
```

4.2.7 web3.js API 소개

이더리움은 웹 개발자의 삶을 편하게 해주는 유용한 Javascript API인 web3.js를 제공한다. 이 web3.js API를 이용하면 웹페이지 안에서 HTTP나 WebSocket, IPC 기반 JSON RPC 를 통해 이더리움 노드와 상호작용할 수 있다.

그럼 앞에서 만든 auction.js 파일에 다음 코드를 붙여 넣기 바란다. 이 JavaScript 코드를 차례로 설명하면서 web3.js의 주요 기능도 소개할 것이다.

```javascript
var web3 = new Web3();
web3.setProvider(
    new web3.providers.HttpProvider("http://localhost:8545"));
var bidder = web3.eth.accounts[0];
web3.eth.defaultAccount = bidder;
var auctionContract =
    web3.eth.contract("<계약의 ABI>"); // 간결함을 위해 ABI는 생략했다.

function bid() {
    var mybid = document.getElementById('value').value;
    auction.bid({
        value: web3.toWei(mybid, "ether"),
        gas: 200000
    }, function(error, result) {
        if (error) {
            console.log("error is " + error);
            document.getElementById("biding_status").innerHTML =
                "Think to bidding higher";
        } else {
            document.getElementById("biding_status").innerHTML =
                "Successfull bid, transaction ID" + result;
        }
    });
}

function init() {
    auction.auction_end(function(error, result) {
        document.getElementById("auction_end").innerHTML = result;
    });
    auction.highestBidder(function(error, result) {
        document.getElementById("HighestBidder").innerHTML = result;
    });
    auction.highestBid(function(error, result) {
        var bidEther = web3.fromWei(result, 'ether');
        document.getElementById("HighestBid").innerHTML = bidEther;
    });
    auction.STATE(function(error, result) {
        document.getElementById("STATE").innerHTML = result;
    });
    auction.Mycar(function(error, result) {
        document.getElementById("car_brand").innerHTML = result[0];
```

```javascript
        document.getElementById("registration_number").innerHTML =
            result[1];
    });
    auction.bids(bidder, function(error, result) {
        var bidEther = web3.fromWei(result, 'ether');
        document.getElementById("MyBid").innerHTML = bidEther;
        console.log(bidder);
    });
}

var auction_owner = null;
auction.get_owner(function(error, result) {
    if (!error) {
        auction_owner = result;
        if (bidder != auction_owner) {
            $("#auction_owner_operations").hide();
        }
    }
});

function cancel_auction() {
    auction.cancel_auction(function(error, result) {
        console.log(result);
    });
}

function Destruct_auction() {
    auction.destruct_auction(function(error, result) {
        console.log(result);
    });
}

var BidEvent = auction.BidEvent();
BidEvent.watch(function(error, result) {
    if (!error) {
        $("#eventslog").html(result.args.highestBidder +
            ' has bidden(' + result.args.highestBid + ' wei)');
    } else {
        console.log(error);
    }
});

var CanceledEvent = auction.CanceledEvent();
CanceledEvent.watch(function(error, result) {
```

```
    if (!error) {
        $("#eventslog").html(result.args.message + ' at ' +
            result.args.time);
    }
});

const filter = web3.eth.filter({
    fromBlock: 0,
    toBlock: 'latest',
    address: contractAddress,
    topics: [web3.sha3('BidEvent(address,uint256)')]
});

filter.get((error, result) => {
    if (!error) console.log(result);
});
```

4.2.7.1 단계 1 – 블록체인 연동 준비

web3.js는 Web3이라는 클래스를 제공한다. web3.js 응용 프로그램에서는 이 클래스의 객체를 통해서 web3.js의 API와 상호작용한다. 따라서 우선 할 일은 var web3 = new Web3(); 이라는 문장으로 하나의 Web3 객체를 생성하는 것이다.

블록체인과 연동하려면 먼저 RPC 공급자(서버)와 연결해야 한다. 지역 또는 원격 web3 RPC 공급자와 연결할 때는 web3.setProvider(new web3.providers.Http Provider("http://RPC_IP:RPC_Port")); 형태의 호출이 필요하다. 여기서 RPC_IP는 RPC 공급자의 IP이고 RPC_Port는 해당 RPC 포트이다.

4.2.7.2 단계 2 – 스마트 계약과 상호작용

배치된 계약을 나타내는 web3의 클래스는 Contract이다. 이 클래스의 객체를 생성하려면 블록체인에 새로 배치된 계약의 API를 지정해서 web3.eth.contract()를 호출해야 한다. 또한, 이 객체를 통해서 계약과 상호작용하려면 계약의 **ABI**(application binary interface; 응용 프로그램 이진 인터페이스)를 지정해서 at() 메서드를 호출해야 한다.

```
var auctionContract = web3.eth.contract("계약의 ABI");
var auction = auctionContract.at("계약의 주소");
```

ABI

ABI라는 개념을 잘 이해하지 못하는 사람이 많다. 본질적으로, 이더리움 스마트 계약의 ABI는 계약의 여러 함수와 그 인수를 상세히 설명하는 하나의 JSON 객체이다. 이러한 JSON 객체에 담긴 정보는 바이트코드 형태로 존재하는 계약 함수를 호출하는 구체적인 방법을 말해준다.

web3.js는 주어진 ABI에 기초해서 모든 호출을 EVM이 이해할 수 있는 저수준 명령들(RPC를 통해서 실행할)로 변환한다. 다른 말로 하면, 이더리움 노드(EVM)가 이해할 수 있는 명령들을 web3.js가 생성하는 데 필요한 정보와 이더리움 노드가 돌려준 결과를 web3.js가 사람이 이해할 수 있는 형태로 변환하는 데 필요한 정보가 이 ABI에 들어 있다. EVM은 함수나 변수 같은 개념을 알지 못한다. EVM은 그저 일련의 바이트들로 이루어진 저수준 명령들을 미리 정해진 규칙에 따라 처리할 뿐이다. 예를 들어 거래에 담긴 자료의 처음 네 바이트는 호출된 함수의 서명에 해당한다. 따라서 임의의 API나 도구가 정확한 저수준 자료를 담은 거래를 제대로 생성하려면, 그리고 계약이 돌려준 값을 읽어서 제대로 해석하려면, 적절한 ABI가 필요하다.

4.2.7.3 call() 대 sentTransaction()

`auction.js` 파일에는 앞의 HTML 파일에서 호출하는 다음가 같은 함수들이 정의되어 있다.

- `init()`: 계약 상태를 읽고 경매 현황 정보(현재 최고 매수 신청액과 신청자, 경매 진행 여부 등)를 표시한다.
- `bid()`: 참가자가 자신의 매수 신청액을 호가하는 데 쓰인다.
- `cancel_auction()`: 경매 소유자가 경매를 취소하는 데 쓰인다.
- `destruct_auction()`: 경매 소유자가 경매를 파괴하는 데 쓰인다.

이 JavaScript 함수들은 계약에 정의된 메서드들을 실행한다. 이더리움에서 스마트 계약 안의 메서드를 호출하는 방법은 두 가지이다. 그냥 지역 함수를 호출하듯이 메서드를 실행할 수도 있고, 적절한 거래를 전송함으로써 메서드를 실행할 수도 있다.

함수 호출 방식의 메서드 실행

함수 호출 형태로 메서드를 실행하면 거래 전송에 따른 수수료가 붙지 않는다. 단, 이 방법으로는 계약의 상태를 변경할 수 없다. 즉, 계약의 `view` 또는 `pure` 함수를 호출하거나 `public` 상태 변수를 읽는 것만 가능하다. JavaScript 함수 init()는 계약의 상태만 조회하므로 이 방법이 적합하다. 이 방법에서는 call()이라는 특별한 함수를 사용한다. 예를 들어 지역 블록체인에 있는 한 계약 인스턴스의 foo()라는 메서드를 호출하려면 myContractInstance.foo.call(인수1,인수2...) 형태의 JavaScript 호출문을 사용하면 된다.

거래 전송을 통한 메서드 실행

계약 인스턴스의 상태를 변경하는 메서드를 실행하려면 거래 전송을 사용해야 한다. 이는 수수료(다른 노드들이 거래를 검증하는 대가로) 지급해야 한다는 뜻이다.

이 방법에서는 실행하려는 계약 메서드가 요구하는 인수들과 수수료를 담은 거래를 블록체인 네트워크에 전송한다. 이를 위해 web3.js는 sendTransaction()이라는 함수를 제공한다. 예를 들어 다음은 한 계약 인스턴스의 foo()라는 메서드를 실행하는 구문이다.

```
myContractInstance.foo.sendTransaction(인수1 [, 인수2, ...] [, 거래 객체] [, 콜백
    함수];
```

상황에 따라서는 두 방법 중 어떤 것을 선택하는 것이 좋은지 결정하기 어려울 수도 있다. 다행히, 결정을 그냥 web3.js에 맡기는 것도 가능하다.

web3.js는 call을 사용할지 아니면 sendTransaction을 사용할지를 주어진 ABI에 있는 메서드 종류에 기초해서 자동으로 결정하는 수단을 제공한다. 그냥 계약 인스턴스(JavaScript 객체)에 대해 원하는 메서드를 호출하면 된다. 다음은 경매 스마트 계약의 bid() 메서드를 호출하는 예이다.

```
auction.bid({value: web3.toWei(mybid, "ether"), gas: 200000},
    function(error, result){...});
```

계약의 bid() 메서드는 인수를 하나도 받지 않음을 기억하기 바란다. 일반화하자면, foo(인수1, ..., 인수n)이라는 메서드를 호출할 때는 다음과 같은 구문을 사용한다.

```
contractInst.foo(인수1, ..., 인수2, {거래 객체}, 콜백 함수);
```

여기서 contractInst는 web3.js의 계약 객체(web3.eth.Contract)이다. 호출문의 괄호 안

에는 다음과 같은 인수들을 순서대로 넣는다.

- 우선 계약의 메서드 자체의 인수들을 나열한다.

- 그다음에는 메서드를 실행할 거래를 정의하는 JSON 객체를 지정한다. 이 객체는 거래 전송자 주소, 수신자 주소, 이더 금액, 가스, 가스 가격, 거래에 포함할 자료 등을 포함해야 한다. 전송자 주소로는 코인베이스, 즉 이더리움 클라이언트가 사용하는 기본 계정의 주소를 사용하면 된다. 한 사용자가 가질 수 있는 계정의 수에는 제한이 없으며, 그중 임의의 것을 코인베이스로 설정할 수 있다.

- 마지막 인수로는 거래가 승인되면 실행될 JavaScript 콜백 함수(기존 함수 또는 익명 함수)를 지정한다.

bid() 호출의 예에서는 거래 객체에 매수 신청액을 지정했다. 이 금액은 참가자가 UI 양식에서 ETH 단위로 입력한 것인데, 계약이 요구하는 것은 웨이 단위의 금액이므로 web3.toWei(mybid, "ether")를 이용해서 웨이 단위로 변환한다.

4.2.7.4 콜백

web3.js는 지역 RPC 노드와 연동하도록 설계되었기 때문에, 기본적으로 모든 함수는 동기(synchronous) HTTP 요청을 사용한다. 비동기(anynchronous) 요청을 원한다면, 마지막 매개변수(생략 가능)에 비동기 요청의 결과를 받을 콜백 함수를 지정하면 된다.[8] 대부분의 web3.js 함수가 이런 비동기 호출을 지원한다. 마지막 매개변수에 지정하는 모든 콜백은 다음 예처럼 첫 매개변수가 오류 객체인 형태의 '오류 우선 콜백(error-first callback)' 패턴을 따른다.

```
web3.eth.foo(argument1,..,argumentn, function(error, result) {
    if (!error) {
        console.log(result);
    }
});
```

---

[8] 참고로, 이 책을 번역하는 현재 아직 공식화되지는 않은 web3.js 버전 1.0에서는 콜백 대신 '약속(promise)' 객체를 사용해서 비동기 요청을 좀 더 간결한 코드로 처리할 수 있다. 1.0에서는 대부분의 메서드가 then()과 on() 같은 메서드들을 갖춘 PromiEvent 객체(비동기 약속 기능과 이벤트 기능이 합쳐진 객체)를 돌려준다. 좀 더 자세한 내용은 https://web3js.readthedocs.io/en/1.0/callbacks-promises-events.html을 보기 바란다.

4.2.7.5 상태 변수 조회

공용 상태 변수를 읽는 연산은 블록체인의 그 어떤 정보도 변경하지 않으므로, call을 이용해서 지역에서 수행할 수 있다. 예를 들어 경매 계약의 highestbid 변수를 읽으려면 auction. highestBid.call();을 사용하면 된다.

4.2.7.6 이벤트 처리

앞단에서 신경 써야 할 사항 중 하나는 이벤트 처리이다. DApp에서 특정 이벤트의 발생을 기다릴 때는 watch()라는 함수를 사용한다. 해당 이벤트에 뭔가 변화가 생기면 이 함수로 지정한 콜백 함수가 호출된다. 그리고 특정 로그의 내용을 읽을 때는 get()이라는 함수를 사용한다. 다음은 이벤트 처리 방식을 보여주는 예제 코드이다.

```
var CanceledEvent = auction.CanceledEvent();
CanceledEvent.watch(function(error, result) {
    if (!error) {
        $("#eventslog").html(result.args.message + ' at ' +
            result.args.time);
    }
});
```

계약이 새로운 호가 요청을 받을 때마다 콜백 함수가 호출되어서 웹페이지에 로그 내용이 표시된다.

이벤트 색인화와 필터링

경매 스마트 계약에서 BidEvent()를 다음과 같이 선언했음을 기억할 것이다. 첫 인수에 indexed라는 키워드가 붙어 있음을 주목하자.

```
event BidEvent(address indexed highestBidder, uint256 highestBid);
```

이렇게 한 데에는 그럴 만한 이유가 있다. 이벤트에 indexed 키워드를 지정하면 이더리움 노드는 인수들을 색인화해서 색인으로 접근할 수 있는 검색 로그를 구축하므로, 나중에 특정 로그를 좀 더 편하게 조회할 수 있다.

MyAuction 계약이 BidEvent를 호출해서 해당 이벤트를 발생했다고 하자. 그러면 저수준 EVM 로그에는 topics 필드와 data 필드를 포함한 여러 필드로 구성된 로그 항목이 여러 개 만들어진다. 브라우저의 콘솔 창에서 그러한 로그 항목들을 확인할 수 있다.

topics 필드와 data 필드를 간단히 설명하면 다음과 같다.

- topics 필드: 이 로그의 '주제'들을 담은 배열이다. 각 주제는 0x0d993d4f8a84158f5329 713d6d13ef54e77b325040c887c8b3e565cfd0cd3e21 같은 긴 16진 문자열로 표현된다.

  - 지금 예에서 첫 원소(주제)는 **이벤트 서명**으로, BidEvent(address, uint256)의 Keccak-256 해시이다.

  - 둘째 원소는 **최고가 응찰자**의 주소(BidEvent() 호출의 첫 인수)를 ABI 형식으로 부호화한 16진 문자열이다.

- data 필드: 이 로그의 자료에 해당한다. 지금 예에서는 최고 매수 신청액의 ABI 부호화 문자열을 담는다.

TIP 하나의 함수에서 indexed를 최대 세 개의 인수에 지정할 수 있다. indexed가 지정된 인수는 로그의 자료가 아니라 주제로 취급된다.

실제 응용에서는 이보다 길고 복잡한 로그도 흔하며, 기록된 로그 항목도 대단히 많다. web3.js에서는 filter라는 함수를 이용해서 필터 객체를 생성하고, 그것을 이용해서 계약의 로그에 있는 특정 자료를 조회할 수 있다.

```
var contractAddress="0x00..."
const filter =
    web3.eth.filter({fromBlock: 1000000,toBlock: 'latest',
        address:contractAddress, topics:
        [web3.sha3('BidEvent(address, uint256)')]})
```

```
filter.get((error, result) => {
    if (!error) {
        console.log(result);
    }
});
```

이 필터는 특정 구간의 블록들(fromBlock에서 toBlock까지)에서 특정 계정 주소에 대해 BidEvent 이벤트가 기록한 로그 항목들을 찾는다. get 함수는 검색 결과를 콜백으로 전달한다. 이후에 이 필터에 해당하는 상태 변화를 통지받으려면 다음과 같이 watch 메서드를 사용하면 된다.

```
filter.watch(function(error, result) {
    if (!error) {
        console.log(result);
    }
});
```

필터 감시를 중지하고 필터를 제거하려면 stopWatching 메서드를 사용한다(이를테면 filter.stopWatching();).

앞의 브라우저 콘솔 창 화면에서 보았듯이, 로그의 출력은 ABI로 부호화된 형태이다. 원래의 로그 항목을 복원하려면 web3.js 1.0부터 제공되는 decodeParameter 함수를 사용하면 된다.

```
web3.eth.abi.decodeParameter('uint256',
    '0000000000000000000000001829d79cce6aa43d13e67216b355e81a7fffb220');
```

아니면 https://github.com/ConsenSys/abi-decoder 같은 외부 라이브러리를 사용할 수도 있다.

4.2.7.7 이더리움의 화폐 단위와 부동소수점 표현

놀랍게 들릴 지도 모르겠지만, EVM은 부동소수점 수를 지원하지 않는다. 이더리움 개발자들이 그런 결정을 내린 이유는 이 책의 범위를 넘는 주제이므로, 여기서는 그냥 이러한 제약을 극복하고 부동소수점 수로 호가를 진행할 수 있게 만드는 방법에 집중하기로 하자.

이 문제는 이더의 서로 다른 단위를 표현하는 데 쓰이는 체계를 이용해서 극복할 수 있다. 이 화폐 단위 체계에서, 이더의 최소 공통 분모 또는 기본 단위는 웨이^{wei}이다. 간단히 말해서 웨이는 이더리움의 가장 작은 화폐 단위로, 1ETH는 10^{18}웨이이다. 그 외에도 다음과 같은 단위들이 있다.[9]

- 10^9웨이 = 1섀넌^{shannon}
- 10^{12}웨이 = 1서보^{szabo}
- 10^{15}웨이 = 1피니^{finney}

경매 참가자는 앞단의 호가 양식에 ETH 단위의 매수 신청액을 입력한다. 호가를 처리하는 JavaScript 코드는 이 금액을 웨이 단위로 변환해서 호가를 처리한다. 즉, 내부적으로 입력된 금액에 10^{18}이 곱해지는 것이다. 이 덕분에 부동소수점 문제가 자연스럽게 해결된다. 예를 들어 참가자가 1234.56789라는 부동소수점 수를 입력해도 내부적으로는 123456789E+14라는 정수로 처리되므로, 이더리움이 부동소수점 수를 지원하지 않아도 문제가 되지 않는다. 앞단의 표시를 위해 웨이 단위의 금액을 다시 ETH 단위로 변환할 때는 `var value = web3.fromWei('21000000000000', 'ether');`처럼 `fromWei` 함수를 사용하면 된다.

4.2.7.8 거래 상태 명세

비잔티움 포크부터는 거래가 성공적으로 처리되었는지를 파악하는 것이 가능하다. 다음처럼 거래 상태 '영수증(receipt; 거래 명세서)' 객체를 이용해서 거래 상태를 확인할 수 있다.

```
var receipt = web3.eth.getTransactionReceipt(<60분 전의 거래 해시>));
```

`getTransactionReceipt` 함수가 돌려준 `receipt` 객체에는 다양한 필드가 있는데, 특히 `status` 필드가 중요하다. 이 필드는 거래가 성공했으면 TRUE(또는 1)이고 실패했으면(즉, EVM이 거래를 철회했으면) FALSE(또는 0)이다.

이상으로 경매를 위한 스마트 계약은 물론 그 계약과 상호작용하기 위한 사용자 인터페이스

---

9 참고로 웨이, 섀넌, 서보, 피니는 모두 암호화폐 또는 정보 기술 전반에 기여한 인물들의 이름을 딴 것이다. 본문에는 나와 있지 않지만, 디지털 컴퓨터의 시조 격에 해당하는 에이다 러블레이스와 찰스 배비지의 이름을 딴 lovelace(1,000웨이)와 babbage(100만 웨이)라는 단위도 있다.

를 살펴보았다. 이제 이 둘을 조합해서 하나의 DApp을 완성할 때가 되었다. DApp을 시험해 보려면 스마트 계약을 이전에 사용한 Remix의 JavaScript VM이 아닌 다른 이더리움 시험 환경에 배치해야 한다.

4.3 배치 환경: 다양한 선택지

이더리움에는 실제 이더를 소비하지 않고도 스마트 계약을 배치하는 방법이 여러 가지 있다. 이번 절에서는 다음과 같은 시험 환경들을 각각 설정하고 계약을 배치하는 방법을 살펴본다.

- Ganache와 Remix
- 시험망(testnet)
- 사설망(private network)

4.3.1 옵션 1: Ganache

GUI를 갖춘 시험용 블록체인을 찾고 있다면 Ganache(이전에는 TestRpc라고 불렀다)가 제격이다. Ganache는 지역(즉, 현재 사용 중인 컴퓨터)에서 실행되는 메모리 내부 블록체인이다. 그냥 블록체인 시뮬레이터라고 생각하면 될 것이다.

　Ganache의 공식 GitHub 저장소(`https://github.com/trufflesuite/ganache/releases`)에서 독자가 사용하는 운영체제를 위한 설치 프로그램을 내려받아서 설치하기 바란다.

　Ganache를 실행하면 서버, 생성된 블록들과 거래들에 관한 몇 가지 세부사항과 생성된 계정들의 목록을 표시하는 GUI 화면이 나타난다. 각 계정은 100ETH를 소유한다.

§4.2.5에서 살펴본 Remix를 이용해서 Ganache와 상호작용할 수 있다. 이를 위해서는 Remix의 Run 탭에 있는 Environment 항목을 Web3 Provider로 설정하고 Ganache의 IP와 RPC 포트 번호를 이를테면 `http://localhost:7545`의 형태로 지정해야 한다(연결이 잘 안 된다면 HTTPS가 아니라 HTTP로 Remix에 접속해 보기 바란다).

Remix가 Ganache에 연결되었으면, Remix에서 이전에 한 것처럼 계약을 배치하고 경매를 시작하기 바란다. Ganache 창을 보면 거래들과 생성된 블록들을 확인할 수 있다.

Ganache로 충분하다고 생각하는 독자는 나머지 옵션들은 건너뛰고 §4.4 **경매 DApp 실행**으로 넘어가도 된다. 그 절에서는 Ganache를 이용해서 경매 DApp을 실행하는 방법을 설명한다. 그러나 다른 여러 배치 환경도 살펴보고 싶다면 계속 읽어 나가기 바란다.

4.3.2 옵션 2: 이더리움 시험망

비트코인의 시험망처럼 이더리움의 시험망(testnet)도 개발자들이 실제 이더를 사용하지 않고도 온라인에서 계약을 시험하는 목적으로 사용할 수 있는 공공망이다. 브라우저에 **MetaMask**^{메타마스크}라는 플러그인을 설치하면 풀 노드(완전 검증 노드)를 실행하지 않고도 이 시험망에 들어갈 수 있다. 그럼 그 방법을 살펴보자.

4.3.2.1 MetaMask로 시험망에 접속

MetaMask는 보통의 웹 브라우저를 web3 브라우저처럼 작동하게 만드는 플러그인(확장 프로그램)이다. 이를 이용해서 이더리움 노드를 실행하지 않고도 DApp과 상호작용하거나 거래를 전송할 수 있다. MetaMask는 모든 웹페이지의 JavaScript 문맥에 web3.js API를 삽입함으로써 브라우저가 web3 브라우저처럼 작동하게 만든다.

공식 웹사이트 `https://metamask.io`를 참고해서 독자가 사용하는 웹 브라우저에
MetaMask를 설치하고 지갑까지 생성하기 바란다. 그런 다음에는 MetaMask 상단의 네트워크 선택 목록에서 **Ropsten 테스트넷**을 선택한다. 다음으로 할 일은 시험에 사용할 자금을 확보하는 것이다. 이를 위해 **입금** 버튼을 클릭하고 **파우셋 테스트**를 통해서 약간의 이더(시험망이므로 실제 가치는 없음)를 구하기 바란다.

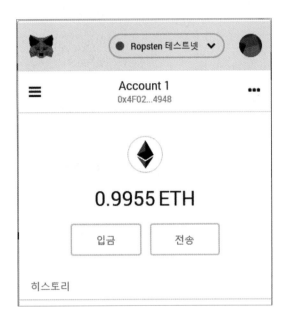

MetaMask는 온라인상의 RPC 공급자(시험망, 주 네트워크)뿐만 아니라 지역 RPC 공급자(Ganache나 Geth 등)에도 연결할 수 있다. MetaMask의 상세한 사용법은 `https://github.com/MetaMask/faq/blob/master/USERS.md`에 있는 공식 문서화를 참고하기 바란다.

이제 경매 스마트 계약을 시험망에 배치해 보자. 다시 Remix로 가서('새로 고침'이 필요할 수도 있다), **Run** 탭의 **Environment** 목록에서 **Injected Web3**을 선택한다. 그러면 MetaMask가 계약 배치(MetaMask의 용어로는 **컨트랙트 배포**) 거래의 승인을 요청한다. 승인 후 시간이 지나면 실제로 배치 거래가 승인되어서 다음처럼 MetaMask 창의 거래 목록에 '승인됨'이라는 문구가 표시된다.

MetaMask는 각 거래에 대해 이더리움의 Etherscan^{이더스캔} 링크를 제공한다. MetaMask에서 거래를 클릭해서 확장한 후 화살표 아이콘을 클릭하면 다음과 같이 거래 상태와 가스 비용을 비롯한 여러 세부사항이 표시된 웹페이지가 나타난다.

Transaction Details

Overview

[This is a Ropsten Testnet Transaction Only]

Transaction Hash: 0x3a43bb3185ec3be04d4b942747ebcc3fcc71c0e567f04fdb0ec5acfce99c7e61

Status: Success

Block: 5271616   50 Block Confirmations

TimeStamp: 9 mins ago (Mar-25-2019 03:58:36 AM +UTC)

From: 0x4f02859c526ab25dab711840ed7d49adad484948

To: [Contract 0x5bbaa423bd62676a717901fb43c6f5aea3d60002 Created]

Value: 0 Ether ($0.00)

Transaction Fee: 0.000422818 Ether ($0.000000)

Gas Limit: 422,818

Gas Used by Transaction: 422,818 (100%)

Gas Price: 0.000000001 Ether (1 Gwei)

Nonce Position   18   134

Input Data:
0x688060405234801561001057600080fd5b5061056d806100206000396000f3006080604052600436106100a4576000357c01000000
0000000000000000000000000000000000000000000000000000000000900463ffffffff1680630216f202146100a95780631998aeef146101a5
5780633ba88ca1146101c75780633ccfd60b146101f657806362ea82db1461022557806378f45340146102c57806391f90157146102
a7578063c458b65a146102fe578063c486456c146103295780063d57bde7914610362575b600080fd5b348015610100b55760000080fd5b50
6100be61838456b604051808060200180602001838103835285818151815260200191508051906020019080838360005b8381101561

짜잔! 이렇게 해서 별 어려움 없이 스마트 계약을 시험망에 배치했다. (이렇게 하는 대신 경량 노드를 지역에서 실행하고 그것을 시험망에 연결해서 계약을 배치할 수도 있는데, 이에 관해서는 다음 절에서 이야기한다.)

MetaMask를 통해서 경매 웹페이지와 상호작용하려면 auction.js 시작 부분에서 web3 객체를 생성하고 공급자를 설정하는 부분을 다음과 같이 수정해야 한다.

```
if (typeof web3 !== 'undefined') {
    web3 = new Web3(web3.currentProvider);
} else {
    var web3 = new Web3();
    // 독자의 RPC 공급자 IP와 포트 번호로 변경해야 함
    web3.setProvider(
        new web3.providers.HttpProvider("http://localhost:8545"));
}
```

§4.2.7.1 **단계 1 – 블록체인 연동 준비**에서는 항상 web3.setProvider(new web3.providers.Ht tpProvider("http://127.0.0.1:8545"));로 공급자를 설정했지만, 이제는 web3 객체의 존재 여부에 따라 적절히 공급자를 설정한다.

시험망은 처리 지연이나 거래 수수료를 실제로 체험할 수 있다는 점에서 크게 도움이 된다. 그러나, DApp 코드를 자주 변경하는 개발자에게는 이러한 지연 시간이나 이더 자금 제약이 좀 번거로울 수 있다. 그런 경우에는 앞에서 말한 Ganache나 다음에서 살펴볼 지역 사설망을 사용하는 것이 편할 것이다. 그럼 배치 환경의 세 번째 옵션으로 넘어가자.

4.3.3 옵션 3: 지역 사설망

앞에서 살펴본 두 옵션은 사용하기가 상당히 쉬웠는데, 이는 이더리움 네트워크에 관한 세부사항이 모두 숨겨져 있기 때문이다. 그러나 이더리움 네트워크의 작동 방식을 좀 더 낮은 수준에서 배우는 것도 가치 있는 일이다. 특히, 소프트웨어 개발 과정에서 또는 특정 조직을 위해 비공개 이더리움 블록체인을 배치해야 할 때 그러한 세부 지식이 필요할 수 있다.

이번 절에서는 한 컴퓨터에서 실행되는 두 개의 노드로 이루어진 사설 이더리움 네트워크(일종의 지역 호스트)를 설정해 본다.

4.3.3.1 Geth 설치

우선 이더리움 클라이언트를 설치해야 한다. 여기서는 Geth(Golang Ethereum)라는 클라이언트를 예로 들겠다. GitHub의 이더리움 저장소에 있는 공식 문서화(https://github. com/ethereum/go-ethereum/wiki/Installing-Geth)를 보면 여러 운영체제에서 Geth를 설치하는 방법이 나와 있다. 우분투의 경우 다음 명령들을 실행하면 된다.

```
$ sudo add-apt-repository -y ppa:ethereum/ethereum
$ sudo apt-get update
$ sudo apt-get install ethereum
```

노드 두 개로 지역 사설망을 돌릴 것이므로, 각각의 블록체인 복사본들과 지갑들을 저장할 두 개의 폴더가 필요하다. 우선 Mytestnet이라는 디렉터리를 만들고, 그 안에 다음과 같이 두 개의 하위 디렉터리를 만들기 바란다.

```
~/Mytestnet
¦-- nodeA
¦-- nodeB
```

4.3.3.2 새 계정 생성

다음으로, 각 노드의 계정들을 새로 생성한다. 참고로 하나의 계정이 어떤 특정 블록체인에 묶이는 것은 아니다. 계정은 그냥 비밀 키·공개 키 쌍일 뿐이다.

현재 디렉터리가 Mytestnet인 상태에서 다음 명령들을 실행한다.

```
$ geth account new --datadir nodeA
$ geth account new --datadir nodeB
```

이 명령들을 반복해서, 각 노드에 여러 개의 계정을 생성하기 바란다(다수의 참가자가 상호작용하는 경매 과정을 모의 실행하려면 여러 개의 계정이 필요하다). 이후 과정에서 계정 주소들이 필요하므로, 명령을 실행할 때마다 Geth가 출력한 계정 주소들을 파일에 잘 보관해 두어야한다.

현재 각 노드에 생성된 계정들의 목록은 geth account list --datadir nodeA(또는 nodeB)로 확인할 수 있다.

```
🔴🟡🟢  user@ByExample-node: ~/Mytestnet
user@ByExample-node:~$ mkdir Mytestnet
user@ByExample-node:~$ cd Mytestnet/
user@ByExample-node:~/Mytestnet$ mkdir nodeA
user@ByExample-node:~/Mytestnet$ mkdir nodeB
user@ByExample-node:~/Mytestnet$ geth account new --datadir nodeA
WARN [06-04|13:40:08] No etherbase set and no accounts found as default
Your new account is locked with a password. Please give a password. Do not forge
t this password.
Passphrase:
Repeat passphrase:
Address: {0e9fd1369729b91e72c3c9d6287b02ff23e4734a}
user@ByExample-node:~/Mytestnet$ geth account new --datadir nodeB
WARN [06-04|13:40:19] No etherbase set and no accounts found as default
Your new account is locked with a password. Please give a password. Do not forge
t this password.
Passphrase:
Repeat passphrase:
Address: {1f00d3ff65d0709be473f8798f81498d0ee761f7}
user@ByExample-node:~/Mytestnet$ geth account list  --datadir nodeA
Account #0: {0e9fd1369729b91e72c3c9d6287b02ff23e4734a} keystore:///home/user/Myt
estnet/nodeA/keystore/UTC--2018-06-04T13-40-12.571747847Z--0e9fd1369729b91e72c3c
9d6287b02ff23e4734a
user@ByExample-node:~/Mytestnet$
```

4.3.3.3 최초 블록 설정 파일

하나의 블록체인은 하나의 최초 블록(genesis block)으로 시작해서 점점 블록들이 추가된다. 따라서, 사설망을 돌리려면 최초 블록을 생성해야 하며, 그러려면 최초 블록 설정 파일, 줄여서 최초 파일(genesis file)을 준비해야 한다.

Geth와 함께 설치되는 사설 블록체인 관리자인 puppeth라는 명령줄 도구를 이용하면 손쉽게 새 최초 파일을 만들 수 있다. 터미널에서 puppeth를 실행한 후, 다음 스크린숏을 참고해서 상호작용 과정을 잘 따라 하기 바란다.[10]

---

10 puppeth의 버전에 따라서는 상호작용 과정이 스크린숏에 나온 것과는 좀 다를 수 있다. 그러나 질문들이 평이한 영어 문장이고 적절한 기본 선택이 제공되므로, 따라 하는 데 큰 어려움이 없을 것이다. 웹을 검색하면 참고할 한국어 자료를 볼 수 있다. 이 책을 번역하는 현재 최신 버전에서 몇 가지 주의할 점을 들자면, 우선 제일 처음에 네트워크 이름을 입력할 때 빈칸뿐만 아니라 대문자와 붙임표(–)도 사용하면 안 된다. 그리고 마지막 과정에서 최초 파일의 파일 이름이 아니라 최초 파일이 생성될 디렉터리 이름을 입력해야 한다. 그냥 Enter 키를 누르면 현재 디렉터리에 최초 파일과 관련 파일들이 생성된다.

```
  ⊗ ⊝ ⊕   user@ByExample-node: ~/Mytestnet
user@ByExample-node:~/Mytestnet$ puppeth
+----------------------------------------------------------+
| Welcome to puppeth, your Ethereum private network manager |
|                                                          |
| This tool lets you create a new Ethereum network down to |
| the genesis block, bootnodes, miners and ethstats servers |
| without the hassle that it would normally entail.        |
|                                                          |
| Puppeth uses SSH to dial in to remote servers, and builds |
| its network components out of Docker containers using the |
| docker-compose toolset.                                  |
+----------------------------------------------------------+

Please specify a network name to administer (no spaces, please)
> Mytestnet
Sweet, you can set this via --network=Mytestnet next time!

INFO [06-04|13:50:39] Administering Ethereum network        name=Mytestnet
WARN [06-04|13:50:39] No previous configurations found      path=/home/user
peth/Mytestnet

What would you like to do? (default = stats)
 1. Show network stats
 2. Configure new genesis
 3. Track new remote server
 4. Deploy network components
> 2

Which consensus engine to use? (default = clique)
 1. Ethash - proof-of-work
 2. Clique - proof-of-authority
> 1

Which accounts should be pre-funded? (advisable at least one)
> 0x1f00d3ff65d0709be473f8798f81498d0ee761f7
> 0x0e9fd1369729b91e72c3c9d6287b02ff23e4734a
> 0x

Specify your chain/network ID if you want an explicit one (default = random)
> 1234

Anything fun to embed into the genesis block? (max 32 bytes)
>

What would you like to do? (default = stats)
 1. Show network stats
 2. Manage existing genesis
 3. Track new remote server
 4. Deploy network components
> 2

 1. Modify existing fork rules
 2. Export genesis configuration
> 2

Which file to save the genesis into? (default = Mytestnet.json)
> genesis.json
INFO [06-04|13:51:36] Exported existing genesis block

What would you like to do? (default = stats)
 1. Show network stats
 2. Manage existing genesis
 3. Track new remote server
 4. Deploy network components
> █
```

미리 자금을 추가할 계정들을 묻는 질문(Which accounts should be pre-funded?)에 대
해서는, 이전에 생성한 계정 주소들을 입력하기 바란다. 모든 질문에 답한 후 Ctrl-C를 눌러
서 빠져나오면 JSON 형식의 최초 파일이 만들어진다. 여기서는 그 파일이 현재 디렉터리의
genesis.json이라고 가정한다.

```
user@ByExample-node: ~/Mytestnet
user@ByExample-node:~/Mytestnet$ cat genesis.json
[
  "config": {
    "chainId": 1234,
    "homesteadBlock": 1,
    "eip150Block": 2,
    "eip150Hash": "0x0000000000000000000000000000000000000000000000000000000000000000",
    "eip155Block": 3,
    "eip158Block": 3,
    "byzantiumBlock": 4,
    "ethash": {}
  },
  "nonce": "0x0",
  "timestamp": "0x5b1543b2",
  "extraData": "0x0000000000000000000000000000000000000000000000000000000000000000",
  "gasLimit": "0x47b760",
  "difficulty": "0x100000",
  "mixHash": "0x0000000000000000000000000000000000000000000000000000000000000000",
  "coinbase": "0x0000000000000000000000000000000000000000",
  "alloc": {
    "0000000000000000000000000000000000000000": {
```

4.3.3.4 노드 초기화

최초 파일을 마련했으니 최초 블록을 생성해 보자. 두 노드 모두 같은 최초 파일로 최초 블록을 생성하기로 한다. 다음 두 명령을 실행하기 바란다.

```
$ geth --datadir nodeA init genesis.json
$ geth --datadir nodeB init genesis.json
```

이제 두 노드 모두 유효한 블록체인이 만들어졌다. 이제부터는 두 개의 터미널 창을 이용해서 각 노드와 상호작용한다.

한 터미널 창에서 다음 명령으로 노드 A를 실행하기 바란다.

```
$ geth --datadir nodeA --networkid 1234 --rpc  --rpcport 8545 --port 8888  --rp
capi "db,eth,net,web3,personal,miner,admin"  --cache=128 --rpcaddr 0.0.0.0 --rpc
corsdomain "*" console
```

그리고 다른 터미널 창에서 다음 명령으로 노드 B를 실행한다(앞의 명령과는 몇몇 옵션이 다르다는 점을 주의할 것).

```
$ geth --datadir nodeB  --networkid 1234 --rpc  --rpcport 9545  --port 9999 --rp
capi "db,eth,net,web3,personal,miner,admin"  --cache=128 --rpcaddr 0.0.0.0 --rpc
corsdomain "*" console
```

Geth 실행 시 --rpc 옵션을 지정하면 해당 이더리움 노드가 하나의 HTTP JSON-RPC(이하 간단히 RPC) 서버로 작동한다. 두 노드가 하나의 컴퓨터에서 실행되므로, 두 노드의 RPC 포트 번호를 각자 다르게 지정했다. 이 명령들에서 지정한 옵션들을 간단히 설명하자면 다음과 같다. 좀 더 자세한 설명은 해당 문서화를 참고하기 바란다.

- id: 이더리움 네트워크 식별자. 0에서 3까지는 예약된 ID들이므로 사용하면 안 된다. 그 외에는 아무 값이나 사용할 수 있다. 이 예제에서는 앞에서 최초 블록 파일을 생성할 때 지정한 시험망의 ID를 지정했다.
- rpcaddr: RPC 서버 청취 주소(기본값은 loalhost).
- rpcport: RPC 서버 청취 포트 번호(기본값은 8545).
- rpcapi: RPC 서버가 HTTP를 통해 제공하는 API들(기본값은 "eth,net,web3").
- rpccorsdomain: Geth는 이 옵션으로 지정한 도메인(들)에서 온 교차 출처 요청(cross origin request; 또는 교차 기원 요청)들만 받아들인다(브라우저 보안 요구사항).

두 노드가 연결되려면 두 노드에 동일한 네트워크 ID를 지정해야 한다. JSON-RPC 서버는 지역 인터페이스로만 사용해야 한다. 공공 인터넷에서는 JSON-RPC 서버가 권장되지 않는다.

4.3.3.5 클라이언트에서 이더리움 노드에 연결

Geth 실행 시 console을 지정했기 때문에, web3.js 명령을 입력해서 실행할 수 있는 JavaScript 콘솔 모드가 활성화된다. 우선 할 일은 두 노드를 연결하는 것이다. 이를 위해, 먼저 admin.nodeInfo.enode 명령을 실행해서 각 노드의 URL을 얻는다.

다음으로, 한 노드에서 다음과 같은 형태의 명령을 실행해서 다른 노드와 연결한다.

```
admin.addPeer({"enode://7649de56ad54a0e6c712bb...32a789b9e@[::]:9999"})
```

다른 호스트에 있는 노드와 연결하는 경우에는 [::]를 해당 호스트의 IP 주소로 바꾸어야 한다.

연결이 잘 되었다면, 두 노드 모두 net.peerCount 명령이 1을 돌려줄 것이다. 또한, admin.peers 명령을 실행해 보면 현재 연결된 동급(peer) 노드들의 목록이 출력될 것이다.

그런데 보안상의 이유로 Geth는 소유자가 아닌 사용자가 자금을 전송하거나 계정에 대해 뭔가를 수행할 수 없도록 계정들을 잠가 둔다. 따라서, 거래를 전송하려면 먼저 다음 명령을 실행해서 계정을 풀어야 한다.

```
web3.personal.unlockAccount("<계정 주소>", "<패스워드>", 0);
```

계정 주소로는 앞에서 구한 주소 문자열을 지정해도 되고 그냥 첫 계정의 주소인 eth.coinbase를 지정해도 된다(이더리움에서 하나의 지갑에 다수의 계정이 있을 수 있으며, 각 계정은 주소가 다르다). 둘째 인수로는 이전에 계정을 생성할 때 지정한 패스워드를 넣으면 된다. 마지막 인수는 계정 해제 상태가 지속되는 시간인데, 0을 지정하면 Geth의 실행이 끝날 때까지 해제 상태를 유지한다.

4.3.3.6 RPC 호출 실행

Geth 콘솔 바깥에서도 RPC를 이용해서 노드와 상호작용해서 web3 API에 정의된 메서드들을 실행할 수 있다. 예를 들어 다음은 cURL을 이용해서 RPC를 통해 Geth의 버전을 요청하는 예이다(cURL 대신 wget 등 명령줄에서 HTTP 요청을 실행하는 유틸리티라면 어떤 것이라도 가능하다).

```
$ curl -X POST --data '{"jsonrpc":"2.0","method":"web3_clientVersion","params":[
],"id":67}' -H 'content-type: application/json;' http://127.0.0.1:8545/
{"jsonrpc":"2.0","id":67,"result":"Geth/v1.7.2-stable-1db4ecdc/linux-amd64/go1.9
"}}
```

4.3.3.7 채굴 과정

다른 블록체인처럼, 하나의 거래(배치를 위한 거래이든, 계약과 상호작용하는 거래이든)가 검증되려면 채굴 과정을 거쳐서 거래가 블록에 포함되어야 한다. Geth 콘솔에서는 다음 형태의 명령을 실행해서 채굴을 시작할 수 있다.

```
$ miner.start(x)
```

여기서 x는 채굴 스레드 개수인데, 생략할 수 있다. 이 명령은 채굴 과정을 시작하는데, 이 과정은 심지어 검증할 거래가 없어도 계속된다. 그런 경우 Geth는 miner.stop()으로 채굴을 멈출 때까지 계속해서 빈 블록을 생성한다. 한 가지 좋은 소식은, 채굴 과정에서 여러분을 위해 새 이더가 만들어진다는 것이다(물론 가치가 없는 사설망 이더이지만).

필요할 때만(즉, 검증되지 않은 거래들이 있을 때만) 채굴 과정을 시작하고 자동으로 중지할 수 있다면 좀 더 편할 것이다. 다음은 그러한 자동화를 위한 JavaScript 코드이다. 이를 mining.js라는 이름으로 저장하기 바란다.

```
var mining_threads = 1;
function check() {
    if (eth.getBlock("pending").transactions.length > 0) {
        if (eth.mining) {
            return;
        }
        console.log("Mining in progress...");
        miner.start(mining_threads);
    } else {
        miner.stop();
        console.log("Mining stopped.");
    }
}

eth.filter("latest", function(err, block) {
    check();
```

```
    });

    eth.filter("pending", function(err, block) {
        check();
    });
    check();
```

그런 다음, Geth 콘솔에서 loadScript("/파일_경로/mining.js") 명령으로 이 스크립트를 불러오면 된다.

4.3.3.8 계약 배치

이제 거래를 처리하고 계약을 배치할 수 있는 이더리움 지역 사설망이 마련되었다. 이후의 과정에서 자금이 필요하니, 계정을 풀고 블록을 몇 개 채굴해 두기 바란다.

계약의 배치는 Remix를 사용한다. Run 탭의 **Enviroment:**에서 **Web3 Provider**를 선택하고 노드의 IP 주소와 RPC 포트 번호를 지정하기 바란다. 그런 다음 auction.js 파일에서 HTTP RPC 공급자 주소와 포트 번호를 적절히 수정한 후 계약을 컴파일하고 배치하면 된다.

이렇게 해서 지역 사설망에 성공적으로 계약을 배치해 보았다.

4.3.4 solc를 이용한 계약의 컴파일 및 배치

명령줄에서 코드를 컴파일하고 실행하는 쪽을 선호하는 독자라면, Solidity가 제공하는 컴파일러인 solc를 사용해 보는 것도 좋을 것이다. 이를 위해, 우선 다음 명령들로 Solidity 컴파일러의 최신 안정 버전을 설치하기 바란다.

```
$ sudo apt-get update
$ sudo apt-get install solc
```

그런 다음에는 이전에 만든 경매 스마트 계약 코드로 auction.sol이라는 파일을 만들고 다음 명령으로 컴파일하면 된다.

```
$ echo "var ContractDetails=`solc --optimize --combined-json abi,bin auction.sol
`" > details.js
```

이 명령은 계약의 배치에 필요한 바이트코드와 ABI를 생성한다. 그리고 `details.js` 파일에는 계약의 세부사항을 정의하는 JavaScript 코드가 저장된다. 컴파일 과정에서 경고 메시지들이 나올 수도 있지만, 그냥 무시해도 무방하다.[11] 컴파일이 끝나면 다시 Geth 콘솔로 가서 다음 명령들을 차례로 실행하기 바란다.

```
loadScript("해당 경로/details.js")
var ContractAbi =
    ContractDetails.contracts["auction.sol:MyAuction"].abi;
va r ContractInstance = eth.contract(JSON.parse(ContractAbi));
var ContractBin =
    "0x" + ContractDetails.contracts["auction.sol:MyAuction"].bin;
```

이제 사설망에 배치된 경매 계약의 주소를 구한다. 이 명령들은 지갑의 첫 계정이 해제되어 있어야 제대로 작동함을 주의하기 바란다.

```
var deploymentTransationObject =
    { from: eth.accounts[0], data: ContractBin, gas: 1000000 };
var auctionInstance = ContractInstance.new(deploymentTransationObject);
var AuctionAddress = eth.getTransactionReceipt(
    auctionInstance.transactionHash).contractAddress;
```

다음으로, 앞에서 얻은 주소를 이용해서 계약 객체를 생성한다.

```
var Mycontract = ContractInstance.at(AuctionAddress);
```

이제 이 객체를 이용해서 이전에 했던 것처럼 계약과 상호작용하면 된다. 즉, 계약의 상태를 변경하지 않는 계약 메서드를 호출할 때는 `Mycontract.메서드이름.call()` 형태의 구문을 사용하고 계약의 상태를 변경하는(거래를 전송함으로써) 계약 메서드를 호출

---

11 §4.2.5의 TIP 항목에서 말한 것과 같은 이유로, 최신 버전의 solc로 경매 계약 코드를 컴파일하면 오류가 발생한다. 안타깝게도 이전 버전의 solc를 설치하는 '공식적인' 방법은 없는 것으로 보인다. 다만, https://github.com/ethereum/solidity/releases/에서 이전 버전의 이진 실행 파일을 내려받아서 수동으로 시스템 경로에 설치하는 것은 가능하다. 최신 버전의 Solidity에서 오류가 나지 않도록 auction.sol의 코드를 수정하기가 아주 어렵지는 않지만, 저자의 의도에 맞는 수정이라는 보장은 없다. 현재 원서 사이트나 저자들의 GitHub 저장소에 버전 0.5 이상의 Solidity에 맞게 갱신된 예제 코드가 올라오지 않은 상태인데, 나중에라도 갱신된 코드가 제공되면 한빛 사이트 또는 역자 홈페이지(역자의 글 참고)에 게시하겠다.

할 때는 Mycontract.메서드이름.sendTransaction(FunctionArguments, {from: eth.accounts[0], gas: 1000000}) 형태의 구문을 사용한다.

거래가 검증되려면, Geth 콘솔에서 miner.start()를 실행하거나 이전에 사설망을 설정할 때 작성했던 자동 채굴 스크립트를 사용해서 채굴 과정을 돌려야 한다.

이상으로 계약을 컴파일하고 배치하는 다양한 방법을 살펴보았다. 미리 만들어진 도구들을 활용하는 쉬운 방법들도 있었고 지역 컴퓨터에 사설망을 구축하고 solc를 이용해서 계약을 직접 컴파일, 배치하는 어렵지만 좀 더 세밀한 방법도 있었다.

4.3.5 채굴 난이도 조정과 권한 증명(PoA) 채굴

앞의 지역 사설망 실습에서 거래를 검증하기 위해 Geth 클라이언트로 채굴을 진행했음을 기억할 것이다. 그 채굴 과정은 작업 증명(PoW) 채굴이었다. 그런데 작업 증명 채굴은 점차 난이도가 올라가면서 채굴 시간이 점점 길어지며, 지역 컴퓨터의 계산 능력을 많이 소비하기 때문에 개발 과정에 방해가 될 수 있다. 애초에 최초 파일에서 계산량을 최소로 설정해도 상황이 크게 나아지지는 않는다.

이 문제의 해결책은 크게 두 가지로, 하나는 Geth 클라이언트의 소스 코드를 수정해서 채굴 난이도를 상수로 고정하는 것이고 다른 하나는 이더리움 네트워크가 작업 증명 대신 권한 증명(PoA)이라는 채굴 메커니즘을 사용하게 하는 것이다. 그럼 두 방법을 차례로 살펴보자.

4.3.5.1 방법 1 — 이더리움 클라이언트 소스 코드 수정

이 방법에서는 **Go** 언어로 작성된 이더리움 클라이언트 Geth의 소스 코드를 직접 수정한다. 그리 복잡하지 않으니 겁먹을 필요는 없다.

Geth의 전체 소스 코드는 GitHub의 https://github.com/ethereum/go-ethereum에 있다. 우리가 수정할 파일은 consensus/ethash/ 디렉터리의 consensus.go이다. 이 파일을 보면 CalcDifficulty라는 함수가 있는데, 이더리움의 난이도 조정 알고리즘이 바로 이 함수에 구현되어 있다. 원래 이 함수는 새 블록 생성의 난이도를 부모 블록의 시간과 난이도에 기초해서 계산한다. 난이도를 고정하려면, 다음처럼 항상 하나의 정수를 돌려주도록 코드를 수정하면 된다.

```
func CalcDifficulty(config *params.ChainConfig, time uint64,
                    parent *types.Header) *big.Int {
    return big.NewInt(1)
}
```

함수를 수정한 다음에는 https://github.com/ethereum/go-ethereum/wiki/Installing-Geth를 참고해서 Geth 클라이언트를 다시 컴파일하기 바란다.

4.3.5.2 방법 2 – 권한 증명 채굴

이 방법에서는 작업 증명 대신 **권한 증명**(proof of authority, PoA)라는 또 다른 합의 메커니즘을 이용해서 채굴을 진행한다. 권한 증명 채굴에서는 미리 정의된 일단의 검증자(validator)들을 무조건 믿고 해당 거래를 받아들인다. PoA 검증자 또는 권한 소유자(authority)는 자신의 신원(identiy)을 공개하는 대신 블록들을 검증할 권한을 가진다. 다른 말로 하면, PoA 검증자는 자신의 신원을 담보로 하여 블록을 검증한다. PoW와는 달리 PoA 는 거래를 비교적 빠르게 검증하는 중앙집중적 메커니즘이다. 그래서 PoA는 주로 사설(기업) 블록체인과 일부 공공 시험망(이를테면 유명한 Kovan 시험망과 Rinkeby 시험망)에 쓰인다.

TIP 주된 이더리움 클라이언트인 Geth와 Parity 모두 권한 증명 채굴을 지원한다.

Geth를 이용한 사설망이 권한 증명 채굴을 사용하게 만드는 방법은 간단하다. §4.3.3.3에서 사용해 본 puppeth를 이용해서 최초 파일을 다시 생성하되,[12] 합의 엔진을 묻는 질문(Which consensus engine to use?)에서 2(Clique - proof-of-authority)를 선택하면 된다. 그러면 이후 과정에서 검증자 계정(거래를 검증할 권한을 가진 계정)들을 묻는 질문이 나오는데, 이전에 Geth로 생성한 이더리움 계정을 지정하면 된다. 다수의 계정을 지정해도 되지만, 권한 증명 방식에서는 채굴이 한 노드에서 단 하나의 검증자로만 진행된다는 점도 알아두기 바란다.

----

[12] 버전에 따라서는 먼저 2. Manage existing genesis – 3. Remove genesis configuration으로 기존 최초 파일 설정을 삭제해야 할 수도 있다.

```
● ● ●    user@ByExample-node: ~/Mytestnet
user@ByExample-node:~/Mytestnet$ puppeth
+-------------------------------------------------------------+
| Welcome to puppeth, your Ethereum private network manager   |
|                                                             |
| This tool lets you create a new Ethereum network down to    |
| the genesis block, bootnodes, miners and ethstats servers   |
| without the hassle that it would normally entail.           |
|                                                             |
| Puppeth uses SSH to dial in to remote servers, and builds   |
| its network components out of Docker containers using the   |
| docker-compose toolset.                                     |
+-------------------------------------------------------------+

Please specify a network name to administer (no spaces, please)
>
>
> Mytestnet
Sweet, you can set this via --network=Mytestnet next time!

INFO [06-04|14:28:01] Administering Ethereum network        name=Mytestnet
WARN [06-04|14:28:01] No previous configurations found      path=/home/user/.puppeth/Mytestnet

What would you like to do? (default = stats)
 1. Show network stats
 2. Configure new genesis
 3. Track new remote server
 4. Deploy network components
> 2

Which consensus engine to use? (default = clique)
 1. Ethash - proof-of-work
 2. Clique - proof-of-authority
> 2

How many seconds should blocks take? (default = 15)
>

Which accounts are allowed to seal? (mandatory at least one)
> 0x87366ef81db496edd0ea2055ca605e8686eec1e6
> 0x
```

또한, PoA 채굴에서는 채굴 보상이 주어지지 않는다는 점도 명심해야 한다. 따라서 먼저 PoW로 채굴을 진행해서 계정들에 자금을 충분히 쌓은 후에 새 최초 파일(PoA 방식의)로 노드들을 초기화하길 강력히 권한다.

두 방법 중 어떤 방법을 사용하든, 이제 채굴이 개발 과정에 걸림돌이 되는 일은 없다.

이상으로 계약의 배치에 관한 논의를 마무리하겠다. 이제 경매 DApp을 실제로 실행해 보자.

4.4 경매 DApp 실행

독자가 선택한 배치 환경에 경매 스마트 계약이 잘 배치되었다고 가정하고, 다음과 같은 단계들로 경매 DApp을 띄우기 바란다.

1. auction.js의 처음 부분의 web3.setProvider(new web3.providers.HttpProvider ("http://<IP>:<포트 번호>"));을 독자의 RPC 공급자의 IP 주소와 포트 번호에 맞게 수정한다.

2. var contractAddress = "계약 주소"; 부분을 실제 계약 주소에 맞게 수정한다.

3. 브라우저로 index.html 파일을 파일 관리자를 통해 직접 열거나, 웹 서버에 올리고 URL로 연다.[13] 다음은 해당 웹페이지의 모습이다.

이 DApp과 상호작용하는 가장 간단한 방법은 Ganache에 연결된 MetaMask를 이용하는 것이다. 그러려면 Ganache로 생성한 계정 몇 개를 MetaMask에 도입해야 한다. Ganache에서 계정의 개인 키를 복사하고, MetaMask의 공식 문서화(https://metamask.zendesk.com/hc/en-us/articles/360015489331-Importing-an-Account-New-UI-)를 참고해서 개인 키를 MetaMask에 입력하면 된다. 계정 도입을 마쳤으면, 다시 DApp의 앞단으로 돌아와서 **Bid value** 입력 필드에 매수 신청액을 입력한 후 **Bid!** 버튼을 클릭해서 경매에 참여하면 된다. 그러면 MetaMask가 거래 승인 여부를 묻는 창을 띄울 것이다. 그 창에는 지급해야 할 수수료도 표시된다. 더 나아가서, MetaMask에서 다른 계정으로 전환한 후 더 높은 가격을 호가해서 경쟁적인 경매 과정을 흉내 내 보기 바란다.

----

13 MetaMask를 사용하는 경우에는 반드시 웹 서버를 거쳐야 함을 주의하기 바란다. 보안상의 이유로, MetaMask는 URL이 file://로 시작하는 웹페이지에는 web3.js API를 주입하지 않는다.

4.4.1 계약과 거래 비용

잘 작성된 스마트 계약(Solidity 코드)의 한 가지 징표는 연산 비용이 싸다는 것이다. 다른 말로 하면, 스마트 계약의 코드를 최적화하는 목표 중 하나는 비용을 최소화하는 것이다.

이번 장의 도입부에서 언급했듯이 이더리움은 '유료' 네트워크이며, 비용은 가스 단위로 청구된다. 지금까지의 논의에서 가스와 관련된 여러 측도를 언급했는데, 여기서 간단하게 정리하고 넘어가자.

- **가스 비용**(gas cost): 각 연산을 수행하는 데 드는 가스 단위의 계산 비용으로, 개별 연산마다 고정된 비용이 정해져 있다.
- **가스 가격**(gas price): 가스 비용을 ETH 단위로 환산한 값이다. 일반적으로, 한 계약의 가스 가격 자체는 거래 내내 변하지 않는다.
- **가스 한도**(gas limit): 블록 가스 한도와 거래 가스 한도로 나뉜다. 하나의 거래에는 거래 전송자가 설정한 거래 가스 한도가 있다. 한편, 블록 가스 한도는 네트워크가 정의하며, 하나의 블록에 몇 개의 거래를 담을 수 있는지를 결정한다.
- **가스 수수료**(gas fee): 구체적인 정의는 좀 더 복잡하지만, 간단히 말하면 주어진 계약을 실행하는 데 필요한 가스의 양이다.

이러한 가스 체계에는 이더리움 네트워크상의 거래 비용 또는 계산 비용을 이더리움 통화(화폐)와는 다른 개별적인 단위로 취급하는 것이 바람직하다는 착안이 깔려 있다. 이러한 가스 체계는 채굴자들에게 동기를 부여할 뿐만 아니라, 무한히 실행되는 악의적인 스크립트에 의한 서비스 거부(DoS) 공격을 방지하는 효과를 낸다. 스마트 계약은 이더가 소진되면 실행이 중지되므로 무한히 실행될 수 없다.

일반적으로, 하나의 계약에서 가스가 소비되는 상황은 다음 두 가지이다.

- 계약 배치
- 거래를 통한 계약 실행

4.4.1.1 비용 산정 방식

Solidity 같은 고수준 언어로 작성된 계약 코드는 컴파일 과정을 거쳐서 EVM 바이트코드로 변환된다. 즉, 고수준 계약 코드는 옵코드opcode라고 가장 작은 단위의 연산 명령들로 바뀐다.

EVM의 옵코드로는 ADD(더하기)나 SLOAD(저장소에서 워드word 하나 적재), CREATE(관련된 코드로 새 계정 생성) 같은 것들이 있다. 각 옵코드의 가스 비용은 이더리움 옐로 페이퍼에 있으며, https://github.com/bellaj/evm-opcode-gas-costs에도 정리되어 있다. 주어진 한 고수준 명령의 비용은 그 명령에 해당하는 옵코드들의 비용을 합한 것과 같다.

이더리움 옐로 페이퍼에는 약 130개의 옵코드가 정의되어 있다. 각 옵코드에는 고정된 가스 비용이 부여되어 있는데, 일부 옵코드는 다른 것보다 더 많은 가스를 소비한다. 예를 들어 ADD 는 3가스를 소비하지만 MUL(두 수의 곱셈)은 5가스를 소비한다. 이는 덧셈보다 곱셈이 더 복잡한 연산이라는 점을 반영한 것이다. 수수료를 최소화하기 위해 계약을 최적화하려면 비싼 옵코드들을 피해야 한다.

4.4.1.2 배치 비용

계약을 배치하면 블록체인에 계약의 바이트코드가 저장되는데, 이때 바이트 당 200가스의 비용이 부과된다. 거기에 계약 계정 생성 수수료 32,000가스가 더해진다(옐로 페이퍼를 보면 CREATE 옵코드의 비용이 32000이다). 이번 장의 경매 계약의 경우 계약 배치 비용은 약 1,054,247가스이다. 가스 가격이 2Gwei지웨이라고 할 때, 1ETH가 10억 Gwei이므로, 계약 배치 비용을 ETH로 환산하면 0.008433976ETH이다.

이 배치 비용을 줄이려면, 불필요한 코드와 상태 변수를 제거해서 코드 크기를(따라서 바이트코드의 길이를) 줄여야 한다.

4.4.1.3 함수 실행 비용

시험망에 연결된 Remix를 이용해서 각 함수 호출의 비용을 추정할 수 있다. 다음은 경매 계약에 정의된 주요 메서드의 비용을 Remix로 추정한 것이다.

함수	거래 비용 추정치(가스 단위)
bid()	125350
withdraw()	210038
cancel_auction()	21272
destruct_auction()	14211

계약과 상호작용 없이 그냥 자금을 전송하는 기본 거래의 비용은 21,000가스이다(이것이 가장 낮은 거래 비용이다). 계약과 상호작용하는 경우에는 기본 거래 비용 21,000가스에 계약의 메서드를 실행하는 비용이 추가된다.

4.4.1.4 계약 파괴 비용

selfdestruct() 함수에는 거래의 파괴 비용을 낮출 수 있는 흥미로운 특징이 있다. 이 함수가 사용하는 SUICIDE라는 옵코드의 가스 비용은 음수이다. 이 옵코드는 모든 계약의 상태 자료를 제거해서 블록체인의 공간을 비우기 때문에 음의 비용이 책정되었다. 이 음의 비용이 함수 실행 비용에 더해지면 결과적으로 함수 실행 비용이 감소한다. 이번 장의 경매 계약에서 selfdestruct()의 비용은 기본 거래 비용 21,000가스보다 작은 14,211가스이다.

▼[block:72 txIndex:0] from:0x0e9...4734a to:MyAuction.destruct_auction() 0xc2f...b22a1 value:0 wei data:0xbba...fd3d4 logs:0
hash:0x5bc...8e142

status	0x1 Transaction mined and execution succeed
from	0x0e9fd1369729b91e72c3c9d6287b02ff23e4734a
to	MyAuction.destruct_auction() 0xc2f43bd44ab4a621995f51748c41a440e13b22a1
gas	28421 gas
transaction cost	14211 gas
input	0xbbafd3d4
decoded input	{}
decoded output	-
logs	[]
value	0 wei

4.4.1.5 잠재적 최적화

옵코드 가스 비용들을 살펴보면 과도하게 사용하지 말아야 할 연산들이 무엇인지 알 수 있다. 예를 들어 저장소의 값을 읽는 SLOAD 옵코드의 비용은 200가스이고 저장소에 값을 기록하는 SSTORE 옵코드의 비용은 무려 5,000가스이다. 반면 EVM의 메모리를 읽고 쓰는 연산들은 단 3가스밖에 들지 않는다. 따라서 저장소를 읽고 쓰는 연산을 최대한 줄이고 메모리를 활용하는 것이 바람직하다.

비용은 거래에 포함된 자료의 크기에도 의존한다. 256비트 워드 하나를 저장하는 비용이 2만 가스이다. 예를 들어 1KB(8,192비트)의 자료를 저장하려면 64만 가스가 필요하다. 가스 가격이 18Gwei이고 1ETH가 미화 595,997달러라고 할 때, 1KB의 자료를 저장하는 데 약

6.5659달러가 드는 셈이다. 따라서 이더리움은 값비싼 저장소라고 할 수 있다. 자료 저장의 또다른 병목은, 현재 블록 가스 한도가 블록당 약 800만 가스라는 점이다(`https://ethstats.net` 참고). 이 블록 가스 한도에서 1MB의 자료를 블록체인에 기록하려면, 다른 연산을 전혀 수행하지 않는다고 할 때 80개 이상의 블록이 필요하다. 즉, 단 1MB를 저장하는 데에도 상당한 시간과 엄청난 비용이 소비된다.

다음은 자료 저장과 관련된 최적화 조언 몇 가지다.

- 32바이트를 넘지 않는 작은 문자열이나 바이트 배열을 저장할 때는 `string` 대신 그보다 훨씬 싼 `bytes1`, ..., `bytes32`를 사용하라.
- 크기가 동적으로 변하는 배열보다는 고정 길이 배열이 좋다.
- 이벤트의 `indexed` 매개변수에는 추가 가스 비용이 붙는다.
- `struct`의 필드들에 가능한 한 짧은(비트수가 적은) 형식들을 사용하라. 그리고 그런 형식들을 크기순으로 정렬해서 배치하면 여러 필드가 하나의 저장 슬롯에 들어가므로 공간 낭비가 줄어든다. 그러면 다수의 `SSTORE` 연산이 하나의 연산으로 병합되므로 가스 비용을 줄어든다.
- 옐로 페이퍼에 따르면, `LOG` 연산이 기록하는 로그 항목의 주제당 375가스가 소비되고 자료의 바이트당 8가스가 소비된다. 따라서 로그는 좀 더 저렴한 저장 수단이라 할 수 있다. 그러나 실제 저장 수단과는 달리 로그 항목은 스마트 계약이 읽지 못한다.
- 계약의 상태 변수를 `public`으로 선언하면 컴파일러가 조회 메서드를 자동으로 만들어 주므로 계약의 크기가(따라서 비용이) 줄어든다.

이번 장의 경매 예제의 경우, 자동차 정보나 사용자 세부 정보를 블록체인 바깥의 저장소에 저장하고, 계약 자체에는 그런 정보가 들어 있는 장소의 URL만 보관하도록 설계를 개선할 수 있을 것이다. 일반화하자면, 블록체인의 탈중앙화 능력을 최대한 활용하면서도 비용을 최소화할 수 있는, 블록체인 안의 저장소와 블록체인 바깥의 저장소 사이의 균형점을 찾는 것이 중요하다.

4.4.2 Solidity 요령과 조언

이번 장을 마무리하는 의미에서, Solidity로 스마트 계약을 작성할 때 여러분이 따르면 좋을 만한 모범 관행과 참고 사항 몇 가지를 소개한다.

- 거래와 함께 보내는 자료의 크기 자체에는 한계가 없다. 자료의 크기를 제한하는 요소는 보유한 자금(이더)과 블록 가스 한도뿐이다.

- 상수는 계약의 저장소에 저장되지 않는다. `uint256 constant x = block.timestamp;` 처럼 정의된 상수 상태 변수는 계약이 실행될 때마다 새로 계산된다.

- `external` 함수 호출은 실패할 수 있으므로, 항상 반환값을 점검해야 한다.

- 자금을 전송할 때는 `send()` 대신 `transfer()`를 사용하는 것이 좋다. `transfer()`는 `require(send())`와 같으므로, 전송 실패 시 예외를 발생해 준다.

- 채굴자들이 블록의 타임스탬프에 약간의 영향을 줄 수 있음을 주의해야 한다. 따라서 `block.timestamp`는 계약 함수가 30초 정도의 시간 편차(drift)를 견딜 수 있는 경우에만 사용해야 한다. 30초는 허용되는 NTP(Network Time Protocol) 편차가 10초 (https://github.com/ethereum/go-ethereum/blob/master/p2p/discover/udp.go#L57 참고)라는 점을 고려한 것이다. 예전 버전의 옐로 페이퍼에는 허용되는 시간 편차가 최대 900초(15분)라고 나와 있지만, 지금은 적용되지 않는 구식 정보임을 주의하기 바란다.

- Solidity에서 하나의 함수 안에서 정의할 수 있는 변수(매개변수와 반환 변수도 포함)의 개수에는 한계가 있다. 변수가 16개를 넘으면 `StackTooDeepException` 오류가 발생한다.

- 계약이 자기 자신을 실행하지는 못한다. 반드시 외부의 호출이 있어야 한다. 예를 들어, 마치 Unix류 운영체제의 cron 작업처럼 외부의 신호 없이 특정 시간에 자동으로 계약이 뭔가를 수행하게 할 수는 없다.

4.5 요약

꽤 긴 장이었지만, 이 정도로 지치지는 않았길 바란다. 이번 장은 긴 모험의 시작이었을 뿐이다. 이번 장에서는 Solidity와 web3.js의 기초를 소개하고, 간단하지만 완결적인 DApp을 개발하고 배치해 보았다. 이번 장을 통해서 DApp과 스마트 계약 개발의 기초를 잘 이해하게 되었다면 좋겠다.

이번 장에서 만들어 본 DApp이 애초에 우리가 계획했던 기능을 잘 수행하긴 하지만, 보안과 구조적 최적화 면에서는 아쉬운 점이 많다. 예를 들어 위넘침과 아래넘침에 대응하는 수단을 추가할 필요가 있으며, 경매의 소유권을 전송하는 함수를 추가하는 등으로 기능을 더 확장하는 것도 좋을 것이다. GitHub의 저장소(`https://github.com/bellaj/Car_Auction`)에서 여러분의 제안을 기다리겠다.

다음 장에서도 계속해서 이더리움과 Solidity를 공부한다. 특히, 계약 코드의 최적화와 디버깅, 그리고 보안 문제를 살펴볼 것이다.

## 제5장

Truffle과 Drizzle을 이용한 톤틴 게임

제4장에서 이더리움과 그 생태계에 관해 많은 것을 배웠다. 좀 더 구체적으로 말하면, 제4장에서는 이더리움의 작동 방식을 살펴보고, DApp이 무엇인지 설명했으며, 간단한 DApp을 실제로 구축하고 배치해 보았다. 또한, Solidity와 web3.js의 핵심 개념들을 공부했으며, 흔히 쓰이는 스마트 계약 설계 패턴들(계약에서 자금 회수, 접근 제한, 상태 기계 등)도 소개했다. 마지막으로는 스마트 계약의 비용 최적화도 언급했다.

제4장에서 이더리움 생태계를 구성하는 여러 요소를 완전하게 파헤친 것은 물론 아니다. 이번 장에서는 톤틴 게임 DApp 예제를 통해서 이전 장에서 배운 지식과 기술을 좀 더 심화한다. 이 예제를 통해서 여러분이 DApp을 구축하는 방식을 바꾸어 놓을 만한 새로운 도구들을 살펴보고, 이전 장에서 말하지 않은 Solidity의 고급 기능들도 소개할 것이다. 이 예제 게임을 구축하는 과정이 게임을 플레이하는 것만큼이나 재미있길 바란다.

이번 장의 실습 예제를 통해서, Truffle 같은 고급 도구를 이용하면 DApp의 작성, 코드 검사, 디버깅, 배치가 훨씬 편해진다는 점을 깨달을 수 있을 것이다. 이번 장의 주요 주제는 다음 네 가지이다.

- Truffle 슈트 소개
- Solidity의 고급 기능
- 계약의 검사와 디버깅
- Drizzle로 사용자 인터페이스 구축

Drizzle은 비교적 새로운 프레임워크라서, 이것을 이용해서 사용자 인터페이스를 구축하는 방법을 다루는 책이나 자료가 거의 없다. Truffle과 Drizzle을 이용해서 톤틴 게임을 처음부터 구축하는 이번 장이 가뭄의 단비 같은 존재가 될 것이다.

이번 장은 이 책의 전체 학습 과정에서 또 다른 중요한 이정표인 만큼, 이번 장을 읽기 전에 이더리움의 기본 개념들을 다시금 정리하고 확인하길 권한다. 또한, https://github.com/bellaj/TontineGame에 있는 소스 코드를 독자의 컴퓨터에 미리 내려받아 두면 실습 예제를 따라 하기 편할 것이다.

본격적인 내용으로 들어가기 전에 한 가지만 더 언급하겠다. 이전 장에서처럼 이번 장에서도 새로운 개념을 소개하거나 설명해야 할 때는 그와 관련된 DApp 구축의 단계들을 세부적으로 제시하지만, 그렇지 않은 부분은 독자의 능력을 믿고 과감하게 넘어간다.

5.1 배경지식

예제 프로젝트를 시작하기 전에, 예제의 몇 가지 배경지식과 전반적인 설계를 언급하겠다.

이번 실습 예제는 이번 장의 제목에 나와 있듯이 톤틴^{Tontine}이라는 이름의 게임을 DApp으로 구축하는 것이다. 톤틴이라는 용어가 다소 생소할 텐데, 이 용어는 17세기 말에 등장했다. 원래 톤틴은 모든 참가자가 같은 금액을 내서 기금을 마련하고, 그 기금을 운용해서 나온 이익을 나누어 가지는 방식의 합동 투자 연금을 말한다. 그런데 다른 비슷한 투자 방식과 다른 톤틴만의 독특한 특징이 있다. 바로, 참가자가 죽으면 그 사람의 지분을 남은 투자자들이 나누어 가진다는 것이다. 따라서, 마지막까지 살아남은 참가자가 모든 예치금을 차지한다.

이번 장의 예제에서는 이를 게임화해서 스마트 계약으로 구현한다. 플레이어들은 게임의 스마트 계약에 자신의 자금을 예치해서 게임에 참가한다. 그때부터 각 플레이어는 일정 간격으로 스마트 계약에 핑^{ping}을 보내야 한다. 핑을 제때 보내지 않은 플레이어는 다른 플레이어가 '처치' 할 수 있다. 물론 실제로 죽는 것은 아니고, 게임에서 제거될 뿐이다. 실제 톤틴 연금처럼, 마지막까지 살아남은 플레이어가 스마트 계약이 제어하는 예치금 전체를 가져간다.

그럼 톤틴 게임을 위한 스마트 계약의 개발에 사용할 개발 환경부터 살펴보자.

5.1.1 사전 준비

이번 장은 독자가 Solidity에 어느 정도 익숙하다고 가정한다. 필요하다면 제4장 **이더리움을 이용한 P2P 경매**를 다시 읽기 바란다. 또한, 다음과 같은 소프트웨어들도 설치되어 있다고 가정한다.

- 우분투 16.04
- MetaMask 브라우저 플러그인
- Node.js와 NPM

그리고 양질의 커피도 필수이다.

5.2 Truffle 실습

이전 장에서는 온라인 IDE인 Remix를 이용해서 계약을 컴파일하고 상호작용했다. 이번 장에서는 Truffle이라고 하는 또 다른 DApp 개발 환경을 사용한다.

Truffle은 DApp 개발자들에게 가장 유명한 개발 환경이자 검사(testing) 프레임워크이다. Truffle은 계약을 손쉽게 작성하고, 컴파일하고, 검사하고, 블록체인에 배치할 수 있는 진정한 맥가이버 칼(스위스 군용 칼)에 비견할 수 있는 도구이다. 더 나아가서, Truffle은 사용자와 접하는 앞단(frontend)을 설정하고 블록체인에 배치된 계약과 연결하는 작업도 도와준다. 그 밖에 다음과 같은 기능이 있다.

- 내장 스마트 계약 컴파일, 링크, 배치, 이진 파일 관리
- 자동화된 계약 코드 검사
- 스크립트화 할 수 있는 확장 가능한 배치 및 이송(migration) 프레임워크
- 임의의 개수의 공공망과 사설망을 설치, 설정할 수 있는 네트워크 관리 기능
- 계약과 직접 상호작용할 수 있는 대화식 콘솔

5.2.1 Truffle 설치

우선, NPM을 이용해서 Truffle의 최신 버전을 설치한다.[1]

```
$ npm install -g truffle
```

필요하다면 npm install -g truffle@4.1.15처럼 특정 버전을 지정해서 설치할 수도 있다.[2]

```
user@ByExample-node: ~/tontine
user@ByExample-node:~/tontine$ truffle version
Truffle v4.1.12 (core: 4.1.12)
Solidity v0.4.24 (solc-js)
user@ByExample-node:~/tontine$
```

추가 인수 없이 truffle만 실행하면 truffle로 실행할 수 있는 모든 Truffle 명령이 나열된다. 특정 명령 또는 옵션에 관해 좀 더 자세하게 알고 싶다면 공식 문서화(http://truffleframework.com/docs)를 참고하기 바란다.

5.2.2 Truffle을 이용한 톤틴 프로젝트 준비

이제 톤틴 게임 프로젝트를 실제로 만들어 보자. 우선, 이 예제를 위해 tontine/라는 디렉터리를 생성하고, 그 디렉터리로 들어간 후 Truffle을 이용해서 프로젝트를 초기화한다.

```
$ mkdir tontine
$ cd tontine
$ truffle init
```

---

1 NPM 패키지를 이처럼 -g 옵션을 지정해서 설치할 때는 시스템 권한 때문에 설치 오류가 발생할 수 있는데, 그런 경우 sudo를 사용하거나 루트 계정을 이용하기보다는 애초에 권한 문제가 생기지 않도록 NPM의 설정을 수정하거나 NPM을 다시 설치해서 문제를 해결해 보길 권한다. NPM의 권한 관련 문제와 그 해결책은 "npm 설치 권한 오류" 등의 문구로 웹을 검색하면 찾을 수 있는데, §1.2.3.1의 역주에서 언급한 nvm을 이용해서 NPM을 재설치하는 것도 한 가지 방법이다.

2 제4장의 예제들과 마찬가지 이유로, 이번 장의 예제들에서도 Truffle의 최신 버전에서는 Solidity 컴파일러 하위 호환성과 관련된 오류가 발생한다. Solidity 학습을 위해서는 컴파일 오류가 없어질 때까지 독자가 예제들을 직접 수정하는 것이 바람직하겠지만, 여의치 않다면 npm install -g truffle 대신 npm install -g truffle@4.1.15를 실행해서 버전 4.1.15를 설치하는 것이 편할 것이다. 참고로 Truffle 4.1.15에 포함된 Solidity의 버전은 HelloWorld 계약 코드와 호환되는 0.4.25이다. 추가로, 설치가 끝났으면, 터미널 창에서 truffle version 명령으로 Truffle의 버전을 확인할 수 있다.

마지막 명령은 Truffle 프로젝트 템플릿 파일을 내려받는 등의 프로젝트 초기화 작업을 수행한다. 몇 초(커피 한 모금 마실 시간) 정도 기다리면 다음과 같은 결과가 출력될 것이다.

```
user@ByExample-node: ~/tontine
user@ByExample-node:~/tontine$ truffle init
Downloading...
Unpacking...
Setting up...
Unbox successful. Sweet!

Commands:

  Compile:         truffle compile
  Migrate:         truffle migrate
  Test contracts:  truffle test
user@ByExample-node:~/tontine$
```

현재 디렉터리(tontine/)를 확인해 보면 다양한 하위 디렉터리와 파일들이 생겼을 것이다. 이들을 간단히 설명하면 다음과 같다.

- contracts/: 모든 Solidity 계약이 여기에 저장된다.

- migrations/: 계약을 네트워크에 배치하는 데 도움을 주는 모든 JavaScript 이송 파일이 여기에 저장된다.

- test/: 계약의 코드를 검사하는 검사 스크립트들이 여기에 저장된다.

- truffle.js: 이 Truffle 프로젝트의 여러 설정을 정의하는 파일이다.

- truffle-config.js: truffle.js의 복사본으로, 윈도우 호환성을 보장하는 데 필요하다.[3] Linux에서 개발을 진행한다면 이 파일은 그냥 삭제해도 된다.

- Contracts/Migrations.sol: 스마트 계약 자체와는 별도의 Solidity 파일로, 배치된 스마트 계약을 관리하고 상태를 갱신하는 역할을 한다. 이 파일은 모든 Truffle 프로젝트에 포함되며, 일반적으로 우리가 직접 수정할 일은 없다.

- Migrations/1_initial_migration.js: 자동으로 생성된 Migrations.sol 계약의 이송에 쓰이는 파일. 우리가 직접 만드는 계약을 위해서는 파일 이름 제일 앞의 번호를 증가해서 새로운 이송 스크립트 파일을 만들어야 한다.

---

3 참고로 이 문제는 윈도우에서 확장자가 js인 파일을 실행 파일로 간주한다는 점과 실행 파일의 확장자를 생략해도 실행이 된다는 점의 조합에서 비롯된 것이다. 즉, 현재 디렉터리에 truffle.js 파일이 존재하는 경우, 명령 프롬프트에서 truffle을 실행하면 Truffle 자체가 아니라 truffle.js 파일이 실행된다.

5.2.3 Truffle을 이용한 계약 컴파일과 배치

Truffle로 계약을 컴파일하고 배치하는 방법에 익숙해지기 위해, 아주 간단한 계약을 만들어 보겠다. 톤틴 게임은 잠시 후에 본격적으로 만들 것이니 너무 조바심을 내지는 말기 바란다. 여기서는 제4장 **이더리움을 이용한 P2P 경매**에서 만든 **Hello World** 예제를 재사용한다. contracts/ 폴더에 hello.sol이라는 파일을 만들고, 제4장의 해당 계약 코드를 복사해서 붙여 넣기 바란다.

그럼 이 첫 번째 계약을 Truffle을 이용해서 컴파일하고 배치하는 과정으로 들어가자.

5.2.3.1 이송 스크립트 준비

Truffle은 배치와 비슷하지만 아주 같지는 않은 '이송(migration)'이라는 개념을 사용한다. 이송이라는 개념에는 새 계약을 배치하는 것뿐만 아니라 기존 계약을 새 인스턴스로 전환하는 것까지 포함된다. HelloWorld 계약을 배치하려면, 그것을 블록체인에 배치(이송)하는 방법을 Truffle에게 알려주어야 한다. 이를 위해, 다음과 같은 내용으로 migrations/에 2_initial_migration.js라는 새로운 이송 스크립트를 만들기 바란다.

```
const Hello = artifacts.require("HelloWorld");
module.exports = function(deployer) {
deployer.deploy(Hello);
};
```

이 스크립트의 첫 행에 있는 artifacts.require() 메서드는 이 스크립트로 상호작용하고자 하는 계약을 불러온다. Node.js의 require 문과 비슷하다.

계약이 여러 개일 때는 다음처럼 각 계약을 artifacts.require()로 불러와야 한다.

```
var ContractOne = artifacts.require("ContractOne");
var ContractTwo = artifacts.require("ContractTwo");
```

5.2.3.2 Truffle 설정

다음으로, 이 프로젝트를 위해 Truffle을 설정해 보자. 모든 설정은 프로젝트 루트 디렉터리의

truffle.js (윈도우의 경우에는 truffle-config.js)에 있다. 이 파일을 다음과 같이 수정하기 바란다.

```
module.exports = {
  networks: {
    my_ganache: {
      host: "127.0.0.1",
      port: 7545,
      network_id: "*"
    }
  }
};
```

이 설정 파일은 배치 네트워크에 my_ganache라는 이름을 부여하며, IP 주소(host 필드)와 포트 번호(port)도 지정한다. 네트워크 이름은 사용자 인터페이스에 쓰인다. 하나의 Truffle 프로젝트에서 여러 개의 네트워크를 사용할 수 있는데, 이송 스크립트들을 실행할 네트워크를 선택할 때 IP 주소를 사용하는 것보다 이처럼 사람이 기억하기 쉬운 이름을 사용하는 것이 편하다.

기본적으로 이 설정 파일은 배치 대상 네트워크로 my_ganache가 선택된 경우 127.0.0.1의 포트 7545에 연결하라고 Truffle에게 알려주는 역할을 한다. network_id를 *로 지정한 것은 그 어떤 네트워크 ID도 받아들이라는 뜻이다. 이 외에도 이 설정 파일에서 다양한 옵션(가스 한도와 가스 가격 등)을 지정할 수 있는데, 자세한 내용은 해당 문서화(https://truffle framework.com/docs/truffle/reference/configuration)를 보기 바란다.

5.2.3.3 계약 컴파일

그럼 HelloWorld 계약을 컴파일하고 배치해 보자. 터미널에서 truffle compile을 실행하면 컴파일이 시작된다.

잠시 기다리면 컴파일 결과가 출력된다. 컴파일의 부산물(artifact)들이 기본 빌드 디렉터리인 ./build/contracts에 저장된다는 메시지를 확인할 수 있을 것이다.

```
user@ByExample-node:~/tontine$ truffle compile
Compiling ./contracts/hello.sol...
Writing artifacts to ./build/contracts
```

그 디렉터리를 보면 컴파일러가 생성한, 계약과 동일한 이름의 JSON 파일(이것이 앞에서 말한 부산물이다)이 있을 것이다. 이 파일에는 계약의 상세한 정보(ABI, 바이트코드 등)가 들어 있다.

컴파일 과정에서 아무런 오류 메시지도 나오지 않았다면 배치 단계로 넘어가면 된다. 경고 메시지들이 표시될 수도 있는데, 그냥 무시해도 된다. 오류 메시지가 있었다면 코드를 적절히 수정한 후 다시 컴파일하기 바란다.

5.2.3.4 계약 이송

계약을 무사히 컴파일했으며, 계약의 바이트코드를 my_ganache라는 이름의 지역 블록체인에 배치하도록 Truffle을 설정하는 것도 이미 마쳤다면, 다음으로 할 일은 계약을 실제로 배치하는 것이다. 이를 위한 Truffle 명령은 migrate이다. 이 명령을 실행할 때 --network 옵션으로 대상 블록체인을 지정해야 한다. 즉, truffle migrate --network my_ganache를 실행해야 한다.

그런데 아직 my_ganache라는 네트워크가 준비되지 않은 상태이므로, 이 명령을 실행해도 계약이 그 네트워크에 배치되지는 않는다. 그럼 네트워크를 준비해 보자.

5.2.3.5 Ganache 설정

제4장 **이더리움을 이용한 P2P 경매**에서 시험용 지역 가상 블록체인인 Ganache를 소개했다. Ganache는 다음 두 형태로 제공된다.

- Ganache 명령줄 도구(예전에는 TestRPC라고 불렀다)
- GUI 버전(제4장에서 사용했다)

이번 장에서는 명령줄(CLI) 도구인 ganache-cli를 사용한다. 이 도구는 다음과 같이 NPM을 이용해서 설치하면 된다(-g 옵션을 지정해서 시스템 전체에 설치하는 것이 좋다).

```
$ npm install -g ganache-cli
```

설치가 끝났으면 새 터미널 창을 띄운 후 다음 명령을 실행하기 바란다.

```
$ ganache-cli -p 7545
```

짐작했겠지만, -p 옵션은 이 지역 블록체인의 포트 번호이다. Ganache CLI는 기본적으로 포트 번호 8545를 사용하므로(Geth도 그렇다), 그 외의 포트 번호를 사용할 때는 이처럼 명시적으로 번호를 지정해 주어야 한다. 이 옵션을 비롯해서 Ganache CLI의 여러 옵션에 관한 자세한 사항은 해당 GitHub 저장소(https://github.com/trufflesuite/ganache-cli)의 문서를 보기 바란다.

처음 실행 시 Ganache는 10개의 해제된 계정을 생성한다. 각 계정에는 100ETH가 들어 있다. 다음 스크린숏에서 보듯이, Ganache는 생성한 계정들의 주소와 개인 키를 표시해 준다.

```
● ● ●        user@ByExample-node: ~/tontine
user@ByExample-node:~/tontine$ ganache-cli -p 7545
Ganache CLI v6.1.3 (ganache-core: 2.1.2)

Available Accounts
==================
(0) 0x59646d4b46b4f679ad5b96d360864f6139c13f97
(1) 0x2d65e9e80e63f5711d48f3b82068dffe44d4884b
(2) 0xe3e8c7ea723cef3637f5d99584877b0449eab2ee
(3) 0xcfc5beb66bec69f1d0b2e78598596992dee348c6
(4) 0xd4e8a743705bb31d912c143f50be53599803516d
(5) 0xa0d6960859a0edabcf9937268c6c42c2e695aea4
(6) 0x821854d456f8259e607f5aaea6a3ebd90cdd390e
(7) 0x30967d2018fcdfab1ba539d4fa03ce9adda0cf43
(8) 0xdbab5349412306fe73baa5995459cfcadf1481b2
(9) 0xed9445f595cd1304d841031c0b14b9b30c5e9719

Private Keys
==================
(0) 8bd589e3571d1b8cb6b95da53570b46822fa31ba2afc9728936487219da42afa
(1) e8250db43131cb83d3d6e4fa8de8d9c9e9d44aaec6a0e30a38ec2334213b8208
(2) 4ab57f6b61c3e241d070d520d5dfb18cb802452be47cf51ed3769023460856e5
(3) 1815d4fd78e159b16e2a307a5241b97a46e66dedff73650e1a8e5c2c94b3339f
(4) b618b75cb6f144c6634e6bf5584f1c5fef219699f7a9fdecfb876552bbd2afd8
(5) c92c7ab459f13cf939ef6e719462b2a111670c44c4b55340170f331044cbf784
(6) c73fbc5bee30aa8b83d004a55d1071d47f722665c54bd6a6c9132690701fb619
(7) d9b41f9045fc8cf1478fd1811f5d10c91a0c18dbf72d6e8cd380cfc594eb5621
(8) add6754957bed8373e39d823e6b75d678bdb691dd9254e46239baeeb5e1d778f
(9) 5beeca342e3caa4648bf14480c1381c8703c63269e03b1cf23292cffc0771032

HD Wallet
==================
Mnemonic:      ankle banana lady poverty antenna hungry odor plunge tribe park f
lavor attract
Base HD Path:  m/44'/60'/0'/0/{account_index}

Gas Price
==================
20000000000

Gas Limit
==================
6721975

Listening on localhost:7545
```

이 계정들은 이후 원 거래를 구축하거나 계약을 시험해 볼 때 유용하므로, 해당 주소들을 어딘가에 잘 보관해 두기 바란다.

이제 네트워크가 준비되었다. 터미널에서 truffle migrate --network my_ganache를 실행하면 계약의 배치가 진행된다.

이송 스크립트의 실행에 문제가 없어서 계약이 잘 배치되었으면 Truffle은 다음처럼 HelloWorld 계약의 주소를 출력한다.

```
user@ByExample-node:~/tontine$ truffle migrate --network my_ganache
Using network 'my_ganache'.

Running migration: 2_initial_migration.js
  Deploying HelloWorld...
  ... 0x65440f0f09fd0c917c9e43214e80ffbaf8c4011a23fe7704ebf909d74b2c6e91
  HelloWorld: 0x279841fcc40a59b161e1a1e5076fb8665820d9c7
Saving successful migration to network...
  ... 0x7dcf44eae29483b2651b3c3a462ce9e873a99e84e1b79442ce46301c2d7f973e
Saving artifacts...
```

TIP Truffle은 Ganache가 생성한 첫 계정을 사용해서 계약을 배치한다.

한편, Ganache가 실행 중인 다른 터미널을 보면 다음처럼 배치 거래의 세부사항이 출력되어 있을 것이다.

```
  Transaction: 0x65440f0f09fd0c917c9e43214e80ffbaf8c4011a23fe7704ebf909d74b2c6e9
1
  Contract created: 0x279841fcc40a59b161e1a1e5076fb8665820d9c7
  Gas usage: 281139
  Block Number: 30
  Block Time: Wed Jul 25 2018 17:08:56 GMT+0100 (WEST)

eth_newBlockFilter
eth_getFilterChanges
eth_getTransactionReceipt
eth_getCode
eth_uninstallFilter
eth_sendTransaction

  Transaction: 0x7dcf44eae29483b2651b3c3a462ce9e873a99e84e1b79442ce46301c2d7f973
e
  Gas usage: 27008
  Block Number: 31
  Block Time: Wed Jul 25 2018 17:08:56 GMT+0100 (WEST)

eth_getTransactionReceipt
```

이렇게 해서 DApp 구축을 위한 개발 및 배치 환경을 설정하고 간단한 예제 계약을 Truffle로 컴파일, 배치해 보았다.

다음 절에서는 앞에서 소개한 톤틴 게임을 실제로 구축해 본다. 그럼 해당 스마트 계약의 작성부터 시작하자.

5.3 톤틴 계약

이번 장 도입부에서 언급했듯이, 톤틴 게임은 경쟁적인 다중 플레이어 게임이다. 게임이 시작되면 플레이어들은 자신의 투자금을 톤틴 계약에 예치한다. 한 사람만 남게 되면 게임이 끝나고, 그 생존자가 모든 예치금을 가져간다. 게임이 진행되는 동안 플레이어들은 차례로 자신의 위치를 지키면서 다른 플레이어를 제거하려 든다. 톤틴 게임의 주요 규칙은 다음과 같다.

- 각 플레이어는 적어도 1ETH를 계약에 전송해서 게임에 참가한다.
- 첫 플레이어가 게임에 참가하면 게임이 시작된다.
- 각 플레이어는 매일 계약에 핑을 보내야 한다.
- 24시간 동안 핑을 보낸 적이 없는 플레이어는 다른 플레이어들이 제거할 수 있다.
- 한 사람만 남으면 게임이 끝나고, 그 생존자가 모든 예치금을 가져간다.

5.3.1 전체적인 구조

전통적인 온라인 게임에서는 게임 운영사가 소유한 사설 서버가 게임의 모든 규칙('업무 논리')을 제어하고 게임을 실행하지만, 이 게임의 업무 논리는 탈중앙화된 이더리움 블록체인에 있는 하나의 스마트 계약이 정의하고 실행한다.

이 게임은 두 개의 주요 계약과 하나의 인터페이스로 구성된다. 이것이 최상의 설계는 아닐 것이다. 게임 자체보다는 이번 장의 논의가 설계의 초점이었음을 양해해 주기 바란다. 즉, 인터페이스나 계약 상호작용, 함수 중복적재 같은 Solidity의 여러 기능을 설명하기 좋도록 게임을 설계했다. 같은 맥락에서, 최적화와 보안 관련 기능도 의도적으로 생략했다.

이번에도 제4장 **이더리움을 이용한 P2P**에서처럼 함수 선언과 정의를 분리한다. 단, 제4장과는 달리 이번 장에서는 추상 계약이 아니라 인터페이스를 이용해서 선언과 정의를 분리한다. 사실 이 예제 같은 작은 규모의 계약에서는 굳이 인터페이스나 추상 계약을 만들 필요가 없지만, 객체 지향적 프로그래밍에서 잘 알려진 패턴을 Solidity에서도 사용할 수 있다는 점을 보여주려고 일부러 이렇게 했다.

5.3.1.1 UML 모형

다음은 이 게임의 설계를 나타낸 UML 구조도이다.

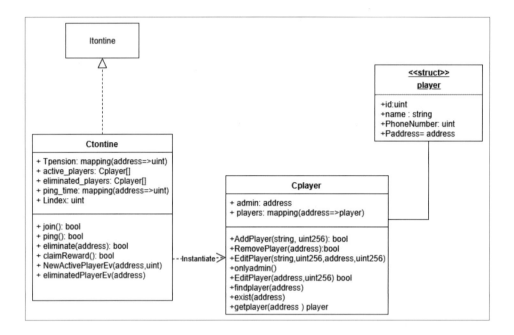

이 도식에서 보듯이, 톤틴 계약은 다음 세 요소로 구성된다.

- Itontine: 톤틴 게임 함수들의 인터페이스
- Cplayer: 플레이어 관리 기능(게임 참가, 제거 등등)을 담당하는 계약
- Ctontine: 톤틴 게임 함수들을 구현하는 구체적인 계약

일반적인 관례에 따라 인터페이스 이름은 I로 시작하고 계약은 C로 시작했음을 주목하기 바란다.

그럼 실제 코드를 살펴보자.

5.3.1.2 계약 소스 코드 파일 준비

톤틴 게임의 모든 코드를 하나의 Solidity 파일에 담아 둔다. §5.2.2에서 만든 Truffle 프로젝트의 contracts/ 디렉터리에 tontine.sol이라는 빈 파일을 생성하기 바란다(이를테면

touch contracts/tontine.sol 명령을 실행해서).

이후 나오는 예제 코드를 일일이 입력하고 싶지 않은 독자는 GitHub 저장소에 있는 https://github.com/bellaj/TontineGame/blob/master/tontine/contracts/tontine. sol 파일을 사용하면 된다.

5.4 CRUD 계약으로서의 Cplayer

플레이어 계정의 관리를 담당하는 Cplayer 계약부터 살펴보자. Solidity를 이용해서 이 계약을 CRUD 패러다임에 따라 구현할 것이다.

CRUD는 웹 응용 프로그램을 만들 때 흔히 쓰이는 패러다임이다. CRUD는 웹 응용 프로그램의 가장 기본적인 기능인 create(자료 생성), read(읽기), update(갱신), delete(삭제)의 머리글자를 따서 만든 용어이다. 톤틴 게임의 플레이어 관리 역시 기본적으로 자료 저장소(스마트 계약 저장소)에 플레이어 계정을 생성하고, 상태를 읽고, 갱신하고, 계정을 삭제하는 연산들로 이루어지므로, Cplayer를 하나의 CRUD 계약으로 만드는 것이 합당하다.

CRUD 계약을 구축하려면 자료를 이더리움의 블록체인에 어떻게, 어디에 저장하고 어떻게 접근하는지 이해할 필요가 있다.

5.4.1 스마트 계약의 자료 저장 위치

각 스마트 계약에는 그 계약에 고유한 개별적인 저장 공간이 존재한다. 전통적인 개발 방법론에서는 저장 관련 코드를 응용 프로그램의 개별적인 층(tier)에 두고 SQL 같은 질의 언어나 개별적인 데이터베이스 시스템을 통해서 자료에 접근하지만, 여기서는 그런 다층 접근 방식을 사용하지 않는다. 그냥 스마트 계약의 코드 안에서 블록체인에 있는 영구적인 저장소에 자료를 기록하거나 조회한다.

제4장에서 소개했듯이, 스마트 계약은 EVM에서 실행된다. EVM은 계약이 자신의 상태들을 영구적으로 저장할 수 있는 매핑 형식(연관 배열)을 제공한다. 또한 EVM은 계약이 실행되는 동안에만 유지되는 임시 자료를 담기 위한 휘발성 메모리도 제공한다. 한편, 계약의 바이트

코드(일련의 옵코드로 부호화된) 자체는 앞에서 언급한 자료 저장소와는 개별적인 장소(일종의 가상 ROM)에 저장된다. 다음은 EVM과 블록체인의 여러 저장소를 간략하게 나타낸 도식이다.

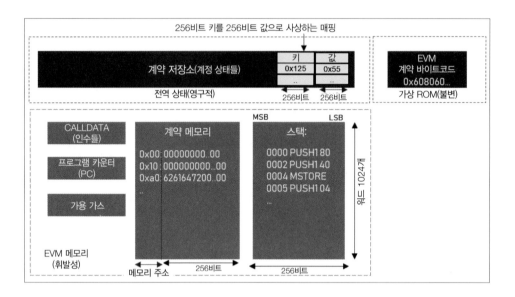

계약에는 계약의 상태를 나타내는 상태 변수(다른 언어들의 클래스 멤버 변수와 비슷한)들이 있음을 제4장에서 배웠다. 계약의 상태 변수들은 기본적으로 영구적 저장소에 저장된다.

계약에 쓰이는 여러 자료와 변수의 저장 위치는 다음과 같다.

- 함수의 인수들(CALLDATA)과 반환값들은 기본적으로 메모리에 저장된다.
- struct, array, mapping 형식의 지역 변수들은 기본적으로 영구적 저장소에 저장된다.
- 기본 형식(uint, bool 등)의 지역 변수들은 메모리에 저장된다.

다음 그림은 간단한 스마트 계약의 여러 구성요소가 어디에 저장되는지를 보여준다. 해당 원색 이미지(서문 참고)에서 청록색은 영구적 저장소이고 자홍색은 휘발성 메모리이다.

```
contract Cplayer{

    address admin;
    mapping(address=>string) public players;     저장소
    uint[] Array1;                               (영구적 상태들)

    constructor() public {
        admin=msg.sender;
    }

    function test(string arg1, uint256 arg2, uint[] argArray1, uint[] storage argArray2) public returns (bool arg3){
        address _address=msg.address;
        uint[4] memory adaArr = [1,2,3,4];        메모리

        return true;
    }
}
```

필요하면 memory나 storage 같은 지정자를 이용해서 자료 저장 위치를 명시적으로 지정할 수 있다. 이러한 저장 위치들은 변수에 값이 배정되는 방식을 결정한다는 점에서 중요하다. 일반적으로 메모리 변수나 상태 변수에는 값 전달 방식(by value)이 쓰인다(즉, 저장소에 담긴 자료가 실제로 복사된다). 그러나 지역 저장소 변수(함수 범위 안에서 선언된 배열이나 구조체)는 참조 전달 방식(by referenece)으로 배정된다.

TIP web3.js API를 이용해서 계약의 저장소를 직접 읽는 것도 가능하다. eth.getStorageAt() 메서드를 사용하면 된다.

그럼 이상의 배경지식을 바탕으로 해서 CRUD Cplayer 계약을 작성해 보자.

5.4.1.1 CRUD 자료 저장소

톤틴 계약의 주된 자료 저장소는 하나의 매핑(mapping 형식의 객체)이다. 제4장에서 배웠듯이, 매핑 객체는 키-값 쌍들을 담은 연관 배열로, 특정 키를 이용해서 그에 해당하는 값을 조회할 수 있는 일종의 데이터베이스에 해당한다. 이 예제의 매핑에서 키는 게임에 참가한 플레이어의 주소이고 값은 그 플레이어를 나타내는 구조체이다.

`tontine.sol`에 다음과 같은 코드를 추가하기 바란다.

```solidity
pragma solidity ^0.4.24;

contract Cplayer{
    struct player{
        string name;
        uint PhoneNumber;
        address Paddress;
        uint id;
    }
    mapping(address => player) players;
}
```

딱히 설명이 필요하지 않을 정도로 간단한 코드이다. 이 코드는 `Cplayer`라는 계약 안에 사용자 (게임 플레이어)의 세부 정보를 담는 `player`라는 구조체 형식을 선언한다.

또한, 이 코드는 사용자들의 세부 정보를 담을 `players`라는 매핑도 선언한다. 매핑을 선언할 때는 이처럼 `mapping(키_형식=>값_형식)` 형태의 구문을 사용하는데, 매핑이나 동적 크기 배열, 계약, 열거형(`enum`), 구조체(`struct`)를 제외한 그 어떤 자료 형식도 키로 사용할 수 있다. 그리고 값의 형식으로는 매핑을 포함해서 사실상 모든 형식을 사용할 수 있다.

놀랍게도, 이 간단한 한 줄의 매핑 선언으로 이 예제에 필요한 자료 저장소를 완전하게 정의할 수 있다. 이 예제에서는 그냥 사용자들의 정보를 이처럼 하나의 매핑에 저장하는 것으로 충분하다. 개별적인 데이터베이스나 테이블을 만들고 데이터베이스 구동기(드라이버)를 설치할 필요가 없다.

만일 전통적인 RDBMS 데이터베이스를 사용한다면 다음과 같이 앞의 Solidity 코드보다 훨씬 복잡한 SQL 질의문으로 테이블을 생성해야 할 것이다.

```sql
CREATE TABLE players (`address` varchar(32) NOT NULL, PRIMARY KEY (`address`) ...);
```

일반적으로 전통적인 RDBMS에서는 일련번호(점차 증가하는 정수)를 일차 키로 사용함으로써 키들의 유일성(고유성)을 보장하지만, Solidity의 매핑은 SHA256으로 생성한 해시를 이용해서 유일성을 보장한다. 이론적으로, 서로 다른 두 키의 SHA256 해시가 같을 가능성은 극도로 낮다.

5.4.2 CRUD의 C: 자료 생성

저장소가 준비되었으니, CRUD의 첫 글자 C에 해당하는 자료 생성(create) 연산을 정의해 보자.

이 예제에서 CRUD의 자료 생성 연산은 영구 저장소(플레이어 매핑)에 새 플레이어 객체를 추가하는 것에 해당한다. 이 연산은 다음과 같은 addPlayer 메서드(멤버 함수)가 담당한다.

```
function addPlayer(string _name, uint256 _phonenumber)
  public returns (bool) {
    players[msg.sender].name = _name;
    players[msg.sender].Paddress = msg.sender;
    players[msg.sender].PhoneNumber = _phonenumber;
    return true;
}
```

이 메서드는 호출자의 주소(msg.sender)를 키로 사용해서 players에 새 플레이어의 정보(이름, 주소, 전화번호)를 저장함으로써 호출자를 게임에 참가시킨다. 이 함수가 하는 일은 전통적인 RDBMS 기반 CRUD 응용 프로그램에서 테이블에 새 플레이어 레코드를 삽입하는 것에 해당한다. 즉, 이 함수는 SQL 질의문 INSERT INTO players VALUES (_name, _msg. sender, _phonenumber);를 실행하는 것과 비슷하다.

5.4.3 CRUD의 R: 자료 읽기

CRUD의 둘째 글자 R에 해당하는 읽기(read) 연산은 기존 자료를 조회 또는 검색하는 것이다. 이 예제에서 읽기 연산은 주어진 주소(RDBMS의 기본 키에 해당)에 해당하는 플레이어 객체를 조회한다. 이를 담당하는 메서드는 findPlayer이다.

```
function findPlayer(address _address) public view returns
  (string, uint, address) {
    return (players[_address].name, players[_address].PhoneNumber,
        players[_address].Paddress);
}
```

이 간단한 함수는 주어진 주소에 해당하는 플레이어의 이름과 전화번호, 주소를 돌려준다. 루프를 돌려서 플레이어들을 일일이 조회하지 않고 그냥 주어진 주소를 키로 사용해서 맵의 해당 필드들을 돌려주기만 한다는 점을 주목하기 바란다. 또한, 이 함수는 Solidity에서 하나의 함수가 여러 개의 값을 돌려줄 수 있다는 점도 보여준다.

전통적인 RDMBS 기반 응용 프로그램이었다면 SELECT * FROM players WHERE Paddress=_address; 같은 SQL 질의문을 사용했을 것이다.

참고로, 만일 players를 계약의 공용(public) 상태 변수로 선언했다면 외부에서 이 findPlayer 메서드를 거치지 않고 직접 매핑에 접근할 수 있다는 점도 기억하기 바란다.

읽기 연산과 관련해서, 매핑에 특정 키에 해당하는 값이 존재하는지의 여부를 확인하는 수단이 있으면 편할 것이다. 이를 위해 다음과 같은 메서드를 추가한다.

```
function exist(address _address) public view returns (bool) {
    return (players[_address].Paddress != 0x0);
}
```

이 메서드는 주어진 주소(키)에 해당하는 player 객체의 플레이어 주소(Paddress)가 0이 아닌지 점검한다. Solidity는 존재하지 않는 객체의 모든 필드를 0으로 간주하므로, 만일 플레이어 주소가 0이라면 해당 값은 존재하지 않는 것이다. Solidity에는 null 키워드가 없음을 주의하기 바란다.

다음으로, 주어진 주소에 해당하는 플레이어의 정보를 여러 개의 값으로 돌려주는 대신 하나의 구조체(struct 객체)로 돌려주는 함수도 요긴할 것이다. 다음이 그러한 메서드이다.

```
function getplayer(address _adress) public view returns (player) {
    return players[_adress];
}
```

이처럼 함수가 구조체를 돌려주는 기능은 Solidity 버전 0.4.16 이후에 도입되었음을 주의하기 바란다. 또한, 이 기능을 사용하려면 계약 스크립트 도입부에 pragma experimental ABIEncoderV2;라는 지시문을 추가해서 새 ABI 부호기(인코더)를 활성화해야 한다.

이런 제약이 붙는 이유는, Solidity가 `struct`를 실제 객체로 인식하지 않으며, 따라서 표준 ABI가 이들을 지원하지 않기 때문이다.

이번 장을 쓰는 현재, 계약들이 구조체를 주고받게 하는 것은 그리 바람직하지 않다. 그렇긴 하지만 이후에는 Solidity가 이 기능을 완전하게 지원할 것이므로 이런 함수를 추가해 두는 것도 나쁘지 않은 일이다. 현재로서는 `findPlayer`처럼 구조체의 개별 필드들을 다중 반환값의 형태로 돌려주는 것이 안전하다. 나중에 여러분의 계약을 이더리움의 주 네트워크에 배치할 계획이라면, ABIEncoderV2 같은 실험적인(따라서 오작동 위험이 있는) 기능은 제외하는 것이 좋다.

5.4.3.1 매핑의 반복

자료 읽기 연산은 검색이나 조회와 관련이 있다. 이와 관련해서 Solidity의 매핑에 대해 사람들이 자주 궁금해하는 질문이 하나 존재한다.

그 질문은 바로, "매핑은 반복(iteration)할 수 있는가?"이다. 여기서 반복은 매핑의 요소들을 차례로 나열해서 접근하는 것을 말한다. 안타깝게도 매핑의 반복은 불가능하다.

현재 Solidity는 매핑의 반복을 지원하지 않는데, 이는 매핑에 고정된 길이(널이 아닌 키-값 쌍들의 개수)가 없기 때문이다. 매핑의 반복을 위해서는 개별적인 배열에 키들을 저장하고, 그 배열을 반복하면서 매핑의 유효한 값들에 접근하는 우회적인 방법을 사용해야 한다. 실제로 Solidity 개발자들은 이러한 방법을 구현한 `IterableMapping`이라는 라이브러리를 제공한다. 이 라이브러리는 GitHub 저장소 `https://github.com/ethereum/dapp-bin/blob/master/library/iterable_mapping.sol`에서 구할 수 있다.

5.4.4 CRUD의 U: 자료 갱신

다음으로, 기존 항목을 갱신하는 기능을 살펴보자. CRUD의 갱신(update) 연산은 말 그대로 기존 자료를 갱신 또는 수정하는 것을 말한다. 지금 예제의 경우에는 플레이어 객체의 필드들을 갱신하는 것이 갱신 연산이다. 이에 해당하는 메서드는 다음의 `editPlayer`이다. 이 메서드는 호출자에 해당하는 플레이어 객체의 이름과 전화번호, 주소, ID를 주어진 인수들로 설정한다.

```
function editPlayer(string _name, uint256 _phonenumber,
    address _address, uint256 _id) public returns (bool) {
        players[msg.sender].name = _name;
        players[msg.sender].PhoneNumber = _phonenumber;
        players[msg.sender].Paddress = _address;
        players[msg.sender].id = _id;
        return true;
}
```

이 함수는 호출자의 주소를 키로 사용해서 구조체의 필드들을 설정한다. 즉, 이 함수는 게임 참가자가 자신의 플레이어 정보를 변경하는 데 쓰인다(Cplayer 계약에 거래를 전송함으로써).

여기서 이더리움의 불변이성(immutability; 변경 불가성)을 잠깐 짚고 넘어가자.

이더리움에서 뭔가를 갱신할 때, 기존 값에 새 값이 덮어 쓰이는 것은 아니다. 계약의 어떤 상태를 갱신하면 새 값이 현재 블록(블록체인에 있는)에 추가되며, 기존 값은 여전히 이전 블록에 남아 있다. 기존 값들이 계속 유지된다는 점은 라부아지에가 정식화한 질량 보존 법칙 ("그 어떤 것도 사라지지 않으며, 단지 변환될 뿐이다.")을 연상케 한다.

RDBMS 기반 응용 프로그램이라면 이러한 갱신을, 다음처럼 WHERE 절로 특정 레코드를 식별해서 그 레코드의 필드들을 갱신하는 SQL UPDATE 문으로 처리할 것이다.

```
UPDATE players
    SET name = name,...
    WHERE ID = msg.sender;
```

그러나 SQL과는 달리 이더리움 스마트 계약에서는 기존 매핑을 변경할 수 없다. 앞의 코드에는 불변이성이 철저히 적용된다.

5.4.4.1 함수 중복적재

다른 몇몇 언어처럼 Solidity도 함수 중복적재(function overloading)를 지원한다. 중복적재란, 같은 이름의 함수를 매개변수들의 형식과 개수를 달리해서 여러 개의 버전으로 정의하는 것을 말한다.[4] 다음은 앞에서 본 editPlayer 함수와는 매개변수 구성이 다른, 또 다른('중복적

---

4 참고로 overloading은 하나의 함수 이름에 여분의('over') 정의들을 싣는다('load')는 비유에서 비롯된 용어이다. 클래스 상속과 관련된 overriding과는 다른 개념이며, multiple definition(같은 함수나 변수를 여러 번 정의하는 것)과도 다른 개념임을 주의하기 바란다.

재된') editPlayer 함수이다.

```
function editPlayer(address _address,uint256 _id) public
  returns (bool) {
    players[_address].id = _id;
    return true;
}
```

이전의 **editPlayer** 함수와는 달리 이 함수는 플레이어의 주소와 ID만 받고 해당 주소의 플레이어 ID를 변경한다. 호출자가 인수를 두 개(**string**과 **uint256**)만 지정해서 **editPlayer**를 호출하면 이 버전이 실행된다.

5.4.5 CRUD의 D: 자료 삭제

지금까지 CRUD의 주요 연산 세 개를 구현했다. 이제 CRUD의 마지막 연산인 자료 삭제(delete) 연산을 살펴보자. 이 예제에서 삭제 연산은 플레이어 매핑에서 특정 플레이어 항목을 제거하는 것이다. 이 기능은 removePlayer() 메서드가 담당한다.

```
modifier onlyadmin(){
    require(msg.sender == admin);
     _;
}

function removePlayer(address _address) public onlyadmin
  returns (bool) {
    delete players[_address];
    return true;
}
```

removePlayer()는 주어진 키(주소)에 해당하는 요소(플레이어 객체)를 제거한다. Solidity의 **delete** 연산자는 주어진 피연산자를 기본값으로 초기화함으로써 '삭제'한다. 매핑의 경우에는 지정된 키(플레이어 주소)가 0으로 초기화되며, 값(플레이어 구조체)은 그대로 유지된다.

delete MyArray[3]처럼 배열의 한 원소에 delete를 적용할 수도 있다. 이 경우 MyArray[3]의 값이 0으로 초기화되지만, 그 원소 자체가 배열에서 제거되지는 않는다. 따라서 배열의 길이는 줄어들지 않으며, 기존 원소들의 색인도 그대로 유지된다. 만일 원소를 실제로 제거하려면 명시적으로 배열의 크기를 갱신해야 한다. 정리하자면, Solidity의 배열 원소 삭제 연산은 그 원소를 해당 형식의 기본값으로 재설정하는 것이다.

전통적인 RDBMS 응용 프로그램이라면 이 연산을 DELETE FROM players WHERE address=_address; 같은 SQL 문으로 수행할 것이다.

더 나아가서, 매핑 자체를 삭제하는 것은 DROP TABLE players; 같은 SQL 질의문을 실행해서 테이블을 삭제하는 것에 해당한다.

현재 Solidity에서 매핑 자체를 삭제하는 것은 불가능하다. 그러나 동적 배열이나 구조체는 삭제할 수 있다.

마지막으로 한가지 언급하자면, CRUD 계약에서 계약의 역할(role)과 권한(permission)을 사용자 정의 수정자로 관리할 수 있다. 예를 들어 고정된 역할들(소유자, 플레이어 등)을 정의하고 그에 맞는 권한들을 수정자로 정의함으로써, 특정 역할에 해당하는 호출자만 특정 함수를 호출하게 만드는 것이 가능하다. 앞의 코드에서 onlyadmin 수정자는 오직 계약 소유자만 removePlayer 메서드를 호출할 수 있게 제한하는 역할을 한다.

이렇게 해서 CRUD 패턴을 따라 Cplayer 계약을 구현했다. 이제 톤틴 게임의 첫 구현 목표가 달성된 셈이다. 다음으로 할 일은 톤틴 게임의 논리를 정의하는 Ctontine 계약을 구현하는 것이다. 그러려면 먼저 Itontine 인터페이스를 정의해야 한다.

5.5 톤틴 인터페이스: Itotine

§5.3.1에서 언급했듯이, 톤틴 게임 예제는 인터페이스를 이용해서 계약의 선언과 정의를 분리한다.

프로그래밍 언어들에 널리 쓰이는 개념인 인터페이스^{interface}는 일단의 추상 메서드들을 대표한다. 인터페이스는 서로 다른 모듈들이 상호작용하는 데 사용할 수 있는 하나의 '합의된 함수

집합'을 정의하고 그 함수들의 일관된 사용을 강제한다는 점에서 응용 프로그램의 조직화에 도움이 된다. 인터페이스를 일종의 '프로토콜'이라고 생각해도 될 것이다.

Solidity도 인터페이스를 지원한다. 단, 보통의 계약이나 추상 계약과는 달리 다음과 같은 한계가 있다.

- 다른 계약이나 인터페이스를 상속할 수 없다.
- 자신의 함수(메서드)를 직접 구현할 수 없다.
- 생성자를 정의할 수 없다.
- 상태 변수를 정의할 수 없다.
- struct를 정의할 수 없다.
- enum을 정의할 수 없다.

다음은 이번 예제의 인터페이스인 Itontine의 정의이다.

```
interface Itontine {
    function join() external payable returns (bool);
    function ping() external returns (bool);
    function eliminate(address a) external returns (bool);
    function claimReward() external returns (bool);
    event NewActivePlayerEv(address _address, uint time);
    event EliminatedPlayerEv(address _address);
}
```

제4장에서 본 추상 계약과 비슷한 모습이지만, contract 대신 interface라는 키워드를 사용한다는 점이 다르다. 이 인터페이스가 선언하는 메서드들을 간단히 소개하면 다음과 같다.

- join()은 새 플레이어가 현재 진행 중인 톤틴 게임에 참가하는 데 쓰인다. payable로 선언되었으므로 이더를 받을 수 있다.
- ping()은 플레이어가 핑을 보내는 데 쓰인다. 각 플레이어는 자신이 여전히 살아 있음을 알리기 위해 이 메서드를 호출한다.
- eliminate()는 활동이 없는(한동안 핑을 보내지 않은) 다른 플레이어를 제거하는 데 쓰인다.

- `claimReward()`는 계약이 관리하는 모든 예치금을 마지막 생존자에게 전송한다.
- `NewActivePlayerEv`와 `EliminatedPlayerEv`는 게임에 새 참가자가 참가하거나 기존 참가자가 제거되면 발생하는 이벤트들이다.

인터페이스의 가장 중요한 장점은, 인터페이스를 이용하면 주된 스마트 계약을 업그레이드가 가능한 형태로 구현할 수 있다는 것이다. 즉, 같은 인터페이스를 계속 유지하는 한, 스마트 계약을 수정해도 그 계약을 사용하는 다른 스크립트들은 변경할 필요가 없다.

그럼 톤틴 게임의 실제 구현으로 넘어가자.

5.6 인터페이스 구현: Ctontine 계약

다음 단계는 이 게임의 주된 스마트 계약인 `Ctontine`을 정의하는 것이다. Solidity에서 한 계약이 한 인터페이스를 구현하려면 그 인터페이스의 모든 메서드를 실제로 정의해야 한다. 만일 인터페이스에 있는 함수를 하나라도 빼먹으면 Solidity 컴파일러가 오류를 낸다. 다음은 Remix에 표시된 컴파일러 오류 메시지이다.

```
This contract does not implement all functions and thus cannot be created.
                                                              OK  null
```

계약이 인터페이스를 구현하려면 다음과 같이 `is` 키워드를 이용해서 인터페이스를 상속해야 한다.

```
contract Ctontine is Itontine {...}
```

그럼 `{`와 `}` 사이를 채워 넣어보자. 우선, 계약의 상태 변수들부터 선언한다.

```
mapping (address => uint256 ) public Tpension;
Cplayer.player[] public active_players;
```

```
Cplayer.player[] public eleminated_players;
mapping (address => uint) public ping_time;
uint256 public Lindex;
Cplayer Tplayer:
```

상태 변수들을 간단히 설명하면 다음과 같다.

- Tpension: 모든 플레이어가 예치한 금액을 담은 매핑으로, 키는 플레이어의 주소이고 값은 그 플레이어가 예치한 금액이다.

- active_players: 활성 플레이어들의 배열.

- eliminated_players: 제거된 플레이어들의 배열.

- ping_time: 각 플레이어의 마지막 핑 시간을 담는 매핑.

- Lindex: 마지막 생존자(활성 플레이어)의 색인을 담는다.

이상에서 보듯이, 이 계약은 이전에 만든 Cplayer 계약과 Cplayer.player 구조체를 이용해서 플레이어들을 관리한다. 그런데 한 계약에서 다른 계약(블록체인에 배치된)의 상태 변수나 메서드에 접근하는 방법은 아직 이야기하지 않았다. 그럼 그 방법을 살펴보자.

5.6.1 다른 스마트 계약과의 상호작용 방법

이더리움에서 계약들은 메시지 전달을 통해서 상호작용한다. 스마트 계약은 자신과 같은 소스 코드 파일에 정의된 다른 계약 또는 이미 배치된 다른 계약의 인스턴스와 상호작용할 수 있다. 인스턴스 생성의 관점에서 둘은 별 차이가 없으므로, 둘 다 '원격 계약(remote contract)'이라고 부르기로 하자. Solidity에서 원격 계약의 인스턴스를 선언할 때는 **계약_이름 인스턴스_이름;** 형태의 구문을 사용한다. 앞의 Cplayer Tplayer;가 그러한 예이다. 선언된 인스턴스에 실제로 접근하는 방법은 크게 두 가지이다.

5.6.1.1 계약 주소를 인스턴스로 변환

원격 계약의 인스턴스에 접근하는 한 가지 방법은 그 계약의 주소를 인스턴스로 변환하는 것이다. 지금 예제의 Ctontine 계약은 생성자에서 다음과 같이 Cplayer 계약의 인스턴스를 얻는다.

```
constructor(address _CplayerAddress) public {
    Tplayer = Cplayer(_CplayerAddress);
}
```

Cplayer(_CplayerAddress);라는 표현식은 주어진 인수를 명시적으로 Cplayer 형식으로 변환한다. 비유하자면 이는 "_CplayerAddress로 주어진 주소에 있는 계약이 Cplayer 형식임을 알고 있으니 그 형식의 인스턴스로 변환해라"라고 Solidity에 말해주는 것에 해당한다. 이처럼 주소를 계약으로 변환하는 경우 해당 계약의 생성자가 실행되지는 않는다는 점도 알아 두기 바란다.[5]

배치된 계약과의 상호작용은 코드 재사용 가능성 측면에서 대단히 강력한 기능이다. 이러한 상호작용 가능성 덕분에, 블록체인에 배치된 계약을 마치 라이브러리처럼 사용할 수 있다. 더 나아가서, 계약에 오류가 있는 경우 그 주소를 변경함으로써(계약을 변경할 수 있게 하는 패턴을 따라 계약을 구현한다고 할 때) 오류가 있는 계약이 계속 쓰이는 상황을 피할 수 있는데, 이는 이처럼 계약의 주소를 이용해서 인스턴스에 접근하는 메커니즘 덕분에 가능한 일이다.

5.6.1.2 new를 이용한 계약 인스턴스 생성

주어진 계약의 인스턴스를 완전히 새로 생성할 수도 있다. 다음처럼 new라는 키워드를 사용하면 된다.

```
contract ContractA {
    uint256 x;

    function ContractA (uint256 y) payable {
        x = y;
    }
}

contract ContractB {
    ContractA CAinstance = new ContractA(10);
}
```

---

5 생성자가 명시적으로 실행되지 않는 경우 해당 인스턴스의 모든 상태 변수는 해당 형식의 기본값(예를 들어 uint는 0)으로 초기화된다.

이 예에서처럼, 생성할 계약의 생성자가 인수를 받는 경우에는 new 구문에서 인수를 지정해야한다. ContractA의 생성자에는 uint256 형식의 매개변수가 하나 있으므로 ContractB는 new ContractA(10)이라는 구문으로 10을 지정해서 ContractA의 인스턴스를 생성한다. 앞에서 계약의 주소를 인스턴스로 변환했는데, 마찬가지로 인스턴스를 계약의 주소로 변환하는 것도 가능함을 기억하기 바란다. 이는 Solidity의 계약 인스턴스가 다른 OOP 언어의 클래스 객체와 완전히 같은 것은 아님을 말해주는 특징이다.

더 나아가서, 인스턴스를 생성할 때 .value()를 이용해서 해당 계약에 이더를 전송하는 것도 가능하다.

```
ContractA CAinstance = (new ContractA).value(amount)(arg);
```

어떤 방식으로든 인스턴스를 얻고 나면, 그 인스턴스를 이용해서 해당 계약에 메시지를 전달해서 원격 메서드를 호출하거나 원격 상태를 조회 또는 수정할 수 있다. 그럼 구체적인 방법을 살펴보자.

5.6.1.3 원격 계약의 저장소 조회

지금 예제에서 Ctontine 계약은 Cplayer 계약과 상호작용한다. §5.3에서 게임의 전체적인 구조를 설명할 때 언급했듯이, 각 플레이어는 Cplayer 계약을 이용해서 자신을 플레이어로 등록한 후 Ctontine 계약을 이용해서 게임을 진행한다. 즉, Cplayer는 플레이어 정보를 관리하며, Ctontine은 Cplayer를 통해서 각 플레이어의 정보에 접근해야 한다.

이더리움에서 각 계약에는 고유한 저장 공간이 주어진다. 계약의 외부에서는 계약의 저장소에 있는 값을 읽거나 수정할 수 없다. 예를 들어 ContractA가 ContractB의 저장소에 있는 자료를 읽으려면, 그 자료를 읽어서 돌려주는 ContractB의 조회 메서드('getter' 메서드)를 호출해야 한다.

> **TIP** 계약의 자료에 대한 이러한 접근 제한에는 세 가지 예외가 있다. 계약의 잔액(계약_주소.balance)과 계약의 코드(EXTCODECOPY), 그리고 계약의 코드 크기(EXTCODESIZE)는 외부에서 자유로이 접근할 수 있다.

그런데 계약의 공용 변수, 즉 public으로 선언된 상태 변수는 어떨까? 그런 변수도 접근할 수 없을까? 원칙적으로는 public으로 선언된 변수도 외부에서 접근할 수 없다. public을 지정하면 Solidity가 자동으로 조회 메서드를 정의해 줄 뿐, 그 자체로 외부 접근이 가능해지는 것은 아니다.

실제로, Cplayer 계약에서 Ctontine 계약의 admin 변수를 직접 읽으려 들면 오류가 발생한다. 예를 들어 Cplayer 계약의 생성자에 `address public ad = Tplayer.admin;` 같은 코드를 추가하면, 비록 admin이 public으로 선언되어 있어도 다음과 같은 컴파일 오류 메시지가 발생한다.

```
browser/ballot.sol:98:19: TypeError: Member "admin" not found or not visible after argument-dependent lookup in ✖
contract Cplayer
address public ad=Tplayer.admin;
                  ^-----------^
```

이런 오류를 피하려면 상태 변수가 아니라 해당 조회 메서드(public 변수의 경우 같은 이름의 함수)를 호출해야 하며, 대상 계약에 그런 조회 메서드가 없다면 적절히 추가해 주어야 한다.

원격 계약의 자료를 읽는 방법은 해결이 되었다. 그럼 자료를 수정하는 방법으로 넘어가자.

5.6.1.4 원격 계약의 저장소 수정

계약의 외부에서 계약 저장소를 마음대로 읽을 수 없는 것과 마찬가지로, 계약의 외부에서 계약 저장소를 마음대로 수정할 수도 없다. 수정하려면 계약이 제공하는 설정 메서드('setter')를 거쳐야 한다.

다음 예를 생각해 보자.

```
contract ContractA {
    uint256 public state;
    function setstate(uint _value) {
        state = _value;
    }
}

contract ContractB{
    ContractA public OneInstance = new ContractA();
```

```
    function getstateA() public {
        OneInstance.state = 12;
        OneInstance.setstate(12);
    }
}
```

컴파일러는 getstateA 메서드의 OneInstance.state = 12;에 대해 오류를 발생한다. state 변수를 변경하려면 setstate() 메서드를 사용해야 한다.

계약 간 상호작용에서 조회(읽기) 메서드와 설정(갱신) 메서드가 필요하다는 점은 CRUD 패턴의 중요성을 잘 말해준다.

다시 톤틴 게임으로 돌아가서, 지금까지 Ctontine 계약의 상태 변수들을 살펴보았다. 이제 Itontine 인터페이스에서 상속한 메서드들을 Ctontine에서 어떻게 구현하는지 살펴보자.

5.6.2 게임 참가

게임이 시작되려면 적어도 한 명의 사용자가 join() 메서드를 호출해야 하며, 호출 시 이 톤틴 계약(Ctontine)에 1ETH 이상의 금액을 거래를 통해서 전송해야 한다. join() 메서드의 정의는 다음과 같다.

```
function join() external payable returns(bool) {
    require(Tplayer.exist(msg.sender), "player doesn't exist");
    require(msg.value >= 1 ether && Tpension[msg.sender] == 0,
        "send higher pension");
    Tpension[msg.sender] = msg.value;
    Tplayer.EditPlayer(msg.sender, active_players.length);
    active_players.push(Tplayer.getplayer(msg.sender));
    Lindex += (active_players.length - 1);
    ping_time[msg.sender] = now;
    emit NewActivePlayerEv(msg.sender, now);
    return true;
}
```

이 메서드 정의를 좀 더 자세히 살펴보자.

우선, 이 join() 메서드에는 payable이 지정되어 있다. 이는 호출자가 해당 거래를 통해서 이더를 톤틴 계약에 전송할 수 있다는 뜻이다. 또한, 이 메서드에는 external이 지정되어 있다. 즉, 이 메서드는 반드시 이 계약이 아닌 다른 계약에서 호출해야 한다. 이 메서드를 이처럼 원격 메서드로 지정한 것은, 보통의 공용(public) 메서드보다 원격 메서드가 호출 비용이 싸기 때문이다.

join() 메서드는 게임의 규칙을 구현한다. 구체적으로, 이 함수는 호출자가 게임에 참가하려면 반드시 충족해야 하는 다음과 같은 조건들을 점검한다.

- 호출자가 Cplayer 계약의 플레이어 목록에 포함되어 있어야 한다. require(Tplayer.exist(msg.sender), "player doesn't exist");가 이 조건을 점검한다.
- 충분한 금액(1ETH 이상)을 전송해야 한다. 해당 구문은 msg.value >= 1 ether이다.
- 이미 참가한 플레이어가 다시 참가하려 해서는 안 된다. msg.value >= 1 && Tpension[msg.sender] == 0이 이를 점검한다.

이 조건들이 모두 충족되면, 호출자가 보낸 금액을 Tpension 매핑에 저장해 둔다.

다음으로, Tplayer.EditPlayer(msg.sender, active_player.length); 행은 호출자에 해당하는 플레이어 객체의 id 필드를 현재 활성 플레이어 수로 설정한다. 이 필드는 플레이어 제거 시 플레이어를 식별하는 용도로 쓰인다.

그다음의 active_player.push() 호출문은 새 플레이어를 active_player 배열에 추가한다.

TIP Solidity의 동적 배열은 새 원소를 배열에 추가하는 push 메서드를 제공하나, 마지막으로 추가된 원소를 제거 및 조회하는 pop 메서드는 제공하지 않는다.

그다음 행에서는 계약 상태 변수 Lindex를 현재 활성 플레이어 수에서 1을 뺀 것만큼 증가한다. 결과적으로 Lindex는 모든 플레이어의 ID를 합한 값이 된다. 이 값은 활성 플레이어 배열에서 마지막 생존자의 색인을 계산하는 데 쓰인다.

ping_time[msg.sender] = now; 행은 새 플레이어의 핑 시간을 현재 시간(게임에 참가한 시간)으로 초기화한다.

마지막으로, 이 메서드는 ewActivePlayerEv(msg.sender,now) 이벤트를 발생해서 새 플레이어가 게임에 참가했음을 모두에게 알린다.

이 메서드를 설명하면서 계약 간 상호작용과 관련된 몇 가지 새로운 개념을 소개했다. 그럼 Ctontine 계약의 작성을 잠시 미루고, 새로운 개념들을 좀 더 자세히 살펴보자. 톤틴 게임을 구축하는 과정에 집중하고 싶은 독자는 다음 두 절을 건너뛰어도 좋다.

5.6.2.1 원격 계약의 메서드 호출

Solidity에서 어떤 메서드의 호출은 내부 호출과 외부 호출로 나뉜다. 내부 호출은 같은 계약의 메서드를 호출하는 것이고, 외부 호출은 다른 계약의 메서드를 호출하는 것이다. 앞에서 언급했듯이 external이 지정된 메서드는 외부 호출만 허용되고, internal이 지정된 메서드는 내부 호출만 허용된다.

한 계약에서 다른 계약의 어떤 메서드를 호출하면, 내부적으로 EVM은 CALL이라는 연산을 실행한다. 이 연산은 문맥(context)을 전환해서 계약의 상태 변수들을 더 이상 접근할 수 없게 만든다. 한 계약에서 다른 계약의 함수를 호출하는 방법 크게 두 가지이다.

방법 1: ABI 사용

다른 계약의 메서드를 호출하는 일반적인 방법은 다른 여러 OOP 언어에서 객체의 메서드를 호출하는 것과 비슷하게 **계약_인스턴스.메서드(인수들)** 구문을 이용해서 직접적으로 인스턴스의 메서드를 호출하는 것이다. Ctontine 계약도 이 방법을 사용한다.

이런 호출이 가능하려면, 원격 계약의 메서드들을 현재 계약이 있는 Solidity 소스 파일에 추상적인 형태로 정의해 두어야 한다. 예를 들어 ContractB에서 ContractA의 메서드를 호출한다고 하자. 그리고 ContractA의 코드가 다음과 같다고 하자.

```
contract ContractA {
    function f(uint256 a, string s) payable returns (bool) {
        // ... 메서드 본문 ...
        return true;
    }
    // .. 다른 메서드들 ....
}
```

이 계약을 블록체인에 배치했으며 그 주소가 0x123456이라고 할 때, ContractB에서 이 계약의 f() 함수를 호출하려면 ContractB가 정의된 파일에 ContractA의 메서드들을 추상적인 형태로 선언하고, ContractA의 인스턴스를 구해서 f()를 호출해야 한다. 다음은 ContractB를 정의하는 소스 코드 파일의 예이다.

```
contract ContractA {
    function f(uint256 a, string s) payable returns (bool);
    function h() payable returns (uint);
}

contract ContractB{
    address ContractAaddress = 0x123456;
    ContractA ContractAInstance = ContractA(ContractAaddress);

    function g() returns (bool){
        return ContractAInstance.f(10, "hello");
    }
}
```

payable이 지정된 함수를 호출할 때는 해당 계약에 전송할 금액(웨이 단위)를 .value()를 통해서 지정할 수 있다. 또한 .gas()를 이용해서 호출의 가스 한도도 지정할 수 있다. 다음이 그러한 예이다.

```
ContractAInstance.h.value(10).gas(800)();
```

이런 형태의 호출문에서 마지막의 괄호 쌍은 함수에 전달할 인수들을 지정하는 용도로 쓰인다. 함수가 아무런 인수도 받지 않는 경우에도 괄호 쌍을 생략하면 안 된다(위의 예처럼 빈 괄호 쌍을 지정해야 한다).

> **TIP** .value()에 지정하는 금액은 기본적으로 웨이 단위로 간주된다. 다른 단위를 사용하고 싶다면 finney나 ether 같은 접미사를 붙이면 된다. 예를 들어 .value(10 ether)는 10웨이가 아니라 10ETH를 전송한다.

방법 2: 저수준 call() 함수 사용

ABI를 따르지 않은 계약의 메서드를 호출할 때는 ContractA ContractAInstance = ContractA(0x123456)으로 인스턴스를 구해서 ContractAInstance.f();로 메서드를 호출하는 방법을 사용할 수 없다.

이 경우에는 특별한 저수준 call 함수를 사용해야 한다. 이 함수의 호출 구문은 다음과 같다.[6]

계약주소객체.call(bytes4(sha3("함수_이름(매개변수 형식들)")), 매개변수 값들)

앞에서 두 개의 인수로 f()를 호출하는 예를 이에 맞게 표현하면 ContractAaddress.call (bytes4(sha3("f(uint256,string)")), 10, "hello");가 된다.

이 방법은 ABI 함수 서명을 사람이 직접 서술하는 것에 해당하는데, 사실 좀 지루한 일이다. 다행히, Solidity 0.4.22부터는 이러한 ABI 함수 서명의 부호화와 복호화를 돕는 abi.encode(), abi.encodePacked(), abi.encodeWithSelector(), abi.encode WithSignature()라는 전역 함수들이 도입되었다. 이제는 다음과 같은 방식으로 메서드를 호출할 수 있다.

계약주소객체.call(abi.encodeWithSignature("함수_이름(매개변수 형식들)")), <매개변수 값들>)

방법 1에서처럼, call을 사용할 때도 .value()와 .gas()를 붙여서 금액과 가스 한도를 설정할 수 있다.

call은 만일 호출된 메서드가 예외를 발생하지 않고 잘 실행되었으면 true를 돌려준다. 만일 해당 계약이 존재하지 않거나, 메서드가 예외를 발생했거나, 가스가 모자라면 예외를 발생한다. 함수 이름을 지정하지 않고 call을 호출하면 해당 계약의 예비 함수(§4.2.4.4)가 실행된다(아마도 예비 함수에 이름을 붙이지 않는 이유가 바로 이것일 것이다).

> **NOTE** call과 관련해서 명확히 할 것이 있다. 계약들 사이에서 메시지를 전달하는 데 쓰이는 Solidity의 call 함수(CALL 옵코드에 해당)를 제4장에서 소개한 call 메서드와 혼동하지 말기 바란다. 후자의 call은 web3.js API의 일부로, eth_call이라는 RPC 명령에 대응된다. 기억해야 할 둘의 중요한 차이점은, Solidity의 call은 계약의 상태를 변경할 수 있지만 web3.js의 call은 그렇지 않다는 것이다.

---

6 참고로 Solidity 버전 0.5.0부터는 sha3() 대신 keccak256()를 사용해야 한다.

call()을 이용한 이더 전송

보안상의 이유로, 한 계약에서 다른 계약으로의 내부 전송(transfer()나 send()를 이용한)에는 가스 한도 2,300이 적용된다. 따라서 뭔가 문제가 있어서 예비 함수가 발동한다고 해도 그 이상의 가스가 소비되지는 않는다. 그러나 call 함수에는 그런 제약이 없으므로, 예상 외로 큰 비용이 소비될 위험이 존재한다. 전자와 같은 안전장치가 필요하다면, 호출 시 gas()를 이용해서 가스 한도를 0으로 설정해야 한다(이를테면 contract_address.call.gas(0). value(xyz);).

일반적으로 call 같은 저수준 함수는 악의적인 계약을 다룰 때 보안상의 문제가 발생할 수 있으므로 조심해서 사용해야 한다.

이렇게 해서 원격 계약의 메서드를 호출하는 방법을 자세히 살펴보았다. 그럼 다시 Ctontine 계약으로 돌아가자.

5.6.3 ping() 메서드

join() 메서드 다음으로 구현할 함수는 자신이 살아 있음을 알리기 위해 플레이어가 반드시 호출해야 하는 ping() 메서드이다. 이 메서드의 정의는 다음과 같다.

```
function ping() external returns(bool) {
    ping_time[msg.sender] = now;
    return true;
}
```

딱히 설명할 것이 없는 코드이다. 그냥 해당 호출자의 핑 시간을 현재 시간(now)으로 갱신할 뿐이다. 플레이어가 실제로 네트워크를 통해 핑을 보내서 자신이 살아 있음을 알리는 것이 아니라, ping 메서드를 호출하는 거래를 전송할 뿐임을 주의하기 바란다.

5.6.4 eliminate() 메서드

다음으로, 플레이어가 제때 핑을 보내지 못한 다른 플레이어를 제거할 수 있다는 게임 규칙을 구현하는 eliminate() 메서드를 살펴보자.

```
function eliminate(address PlayerAddress) external returns(bool) {
    require(now > ping_time[PlayerAddress] + 1 days);
    delete Tpension[PlayerAddress];
    delete active_players[Tplayer.getplayer(PlayerAddress).id];
    Lindex -= Tplayer.getplayer(PlayerAddress).id;
    eliminated_players.push(Tplayer.getplayer(PlayerAddress));
    Tplayer.EditPlayer(msg.sender, 0);
    share_pension(PlayerAddress);
    emit eliminatedPlayerEv(PlayerAddress);
    return true;
}
```

앞의 메서드보다는 길지만, 한 줄 한 줄 읽어 보면 이해하기가 어렵지 않을 것이다.

`require(now > ping_time[PlayerAddress] + 1 days);` 행은 하루(24시간) 넘게 핑을 보내지 않은 플레이어만 제거할 수 있다는 조건을 점검한다.

그 조건을 충족하는 경우, 해당 플레이어를 활성 플레이어 목록(`active_players`)에서 제거하고 제거된 플레이어 목록(`eliminated_players.push`)에 추가한다. 그런 다음 해당 플레이어의 ID를 0으로 설정한다. 이는 그 플레이어가 더 이상 활성 플레이어가 아님을 뜻한다. 다음으로, `share_pension()`을 호출해서 그 플레이어가 예치한 금액을 남은 모든 활성 플레이어에게 나누어 준다. 마지막으로, 플레이어가 제거되었음을 알리는 이벤트를 발생한다.

5.6.5 share_pension() 메서드

그럼 앞의 `eliminate()` 메서드가 호출하는 `share_pension()` 메서드를 살펴보자. 이 메서드는 제거된 플레이어의 예치금을 공평하게 나누어서 나머지 플레이어의 예치금에 추가한다. 정의는 다음과 같다.

```
function share_pension(address user) internal returns (bool) {
    uint256 remainingPlayers = remaining_players();
    for(uint256 i = 0; i < active_players.length; i++){
        if (active_players[i].Paddress != 0x00)
            Tpension[active_players[i].Paddress] +=
                Tpension[user] / remaining_players;
    }
```

```
        return true;
    }

    function remaining_players() public view returns (uint256) {
        return (active_players.length-eliminated_players.length);
    }
}
```

이 메서드는 같은 계약 안에서만 쓰일 것이므로 internal로 선언했다. share_pension()의
for 루프는 제거된 플레이어의 예치금을 남은 활성 플레이어들에 고르게 분배한다. 각 플레이
어의 예치금은 제거된 플레이어의 예치금을 활성 플레이어 수로 나눈 값인 Tpension[user]/
remaining_players만큼 증가한다.[7] 그런데 여기에는 한 가지 문제점이 있다. 무엇일까?

5.6.5.1 표준 정수 나눗셈

이더리움은 부동소수점 수를 사용하지 않으므로, 앞의 예치금 증가분은 정수 나눗셈 연산으로
계산된다. 즉, 그 값은 나머지를 제외한 몫이다. 예를 들어 17/3은 나머지 2가 제거된 5이다.
결과적으로 활성 플레이어들은 자신들이 받아야 마땅한 보상의 일부를 잃게 된다. 이 문제를
해결하기 위해 다음과 같은 함수를 사용한다.

```
function calcul(uint a, uint b, uint precision) public pure
  returns (uint) {
    require(b != 0);
    return a * (10 ** (precision)) / b;
}
```

코드에서 이중 별표 **는 지수 연산, 즉 거듭제곱 연산을 수행하는 Solidity의 한 연산자이다.
이 예에서 10이 밑(기수)이고 precision이 지수이다.

calcul() 함수의 첫 매개변수는 피제수이고 둘째 매개변수는 제수(나누는 수), 셋째 매개
변수는 연산의 정밀도를 결정하는 유효자릿수(구체적으로는, 소수점 이하 숫자들의 개수)이
다. 유효자릿수를 5로 해서 17을 3으로 나누도록 이 함수를 호출하면 이 함수는 566666을 돌

---

[7] 해당 행의 += 연산자는 증가 배정 연산자로, 좌변과 우변을 더한 결과를 좌변의 변수에 배정한다. 즉, 좌변은 우변만큼 증가한다. 원서와
     해당 GitHub 저장소의 소스 코드에는 +=가 아니라 그냥 =로 되어 있는데, 저자의 실수로 보인다.

려준다. 유효자릿수가 5이므로 이는 5.66666에 해당한다. 이 함수는 정수 연산만 지원하는 환경에서 실수 연산을 흉내 내는 방법을 잘 보여 준다. 나눗셈 결과를 사용자에게 표시할 때는 이 함수가 돌려준 값을 (10 ** (precision))로 나눈 결과를 표시해야 한다는 점을 주의하기 바란다.

이제 share_pension()에서 예치금을 분배하는 행을, 다음과 같이 calcul 함수를 이용하도록 수정하기 바란다.

```
Tpension[active_players[i].Paddress] +=
    calcul(Tpension[user], remainingPlayers, 18);
```

TIP calcul() 함수는 단지 실수 연산을 흉내 내는 방법을 보여주기 위한 것일 뿐이다. 실제 응용에서는 좀 더 안전하고 견고한 SafeMath라는 라이브러리를 사용하길 권한다. 이 라이브러리는 OpenZepplin의 공식 GitHub 저장소에 있다(https://github.com/OpenZeppelin/openzeppelin-solidity/blob/master/contracts/math/SafeMath.sol).

5.6.6 claimReward() 메서드

마지막까지 살아남은 플레이어는 claimReward() 메서드를 호출해서 모든 예치금을 가져갈 수 있다. 이 메서드의 정의는 다음과 같다.

```
function claimReward() external returns (bool) {
    require(remaining_players() == 1);
    active_players[Lindex].Paddress.transfer(address(this).balance);
    return true;
}
```

무엇보다도 this라는 키워드가 눈에 띌 것이다. 이 키워드가 무엇일까?

5.6.6.1 this 키워드

Solidity의 this는 다른 OOP 언어의 this나 self와 아주 비슷하다. 즉, this는 현재 계약을 가리킨다. Solidity의 특징 중 하나는 계약을 명시적으로 주소(address 형식의 객체)로 변환할 수 있다는 것이다. 그러면 계약이 암묵적으로 상속한 address의 상태 변수들과 메서드들에 접근할 수 있다. 예를 들어 현재 계약 인스턴스의 잔액을 알고 싶으면 address(this).balance를 사용하면 된다(예전에는 그냥 this.balance라고 해도 되었지만, 지금은 허용되지 않다).

등호 우변의 this는 현재 계약의 주소로 변환된다. 예를 들어 address ContractAddress = this; 같은 코드가 가능하다.

this는 또한 external로 선언된 메서드를 계약의 내부에서 접근하는(this.externa_func() 같은 구문을 통해서) 용도로도 쓰인다. this 없이 그런 메서드에 접근하려 하면 컴파일러가 오류를 낸다. this를 통해서 외부 메서드에 접근하는 경우, 해당 메서드는 JUMP 옵코드를 통해서 직접 실행되는 것이 아니라 call을 통해서(즉, 메시지 전달을 통해서) 실행된다.

이제 톤틴 게임을 위한 스마트 계약이 거의 완성되었다. 이에 대한 사용자 인터페이스로 넘어가기 전에, 계약의 코드가 정확한지 검사해 보아야 한다. 코드 검사 역시 Truffle을 사용한다. 검사 코드를 추가하는 과정이 좀 헷갈릴 수 있는데, 독자의 편의를 위해 톤틴 계약의 완성된 소스 코드 전체(검사 스크립트도 포함)를 GitHub 저장소 https://github.com/bellaj/TontineGame에 올려 두었으니 참고하기 바란다.

5.7 Truffle을 이용한 단위 검사

마치 예술가처럼, 소프트웨어 개발자도 자신의 **걸작**을 전시장에 배치하기 전에 작품을 철저히 검사해야 마땅하다. 검사(testing) 과정을 번거롭게 여기는 개발자도 많겠지만, 다행히 Truffle을 이용하면 Solidity로 작성된 스마트 계약을 손쉽게 검사할 수 있다.

내부적으로, Truffle은 유명한 단위 검사(unit-testing) 프레임워크인 Mocha(https://mochajs.org/)를 개조한 버전을 이용해서 Solidity 계약 코드를 검사한다. 이는 계약 코드를 검사하는 코드를 JavaScript로 작성할 수 있으며, Mocha가 제공하는 모든 패턴의 장점을 취할 수 있다는 뜻이다. 또한, 원한다면 Solidity로 직접 검사 코드를 작성하는 것도 가능하다. 이번 절에서는 먼저 톤틴 계약의 모든 검례(test case)를 JavaScript로 구현하고, 그런 다음 Solidity 자체를 검사용 프레임워크로 사용하는 방법도 소개한다.

그럼 검사 코드를 작성해 보자.

5.7.1 검사 환경 준비

계약을 검사하기 위해서는 우선 계약이 오류 없이 잘 컴파일되는지부터 확인해야 한다. 이번 장 도입부에서 했던 것처럼, 터미널을 열고 이전에 생성한 tontine/ 디렉터리로 가서 truffle compile 또는 truffle compile-all 명령으로 계약을 컴파일해 보기 바란다.

truffle은 컴파일해야 할 파일만 지능적으로 선택해서 컴파일한다. 몇 초 지나면 다음과 같은 컴파일 결과가 출력될 것이다.

```
user@ByExample-node: ~/tontine
user@ByExample-node:~/tontine$ truffle compile-all
Compiling ./contracts/Migrations.sol...
Compiling ./contracts/tontine.sol...

Compilation warnings encountered:

/home/user/tontine/contracts/tontine.sol:2:1: Warning: Experimental features are
 turned on. Do not use experimental features on live deployments.
pragma experimental ABIEncoderV2;
^--------------------------^

Writing artifacts to ./build/contracts

user@ByExample-node:~/tontine$
```

경고 메시지가 하나 나오긴 했지만, 이번 예제의 목적에서는 별로 중요하지 않다. 그럼 계약을 이송(배치)하는 단계로 넘어가자.

5.7.2 계약 이송 준비

톤틴 계약을 이송하려면 구체적인 이송 방법을 Truffle에게 알려주는 이송 스크립트 파일을 작성해야 한다. migrations/ 디렉터리로 가서 다음과 같은 내용으로 3_initial_migration.js 라는 JavaScript 파일을 만들기 바란다.

```
var Ctontine = artifacts.require("Ctontine");
var Cplayer = artifacts.require("Cplayer");
```

```
module.exports = function(deployer) {
    deployer.deploy(Cplayer).then(function() {
        return deployer.deploy(Ctontine, Cplayer.address);
    }).then(function() { })
};
```

이 JavaScript 파일은 우선 주 계약인 `Ctontine` 계약과 플레이어를 관리하는 `Cplayer` 계약에 대한 참조를 얻는다. 그런 다음에는 먼저 `Cplayer` 계약을 배치하고, 그 계약의 주소를 `Ctontine`의 생성자에 전달해서 `Ctontine`을 배치한다.

> **TIP** 배치가 끝난 후에 스마트 계약이나 이송 스크립트를 수정해도 그 자체로는 효과가 없다. 변경 사항이 적용되려면 `truffle migrate --reset`처럼 `--reset` 옵션을 지정해서 이송을 다시 실행해야 한다.

5.7.2.1 Ganache 실행

계약을 실제로 이송하려면 Ganache가 실행되고 있어야 한다. 실행 중이 아니라면, `truffle.js`가 이전(§5.2.3.2)과 동일한 상태에서 `ganache-cli -p 7545` 명령으로 Ganache를 실행하기 바란다.

> **TIP** Ganache를 실행하면 즉시 블록 채굴이 진행된다. 그런데 계약을 검사하고 디버깅하는 과정에서는 블록 채굴에 의한 시간 지연이 방해가 될 수 있다. 그런 경우에는 `-b` 옵션을 이용해서 블록 채굴 시간(초 단위)을 더 짧게 지정하는 것이 도움이 될 것이다.

5.7.3 검사 코드 준비

이제 Truffle 검례들을 구축할 준비가 끝났다.

우선, Truffle 프로젝트의 test/ 폴더에 다음과 같은 내용으로 `test.js` 파일을 작성하기 바란다.

```
var Cplayer = artifacts.require("Cplayer");
var Ctontine = artifacts.require("Ctontine");
contract('Cplayer', function(accounts) {
});
```

```
contract('Ctontine', function(accounts) {
});
```

짐작했겠지만, `artifacts.require` 호출문들은 검사 스크립트에서 사용할 계약에 대한 참조를 얻는다. 그다음의 `contract()` 호출문은 여러 검례로 이루어진 검사 모음(test suite)을 정의한다. 첫 호출문을 살펴보자.

```
contract(Cplayer, function(accounts) { });
```

여기서 `contract()` 함수는 Mocha 프레임워크의 `describe()` 함수처럼 여러 검례를 담는 역할을 한다. 주어진 익명 함수의 첫 인수는 Ganache가 제공하는 계정들의 배열이다.

`web3.js`이나 Truffle에서 실행하는 모든 호출과 거래는 비동기적으로 처리됨을 기억하기 바란다. 둘의 차이는, `web3.js`는 콜백을 사용하고 Truffle은 약속 객체(promise)를 사용한다는 것뿐이다. 어떤 경우이든, 검례들을 작성할 때는 비동기 코드를 많이 작성하게 된다.

5.7.4 addPlayer() 검사

그럼 첫 번째 검례를 정의해 보자. 우선, `addPlayer()` 메서드가 잘 작동하는지 점검해 보겠다. 다음 코드를 첫 `contract` 호출문의 익명 함수 본문에 추가하기 바란다.

```
it("..should ADD players", async () => {
  let Cp = await Cplayer.new();
  for (let i = 0; i < 3; i++) {
    await Cp.addPlayer("player" + i, 123, { from: accounts[i] });
    const P = await Cp.players.call(accounts[i]);
    assert.equal(P[2], accounts[i], "player not added");
  }
});
```

이 코드는 Mocha의 `it` 구문을 따른다. Mocha 프레임워크에 익숙하지 않은 독자를 위해 잠깐 설명하자면, `it`은 하나의 검례를 서술하는 함수이다. 이 함수는 두 개의 인수를 받는데, 첫 인수는 이 검사에 대해 우리가 기대하는 바를 서술하는 문자열이고, 둘째 인수는 그것을 실제로 검사하는 비동기 함수의 정의이다.

지금 예에서 검사 함수(둘째 인수)는 Cplayer 계약의 인스턴스를 생성한 후 addPlayer() 메서드를 이용해서 세 명의 플레이어를 추가한다. 이 메서드가 비동기 방식이므로 await를 이용해서 호출했음을 주목하기 바란다.

이 검사 함수는 반드시 지켜져야 할 조건을 명시하는 assert.equal(<실제 값>, <기댓값>, <메시지>); 형태의 문장으로 끝난다.

assert.equal이라는 이름에서 짐작하듯이, 이 호출문은 주어진 두 값이 반드시 같아야 (equal) 함을 단언한다(assert). 만일 두 값이 같지 않으면 단언이 깨져서 검사가 실패하며, 셋째 인수(생략 가능)로 주어진 메시지가 표시된다.

이제 truffle test --network my_ganache를 실행해서 이 첫 검사를 실행해 보기 바란다.

참고로, truffle test ./경로/파일이름.js --network my_ganache처럼 경로와 파일 이름을 명시적으로 지정해서 검사를 실행하는 것도 가능하다.

검사를 실행할 때마다 Truffle은 자동으로 계약을 컴파일하고 이송한다. 이 검사 스크립트는 아무 오류 없이 컴파일될 것이며, addPlayer()에 대한 검사 역시 문제없이 통과될 것이다. 이후의 과정에서 it 블록을 추가할 때마다 매번 검사를 실행해도 되고, 모든 it 블록을 모두 추가한 후에 한 번만 실행해도 된다.

그럼 또 다른 검사를 추가해 보자.

5.7.5 findPlayer() 검사

각 it 블록(검례)마다 개별적인 contract 호출문을 사용하는 것보다는 하나의 contract 호출문에 다수의 it 블록을 두는 것이 일반적이다. 이번에는 다음과 같이 findPlayer() 메서드를 검사하는 it 블록을 앞의 contract 호출문에 추가해 보자.

```
it("..should FIND a player", async () => {
  let Cp = await Cplayer.new();
  for (let i = 0; i < 3; i++) {
    await Cp.addPlayer("player" + i, 123, { from: accounts[i] });
```

```
        const P = await Cp.findplayer(accounts[i]);
        assert.equal(P[0], "player" + i, "player not found");
    }
});
```

이전 검사와 상당히 비슷하다. 검사 메시지가 다른 것 외에, 단언문에 사용할 객체를 얻는 데 사용하는 메서드가 다를 뿐이다.

그런데 계약 인스턴스를 얻는 코드가 두 it 블록 모두에 중복되어 있다는 점이 다소 불만스럽다. 코드의 중복을 피하기 위해, 해당 코드를 특별한 함수인 beforeEach()에서 처리하게 하자. 다음 코드를 contract 호출문의 익명 함수 본문의 it 블록들 앞에 추가하기 바란다.

```
const [firstAccount, secondAccount, thirdAccount] = accounts;

let Cp;
beforeEach(async function() {
  Cp = await Cplayer.new();
});
```

이제부터는 각 검례가 실행되기 전에 beforeEach 함수에 지정한 익명 함수가 실행되어서 Cplayer 계약의 인스턴스가 생성된다. 그리고 첫 줄은 장황한 accounts[index] 표기를 피하기 위해 처음 세 개의 계정을 정의해 둔 것이다. 이렇게 하면 검사 코드를 좀 더 깔끔하고 우아하게 작성할 수 있다.

5.7.6 removePlayer() 검사

이제 좀 더 흥미로운 검사를 수행해 보자. 기억하겠지만, Cplayer 계약에서 플레이어를 제거하는 능력은 관리자(계약을 배치한 계정)만 가지고 있다. 다음의 검례는 관리자가 아닌 계정에서 removePlayer()를 호출했을 때 실제로 오류가 발생하는지 점검한다.

```
it("..Only admin can REMOVE players", async function() {
  let error;
  await Cp.addPlayer("player1", 123, { from: secondAccount });
  try {
```

```
      await Cp.removePlayer(secondAccount, { from: thirdAccount });
      assert.fail();
    } catch (error) {
      const msgexist = error.message.search('revert') >= 0;
      assert.ok(msgexist);
    }
  }
```

예외가 발생할 만한 상황이므로, 해당 호출문을 try {...} 블록으로 감싸고 예외를 처리하는 catch{} 블록을 붙였다.

이 검사는 계약이 'VM Exception while processing transaction: revert'라는 메시지를 담은 오류를 돌려주면 통과한다. 계약은 기본 계정(accounts[0])으로 배치되었는데, 이 검례는 그와는 다른 계정인 accounts[2]를 이용해서 플레이어를 제거하려 하므로, 계약이 오류를 돌려주어야 정상이다.

try 블록 안에서는 해당 오류가 반환되었을 때 assert.fail()을 이용해서 실패를 뜻하는 예외를 발생한다. catch 블록에서는 주어진 오류 메시지에 실제로 revert라는 단어가 있는지를 assert.ok()로 점검한다.

이렇게 해서 Cplayer 계약의 주요 메서드들을 검사해 보았다. 이제 Ctontine의 검사로 넘어가자.

5.7.7 Ctontine 계약의 검사

앞에서 Cplayer의 검사에 대해 했던 것처럼, 코드 중복을 피하기 위한 수단부터 추가하기로 하자. beforeEach를 이용해서 각 검례에 대해 두 계약의 인스턴스를 생성하고, Ctontine 계약의 메서드들을 검사할 때 사용할 플레이어 세 명을 Cplayer 인스턴스에 추가한다. 검사 스크립트 (test.js)의 두 번째 contract 호출문을 다음과 같이 수정하기 바란다. 이 호출문의 익명 함수 본문에 Ctontine의 메서드들을 검사하는 검례들을 추가해 나갈 것이다.

```
contract('Ctontine', function(accounts) {
  const [firstAccount, secondAccount, thirdAccount] = accounts;
  let Cp;
  let Ct;
```

```
  beforeEach(async function() {
    Cp = await Cplayer.new();
    Ct = await Ctontine.new(Cp.address);
    for (let i = 0; i < 3; i++) {
      await Cp.AddPlayer("player" + i, 123, { from: accounts[i] });
    }
  });
});
```

5.7.8 payable로 선언된 메서드의 검사

Ctontine에서 처음으로 검사할 메서드는 join()이다. 이 함수가 payable로 선언되었음을 기억할 것이다. 따라서, 이 메서드를 호출한 후 해당 플레이어가 게임에 실제로 들어왔는지뿐만 아니라, 그 플레이어가 보낸 금액이 실제로 계약에 예치되었는지도 점검해 보아야 한다.

```
it(".. should enable players to join the game", async () => {
  await Ct.join({ from: firstAccount, value: 1 * Ether });
  let P1 = await Ct.active_players(0);
  assert.equal(P1[0], "player0", "Player hasn't joined the game");
  let CtBalance = await getBalance(Ct.address);
  assert.equal(CtBalance, 1 * Ether,
      "Contract hasn't received the deposit");
});
```

거래에서 전송하는 금액의 단위는 기본적으로 웨이이므로, 플레이어가 value 필드에 1을 지정해서 거래를 전송했다면 해당 금액은 1웨이로 간주된다. 그런데 §5.3에서 말했듯이 각 플레이어는 반드시 1ETH 이상의 금액을 예치해야 한다는 것이 게임의 규칙이다. 따라서 value에 1이 아니라 1에 0이 18개 붙은 수치를 지정해야 하는데, 이는 다소 번거로운 일이다. 이를 위해, ETH-웨이 변환 상수를 정의하는 문장 const Ether = 10 ** 18;을 검사 파일의 제일 위에 추가한다. 이렇게 하면 1 * Ether 등으로 ETH 단위의 금액을 지정할 수 있다.

join() 메서드를 호출한 후에는, 해당 이름의 플레이어가 활성 플레이어 목록에 저장되어 있는지를 assert.equal(P1[0], "player0", "Player hasn't joined the game");으로 단언한다.

또한, 플레이어가 예치한 금액과 계약의 잔액이 같은지도 점검한다. 플레이어가 성공적으로 게임에 참가했다면 계약의 잔액은 반드시 1ETH이어야 한다.

Truffle의 검사 스크립트에서 계약의 잔액을 구하려면 web3.js의 메서드인 getBalance(address)를 사용해야 한다. 지금 예에서는 getBalance() 메서드를 getBalance.js라는 파일에 정의된 개별적인 모듈에 담아 두었다.

```
module.exports.getBalance = function getBalance(address) {
    return web3.eth.getBalance(address);
};
```

검사 스크립트에서는 이 모듈을 const { getBalance } = require("./getBalance");로 적재한다.

5.7.9 이벤트 검사

이벤트는 DApp의 작동 과정에서 대단히 유용하게 쓰이는 수단이다. 따라서, 계약을 검사하려면 계약이 발생하는 이벤트들도 제대로 검사해야 한다. 다음은 NewActivePlayerEv 이벤트를 검사하는 검례이다.

```
it(".. should emit 'NewActivePlayerEv' event when a player joins the game",
    async function() {
  let NewActivePlayerEvtListener = Ct.NewActivePlayerEv();
  await Ct.join({ from: firstAccount, value:1 * Ether });
  let proposalAddedLog = await new Promise((resolve, reject) =>
      NewActivePlayerEvtListener.get((error, log) => error ?
                                  reject(error) : resolve(log)));
  assert.equal(proposalAddedLog.length, 1, " event not emitted");
  let eventArgs = proposalAddedLog[0].args;
  assert.equal(eventArgs._address, firstAccount);
  let time = await Ct.ping_time.call(firstAccount);
  assert.equal(eventArgs.time, time.toNumber(), "ping time");
});
```

여기서 중요한 부분은 다음 문장이다.

```
let proposalAddedLog = await new Promise( (resolve, reject) =>
  NewActivePlayerEvtListener.get((error, log) => error ?
    reject(error) : resolve(log)));
```

이 문장은 새 Promise 객체를 생성해서 주어진 이벤트가 계약의 로그에 저장되어 있는지 점검한다. 결과적으로, proposalAddedLog에는 get()이 읽은 모든 로그 항목(이벤트당 하나씩)으로 이루어진 배열이 배정된다.

그다음 줄의 assert.equal(proposalAddedLog.length, 1);은 그 배열의 길이가 1인지 점검한다. 배열의 길이가 1이라면 이벤트 로그 항목이 존재한다는 뜻이며, 따라서 이벤트가 발생했다는 뜻이다.

이벤트가 발생했음을 확인한 후에는, 이벤트에 담긴 주소(address) 및 시간(timestamp)이 플레이어의 주소 및 핑 시간과 일치하는지 점검한다.

시간을 비교할 때 toNumber() 메서드를 사용했는데, 이는 BigNumber 형식의 시간 값을 보통의 정수로 변환하기 위한 것이다.

5.7.10 claimReward() 검사

지금까지의 검사 과정이 좀 지루할 수도 있겠는데, 다행히 이번이 마지막 검례이다. 그러나 가장 긴 검례이기도 하다. 이 검례는 마지막 생존자에게 보상이 제대로 지급되는지 검사한다. 플레이어가 하나만 남으려면 다른 플레이어들을 모두 제거해야 한다. 그런데 플레이어를 제거하려면 플레이어가 하루 이상 핑을 보내지 않아야 한다.

그렇다면, 보상 지급을 검사하기 위해 하루를 기다려야 할까? 다행히 그렇지는 않다. 간단한 우회책이 존재한다.

보상을 지급하는 claimReward() 메서드를 검사하는 코드는 다음과 같다.

```
it(".. should send the reward to the last active player", async () => {
  await Ct.join({ from: firstAccount, value: 1 * Ether });
  await Ct.join({ from: secondAccount, value: 1 * Ether });
  await Ct.join({ from: thirdAccount, value: 1 * Ether });
  await increaseTime(DAY + 1);
```

```
    await Ct.eliminate(secondAccount, { from: firstAccount });
    await Ct.eliminate(thirdAccount, { from: firstAccount });
    let initialBalance = getBalance(firstAccount).toNumber();
    let Nactive = await Ct.remaining_players.call();
    assert.equal(Nactive, 1, "players not eliminated");
    let finalBalance=getBalance(firstAccount).toNumber();
    await Ct.claimReward({ from: firstAccount });
    assert.equal(finalBalance, initialBalance + 3);
  });
```

이 검례의 대부분은 딱히 설명이 필요하지 않을 것이다. 눈에 띄는 행은 `await increaseTime (DAY + 1);`인데, 바로 이것이 앞에서 말한 간단한 우회책이다.

함수 이름에서 짐작하겠지만, 이 함수는 Ganache의 시계를 앞으로(미래로) 이동한다. 이 함수는 아직 만들지 않았다. 따라서, 지금 당장 이 검례를 실행하면 `increaseTime()`이 정의되지 않았다는 오류가 날 것이다.

5.7.10.1 시간 조작

test/ 디렉터리에 다음과 같은 내용으로 `increaseTime.js`라는 파일을 만들기 바란다.

```
module.exports.increaseTime = function increaseTime(duration) {
  const id = Date.now();
  return new Promise((resolve, reject) => {
    web3.currentProvider.sendAsync({
      jsonrpc: "2.0",
      method: "evm_increaseTime",
      params: [duration],
      id: id
    }, err1 => {
      if (err1) {
        return reject(err1);
      }
      web3.currentProvider.sendAsync({
        jsonrpc: "2.0",
        method: "evm_mine",
        id: id + 1
      }, (err2, res) => {
        return err2 ? reject(err2) : resolve(res);
      });
```

```
        });
    });
};
```

이 스크립트는 시간을 앞으로 이동하는 함수를 제공하는 하나의 모듈을 정의한다. 생소한 부분이 있겠지만, 아래의 설명과 함께 읽으면 코드를 이해하기가 그리 어렵지 않을 것이다.

이 코드를 이해하려면, Ganache가 evm_mine과 evm_increaseTime이라는 두 개의 비표준 RPC 함수를 제공한다는 점을 알아야 한다. 전자는 하나의 블록이 즉시 채굴되게 만들고, 후자는 시간을 앞으로 이동한다. 이 코드에서 보듯이, evm_increaseTime은 초 단위의 시간 증가량에 해당하는 인수 하나를 받는다. increaseTime 함수는 주어진 시간 증가량을 그대로 사용해서 evm_increaseTime RPC 함수를 호출한다. 앞의 claimReward 메서드 검사 코드에서는 하루에 해당하는 초 수로 이 increaseTime 함수를 호출함으로써 플레이어들을 즉시(24시간 이상 기다리지 않고) 제거한다.

다시 검사 스크립트로 돌아가서, 이 함수를 도입하는 const { increaseTime } = require("./increaseTime");을 검사 스크립트의 앞부분에 추가하기 바란다.

또한, constant DAY = 3600 * 24;도 추가하기 바란다. 이 문장은 시계를 하루만큼 이동하는 데 사용할 초 수에 해당하는 상수 변수를 정의한다.

5.7.11 검사 실행

이렇게 해서 톤틴 게임을 위한 계약들과 검사 모음이 모두 완성되었다. 그럼 계약들의 메서드들이 우리가 기대했던 대로 작동하는지 확인해 보자. 앞에서처럼 터미널에서 truffle test --network my_ganache를 실행하면 검사 모음이 실행된다.

지금까지의 과정을 잘 따라 했다면 다음과 비슷한 결과가 출력될 것이다.

```
user@ByExample-node:~/tontine$ truffle test --network my_ganache
Using network 'my_ganache'.


  Contract: Cplayer
    ✓ .. should ADD three Players (495ms)
    ✓ .. should find a player (114ms)
    ✓ .. should authorize Only admin can remove players (221ms)

  Contract: Ctontine
    ✓ .. sould enable players to join the game (395ms)
    ✓ .. should emit 'NewActivePlayerEv' event when a player join the game (373
ms)
    ✓ .. should send the reward to the last active player (1437ms)


  6 passing (5s)

user@ByExample-node:~/tontine$
```

Truffle은 각각의 검례를 수행해서, 검사가 성공적이면 녹색 체크 표시와 함께 검사 메시지(it
의 첫 인수)를 표시한다. 검사에 실패하면 빨간 X 표시와 함께 해당 실패 메시지(단언문에 지
정한) 또는 오류 메시지를 표시한다.

내부적으로 Truffle은 계약들을 컴파일하고 네트워크에 배치한 후 배치된 인스턴스들을 이
용해서 검례들을 실행한다. 덕분에 개발자가 일일이 컴파일 명령과 배치 명령을 실행할 필요가
없다.

5.7.12 Solidity를 이용한 계약 검사

앞에서 언급했듯이, Truffle에서 JavaScript뿐만 아니라 Solidity를 이용해서 단위 검사를 작
성하고 실행하는 것도 가능하다. Solidity를 이용한 단위 검사를 위해, 우선 Truffle 프로젝트
의 test/ 폴더에 다음과 같은 내용으로 TontineTest.sol이라는 파일을 작성하기 바란다(확
장자가 .js가 아니라 .sol임을 주의할 것).

```
import "truffle/Assert.sol";
import "../contracts/tontine.sol";
import "truffle/DeployedAddresses.sol";
contract TontineTest { }
```

이 스크립트는 다른 계약의 검사를 위한 하나의 빈 계약을 정의한다. 스크립트의 처음 두 줄은
단위 검사에 필요한 수단들을 제공하는 두 계약 DeployedAddresses.sol과 Assert.sol을 이

스크립트에 도입하고(이들은 배치 시점에서 동적으로 생성된다), 그다음 줄은 이 계약에서 검사할 계약(tontine.sol)도 도입한다.

TIP 이처럼 파일 이름을 지정해서 외부 계약을 도입할 때, 파일 경로의 디렉터리 구분자는 운영체제와 무관하게 항상 "/"임을 주의하기 바란다. 그리고 . 나 .. 로 시작하지 않는 모든 경로는 절대경로[8]로 취급된다.

Solidity로 단위 검사를 작성하는 방법을 구체적으로 살펴보자. TontineTest 계약의 { ... } 에 다음과 같이 검사를 위한 코드를 채워 넣기 바란다.

```
contract TontineTest {
  uint public initialBalance = 10 ether;
  Cplayer cplayer_;
  Ctontine tontine;

  function beforeEach() public {
    cplayer_ = Cplayer(DeployedAddresses.Cplayer());
    tontine = Ctontine(DeployedAddresses.Ctontine());
  }

  function testplayer() public {
    cplayer_.AddPlayer("Player1", 1234);
    bool expected = cplayer_.exist(this);
    Assert.isTrue(expected, "Player doesn't exist");
  }

  function testjoingame() public {
    cplayer_.AddPlayer("Player1", 1234);
    uint expectedBalance = 2 ether;
    tontine.join.value(2 ether)();
    Assert.equal(expectedBalance, address(tontine).balance,
      "Contract balance should be 2 ether");
  }
}
```

꽤 긴 검사 코드이지만, 이해하기가 그리 어렵지는 않을 것이다.

---

8 참고로, 여기서 말하는 절대경로가 지역 파일 시스템의 절대경로와 완전히 일치하는 것은 아니다. 예를 들어 지역 파일 시스템에 /truffle/Assert.sol 파일이 없어도 import "truffle/Assert.sol";이 문제 없이 실행될 수 있다. 경로의 구체적인 해소 방식은 Solidity 컴파일러의 설정을 따른다.

우선, 상태 변수 initialBalance는 이 계약을 배치하면서 할당할 초기 자금이다. 지금 예에서는 10ETH를 지정했다.

그다음의 beforeEach 메서드는 JavaScript 검사 코드에서와 마찬가지로 각 검례를 실행하기 전에 실행할 작업을 정의한다. 이외에도 beforeAll, afterAll afterEach를 이용해서 검례들이 실행될 환경을 적절히 구축하거나 해체할 수 있다. beforeEach 메서드는 DeployedAddresses 객체를 이용해서 검사 시점에서 배치된 계약들의 주소에 접근한다.

그다음은 두 개의 검례 메서드이다.

- testplayer(): Cplayer 계약의 addPlayer()가 실제로 플레이어를 추가하는지 점검한다.
- testjoingame(): join() 메서드를 통해서 예치한 금액이 실제로 Ctontine 계약에 추가되었는지 점검한다.

JavaScript 검사에서와 마찬가지로, 이 검례들도 단언문을 이용해서 조건을 점검한다. Truffle의 Assert 라이브러리(Assert.sol)는 equals(), greaterThan(), isFalse(), isEqual() 같은 다양한 검사 함수를 제공한다.

첫 검례의 둘째 줄을 보면 this 변수가 있는데, 이는 현재 계약(TontineTest)의 주소를 나타낸다. 여기서 this를 사용하는 이유는 이렇다. 첫 줄에서 addPlayer() 메서드를 호출할 때, Cplayer 계약은 현재 계약을 호출자(메시지 전송자)로 인식한다. 즉, addPlayer()는 현재 계약을 한 명의 플레이어로 플레이어 목록에 추가한다. 따라서, addPlayer()가 잘 작동하는지 보려면 현재 계약이 Cplayer의 플레이어 목록에 존재하는지(exist 메서드) 확인해야 한다.

둘째 검례에서는 플레이어(현재 계약)를 추가한 후, 예치금을 2ETH로 설정해서 join()을 호출한다. 그런 다음에는 그 금액이 계약의 잔액과 같은지 확인한다.

이제 다음처럼 검사 모음 계약 스크립트 파일을 명시적으로 지정해서 검사를 실행해 보자.

```
$ truffle test test/TontineTest.sol --network my_ganache
```

그러면 다음과 같이 두 검사 모두 통과했다는 결과가 출력될 것이다.

```
user@ByExample-node:~/tontine$ truffle test test/TontineTest.sol --network my_ganache
Using network 'my_ganache'.

Compiling ./contracts/tontine.sol...
Compiling ./test/TontineTest.sol...
Compiling truffle/Assert.sol...
Compiling truffle/DeployedAddresses.sol...


TontineTest
  ✓ testplayer (107ms)
  ✓ testjoingame (189ms)


2 passing (2s)
```

스마트 계약을 개발할 때는 이처럼 검사 모음을 구축하는 것이 반드시 필요하다. 이와 관련해서, **OpenZeppelin** 프레임워크가 제공하는 검례들을 한 번 살펴보길 강력히 권한다. 깔끔하고 재사용 가능한 검사 패턴들을 배울 수 있을 것이다.

Solidity의 검사 기능은 JavaScript보다 제한적이다. 예를 들어 JavaScript와는 달리 Solidity에서는 검례 메서드에서 하나의 계정(검사 모음 계약 자체)만 거래 전송자로 사용할 수 있다.

이번 절을 통해서 스마트 계약 코드를 검사하는 방법을 어느 정도 파악했길 희망한다. 그런데 검사를 통과한 코드라도 여전히 버그가 숨어 있을 수 있다. 그럼 스마트 계약에 숨어 있는 버그를 찾아서 고쳐 보자.

5.7.13 Truffle과 Remix를 이용한 스마트 계약 디버깅

디버깅에 익숙한 개발자라면 반길 만한 소식이 있다. 바로, Truffle과 Remix에는 코드에 존재하는 문제점을 파악하는 데 도움이 되는 디버깅 기능이 내장되어 있다는 것이다.

이번 절에서는 Truffle과 Remix의 디버깅 기능을 개괄한다. Eclipse나 NetBeans 같은 다른 IDE의 디버깅 도구에 익숙한 독자라면, Truffle과 Remix도 그와 비슷하게 유용하다는(그만큼 강력하지는 않을지라도) 점을 알게 될 것이다.

5.7.13.1 Truffle을 이용한 디버깅

Truffle에는 특정 거래의 문맥에서 계약 코드를 디버깅할 수 있는 디버거가 내장되어 있다. Truffle의 디버거는 단계별 코드 실행(건너뛰기, 메서드 진입/퇴장, 다음 명령으로 넘어가기 등등), 중단점, 표현식 평가 같은 기본적인 디버깅 연산들을 지원한다.

디버깅 기능을 시험해 보기 위해, Ctontine 계약에 일부러 버그를 하나 만들고 Ganache에 다시 배치하기로 하자. 그런 다음 Truffle의 디버거를 이용해서 오류의 원인을 찾아볼 것이다.

우선, Ctontine 계약 코드에서 join() 메서드의 첫 require() 문을 다음으로 변경하기 바란다.

```
require(!Tplayer.exist(msg.sender));
```

조건에 부정 연산자(!)를 추가했기 때문에, 이 require()는 join()의 호출자가 반드시 Cplayer 계약에 등록된 플레이어이어야 한다는 조건의 역을 점검한다. 결과적으로 정상적인 호출이 실패하는 버그가 생겼다.

이제 truffle test test/test.js --network my_ganache 명령으로 검사 모음을 실행하면 다음과 같은 결과가 출력될 것이다.

이 출력은 Ctontine 계약이 거래를 처리하는 도중에 심각한 문제가 발생했음을 말해준다. 그런데 VM exception while processing transaction이라는 오류 메시지는 문제의 근원이 무엇인지 파악하는 데 별 도움이 되지 않는다. 그럼 디버거를 이용해서 버그를 잡아 보자.

오류 찾기

디버깅을 위해서는 해당 거래의 ID를 알아야 한다. ganache-cli의 출력에서 Runtime Error: revert가 출력된 거래의 ID를 복사하기 바란다.

```
user@ByExample-node: ~
eth_sendTransaction

Transaction: 0x101b45064173614becb9d30322f58f651dc97dbea379ab07339c7d4faa71b1c

Gas usage: 84574
Block Number: 643
Block Time: Thu Aug 02 2018 10:04:30 GMT+0100 (WEST)

th_getTransactionReceipt
th_sendTransaction

Transaction: 0x90e02cc211733cade22bd5ff3b1ea1600781b48a1c792d867cda83190f77331

Gas usage: 24944
Block Number: 644
Block Time: Thu Aug 02 2018 10:04:31 GMT+0100 (WEST)
Runtime Error: revert
```

그런 다음, 그 거래 ID를 인수로 해서 truffle debug <거래 ID> --network my_ganache의 형태로 디버거를 실행한다. 지금 예의 경우 구체적인 명령은 다음과 같다.

```
$ truffle debug 0x90e02cc211733cade22bd5ff3b1ea1600781b48a1c792d867cda83190f7733
19 --network my_ganache
```

잠시 기다리면 다음과 같이 Truffle의 디버거 콘솔이 나타난다.

```
^ (Relevant source part starts here and spans across multiple lines).

Gathering transaction data...

Addresses affected:
 0xcc69cf6888720e2a33bc89bf81f647cac4f14404 - Cplayer
 0x791200dd814f6966e55500882c7acf709f52edcb - Ctontine

Commands:
(enter) last command entered (step next)
(o) step over, (i) step into, (u) step out, (n) step next
(;) step instruction, (p) print instruction, (h) print this help, (q) quit
(b) toggle breakpoint, (c) continue until breakpoint
(+) add watch expression (`+:<expr>`), (-) remove watch expression (-:<expr>)
(?) list existing watch expressions
(v) print variables and values, (:) evaluate expression - see `v`


tontine.sol:

77:
78:
79: contract Ctontine is Itontine {
    ^^^^^^^^^^^^^^^^^^^^^^^^^^^^^^

debug(my_ganache:0x90e02cc2...)>

tontine.sol:

131:   }
132:
133:   function join() public payable returns(bool){
       ^^^^^^^^^^^^^^^^^^^^^^^^^^^^^^^^^^^^^^^^^^^^^^

debug(my_ganache:0x90e02cc2...)>
```

프롬프트에서 **Enter** 키를 누르면 계약의 코드가 단계적으로 실행된다. 계속해서 코드를 넘기다 보면, 오류 메시지와 함께 디버거가 종료될 것이다.

```
133:   function join() public payable returns(bool){
134:       require(!Tplayer.exist(msg.sender),"player doesn't exist");
           ^^^^^^^^^^^^^^^^^^^^^^^^^^^^^^^^^^^^^^^^^^^^^^^^^^^^^^^^^^^

debug(my_ganache:0x90e02cc2...)>
Transaction halted with a RUNTIME ERROR.

This is likely due to an intentional halting expression, like assert(), require(
) or revert(). It can also be due to out-of-gas exceptions. Please inspect your
transaction parameters and contract code to determine the meaning of this error.
user@ByExample-node:~/tontine$
```

이 결과는 실행 시점 오류(예외)가 require() 문의 조건 점검 실패에서 발생했음을 말해준다. 이 거래의 맥락에서 조건식 !Tplayer.exist(msg.sender)는 반드시 거짓이 된다. 이 거래는 검사 모음 계약의 실행 과정에서 Ctontine 계약에 전송된 것인데, 검사 모음은 먼저 플레이어를 추가한 후 join()을 호출하므로 exist()는 항상 참을 돌려준다. 그러나 ! 때문에 전체 조건식이 거짓이 되어서 require() 문이 예외를 던진다. 이 실습의 핵심은, 계약 코드에서 예외가 발생한 지점을 Truffle의 디버거를 이용해서 찾아낼 수 있다는 것이다. 코드의 문제점을 바로 잡는 데는 VM이 제시한 모호한 오류 메시지보다 예외 발생 지점이 더 유용하다.

중단점과 변수 평가

Truffle의 디버거는 중단점(break)도 지원한다. 디버거 프롬프트에서 b를 입력하면 제시된 코드에 중단점이 설정된다. 그리고 c를 입력하면 중단점에 도달할 때까지 실행이 계속된다. 또한, 언제라도 +:변수_이름 또는 v를 입력해서 변수(상태 변수와 지역 변수)의 값을 확인할 수 있다.

예를 들어 다음은 Cplayer에 대한 첫 번째 성공적인 검례(addPlayer()에 대한 검례)를 디버깅하는 과정에서 v를 이용해서 여러 변수의 값을 확인하는 모습이다.

```
32: function AddPlayer(string _name, uint256 _phonenumber) public returns (bool){
33:   players[msg.sender].name=_name;
34:   players[msg.sender].Paddress=msg.sender;
                          ^^^^^^^^^^
debug(my_ganache:0x81860524...)> v

        _name: 'player1'
 _phonenumber: 123
            : true
        admin: '0xno'
      players: null

debug(my_ganache:0x81860524...)> +:_name
'player1'
```

앞에서 언급한 b, c, v 외에도 다른 여러 디버깅 명령들을 실험해 보기 바란다. Truffle의 공식 문서화에서 관련 문서들을 읽는 것으로 출발하면 좋을 것이다.

이제 앞에서 일부러 수정한 코드를 다시 원래대로 되돌린 후 계약을 다시 배치하기 바란다. 그럼 Remix를 이용한 디버깅으로 넘어가자.

5.7.13.2 Remix를 이용한 디버깅

명령줄 환경을 그리 좋아하지 않는 독자라면 Remix를 이용한 디버깅이 좋은 대안이 될 것이다. Remix는 디버깅을 위한 GUI를 제공하며, 옵션도 Truffle의 디버거보다 더 다양하다.

제4장의 §4.3.1에서 했던 것처럼 Remix를 Ganache에 연결하기 바란다. 일단 연결되

면, 앞에서 Truffle을 이용해서 디버깅했던 거래를 디버깅할 수 있다. 우선 Remix의 디버깅 모드를 활성화해야 한다. 방법은 여러 가지이지만, 가장 간단한 방법은 오른쪽 영역에서 **Debugger** 탭을 선택하고 둘째 텍스트 필드에 거래 ID를 입력한 후(또는, 첫 텍스트 필드에 해당 블록 번호를 입력해도 된다) **Start debugging** 버튼을 클릭하는 것이다.

디버깅이 시작되면, 계약의 옵코드 목록과 코드를 단계별로 실행하기 위한 버튼들, 그리고 다양한 정보를 보여주는 섹션들이 나타난다.

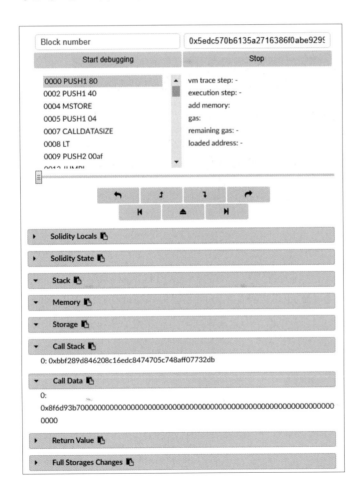

각 섹션을 간단히 설명하면 다음과 같다.

- 제일 위의 왼쪽 열: 계약의 옵코드 목록이 표시된다.
- 오른쪽 열: 현재 실행 단계의 세부사항(남은 가스, VM 추적 단계 등)이 표시된다.
- **Solidity Locals**: 현재 범위의 지역 변수들의 내용이 표시된다.
- **Solidity State**: 현재 실행 중인 계약의 상태 변수들이 표시된다.
- **Stack**: 스택에 저장된 지역 변수 값들이 표시된다.
- **Storage**: 계약 저장소 항목(키, 값)들이 표시된다.

- **Memory**: 계약이 사용하는 메모리 공간을 보여준다.
- **Call Data**: 보통의 경우 4바이트 메서드 서명과 직렬화된 인수들이 표시된다.

옵코드 목록 아래의 슬라이더 바를 이용하면 거래(디버깅)의 실행 과정을 빠르게 앞뒤로 이동할 수 있다. 이 기능은 사용 가능한 디버깅 정보의 변화를 눈으로 파악하는 데 도움이 된다.

슬라이더 바 아래에는 거래의 실행을 제어하는 일단의 버튼들이 있다.

- **거래에 의한 코드 실행을 단계적으로 제어하는 버튼들**: ↰ 는 한 단계 뒤로, ⅃ 는 한 단계 뒤로 가되 필요시 현재 함수에서 나감, ⅃ 는 한 단계 앞으로 가되 필요시 함수 진입, ↱ 는 한 단계 앞으로.
- **중단점 관련 버튼들**: ⊨ 은 이전 중단점으로 이동, ⬆ 은 현재 함수에서 벗어남, ⊨ 은 다음 중단점으로 이동.

예외가 발생한 거래의 ID를 지정해서 디버깅을 진행하다 보면 결국에는 REVERT 옵코드에 도달하게 된다.

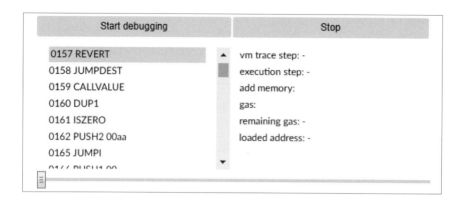

JUMP 옵코드들을 따라가면서 스택에 적재된 값들을 조사해 보면 예외를 던진 Solidity 코드에 도달하는 것도 가능하다. 그러나 이는 상당히 까다롭고 지루한 일이므로, 비록 독자가 그럴 능력이 있어도 별로 하고 싶지는 않을 것이다. 다행히, 이런 어려운 일을 Remix가 대신 수행하게 만드는 것이 가능하다. 그럼 좀 더 쉬운 대안을 살펴보자.

디버거를 Solidity 소스 코드에 부착

거래 ID만으로 Remix의 디버거를 사용하면 디버거는 거래가 실행하는 계약 메서드의 소스 코드(Solidity로 작성된)를 알지 못하기 때문에 오류가 발생한 소스 코드 위치를 찾기가 대단히 어렵다. Remix 디버거를 소스 코드에 부착하면 디버깅이 훨씬 편해진다. 이를 위해서는 계약의 소스 코드를 Remix에 적재하고, Remix를 Ganache에 배치한 새 인스턴스에 연결해야 한다.[9]

우선, Truffle 프로젝트의 contract 디렉터리에 있는 계약 소스 파일을 브라우저의 Remix에 적재한다.

---

9 2019년 4월 현재 Remix는 JavaScript VM에 대해서만 디버거와 소스 코드의 연동을 지원한다. 이 번역서가 출판된 시점에서도 여전히 그런 제약이 존재한다면, §4.2.5에서 했던 것처럼 JavaScript VM에 두 계약을 배치한 후(Ctontine 계약을 배치할 때 반드시 배치된 Cplayer의 주소를 지정해야 함을 주의할 것), addPlayer()로 플레이어들을 추가하는 부분부터 실습을 따라 하기 바란다.

다음으로, 터미널에서 `truffle migrate --reset --network my_ganache`를 실행해서 계약을 Ganache에 적재한다. 두 계약의 주소를 보관해 두기 바란다.

```
Running migration: 2_initial_migration.js
  Deploying Cplayer...
  ... 0xce5b12c84a4f0fb96f917afc5964be1622eeefcb01bceb6534f255b8cfcdccac
  Cplayer: 0x7bd9dc68a0d268d9e07e6811d042d2b1bb63608d
  Deploying Ctontine...
  ... 0x5fc630529fd815c5c892f5f8590f3ca086cdc261a97ba7c3092d39f94c7acd61
  Ctontine: 0x081cad5cf649e07e8351b4e45a30db3997e0688a
```

다시 Remix로 가서, **Run** 탭의 **Address** 버튼을 이용해서(**Deploy**가 아니라) Ctontine 계약을 배치한다. 앞에서 보관한 계약 주소를 입력한 후 **Address** 버튼을 클릭해야 함을 주의하기 바란다. Cplayer도 마찬가지 방식으로 배치한다. Remix의 **Deployed Contracts** 섹션에 두 계약이 나타나 있으면 된 것이다.

다음으로, addPlayer()를 이용해서 세 명의 플레이어를 추가한다. Remix **Run** 탭 상단의 **Account** 목록에서 계정을 바꾸어 가면서 세 계정에 대해 하단 Cplayer 섹션의 **AddPlayer** 버튼을 클릭하면 된다.

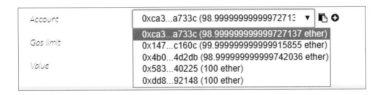

세 명의 플레이어를 등록했으니, 이제 Ctontine 계약을 이용해서 게임을 진행할 준비가 되었다.

변수 값 감시

Remix는 계약의 변수들을 관찰하고 조사할 수 있는 감시(watch) 창을 제공한다. 이 기능을 시험해 보기 위해, **Run** 탭 상단의 **Value** 필드에 1을 입력하고 금액 단위로는 **ether**를 선택하기 바란다.

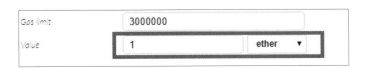

그런 다음 아래쪽 Ctontine 계약 섹션에서 **join** 버튼을 클릭하면 현재 플레이어(Account: 목록에 선택된)가 게임에 참가한다. 이번에는 다른 계정으로 바꾸고 **Value**에 0을 입력한 후 다시 **join** 버튼을 클릭해 보자. 그러면 코드 편집창 하단의 콘솔에 다음과 같은 오류 메시지가 나타날 것이다.

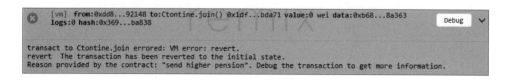

오류 메시지를 보면 "send higher pension"이라는 문구가 있는데, 기억하겠지만 이 문자열은 바로 소스 코드의 단언문 `require(msg.value >= 1 ether && Tpension[msg.sender] == 0, "send higher pension");`에서 비롯된 것이다.

이제 콘솔 로그 항목 오른쪽의 **Debug** 버튼을 클릭해서(또는 **Debugger** 탭을 선택해서) 디버거를 활성화한 후 소스 코드를 단계별로 실행해 보기 바란다.

디버거의 **Solidity State** 섹션을 보면, 첫 플레이어와는 달리 둘째 플레이어는 게임에 참가하지 않았음을 알 수 있다. 다음을 참고해서 여러분의 결과를 조사해 보기 바란다.

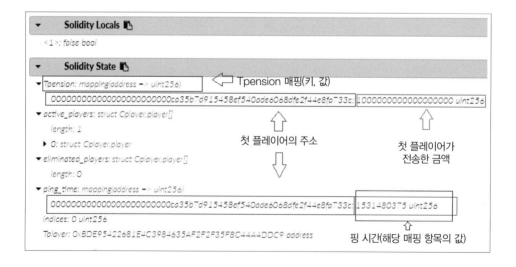

또한, 디버거 탭이 열릴 때 자동으로 소스 코드 편집기에서 현재 실행되는 코드(지금 예의 경우 join 메서드) 부분이 파란색으로 강조된다는 점도 주목하기 바란다. 이는 계약의 소스 코드를 디버깅하는 데 큰 도움이 된다.

디버깅 버튼 모음 아래에 나타난 경고 버튼에도 주목하자. 이 버튼을 클릭하면 해당 예외가 다시 발생하고, 디버거는 예외가 발생하기 직전의 옵코드로 이동한다.

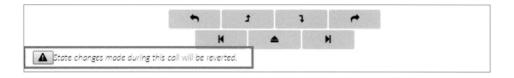

중단점 설정

다들 동의하겠지만, 중단점은 디버깅을 안정적으로 수행하고자 할 때 꼭 필요한, 가장 기본적인 기능이다. 중단점은 코드의 특정 부분의 실행을 상세히 조사하고자 할 때 요긴하다. 다른 인기 있는 IDE들처럼, Remix에서도 코드 행의 왼쪽 여백을 클릭해서 중단점을 추가하거나 제거할 수 있다.

```solidity
261 ▾  function join() public payable returns(bool){
262
263         require(Tplayer.exist(msg.sender),"player doesn't exist");
264
265         require(msg.value>=1 && Tpension[msg.sender]==0,"send higher pension");
266
267         Tpension[msg.sender]=msg.value;
268
269         Tplayer.EditPlayer(msg.sender,active_players.length);
270
271         active_players.push(Tplayer.getplayer(msg.sender));
272
273         indices +=(active_players.length-1);
274
275         ping_time[msg.sender]=now;
276
277         emit NewActivePlayerEv(msg.sender,now);
278
279         return true;
280
281  }
```

실습 삼아 중단점을 두 개 설정해 보자. 앞의 스크린숏을 참고해서, join() 메서드에서 플레이어를 활성 플레이어 배열에 추가하는 행과 현재 핑 시각을 기록하는 행에 각각 중단점을 설정하기 바란다.

다음으로, 1ETH 이상의 금액을 지정해서 둘째 플레이어를 게임에 성공적으로 참가시킨 후 해당 거래를 디버깅한다. 디버거가 시작되면, 디버깅 버튼 모음 둘째 줄에 있는 세 버튼(툴팁이 각각 **Jump to the previous breakpoint, Jump out, Jump to the next breakpoint**)을 이용해서 이전 중단점으로 돌아가거나, 현재 호출에서 벗어나거나, 다음 중단점으로 이동할 수 있다.

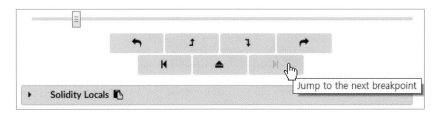

실행이 중단점에 도달하면 계약의 실행이 말 그대로 중단(일시 정지)된다. 이 상태에서 계약의 여러 상태 변수의 값을 조사하거나, 현재 실행 수준에서의 메모리 또는 저장소의 내용을 살펴볼 수 있다.

Remix의 디버깅 기능은 이 정도로 마무리하겠다. 중단점을 비롯해 Remix의 여러 디버깅 기능들에 관한 자세한 사항은 해당 문서화(`https://remix.readthedocs.io/en/latest/tutorial_debug.html`)를 참고하기 바란다.

이렇게 해서 톤틴 게임의 계약을 작성하고, 검사하고, 디버깅하는 꽤 긴 여정이 끝났다. 이제 앞단(frontend)으로 눈을 돌려서, 게임 참가자들이 접할 UI 구성요소들을 만들어 보자.

5.8 Drizzle을 이용한 앞단 구현

Truffle은 DApp을 만드는 데 도움이 되는 다양한 도구와 수단을 갖추고 있다. 특정 용도의 도구들을 묶은 패키지를 Truffle의 용어로 '상자(box)'라고 부른다. 맛있는 트러플[10]들이 들어 있는 초콜릿 상자를 연상하면 이런 어법에 친숙해지는 데 도움이 될 것이다. 기본적으로 하나

---

10 참고로 Truffle이라는 이름은 원래 의미의 송로버섯이 아니라 디저트의 일종인 초콜릿 트러플에서 딴 것이다. 그리고 가상 블록체인 Ganache는 초콜릿 트러플의 주요 재료인 가나슈와 연관되며, 이번 절에서 소개하는 Drizzle은 음식 위에 시럽이나 크림, 소스 등을 뿌린다는 뜻이 있는 동사 drizzle과 연관된다.

의 상자는 안정적이고 확장성 있는 DApp을 빠르게 구축하는 데 도움이 되는 틀에 해당한다. 그런 상자 중에 Drizzle이라는 상자가 있다.

제4장에서는 JavaScript와 web3.js으로 DApp의 웹 사용자 인터페이스를 직접 구축했지만, 이번에는 Drizzle을 이용해서 톤틴 게임의 웹 인터페이스를 구축한다.

5.8.1 사전 준비

ReactJS에 관한 기본적인 지식을 갖추고 있으면 Drizzle에 좀 더 쉽게 익숙해질 것이다. Drizzle을 사용하려면 다음과 같은 소프트웨어가 설치되어 있어야 한다.

- MetaMask
- Ganache CLI (웹소켓을 지원하는 버전이어야 함)
- Truffle

5.8.2 Drizzle 상자란?

Truffle과 Ganache처럼 Drizzle도 왜인지 배가 고파지는 이름이다.

Drizzle은 DApp의 앞단을 좀 더 쉽게, 그리고 예측 가능하게 작성하는 데 도움이 되는 앞단 라이브러리들을 모아 놓은 것이다. Drizzle은 유명한 React 프레임워크인 Redux에 기초한다. Redux는 JavaScript 응용 프로그램을 위한 예측 가능한(predicatble) 상태 컨테이너로, 대부분의 경우 ReactJS와 연동해서 사용자 인터페이스를 구축하는 데 쓰인다. 간단히 말해서, Drizzle을 이용하면 고도로 비동기적이고 비결정론적인 환경에서 상태 전이와 관련된 문제점들을 일으키지 않고 일관된 방식으로 작동하는 응용 프로그램을 좀 더 손쉽게 구축할 수 있다.

Drizzle 상자에는 React 앱을 스마트 계약과 연동하는 데 필요한 모든 것이 들어 있다. 잠시 후에 보겠지만, Drizzle은 사용하기 쉽다. 상자를 열고(unbox) 몇 단계만으로 DApp을 구축할 수 있다. React 앱을 처음부터 직접 작성할 수도 있지만, 그보다는 Drizzle 상자에서 꺼낸 템플릿 파일들을 적절히 수정하는 것이 시간과 노력을 절약하는 방법이다.

5.8.3 처음 열어보는 Drizzle 상자

그럼 여러분의 첫 번째 Drizzle 템플릿을 설정해 보자.

우선 Drizzle 상자를 위한 빈 디렉터리를 만들어야 한다. Truffle은 빈 디렉터리에만 상자를 설치하기 때문이다. `mkdir DrizzleTontine`을 실행해서 Drizzle을 위한 새 디렉터리를 생성하고, 그 디렉터리로 들어가기 바란다.

다음으로, `truffle unbox drizzle` 명령으로 Drizzle 상자를 설치한다.

잠시 기다리면 다음과 같이 설치에 성공했다는 메시지가 나올 것이다.

```
파일(F) 편집(E) 보기(V) 검색(S) 터미널(T) 도움말(H)
user@ByExampe-node:~/DrizzleTontine$ truffle unbox drizzle

✓ Preparing to download
✓ Downloading
✓ Cleaning up temporary files
✓ Setting up box

Unbox successful. Sweet!
```

Drizzle 상자에는 간단한 계약들을 포함한 완성된 예제 DApp이 들어 있다. 그럼 그 데모를 살펴보자.

5.8.3.1 예제 Dapp 실행

Drizzle 상자의 예제를 실행하려면 지역 Ganache 네트워크가 돌아가고 있어야 한다. 그렇지 않다면 `Ganache-cli -p 7545` 명령을 실행해서 포트 7545에서 Ganache를 시작하기 바란다.

설치된 Drizzle 상자는 개별적인 하나의 Truffle 프로젝트이다. 따라서 계약들이 배치될 네트워크를 설정할 필요가 있다. 이전에 했던 것처럼 DApp이 `my_ganache` 네트워크를 사용하도록 `truffle.js`를 수정할 수도 있고, `truffle.js`에 이미 정의되어 있는[11] development 네트워크를 사용해도 된다. 후자의 경우에는 Truffle을 실행할 때 `--network` 옵션으로 `my_ganache`를 지정할 필요가 없다.

----

[11] Truffle의 버전에 따라서는 development 네트워크가 미리 정의되어 있지 않을 수도 있다. 그런 경우 https://truffleframework.com/docs/truffle/reference/configuration의 Location 섹션에 있는 예제 코드를 참고해서 적절한 정의를 추가하면 된다. 기존 정의에서 contracts_build_directory 설정은 그대로 유지해야 함을 주의하기 바란다.

다음으로, `truffle compile` 명령을 실행해서 Drizzle 상자의 예제 스마트 계약들을 컴파일하고, `truffle migrate` 명령을 실행해서 스마트 계약들을 Ganache 블록체인에 배치한다.

5.8.3.2 웹 UI 작성

이제 `DrizzleTontine/` 디렉터리에서[12] `npm run start`를 실행하면 Drizzle 상자의 예제 DApp이 실행된다.

잠시 기다리면 Webpack 서버가 실행되고, 자동으로 웹 브라우저에 깔끔한 DApp 웹 인터페이스가 나타날 것이다. 웹 인터페이스는 Drizzle 로고와 함께 Drizzle 상자의 예제 계약들과 상호작용할 수 있는 간단한 HTML 양식도 제공한다.

---

12 Drizzle의 버전에 따라서는 `truffle unbox drizzle` 명령으로 생성된 디렉터리 구조가 이번 절에서 말하는 것과 다를 수 있다. 그런 경우 관련 기술(React 등)에 관한 지식을 활용해서 이하의 내용을 실제 디렉터리 구조에 맞게 적용해야 할 것이다. 예를 들어 DApp 파일들이 `app/` 디렉터리에 따로 들어 있다면 `DrizzleTontine/`이 아니라 `DrizzleTontine/app`에서 `npm run start`를 실행해야 한다. 같은 맥락에서, §5.8.5에서는 DApp의 홈페이지 파일이 `src/layouts/home/`의 `Home.js`라고 가정하지만 실제로는 `app/src/` 디렉터리의 `App.js` 파일일 수 있는데, 그런 경우 제시된 소스 코드에서 `Home`을 `App`으로 변경하는 등의 추가 작업이 필요할 것이다. 또한, 이 예제의 핵심인 Drizzle 전용 React 구성요소(drizzle-react-components)의 인터페이스도 이후에 변경될 수 있는데, `https://github.com/trufflesuite/drizzle-react-components`를 참고해서 적절히 수정해 나가면 학습에 큰 도움이 될 것이다.

Drizzle Examples

Examples of how to get started with Drizzle in various situations.

Active Account

0x9a66ed32D949F5d8fD5Da9D13a3be24Eacf350B5

89.206 Ether

SimpleStorage

This shows a simple ContractData component with no arguments, along with a form to set its value.

Stored Value: 0

x

Submit

TutorialToken

Here we have a form with custom, friendly labels. Also note the token symbol will not display a loading indicator. We've suppressed it with the `hideIndicator` prop because we know this variable is constant.

그런데 MetaMask가 Ganache에 연결되지 않았거나 해당 계정이 아직 잠겨 있다면 다음과 같은 메시지가 나타날 것이다.

We can't find any Ethereum accounts! Please check and make sure Metamask or you browser are pointed at the correct network and your account is unlocked.

이런 메시지가 나왔다면, 이번 장의 §5.9.1 **Ganache를 MetaMask에 연결**을 참고해서 문제를 해결하기 바란다.

멋지게도, 서로 다른 세 개의 계약과 상호작용하는 깔끔한 사용자 인터페이스를 갖춘 완전한 DApp을 단 몇 단계 만에, 코드 한 줄 작성하지 않고 만들어 냈다.

이제 터미널에서 **Ctrl+C** 키를 눌러서 Webpack 서버를 중지하기 바란다. 다음 절에서는 이 예제 사용자 인터페이스를 톤틴 게임에 맞게 수정한다.

5.8.4 Drizzle 상자 해킹

앞에서 Drizzle 상자를 풀어서 생긴 Truffle 프로젝트의 src/ 폴더에는 ReactJs 프로젝트가 들어 있다. 다음은 이 ReactJs 프로젝트를 톤틴 게임을 위한 웹 인터페이스로 수정하는 과정이다.

우선 이전의 tontine.sol 파일을 이 Truffle 프로젝트의 contracts/ 디렉터리에 복사하고, Migration.sol과 tontine.sol만 남기고 다른 계약 소스 파일들은 모두 삭제하기 바란다.

다음으로, 계약을 이송하는 스크립트(§5.2.2 참고)를 수정해야 한다. Migrations 디렉터리의 2_deploy_contract.js 파일을 다음과 같이 수정하기 바란다.

```
var Ctontine = artifacts.require("Ctontine");
var Cplayer = artifacts.require("Cplayer");

module.exports = function(deployer) {
    deployer.deploy(Cplayer).then(function() {
        return deployer.deploy(Ctontine, Cplayer.address);
    }).then(function() { })
};
```

마지막으로, src/ 디렉터리로 가서, drizzleOptions.js 파일을 다음과 같이 수정한다.

```
import Cplayer from './../build/contracts/Cplayer.json'
import Ctontine from './../build/contracts/Ctontine.json'

const drizzleOptions = {
    web3: {
        block: false,
        fallback: {
            type: 'ws',
            url: 'ws://127.0.0.1:7545'
        }
    },
    contracts: [ Cplayer, Ctontine ],
    events: {
        Ctontine: [
            'NewActivePlayerEv',
            'EliminatedPlayerEv'
        ],
    },
    polls: { accounts: 1500 }
}
export default drizzleOptions;
```

이 스크립트는 drizzleOptions 객체의 여러 속성을 정의한다. 몇몇 주요 속성을 설명하자면 다음과 같다.

- web3의 fallback 속성은 MetaMask 같은 web3 공급자를 사용할 수 없는 경우에 대신 사용할 URL이다. 이 예에서는 사설 Ganache 네트워크의 주소와 포트 번호를 지정했다.

- contracts는 이 DApp이 상호작용할 계약 부산물들의 배열이다.

- events는 이 DApp이 반응하고자 하는 계약의 이벤트들을 **계약이름: [이벤트 이름 들]** 형태로 지정한다. 하나의 이벤트를 eventName 속성과 eventOptions 객체의 조합으로 지정할 수도 있다. 여기서 eventName은 이벤트 이름을, eventOptions 객체는 이벤트 필터를 정의한다. 예를 들어 { eventName: 'EliminatedPlayerEv', eventOptions: { fromBlock: 0 } }는 0번 블록이 통지한 EliminatedPlayerEv 이벤트를 뜻한다.

- 마지막으로, polls는 Drizzle이 블록체인에 핑을 보내서 상태 변화를 동기화하는 '폴링 polling' 작업의 주기를 정의한다. 단위는 밀리초로, 기본값은 3000밀리초(3초)이지만 여기서는 1.5초마다 폴링을 수행하게 했다.

drizzleOptions.js의 수정을 마쳤다면, src/layout/home 디렉터리로 이동하기 바란다.

5.8.5 톤틴 게임의 홈페이지

Drizzle 상자의 예제에 있는 기본 홈페이지를 수정해서 톤틴 게임의 홈페이지를 만들어 보자. src/layouts/home/ 디렉터리의 Home.js 파일을 다음과 같이 수정하기 바란다.

```
import React, { Component } from 'react';
import { AccountData, ContractData, ContractForm } from 'drizzle-react-components';
import PropTypes from 'prop-types';
import logo from '../../logo.png';

class Home extends Component {
    constructor(props, context) {
        super(props);
        this.contracts = context.drizzle.contracts;
    }

    render() {
        return (
            <main className="container">
                <div className="pure-g">
                    <div className="pure-u-1-1 header">
                        <img src={logo} alt="drizzle-logo" />
                        <h3>Tontine Game</h3>
```

```
    <p>Examples of how to get started with Drizzle in various
      situations.</p>
  </div>
  <div className="pure-u-1-1">
    <h3>Active Account</h3>
    <strong>My details:  </strong>
    <AccountData accountIndex="0" units="ether" precision="3" />
  </div>
  <div className="pure-u-1-1">
    <h3>Cplayer Contract</h3>
    <ContractData
        contract="Cplayer"
        method="findplayer"
        methodArgs={[this.props.accounts[0]]} />
    <h3>Register</h3>
    <p>Before you start playing, players should register them
      selves using AddPlayer from.</p>
    <ContractForm contract="Cplayer" method="AddPlayer" />
  </div>
  <div className="pure-u-1-1">
    <h3>Ctontine</h3>
    <strong>Last Ping:  </strong>
    <ContractData
        contract="Ctontine"
        method="ping_time"
        methodArgs={[this.props.accounts[0]]} />
    <strong>Your Game pension:  </strong>
    <ContractData
        contract="Ctontine"
        method="Tpension"
        methodArgs={[this.props.accounts[0]]} />

    <h3>join game</h3>
    <p>Press the button below to join the game (only the first
      time)</p>
    <ContractForm
        contract="Ctontine"
        method="join"
        methodArgs={[{value: this.context.drizzle.web3.utils.
        toWei('2','ether'), from: this.props.accounts[0]}]} />
    <strong>Ping game:  </strong>
    <p>Keep pinging the contract to avoid being eliminated (pi
      ng interval is 1 day)</p>
    <ContractForm
```

```
                    contract="Ctontine"
                    method="ping"
                    methodArgs={[{from: this.props.accounts[0],data:1}]} />

                <h3>Eliminate an opponent</h3>
                <p>use this form to eliminate your opponent</p>
                <ContractForm
                    contract="Ctontine"
                    method="eliminate"
                    labels={['Opponent Address']} />
                <h3>Claim your reward</h3>
                <ContractForm contract="Ctontine" method="claimReward" />
            </div>
        </div>

        <h3>First Active players</h3>
        <ContractData contract="Ctontine" method="active_players" method
         Args={"0"} />
        <h3>First Eliminated players</h3>
        <ContractData contract="Ctontine" method="eliminated_players" me
         thodArgs={"0"} />
      </main>
    )
  }
}

Home.contextTypes = { drizzle: PropTypes.object };
export default Home;
```

CSS나 ReactJs는 이 책의 주제가 아니므로, ReactJs와 관련된 부분은 넘어가고 Drizzle에 집중하기로 하겠다.

Drizzle은 Drizzle 전용 React 구성요소(component)들을 제공한다. `drizzle-react-components` 라이브러리에 들어 있는 이 구성요소들을 이용하면 앞단에 스마트 계약 관련 정보를 표시하거나 계약의 메서드를 호출하는 코드를 좀 더 편하게 작성할 수 있다. 톤틴 계약 홈페이지를 생성하는 앞의 스크립트는 `AccountData`와 `ContractData`, `ContractForm`이라는 대단히 강력한 React 요소 세 개를 사용한다. 그럼 이 구성요소들을 차례로 살펴보자.

- `AccountData`: 주어진 색인에 해당하는 계정의 주소와 잔액을 표시한다. 이 구성요소를 사용하려면 다음 세 특성을 지정해야 한다.

- **accountIndex**(정수): 사용할 계정의 색인(0은 첫 계정).

- **units**(문자열): 잔액의 단위를 나타내는 문자열(wei, ether 등).

- **precision**(정수): 유효자릿수(소수점 이하 숫자 개수).

예를 들어 `<AccountData accountIndex="0" units="ether" precision="3" />` 요소는 다음과 같이 첫 계정의 잔액과 주소를 표시한다.

Active Account

My details:

0xd0B60088575D7dcC2FBcb633813aadFae8677c8A

74.378 Ether

- **ContractData**: 계약 메서드 호출의 출력을 표시한다. 지정할 수 있는 특성들은 다음과 같다.

  - **contract**(문자열, 필수): 메서드를 호출할 계약의 이름.

  - **method**(문자열, 필수): 호출할 메서드 이름.

  - **methodArgs**(배열): 계약 메서드에 전달할 인수들.

예를 들어 앞의 톤틴 게임 홈페이지 소스 코드에는 다음과 같은 부분이 있다.

```
<ContractData contract="Ctontine" method="ping_time" methodArgs={[this.props.accounts[0]]} />
```

이 요소는 주어진 플레이어(this.props.accounts[0])의 핑 시간(ping_time)을 Ctontine 계약에서 조회해서 표시한다. 사실 Ctontine 계약에서 ping_time은 메서드가 아니라 공용(public) 상태 변수이지만, ContractData 요소는 이를 메서드 호출로 간주해서 적절히 처리한다.

Ctontine

Last Ping: 1533841668
Your Game pension: 2000000000000000000

- ContractForm: ContractData와는 달리, ContractForm은 사용자가 입력한 값을 인수로 계약과 상호작용하는 HTML 양식(form)을 생성한다.

  예를 들어 `<ContractForm contract="Ctontine" method="eliminate" labels={['Opponent Address']} />`는 다음과 같이 입력 필드가 하나 있는 양식을 생성한다. 사용자가 양식을 제출하면(`Submit` 버튼), 양식에 입력된 값을 인수로 해서 `eliminate()` 메서드가 호출된다.

Eliminate an oponnent

use this form to eliminate your opponent

Opponent Address

Submit

ContractForm 요소에 지정할 수 있는 특성들은 다음과 같다.

- **contract**(문자열, 필수): 메서드를 호출할 계약의 이름.
- **method**(문자열, 필수): 양식에 입력된 인수들로 호출할 메서드의 이름.
- **labels**(배열): 양식 입력 필드에 표시할 문구들(ABI의 인수 순서대로 지정하면 되며, 생략할 수 있다).

이 글을 쓰는 현재, ContractForm 구성요소는 이더 전송을 위한 value 필드를 지원하지 않는다. GitHub의 관련 논의(https://github.com/trufflesuite/drizzle-react-components/issues/17)에 우회책이 있으니 참고하기 바란다.[13]

----

[13] 언급된 논의를 보면 저자(ID: belji)의 우회책 외에, ContractForm에 sendArgs라는 특성이 추가되었다는 이야기가 나온다. 이 특성에는 거래 자체의 옵션들(메서드 인수들이 아니라)을 지정할 수 있는데, 그 옵션 중에 거래를 통해 전송할 금액을 지정하는 value가 있다.

마지막으로, 홈페이지 코드를 보면 `web3.utils.toWei`를 사용하는 부분이 있다. 흥미롭게도, Drizzle은 web3 1.0의 바탕 기능성에 접근하는 통로를 그대로 열어 둔다. 따라서, 여러분의 React 코드에서 web3 객체를 직접 인스턴스화하지 않고도 `web3.js`의 모든 메서드를 사용할 수 있다.

이상의 홈페이지 수정을 끝으로, 톤틴 게임을 위한 Drizzle 앱이 완성되었다. 그럼 이 DApp을 시험해 보자.

5.9 DApp 시험

Drizzle 상자를 이용해서 여러분의 첫 번째 Drizzle 앱을 구축하느라 수고가 많았다. 더욱 중요한 점은, DApp을 좀 더 쉽고 편하게 개발하고 검사할 수 있는 훌륭한 개발 및 배치 환경을 갖추었다는 것이다.

Drizzle DApp의 실행이라는 최종 목표에 거의 도달했지만, 아직 준비할 것이 하나 더 남아 있다. 바로 MetaMask를 설정하는 것이다. 정리하자면, Truffle은 계약을 컴파일하고 Ganache에 배치하는 단계와 계약을 Drizzle과 연결하는 부분을 담당하며, MetaMask는 최종 사용자를 Ganache(블록체인)와 연결해서 사용자가 스마트 계약과 상호작용하는 부분을 담당한다.

5.9.1 Ganache를 MetaMask에 연결

제4장에서 설명했듯이 MetaMask는 사용자가 완전 검증 노드를 설치하지 않고 브라우저 안에서 거래를 전송할 수 있게 하는 브라우저 확장 프로그램(플러그인)이다.

브라우저에서 Ganache와 상호작용하기 위해서는 MetaMask를 적절히 설정해야 한다. MetaMask 창 상단의 네트워크 목록을 펼친 후 **사용자 정의 RPC**를 선택한다. 그런 다음 **새 네트워크** 입력 필드로 가서 Ganache의 IP와 포트 번호를 입력한다. `my_ganache` 네트워크를 사용하도록 설정했다면 `http://127.0.0.1:7545`를 입력하면 된다. 그런 다음 **저장** 버튼을 클릭하면 잠시 후 Ganache와 연결된다.

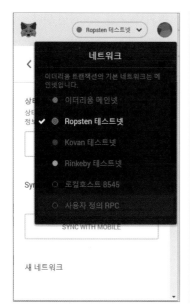

MetaMask를 새로이 Ganache 블록체인과 연결했기 때문에 이전의 MetaMask 계정들이 0ETH로 초기화되었다. 이는 DApp을 시험해 보는 데 도움이 안 된다. 다행히 `ganache-cli`는 100ETH를 가진 일단의 가상 계정들을 생성한다. DApp을 통해서 톤틴 게임 계약과 상호작용하려면 이 계정들 몇 개를 MetaMask에 도입해야 한다. 이를 위해서는 Ganache 계정들의 개인 키가 필요한데, `ganache-cli` 출력의 `Private Keys` 부분에 개인 키들이 나와 있다.

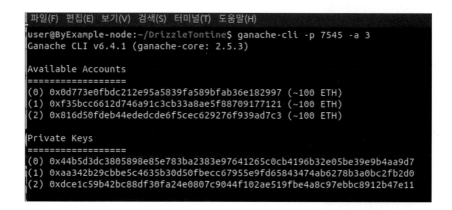

개인 키 하나를 복사한 후 브라우저의 MetaMask 창 상단 오른쪽에 있는 아이콘을 클릭한

후 **계정 가져오기**를 선택하고 해당 입력란에 개인 키를 입력한 후 **가져오기**를 클릭하면 된다. 이런 식으로 적어도 세 개의 계정을 추가하기 바란다.

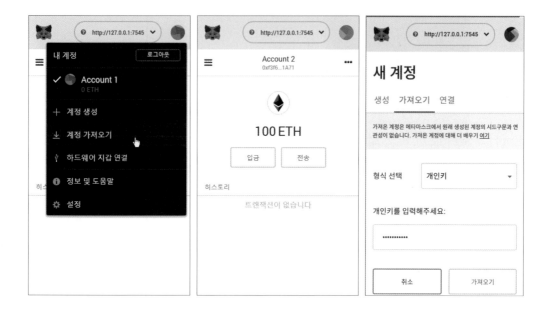

언제라도 상단 오른쪽 아이콘을 클릭해서 다른 계정으로 전환할 수 있음을 기억하기 바란다.

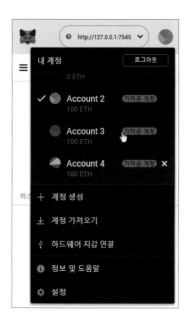

스크린숏에서 보듯이, 개인 키를 지정해서 가져온 계정들에는 '가져온 계정'이라는 표시가 붙어 있다. 이렇게 해서 Ganache를 MetaMask에 연결하고 이더를 보유한 계정들을 적절히 추가 했다.

그럼 톤틴 DApp을 실행해 보자.

5.9.2 톤틴 DApp 실행

DApp의 계약들을 컴파일하고 배치하는 방법은 이전과 동일하다. Drizzle 프로젝트 폴더에서 다음 명령들을 실행하면 된다(my_ganache 네트워크를 사용한다면 --network 옵션도 지정해 야 한다).

```
$ truffle compile-all
$ truffle migrate --reset
```

컴파일과 배치에 아무 문제가 없었다면, 드디어 이 모든 노고의 결실을 맛볼 때가 된 것이다. Drizzle 프로젝트 폴더에서 다음을 실행하기 바란다.

```
$ npm run start
```

잠시 기다리면 웹 브라우저에 톤틴 DApp의 홈페이지가 나타난다.

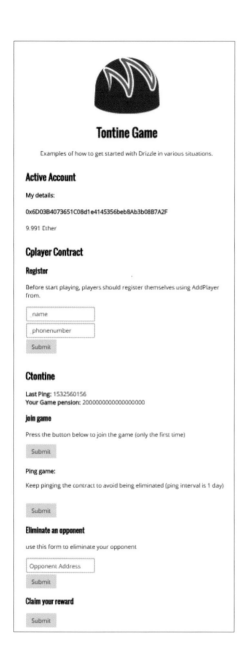

게임 정보와 다양한 상호작용 수단을 갖춘 깔끔한 웹페이지가 여러분을 반길 것이다. 이제 게임을 실제로 진행해 보자.

5.9.3 플레이 시작

두 명의 플레이어가 톤틴 게임을 진행하는 시나리오를 모의 실행해 보겠다. 우선, 게임 인터페이스(홈페이지)에서 **Register** 섹션의 두 입력 상자에 플레이어 이름과 전화번호를 입력한 후 **Submit** 버튼을 클릭하기 바란다. 그러면 MetaMask 창이 나타나서 해당 거래의 승인 여부를 물을 것이다.

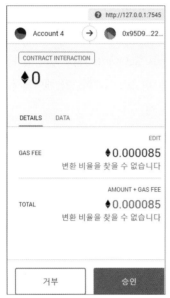

거래를 승인한 후, 해당 거래가 승인되었다는 표시가 나타날 때까지 기다리기 바란다. 그런 다음에는 MetaMask에서 다른 계정을 선택한 후 같은 과정을 반복한다.

이제 두 명의 플레이어가 게임에 등록된 상태이다. MetaMask에서 현재 선택된 계정에 해당하는 플레이어를 게임에 참가시키기 위해, 톤틴 게임 홈페이지의 `Join game` 섹션에서 `Submit`을 클릭하기 바란다.

join game

Press the button below to join the game (only the first time)

Submit

Ping game:

Keep pining the contract to avoid being eliminated (ping interval is 1 day)

그러면 MetaMask는 2ETH(이전과는 달리 예치금을 Drizzle 코드에 2ETH로 고정했다)를 톤틴 게임에 전송하는 거래의 승인 여부를 묻는다. 승인하면 비로소 플레이어가 게임에 참가한다. 다른 계정도 마찬가지 방식으로 게임에 참가시키기 바란다.

각 플레이어가 계약에 핑을 보내는 것 역시 마찬가지 방식으로 진행하면 된다.

Ping game:

Keep pining the contract to avoid being eliminated (ping interval is 1 day)

Submit

플레이어가 게임에 참가하거나 핑을 보내는 거래가 승인되어서 계약의 상태가 변할 때마다 변경 사항이 게임 홈페이지에 반영됨을 눈치챘을 것이다. Drizzle은 페이지 전체를 새로 고치는 대신 해당 `ContractData` 구성요소들(플레이어 정보와 게임 정보)만 자동으로 갱신한다.

이번에는 플레이어 제거 기능을 시험해 보자. 이를 이해서는 이전에 계약 코드를 검사할 때 했던 것처럼 EVM의 클록을 조작할 필요가 있다. 이를 위해, 새 터미널에서 `truffle console` 명령을 실행하기 바란다. 그러면 Ganache와 연결된 Truffle 콘솔이 나타난다.

이 콘솔에서 다음과 같은 RPC 호출들을 실행하면 시간을 미래로 이동할 수 있다.

```
$ web3.currentProvider.send({ jsonrpc: "2.0", method: "evm_increaseTime", params:
[90000], id: 1 })
$ web3.currentProvider.send({ jsonrpc: '2.0', method: 'evm_mine', params: [], id]
:1 })
```

블록의 타임스탬프는 `web3.eth.getBlock("latest").timestamp`로 알아낼 수 있다.

24시간 이상 시간을 증가하면 두 플레이어 모두 제거할 수 있게 된다. 홈페이지에서 다음과 같은 제거 양식을 이용해서 두 번째 플레이어를 제거해 보기 바란다.

Eliminate an oponnent

use this form to eliminate your opponent

Opponent Address

Submit

플레이어를 제거하면 Drizzle은 자동으로 홈페이지 하단에 제거된 플레이어의 세부 정보를 표시한다.

First Eliminated players

name
bellaj

PhoneNumber
2126130384875

Paddress
0x953a435b43b605079b42b5e26922d425fDC31c89

id
0

마지막 생존자는 홈페이지 제일 아래의 **Claim your reward** 섹션을 이용해서 모든 예치금 (4ETH)을 가져갈 수 있다.

이제 톤틴 게임이 우리가 계획했던 방식으로 작동한다는 점이 확인되었다.

지금까지 우리는 톤틴 게임을 위한 최소한의 DApp 앞단을 작성해 보았다. 앞단을 최소한의 형태로만 만든 것은 독자가 인터페이스를 좀 더 정교하고 완전하게 개선할 여지를 주기 위해서였다. 연습 문제 삼아서 웹 인터페이스를 멋지게 완성하고, 추가 기능들도 구현해 보기 바란다. 예를 들어 플레이어들이 대화를 나눌 수 있는 작은 대화방을 Whisper를 이용해서 구현할 수도 있을 것이다. 참고로 Whisper는 이더리움의 메시징 프로토콜(Ganache가 지원하지는 않음)인데, 사용해 보면 재미있을 것이다. GitHub 저장소에서 여러분의 풀 요청을 기다리겠다.

5.9.4 추가 자료

제4장과 이번 장에서 이더리움과 Solidity를 이용해서 DApp을 개발하는 과정을 자세하게 설명하긴 했지만, 여전히 부족한 점이 있을 것이다. 이번 장을 마무리하는 의미에서, 뭔가 잘 안 풀릴 때 참고할 만한 자료와 도움을 받을 수 있는 곳을 소개한다.

https://solidity.readthedocs.io/en/에 있는 공식 Solidity 문서화는 Solidity의 모든 측면을 다룬다. 최신 버전에 맞게 갱신되지 않은 부분이 남아 있긴 하지만, Solidity를 자세히 공부하는 출발점으로 손색이 없을 것이다. 참고로, 이번 장이 기준으로 한 Solidity 0.4.24의 세부사항을 http://solidity.readthedocs.io/en/v0.4.24/solidity-in-depth.html에서 볼 수 있다.

질문·답변이나 토론을 위한 장소로는 Gitter(https://gitter.im/ethereum/solidity/) 가 있다. 이곳에서 이더리움의 주요 인물들과 여러 재능 있는 개발자들과 의견을 나눌 수 있을 것이다. 또한, 이더리움을 위한 Stack Exchange(https://ethereum.stackexchange.com/) 도 언급하지 않을 수 없겠다. 이곳에서도 많은 도움을 얻을 수 있을 것이다.

5.10 요약

이번 장에서 우리는 멋진 체험을 했다. 톤틴 게임을 구축하는 과정이 아주 재미있었길 희망한다.

이번 장에서 배워야 할 점을 하나만 든다면, 최종적인 계약을 배치하고 여러분의 DApp을 공개하기 전에 심사숙고할 필요가 있다는 것이다. 계약을 개발하는 과정을 먼저 잘 계획한 후에 코드 작성으로 들어가는 것은 항상 좋은 습관이다. 또한, JavaScript나 Solidity로 검사 모음을 작성해서 코드의 품질과 보안성을 확인하는 것 역시 바람직한 습관이다. 스마트 계약 개발은 실제 돈을 다룬다는 점에서 대단히 심각한 작업임을 항상 명심해야 한다. 자신의 프로젝트가 블록체인 묘지(https://magoo.github.io/Blockchain-Graveyard/)에 묻히길 바라는 사람은 없을 것이다. 일반적인 원칙은, 먼저 자신의 스마트 계약을 Ganache를 이용해서 지역 컴퓨터에서 검사하고, 그런 다음 시험망에서 검사하고, 그런 다음에야 주 네트워크에 배치하는 것이다. 그 과정에서 다른 개발자들이 여러분의 코드를 검토하게 하는 것 역시 항상 좋은 습관이다.

정리하자면, 길고 길었던 이번 장에서는 약 30분 만에 톤틴 게임 DApp을 처음부터 끝까지 만들어 보았다. 이는 그 자체로 대단한 성과이다. 또한, 이번 장에서 우리는 Solidity의 여러 새로운 개념을 배웠으며, Truffle과 Remix, Drizzle 같은 다양한 도구를 이용해서 완전한 형태의 DApp을 개발하는 방법도 살펴보았다.

그러나 우리의 여정이 여기서 끝나는 것은 아니다. 다음 장인 제6장에서는 Java 응용 프로그램에서 web3.js를 이용해서 블록체인 오라클 기반 스마트 계약과 상호작용하는 방법을 배운다. Java를 좋아하는 독자라면 다음 장이 재미있을 것이다.

그럼 제6장으로 넘어가자.

## 제 6 장

블록체인 기반 선물 시스템

이더리움 DApp 개발 학습 여정에서 낙오되지 않고 이번 장까지 도착한 독자 여러분에게 찬사를 보낸다. 앞에서 우리는 Solidity를 이용해서 스마트 계약을 작성하는 방법과 web3.js 및 Drizzle을 이용해서 완전한 DApp을 작성하는 방법을 배웠다. 지난 두 장은 Remix와 Truffle 같은 여러 도구를 이용해서 이더리움 기반 탈중앙화 웹 응용 프로그램을 구축하는 데 초점을 두었다. 이번 장에서는 강력한 프로그래밍 언어인 Java를 이용해서 데스크톱 또는 모바일용 이더리움 응용 프로그램을 작성하는 방법을 실습 예제와 함께 살펴본다. 그 과정에서 Solidity의 새로운 개념들을 배우게 될 것이다(예를 들면 여러분의 스마트 계약이나 라이브러리에서 서드파티 API를 호출하는 방법 등).

이번 장에서 우리는 금융 분야에 진출한다! 이번 장의 실습 예제에서는 선물先物(future)을 관리하는 스마트 계약을 Java SE를 이용해서 구축한다. 이 예제를 통해서 다음과 같은 주제들을 살펴본다.

- Solidity를 이용한 선물 계약 작성
- 블록체인 오라클 소개
- web3j API 소개

이번 장의 선물 예제는 블록체인과 스마트 계약의 파괴력을 가늠하는, 다시 말해 블록체인과 스마트 계약이 결제의 자동화와 업무 처리 과정 촉진을 통해서 금융 업계(이를테면 선물 거래 시장)를 어떻게 바꿀 수 있는지를 체험하는 기회도 될 것이다.

6.1 프로젝트 소개

이 책의 독자는 개발자이지 금융 전문가는 아닐 것이다. 따라서 선물이라는 것이 무엇인지 최대한 쉽게, 단순화해서 설명해 보겠다. 흔히 그냥 '선물'이라고 줄여서 부르는 선물 계약 (future contract)은 일정 수량의 재화 또는 자산(석유, 금, 은 등)을 미래(future)의 한 시점에서 미리 정해진 가격으로 구입할 것을 약속하는 법적 계약이다.[1]

이해를 돕기 위해, 금융 업계의 실제 선물 계약 과정을 아주 단순화한 시나리오를 살펴보자. 어떤 항공사가 미래의 위기(risk)를 줄이고 예기치 못한 사태를 피하기 위해 연료 가격을 고정하려고 한다. 연료가 필요할 때 사서 저장하는 대신, 항공사는 미래의 연료 인도 일자와 갤런당 가격을 미리 정해서 석유 공급 업체와 선물 계약을 맺는다. 구체적으로, 항공사와 공급 업체는 연료 100만 갤런을 갤런당 $3의 가격으로 60일 이후에 인도한다는 선물 계약에 합의한다.

이 시나리오에서 항공사는 위험회피자(hedger), 공급 업체는 투기자(speculator)에 해당한다. 연료의 가격이 올라가면 위험회피자가 이득을 본다(선물 계약이 아니었다면 더 비싸게 사야 했을 것이라는 점에서). 반대로, 연료의 가격이 내려가면 투기자가 이득을 본다(선물 계약이 아니었다면 더 싸게 팔아야 했을 것이라는 점에서). 이번 장의 실습 예제에서는 선물 계약의 세부사항(재화, 수량, 단위 가격, 인도 일자)과 함께 선물 계약의 바로 이러한 논리를 반영하는 선물 스마트 계약을 구현해 본다. 또한, 제3자(선물 거래 시장 관리자)가 다른 두 당사자 사이의 선물 계약을 정의할 수 있는 Java 응용 프로그램도 구축한다.

이번 장의 스마트 계약은 또한 투기자가 다른 투기자에게 선물 계약을 파는 기능과 시장 가격을 선물 계약 가격과 비교해서 투자 이익을 계산하는 기능도 구현한다.

이번 장의 스마트 계약은 몇 가지 기능과 최소한의 설계를 갖춘, 이해하기가 그리 어렵지 않은 형태이다. 독자의 편의를 위해 예제 프로젝트의 전체 소스 코드를 GitHub 저장소 (https://github.com/bellaj/web3j)에 올려 두었으니 실습 과정에서 참고하기 바란다.

---

1 참고로 이런 형태의 계약을 통칭해서 선도 계약(forward contract)이라고 부르고, 정해진 장소(선물거래소)에서 정해진 규칙에 따라 체결하거나 사고파는(일종의 금융 상품으로서) 선도 계약을 특별히 선물 계약이라고 부르기도 하지만, 이번 장의 목적에서 그러한 구분이 꼭 필요하지는 않을 것이다.

6.2 선물 스마트 계약

이전 장들에서처럼, 먼저 스마트 계약 코드부터 작성해 보자. 우선 독자의 홈 디렉터리에 FuturesWeb3j라는 디렉터리를 만들고 그곳에서 `truffle init`를 실행해서 빈 Truffle 프로젝트를 만든다.

Truffle 프로젝트 초기화가 끝나면 `contracts/` 폴더로 가서 다음 내용으로 `Futures.sol` 파일을 만든다.

```
contract CFutures {
    address user;
    address hedger;
    address speculator;
    struct asset{
        uint id;
        uint Quantity;
        uint price;
        address seller;
        address buyer;
        uint date;
    }
    asset TradedAsset;

    event DepositEv(uint amount, address sender);

    function CFutures(
        uint assetID,
        uint Quantity,
        uint price,
        address buyer,
        address seller,
        uint date) public {
        TradedAsset.id = assetID;
        TradedAsset.Quantity = Quantity;
        TradedAsset.price = price;
        TradedAsset.seller = seller;
        speculator = seller;
        hedger = buyer;
        TradedAsset.buyer = buyer;
        TradedAsset.date = date;
    }
```

```
function deposit() public payable returns(bool) {
    require(msg.value == TradedAsset.Quantity * TradedAsset.price);
    DepositEv(msg.value,msg.sender);
    return true;
}

modifier onlyhedger() {
    require(msg.sender == hedger);
    _;
}

function sellcontract(address newhedger) public onlyhedger
  returns(bool){
    hedger = newhedger;
    return true;
}

function getpaid() public returns(bool){
    require(now >= TradedAsset.date && address(this).balance > 0);
    speculator.transfer(address(this).balance);
    return true;
}
}
```

이상은 선물 스마트 계약의 기본 뼈대일 뿐이고, 이후 여기에 코드를 더 추가한다. 이후의 과정에서는 독자가 Solidity 언어에 이미 익숙하며, 코드를 추가하고 수정하면서 스마트 계약을 개발해 나가는 방식에도 익숙하다고 가정한다.

우선 주목할 것은 이 스마트 계약의 여러 상태 변수들과 그것들을 초기화하는 생성자이다. 생성자는 자산 ID, 구매 수량, 단위 가격, 구매자 주소, 판매자 주소, 인도 일자를 인수로 받는다.

또한, 이 계약은 다음과 같은 몇 가지 메서드들도 정의한다.

- deposit(): 위험회피자(앞의 예에서 항공사)는 이 메서드를 이용해서 합의된 금액을 스마트 계약에 예치한다.

- sellcontract(): 투기자(앞의 예에서 연료 공급 업체)는 이 메서드를 이용해서 선물을 다른 투기자에게 판매할 수 있다.

- getpaid(): 인도 일자가 되어서 스마트 계약의 예치금을 투기자에게 보내는 데 사용하는 메서드이다.

- onlyhedger(): 이것은 초기 구매자(위험회피자)만 호출할 수 있는 메서드를 정의하는 데 쓰이는 수정자이다.

6.2.1 블록체인 오라클

앞에서 만든 스마트 계약은 물품 인도 대금을 잠그거나 푸는 기본적인 연산들을 제공한다. 이 제부터는 선물 계약이 만료되었을 때 선물 계약으로 인한 이득 또는 손실을 계산하는, 즉 선물 계약이 얼마나 도움이 되었는지를 평가하는 기능을 이 스마트 계약에 추가해 보겠다.

이러한 기능을 위해서는 선물 계약 만료 시점에서 해당 재화(연료)의 가격을 신뢰성 있게 조회할 수 있어야 한다. 그렇다면, 스마트 계약에서 연료 시장 가격을 조회하기 위해 외부의 어떤 정보원(information source)에 접근하는 것이 가능할까?

이전 장에서 소개했듯이 스마트 계약은 격리된 VM 안에서 실행되는 결정론적인 코드이며, 외부 정보원과 직접 연결되지는 않는다.

다행히 이러한 제약을 우회하는 수단이 존재한다. 이번 절에서 소개하는 오라클oracle이 바로 그것이다.

오라클('신탁')은 신뢰받는 에이전트 또는 자료 공급자로, 스마트 계약이 요청한 정보를 외부의 신뢰할 수 있는 자료원(data source)에서 읽어서 스마트 계약에게 돌려준다. 블록체인 공간에는 이런 종류의 서비스 공급자가 여럿 있는데, 이를테면 Chainlink, Link, Blocksense, Oraclize 등이 오라클 서비스를 제공한다. 이번 장에서는 오라클 서비스 업계의 선두주자 중 하나인 Oraclize오라클라이즈(http://www.oraclize.it/)를 사용한다.

그럼 스마트 계약에서 오라클에 연결하는 방법을 살펴보자. 다음을 참고해서 앞의 스마트 계약 코드에 관련 코드를 추가하기 바란다.

```
pragma solidity ^0.4.24;

import "./oraclizeAPI_0.5.sol";

contract CFutures is usingOraclize {

    // ... event DepositEv까지 이전과 동일 ...
```

```
    uint public fuelPriceUSD;

    event NewOraclizeQuery(string description);
    event NewDieselPrice(string price);

    function CFutures(
        uint assetID,
        uint Quantity,
        uint price,
        address buyer,
        address seller,
        uint date) public {
        // ... 이전과 동일 ...
    }

    // ... function getpaid()까지 이전과 동일 ...

    function __callback(bytes32 myid, string result) public {
      require(msg.sender == oraclize_cbAddress());
      NewDieselPrice(result);
      fuelPriceUSD = parseInt(result, 2);
    }

    function updateprice() public payable {
      NewOraclizeQuery(
          "Oraclize query was sent, standing by for the answer..");
      oraclize_query("URL", "xml(https://www.fueleconomy.gov/ws/rest/fuelprices).
      fuelPrices.diesel");
    }
}
```

이제 이 스마트 계약은 Oraclize 서비스를 이용해서 연료 가격을 갱신하는 기능을 갖추었다.

우선, 새로 추가된 import "./oraclizeAPI_0.5.sol";은 Oraclize의 API를 도입한다. 이 문장이 제대로 실행되려면 Oraclize API 계약과 라이브러리들을 contracts/ 디렉터리에 내려 받아야 한다. 그 디렉터리에서 다음 명령을 실행하면 된다.

```
$ wget https://raw.githubusercontent.com/oraclize/ethereum-api/master/oraclizeAP
I_0.5.sol
```

다음으로, CFutures가 usingOraclize 계약을 상속하도록 변경되었다. 따라서 이 계약 안에서 Oraclize의 메서드들을 사용할 수 있다.

또한, CFutures에 미화 기준 연료 가격을 담는 상태 변수 fuelPriceUSD가 추가되었고, Oraclize와의 연동을 위한 두 메서드 updateprice()와 __callback이 추가되었다.

updateprice() 메서드는 상속된 oraclize_query() 메서드를 이용해서 Oraclize의 스마트 계약에 질의를 보낸다. 이 메서드는 두 개의 인수를 받는데, 하나는 요청의 종류(URL, WolframAlpha, IPFS 다중 해시)이고 다른 하나는 알고 싶은 정보(XML 응답의 특정 속성)이다. updateprice 메서드를 payable로 선언한 것은 Oraclize 서비스가 무료가 아니기 때문이다. 이 메서드가 제대로 실행되려면 이더를 지급할 수 있어야 한다. 단, Oraclize는 한 계약의 첫 번째 질의를 공짜로 처리해 준다. 따라서 updateprice()의 첫 호출에는 이더가 소비되지 않는다.

__callback() 메서드는 Oraclize API에 정의된 것으로, 이름에서 짐작하듯이 이 메서드는 오라클이 응답을 보내는 용도로 사용하는 콜백 함수이다. 첫 매개변수는 요청의 식별자이고 둘째 매개변수는 요청(질의)의 결과이다. 지금 예에서는 주어진 결과를 parseInt 메서드(역시 Oraclize에 정의되어 있다)를 이용해서 정수로 변환한다. 이 메서드의 둘째 인수는 유효자릿수인데, 지금 예에서는 2를 지정했기 때문에 "3.20"에 대해 320이 반환된다. 소수부가 있는 달러 단위 가격을 센트 단위 가격으로 변환한다고 생각하면 될 것이다.

다음은 이 스마트 계약이 Oraclize를 통해서 자료원과 상호작용하는 흐름을 나타낸 도식이다.

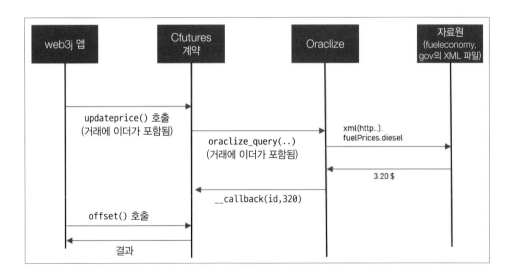

마지막으로, 연료 가격 변동과 선물 계약으로 위험회피자가 얻은 이익 또는 손실을 계산하는 offset() 메서드를 추가한다.

```
function offset() public view returns (uint) {
    return TradedAsset.Quantity * (fuelPriceUSD - TradedAsset.price);
}
```

이렇게 해서 선물 계약을 처리하는 스마트 계약이 완성되었다. truffle compile 명령으로 스마트 계약을 컴파일하고, 혹시 오류가 있으면 적절히 수정하기 바란다.

6.3 web3j

블록체인 생태계에 처음 발을 들여놓은 Java 애호가에게 web3j는 종합 선물 상자 같은 존재이다. web3j는 데스크톱 응용 프로그램 또는 모바일 앱을 이더리움 클라이언트와 연동하기 위한 가벼운 Java 및 안드로이드 API이다. web3j를 이용하면 이더리움 기반 탈중앙화 Java 응용 프로그램을 손쉽게 구축할 수 있다. web3j 프로젝트에 관한 좀 더 자세한 정보는 공식 웹사이트 https://web3j.io/를 참고하기 바란다.

6.3.1 사전 준비

이하의 내용을 제대로 이해하려면 Java 언어와 개발 환경에 관한 기본적인 지식이 필요하다. 또한, 다음과 같은 소프트웨어를 설치해야 한다.

- Java 8 JDK
- Eclipse와 Maven (예제 코드를 직접 컴파일하려면)

6.3.2 web3j Maven 프로젝트 설정

앞에서 언급한 GitHub 저장소에서 코드를 내려받았다면, 그것을 그대로 Eclipse에 도입하면 된다. 그렇지 않고 직접 해보고 싶은 독자를 위해, 다음은 이번 예제의 Maven 프로젝트를 생성하는 과정이다.

1. Eclipse IDE에서 **File** | **New** | **Other**를 선택해서 프로젝트 생성 대화상자를 연다.

2. Maven 폴더를 열고 **Maven Project**를 선택한 후 **Next** 버튼을 클릭한다.

3. 다음 대화상자가 나타날 때까지 계속 **Next** 버튼을 클릭한다.

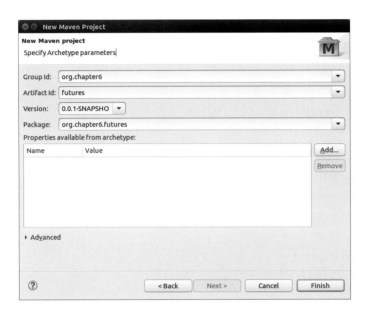

생성하고자 하는 Maven 프로젝트에 관한 정보를 이 대화상자에 입력해야 한다. 그림을 참고해서 필드들을 적절히 채운 후 **Finish**를 클릭하기 바란다. 그러면 다음과 같은 구조의 프로젝트가 만들어진다.

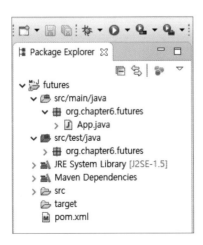

프로젝트 생성을 마쳤으면, Maven POM 파일(pom.xml)을 다음과 같이 수정하기 바란다.

```xml
<properties>
    <project.build.sourceEncoding>UTF-8</project.build.sourceEncoding>
    <maven.compiler.source>1.8</maven.compiler.source>
    <maven.compiler.target>1.8</maven.compiler.target>
  </properties>
  <plugins>
    <plugin>
      <groupId>org.apache.maven.plugins</groupId>
      <artifactId>maven-compiler-plugin</artifactId>
      <version>3.7.0</version>
      <configuration>
        <source>1.8</source>
        <target>1.8</target>
      </configuration>
    </plugin>
</plugins>
<dependency>
    <groupId>org.slf4j</groupId>
    <artifactId>slf4j-simple</artifactId>
    <version>1.7.21</version>
</dependency>
```

Maven POM 파일을 수정한 후에는 필수적인 의존 라이브러리들을 내려받아서 프로젝트를 갱신해야 한다. **Project**를 오른쪽 클릭하고 **Maven**을 선택한 후 **Update Project...**를 클릭하면 된다.

6.3.3 web3j 설치

다음으로, web3j의 명령줄 도구를 설치해야 한다. 이 도구는 이식 가능한 .jar 파일 형태로 배포되는데, 간단하게 설치할 수 있다. 우선, 홈 디렉터리에서 다음 명령을 실행해서 .jar 파일을 내려받기 바란다.

```
$ wget https://github.com/web3j/web3j/releases/download/v3.4.0/web3j-3.4.0.tar
```

그런 다음 tar를 이용해서 압축을 푼다.

```
$ tar xvf web3j-3.4.0
```

마지막으로, 해당 폴더를 시스템 경로에 추가한다.

```
$ export PATH=$PATH:~/web3j-3.4.0/bin
```

이 도구를 이용해서 이더리움 지갑을 생성하거나 스마트 계약을 위한 Java 클래스들을 생성할 수 있다. 그럼 지갑(계정) 생성부터 살펴보자.

6.3.4 지갑 생성

web3j 명령줄 도구는 지갑 생성이나 거래 전송 같은 여러 기능을 제공한다.

　새 이더리움 지갑을 생성하는 명령은 web3j wallet create이다. 터미널에서 이 명령을 실행하면 패스워드와 계정 저장 디렉터리를 묻는다. 적절히 입력하고 나면 긴 이름(변경 가능)의 JSON 파일이 생성되는데, 생성된 계정의 주소와 개인 키를 비롯해 다양한 정보가 이 파일에 들어 있다.

web3j로 새 계정을 만드는 대신 MetaMask나 Geth로 만든 시험망(testnet) 계정을 사용하는 것도 가능하다.

이 실습 프로젝트에서는 예제 계약을 시험망에서 실행한다. 따라서 새로 만든 계정에 이더를 좀 충전할 필요가 있다. 이를 위해, 다음처럼 MetaMask를 이용해서 공짜 이더를 얻고 그것을 새 계정의 주소로 보내기로 한다. 앞에서 생성한 계정의 주소와 적절한 금액을 입력하되, 계정 주소 앞에 0x를 붙이는 것을 잊지 말기 바란다. 잠시 기다리면 거래가 승인될 것이다.

계정의 주소는 앞에서 생성한 JSON 파일 안에도 들어 있지만, 파일 이름의 마지막 부분 자체가 계정의 주소이다.

6.4 Java 클라이언트

도입부에서 언급했듯이, 이번 장의 실습 예제에서는 web3j를 이용해서 간단한 Java 응용 프로그램을 구축한다. web3j API의 구조와 작동 방식을 간략하게 소개하고 넘어가겠다.

web3j는 이더리움의 web3 API를 Java로 이식한 것이다. web3 API 자체는 이더리움 클라이언트와 네트워크 사이의 의사소통(JSON-RPC)을 관리한다. 각 스마트 계약에 대해 web3j는 그 계약을 감싸는 하나의 래퍼[wrapper] 클래스를 생성한다. Java 응용 프로그램에서는 이 클래스를 이용해서 스마트 계약과 이더리움의 상호작용을 손쉽게 제어할 수 있다. 이 클래스가 모든 복잡한 세부사항을 숨겨주는 덕분에 여러분(Java 응용 프로그램 개발자)은 RPC 명령을 직접 실행할 필요가 없다. 다음은 web3j와 이더리움 사이의 상호작용 흐름을 나타낸 도식이다(web3 공식 문서화의 도식들을 적절히 짜깁기해서 만든 것이다).

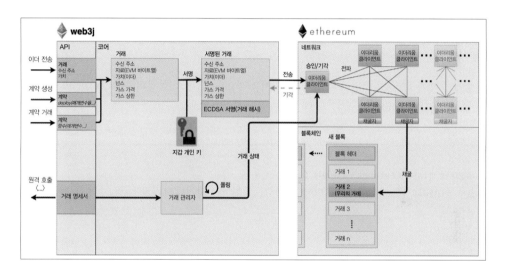

6.4.1 래퍼 클래스 생성

web3j를 사용하려면 우선 우리의 계약에 대한 Java 래퍼 클래스를 생성해야 한다. web3j 명령줄 도구에는 Truffle의 계약 스키마[schema]로부터 직접 스마트 계약 래퍼 클래스를 생성하는 기능이 있다. 다음을 참고해서 독자의 환경에 맞게 적절히 명령을 실행하기 바란다.

```
$ web3j truffle generate ~/FuturesWeb3j/build/contracts/CFutures.json -o ~/ecli
pse-workspace/futures/src/main/java/ -p org.chapter6.futures
```

명령의 첫 인수는 앞에서 Truffle로 CFutures 계약을 컴파일했을 때 생긴 빌드 파일이고, 둘째 인수는 이 명령이 생성하는 Java 래퍼 클래스 파일이 저장될 경로이다. 그리고 -p 옵션은 그 클래스가 속할 Java 패키지를 지정한다.

실행에 문제가 없다면, 스마트 계약과 같은 이름의 Java 클래스를 정의하는 `CFutures.java`라는 파일이 만들어진다.

```
...
public class CFutures extends Contract {
    private static final String BINARY = "0x60606040523415600e576...";
.
.
.
```

이 클래스의 `BINARY` 멤버 변수는 컴파일된 계약(바이트코드)에 해당하는 문자열이다. 만일 문자열에 \과 \n이 있으면 모두 제거하기 바란다. 클래스 정의를 살펴보면 앞에서 만든 선물 거래 스마트 계약의 모든 것이 이 클래스에 반영되어 있음을 알 수 있을 것이다.

만일 스마트 계약에서 뭔가를 수정하면 반드시 스마트 계약을 다시 컴파일해서 새 ABI와 바이트코드를 생성해야 하며, web3j 래퍼 클래스도 다시 생성해야 함을 기억하기 바란다.

스마트 계약 래퍼 클래스를 생성했으니, Java 응용 프로그램의 주 클래스로 초점을 돌리자. 이 클래스는 스마트 계약 래퍼 클래스를 통해서 **Cfutures** 스마트 계약과 상호작용한다.

6.4.2 web3j 초기화

이제부터는 Maven 프로젝트의 `App.java` 파일로 초점을 돌리자

Java 응용 프로그램의 주 클래스에서 우선 할 일은 web3j 객체를 초기화하는 것이다. 이를 위해, web3 서비스 공급자(이를테면 서드파티 이더리움 노드 또는 지역 노드)를 지정해서 web3j의 `build` 메서드를 호출한다.

```
Web3j web3j = Web3j.build(new HttpService("https://ropsten.infura.io"));
```

이 예에서는 Infura 게이트웨이(https://infura.io/)를 이용해서 Ropsten 시험망에 접속한다. 기억하겠지만, 이더리움과 연동하려면 반드시 진입점이 필요하다. 진입점은 사용자의 명령 또는 동작을 네트워크에 전달하는 RPC/HTTP 공급자(노드)를 말한다. 일반적으로 최종 사용자는 네트워크에 연결된 지역 RPC 클라이언트를 사용한다. 그러나 여기서는 지역 클라이언트의 설정에 관한 장황한 설명을 피하고 오라클 연동에 집중하기 위해, Infura라는 온라인 공급자(MetaMask도 이것을 사용한다)를 사용한다.

공공 시험망 대신 사설망에서 Oraclize 서비스를 사용하고 싶다면, Oraclize가 제공하는 Ethereum-Bridge(https://github.com/oraclize/ethereum-bridge)라는 API를 사용해야 한다는 점도 알아 두기 바란다.

6.4.3 이더리움 계정 설정

블록체인 네트워크와 상호작용하려면 거래를 만들어야 하며, 그러려면 지갑이 필요하다. 기존 지갑을 사용하려면 다음처럼 `WalletUtils.loadCredentials` 메서드를 호출한다.

```
Credentials credentials = WalletUtils.loadCredentials("<패스워드>",
    "/적절한/경로/지갑파일.json");
```

또는, `WalletUtils.generateNewWalletFile("PASSWORD", new File("/지갑/파일이/생성될/경로"), true);`를 이용해서 새 지갑을 만들어도 된다.

지갑을 적재 또는 생성한 후에는, 다음과 같이 지갑의 잔액을 조회, 기록한다.

```
EthGetBalance AccountBalance =
    web3j.ethGetBalance(credentials.getAddress(),
        DefaultBlockParameterName.LATEST).sendAsync().get();
log.info("The accounts balance " + AccountBalance);
```

6.4.4 계약 배치

web3j를 초기화하고 지갑 정보를 얻었다면, 다음과 같이 래퍼 클래스의 deploy 메서드를 이용해서 스마트 계약 Cfutures를 배치할 수 있다.

```
CFutures CFuture_ = CFutures.deploy(web3j, credentials,
    CUSTOM_GAS_PRICE, GAS_LIMIT, assetID, Quantity, price, buyer,
    seller, date).send();
```

처음 네 인수는 배치를 위한 거래의 구축에 필요한 것들이고, 나머지는 스마트 계약 생성자에 전달할 인수들이다.

처음 네 인수 중에는 가스 상한과 가스 가격이 있다. 주 클래스는 이들을 다음과 같이 클래스의 정적 멤버 변수들로 정의한다.

```
private static final BigInteger GAS_LIMIT =
    BigInteger.valueOf(4_700_000);
private static final BigInteger CUSTOM_GAS_PRICE = Convert.toWei("140",
    Convert.Unit.GWEI).toBigInteger();
```

코드에서 보듯이, 가스 상한은 470만 단위이고 가스 가격은 140Gwei이다. web3j의 기본 가스 가격은 22Gwei이지만, 이 예제에서 보듯이 원한다면 다른 값으로 설정할 수 있다. 적절한 가격이 어느 정도인지 잘 모르겠다면, Ropsten의 현재 가스 가격(https://ropsten.etherscan.io/chart/gasprice)을 참고하면 좋을 것이다.

deploy() 메서드가 성공적으로 실행되면, 주어진 계정 정보와 생성자 인수들로 CFutures 스마트 계약의 새 인스턴스가 생성되고 이더리움 블록체인에 배치된다. 어떤 이유로 배치 계약이 600초 이내에 승인되지 않으면 예외가 발생한다.

계약이 잘 배치되었는지는 Ropsten 탐색기의 해당 페이지에서 확인할 수 있다. 다음은 해당 페이지의 URL을 로그에 기록하는 코드이다.

```
String CFuturesAddress=CFuture_.getContractAddress();
log.info("View contract at https://ropsten.etherscan.io/address/"
    + CFuturesAddress);
```

6.4.5 스마트 계약과 상호작용

새로 배치한 스마트 계약이 아니라 이미 배치된 기존 계약과 상호작용하기 위한 래퍼 클래스의 인스턴스를 얻고 싶으면, 다음처럼 해당 계약의 주소를 지정해서 load 메서드를 호출하면 된다.

```
CFutures CFutureInstance = CFutures.load("<계약_주소>", web3j,
    credentials, CUSTOM_GAS_PRICE, GAS_LIMIT);
```

일단 새 CFuture 객체를 얻으면(deploy를 통해서든 load를 통해서든) Eclipse의 자동 완성 기능을 이용해서 손쉽게 메서드나 속성에 접근할 수 있다.

6.4.6 계약의 메서드 호출

지금 예제의 스마트 계약은 선물 계약의 관리를 위한 것이다. 선물 계약을 위해서는 우선 계약의 두 당사자가 합의한 금액을 스마트 계약에 예치해야 한다. 따라서 ETH 단위의 선물 계약 대금을 지정해서 deposit 메서드를 호출해야 한다.

web3j가 생성한 래퍼 클래스(지금 예에서는 CFuture)에는 해당 스마트 계약의 모든 메서드(Solidity 코드로 정의된)에 대응되는 메서드들이 정의되어 있다. CFuture 객체의 메서드를 호출하려면, 그냥 보통의 Java 객체를 사용하듯이 마침표를 이용해서 객체의 메서드에 접근하되 send()를 붙여 주면 된다.

```
BigInteger Quantity = BigInteger.valueOf(120000);
BigInteger Price = BigInteger.valueOf(300);

TransactionReceipt DepositReceipt =
    CFutureInstance.deposit(Price.multiply(Quantity)).send();
```

원래의 Solidity 코드에서 deposit 메서드는 uint 형식의 값을 받는다. 이 형식은 Java의 integer나 int와 호환되지 않는다. 대신 web3j에 정의된 BigInteger를 사용해야 한다. 위의 코드는 BigInteger 형식의 수량(Quantity)과 단가(Price)를 곱한 값을 지정한다.

시험용 이더를 아끼기 위해, 선물 계약의 대금을 ETH가 아니라 웨이 단위로 예치하고, 1웨이의 가치가 미화 1센트라고 가정한다(물론 이는 비현실적인 가정이다). 앞의 코드는 연료 1갤런의 단가를 300웨이(즉 300센트)로 설정하고, 가스 가격은 12만 웨이로 설정한다.

CFutures.java의 래퍼 클래스를 살펴보면 스마트 계약의 메서드마다 그에 대응되는 자바 메서드가 있다. 예를 들어 deposit 메서드는 다음과 같이 정의되어 있다.

```
public RemoteCall<TransactionReceipt> deposit(BigInteger weiValue) {
    ...
    return executeRemoteCallTransaction(function, weiValue);
}
```

원래의 스마트 계약 메서드와는 함수의 원형이 다르다는 점을 눈치챘을 것이다. 원래의 메서드는 다음처럼 아무 인수도 받지 않는다.

```
deposit() payable returns(bool) {}
```

payable이 지정된 스마트 계약 메서드를 호출할 때, 해당 거래를 통해서 스마트 계약에 자금을 전송할 수 있음을 기억하기 바란다. 이를 지원하기 위해, Java 래퍼 클래스의 메서드에는 해당 금액을 지정하는 매개변수가 추가되었다.

그리고 **현재 공식 문서화**(https://web3j.readthedocs.io/en/latest/smart_contracts.html)**에 따르면**, 이런 거래 가능(지급 가능) 메서드의 호출은 해당 메서드의 반환 형식이 어떻든 아무 값도 돌려주지 않는다는 점도 기억하기 바란다. 그래서 Java 래퍼 클래스의 모든 거래 가능 메서드에는 해당 거래가 돌려준 거래 영수증(https://github.com/ethereum/wiki/wiki/JSON-RPC#eth_gettransactionreceipt)에 접근하기 위한 TransactionReceipt 객체가 연관된다.

거래 영수증(transaction receipt)의 주된 용도는 다음 두 가지이다.

- 채굴된 블록(해당 거래가 들어 있는)의 세부사항을 조회한다.
- 거래 처리 과정에서 발생한 Solidity 이벤트들을 조회한다.

예를 들어 거래 영수증에서 거래의 해시를 알아낼 수 있으며, 거래 해시를 알면 다음처럼 Etherscan^{이더스캔}에서 거래의 세부 정보를 볼 수 있다.

```
[ This is a Ropsten Testnet Transaction Only ]

TxHash:                    0x4ef437fce1a877c3b155a03b0ba11309695ac4d84d351f6f3aefee1c60202278

TxReceipt Status:          Success

Block Height:              3648112 (1 block confirmation)

TimeStamp:                 25 secs ago (Jul-16-2018 09:56:11 AM +UTC)

From:                      0x8f9539c3f78cc24597d74978318d1e6ce7f18a1a

To:                        Contract 0x7cd884e217c638b04990af8adb5efec6e4aac015 ⊘

Value:                     360 wei ($0.00)

Gas Limit:                 4700000

Gas Used By Txn:           21998

Gas Price:                 0.00000014 Ether (140 Gwei)

Actual Tx Cost/Fee:        0.00307972 Ether ($0.000000)

Nonce & {Position}:        30 | {0}

Input Data:
                           Function: deposit() ***

                           MethodID: 0xd0e30db0

                           View Input As  ▼
```

6.4.7 view 메서드 호출

스마트 계약의 상태 변수를 읽기만 하는 view 메서드들 역시 그냥 마침표 표기법과 send()를
이용해서 호출하면 된다. view 메서드들은 거래를 거치지 않으므로(따라서 이더를 소비하지도
않는다), 앞에서 본 payable 메서드들과는 달리 TransactionReceipt 객체를 돌려주지 않는
다. 예제 스마트 계약에는 offset()이라는 view 메서드가 있다. 다음은 이 메서드를 호출하는
예이다.

```
BigInteger Offset=CFutureInstance.offset().send();
log.info("your offset is "+Offset.intValue());
```

스마트 계약의 공용(public) 상태 변수들도 마찬가지 방식으로 조회할 수 있다. 다음은
fuelPriceUSD 상태 변수를 읽는 예이다.

```
BigInteger LastfuelPrice = CFutureInstance.fuelPriceUSD().send();
Integer fuelPriceUSD = LastfuelPrice.intValue();
log.info("Last fuel Price Fuel price According to the Oracle is: " +
    fuelPriceUSD);
```

그러나 fuelPriceUSD의 값을 갱신하려면 이보다는 복잡한 과정이 필요하다.

기억하겠지만 fuelPriceUSD의 갱신은 스마트 계약의 updateprice 메서드가 처리하며, 이 메서드는 오라클을 통해서 최신 연료 가격을 조회한다. 다음은 updateprice를 호출하고, 이벤트를 통해서 오라클의 응답(새 연료 가격)을 조회해서 로그에 기록하는 예이다.

```
BigInteger txcost = Convert.toWei("0.01",
    Convert.Unit.ETHER).toBigInteger();
TransactionReceipt UpdateReceipt =
    CFutureInstance.updateprice(txcost).send();
for (CFutures.NewDieselPriceEventResponse event :
    CFutureInstance.getNewDieselPriceEvents(UpdateReceipt)) {
    log.info("The oil price has been updated:" + event.price);
}
```

외부 오라클에 뭔가를 요청하는 작업은 비동기 방식으로 일어남을 명심하기 바란다. 따라서 질의와 그 응답(요청과 콜백 거래) 사이에는 시간 지연이 존재한다. 이러한 비동기 호출을 위해, 위의 Java 코드는 NewDieselPriceEventResponse(스마트 계약의 NewDieselPrice 이벤트에 대응되는 Java 래퍼 클래스의 이벤트 형식) 이벤트를 기다려서 새 가격을 조회한다.

또한, 앞에서 언급한 시험용 이더 절약을 위해, Convert.toWei("0.01", Convert.Unit.ETHER)를 이용해서 ETH가 아니라 웨이 단위의 값을 updateprice() 호출에 사용한다는 점도 주목하기 바란다.

6.4.8 web3j의 이벤트들

선물 계약을 위한 스마트 계약에는 여러 이벤트가 정의되어 있다. Java 래퍼 클래스에는 각 이벤트에 대응되는 메서드(이름에 해당 이벤트 이름이 포함된)들이 있는데, 이들은 거래 영수증을 대표하는 TransactionReceipt 형식의 객체를 받고 이벤트의 응답을 대표하는 객체들의 목록을 돌려준다. 각 이벤트 응답 객체(이름이 `EventResponse`로 끝나는 형식의)에는 해당 이벤트에 관련된 자료가 들어 있다. 다음은 스마트 계약의 `DepositEv` 이벤트(선물 계약 대금을 예치하면 발생하는)의 자료를 조회하는 예이다.

```
for (CFutures.DepositEvEventResponse event :
        CFutureInstance.getDepositEvEvents(DepositReceipt)) {
    log.info("Depoist event detected:" +
        event.amount+"wei has been deposited");
    log.info("The funds has been sent by: " + event.sender);
}
```

이렇게 하는 대신, RxJava의 `Observable` 객체를 이용해서 스마트 계약의 이벤트를 구독하고, `EthFilter`를 이용해서 원하는 이벤트를 선택하는 방법도 있다. 다음이 그러한 예이다.

```
EthFilter filter = new EthFilter(DefaultBlockParameterName.EARLIEST,
    DefaultBlockParameterName.LATEST,
    CFutureInstance.getContractAddress());

web3j.ethLogObservable(filter).subscribe(Clog -> {
    log.info("contract log"+ Clog.toString());
});
```

이 예는 `EthFilter` 객체를 생성할 때 계약의 주소를 필터링의 주제로 지정한다. 객체를 생성한 후에 `filter.addSingleTopic(EventEncoder.encode(event));`의 형태로 특정 주제를 추가할 수도 있다(단, 이는 Solidity에서 `indexed`로 선언된 이벤트 매개변수들에 대해서만 가능하다).

이 책을 쓰는 현재, Infura 공급자는 이더리움 주 네트워크와 Ropsten 시험망, Rinkeby 시험망의 웹소켓^WebSocket 진입점을 사용하는 경우에만 이벤트 감지(필터링 및 구독)를 지원한다. 그런데 web3j는 아직 웹소켓을 지원하지 않으므로, Infura를 사용하는 경우에는 web3j에서 이벤트 필터링을 사용할 수 없다.

이번 장의 목적에서 알아야 할 web3j의 기능들은 여기까지이다. 아직 하지 않았다면, https://github.com/bellaj/web3j.git에서 전체 예제 코드를 내려받은 후 해당 프로젝트를 Eclipse에 도입하고 실행해서 예제 프로그램을 시험해 보기 바란다.

6.4.9 사용자 인터페이스 추가

스마트 계약과 상호작용하는 기능은 모두 갖추어졌으니, 이제 남은 것은 그런 기능을 사용자가 사용할 수 있게 하는 인터페이스를 추가하는 것이다. 멋진 GUI를 만들면 좋겠지만 그러자면 이번 장의 주제와는 무관한 코드가 많이 필요할 것이므로, App 클래스의 run() 메서드에 다음과 같은 형태의 코드를 추가해서 단순한 텍스트 기반 메뉴를 구현하는 것으로 만족하자.

```java
input = new Scanner(System.in);
CFutures CFutureInstance = null;
System.out.println("Please make your choice:");
System.out.println("1 - Deploy New Cfutures contract.");
System.out.println("2 - Load contract");
System.out.println("3 - Make deposit");
System.out.println("4 - current Fuel price");
System.out.println("5 - Update Fuel price");
System.out.println("6 - Investment offset");
System.out.println("0 - exit");
int selection;
choice: while(input.hasNextInt()) {
    selection = input.nextInt();
    switch (selection) {
        case 0:
            break choice;
            ...
    }
}
```

이제 APP.java 파일을 실행해서 모든 것이 예상대로 작동하는지 시험해 보기 바란다. Eclipse의 콘솔 창에 다음과 같이 텍스트 메뉴가 나타날 것이며, 예제 응용 프로그램이 작동하는 과정에서 상세한 로그 기록들이 나타날 것이다.

```
Problems  Javadoc  Declaration  Console ⊠
App (1) [Java Application] /usr/lib/jvm/java-8-openjdk-amd64/bin/java (Jul 19, 2018, 1:17:20 PM)
[main] INFO org.chapter6.futures.App - 0x8f9539c3f78cc24597d74978318d1e6ce7f18a1a Credentials loaded
[main] INFO org.chapter6.futures.App - The accounts balance 3261863859999994600 wei
Please make your choice:
1 - Deploy New Cfutures contract.
2 - Load contract
3 - Make deposit
4 - current Fuel price
5 - Update Fuel price
6 - Investment offset
0 - exit
2
Please provide the contract's address to load:
0x4d8e3580f4929c2b4aaf8aaabde0c4e955802a01
[main] INFO org.chapter6.futures.App - Contract loaded: 0x4d8e3580f4929c2b4aaf8aaabde0c4e955802a01
4
[main] INFO org.chapter6.futures.App - Last fuel Price Fuel price According to the Oracle is: 324
5
6
[main] INFO org.chapter6.futures.App - your offset is -2880000
```

이벤트들이 병렬로, 비동기적으로 발생하므로 이벤트 결과들이 위의 스크린숏에 나온 것과 반드시 같은 순서로 발생하리라는 보장은 없다. 비동기 호출들을 차례로 처리하고 싶다면, Java의 `CompletableFuture` 클래스를 이용해서 web3j 메서드들을 감싸는 접근 방식을 고려하기 바란다.

6.5 요약

이번 장에서는 인기 있는 언어인 Java로 이더리움 블록체인과 상호작용하는 방법을 아주 간단하게만 살펴보았다. 이번 장에서 여러분은 오라클 기반 예제 응용 프로그램을 구축하는 과정을 통해서 web3j를 처음 접했다. web3j는 Java 이더리움 응용 프로그램의 구축으로 이어지는 관문과도 같다. 첫걸음을 떼었으니, 이제 여러분이 할 일은 web3j 문서화를 통해서 web3j를 좀 더 깊게 공부하는 것이다. 또한, web3j의 공식 GitHub 저장소에 있는 다양한 스마트 계약 예제들(`https://github.com/web3j/web3j/tree/master/codegen/src/test/resources/solidity`)도 공부에 도움이 될 것이다.

더 나아가서, 이더리움 프로토콜의 Java 구현인 `EthereumJ`나 그에 기초한 응용 프로그램 Ethereum Harmony를 살펴보는 것도 지식을 확장하는 데 도움이 될 것이다. web3 API는 Java(web3j)와 JavaScript(web3.js) 외에도 다양한 프로그래밍 언어로 구현되었는데, 예를 들어 Web3py(`https://github.com/ethereum/web3.py`)는 web3 API 전체의 Python 구현이다.

다음 장인 제7장에서는 이더리움을 사업의 기반구조로 사용하는 방법을 살펴본다. 그 과정에서 서비스로서의 블록체인이라는 흥미로운 개념을 접하게 될 것이다.

그럼 우리의 여정을 계속 이어가자.

제**7**장

기업용 블록체인

이더리움의 주 네트워크와 시험망은 누구나 사용할 수 있도록 공개되어 있다. 네트워크에서 일어나는 모든 거래는 100% 투명하며, 누구라도 네트워크의 모든 자료에 접근할 수 있다.

이더리움 네트워크의 사용자들은 서로를 알 필요가 없다. 사용자들은 서로 믿지 않는데, 이는 블록체인 네트워크가 서로를 믿을 필요가 없고 믿지 말아야 한다는 가정하에서 작동하기 때문이다. 공공 블록체인 네트워크는 사용자들이 서로 믿지 않아도 합의에 도달할 수 있도록 설계되어 있다. 이를 보장하는 것은 **작업 증명**(proof of work, **PoW**) 같은 탈중앙화된 합의 알고리즘이다.

그러나, 한 네트워크에서 거래의 당사자들이 서로를 좀 더 신뢰하는, 그리고 블록체인이 전적으로 서로를 신뢰하지 않은 사용자들을 위한 것만은 아닌 상황도 존재한다.

이번 장에서는 그런 종류의 주요 공공 및 사설 블록체인 네트워크들을 소개하고, 기업이 자신의 사업(business)에 블록체인을 활용하는 방법과 자료를 비공개로 유지하는 방법을 좀 더 자세히 살펴본다. 그런 다음에는 몇몇 개인정보 관련 기능을 사용하는 아주 기본적인 사설망을 구현해 본다.

7.1 블록체인의 구분: 공공/사설, 허가/비허가

이더리움의 주 네트워크는 공공망(public network)이다. 즉, 누구라도 네트워크에 참가해서 네트워크를 사용할 수 있다. 여기에는 그 어떤 권한 허가 과정도 관여하지 않는다. 모든 사용자는 거래를 주고받을 수 있을 뿐만 아니라, 합의 과정에도 참여할 수 있다(블록을 채굴할 적절한 하드웨어를 갖춘 한). 네트워크의 모든 거래 당사자는 상호 불신 관계이지만, 스스로 정직하게 행동한다면 작업 증명 합의 과정에 관련된 메커니즘을 통해서 보상을 받게 된다. 이는 공공(public) 비허가(permissionless) 네트워크의 한 예이다. 비허가형 공공망은 중앙 통제에 대한 저항성이 높고 자료의 지속성이 좋지만, 합의의 탈중앙화 때문에 성능이 낮다.

권한 또는 허가(permission)라는 개념은 블록체인에 다양한 형태로 적용되는데, 크게 명시적 허가와 암묵적 허가로 나뉜다. 예를 들어 접근 제어 목록(access control list, ACL)을 통해서 권한을 부여하는 것은 명시적 허가에 해당하고, 특정한 요구 조건을 만족하는 사용자만 네트워크에 참여할 수 있게 하는 것은 암묵적 허가에 해당한다. 이를테면 지분(stake) 네트워크의 공공 증명을 통해서, 예치금(deposit) 또는 지분을 제공하는 사용자에게 검증자로서 네트워크에 참여할 권한을 부여하는 형태의 블록체인은 암묵적 허가를 사용하는 공공 허가형 블록체인에 해당한다.

그러나 이번 장에서는 특정 사기업이나 조직이 사적으로 블록체인 네트워크를 운영하는(회사 내부용으로든, 또는 그 회사와 거래하고자 하는 일단의 다른 회사들과 자원을 공유하기 위해서이든) 상황에 초점을 둔다. 이런 네트워크는 일반 대중에게 공개된 것이 아니라 기업이 인증한 사용자들만 참여할 수 있는 사설망(private network)이다. 이런 사설망을 컨소시엄 블록체인consortium blockchain이라고 부르기도 한다. 이런 네트워크에서는 서로 다른 종류의 참가자에 대해 서로 다른 종류의 권한을 부여할 때가 많다. 예를 들어 한 그룹의 사용자들은 읽기와 쓰기만 가능하지만 다른 그룹의 사용자들은 검증에도 참여할 수 있게 하는 등을 생각할 수 있다.

이런 허가형 사설망은 허가 능력 덕분에 비허가형 공공망보다 성능이 좋다. 일단의 노드들을 검증자(validator)로서 신뢰할 수 있으면 합의에 좀 더 빨리 도달할 수 있다. 물론 이것이 가능하려면 블록들을 정확하고 정직하게 검증할 것임을 믿을 수 있는 검증자들을 갖추어야 하는데, 여기에는 비용이 따른다. 그러나 사업의 세계에서는 시간이 돈이며, 따라서 좀 더 빠른 합의를 위해서라면 어느 정도의 비용을 감수할 수 있다.

7.2 이더리움의 개인정보보호와 익명성

앞에서 말한 공공망과 사설망은 네트워크 자체의 공개 여부 또는 접근 가능 여부에 따른 구분이다. 이번 절에서는 주어진 네트워크 안에 저장된 자료(거래 자료와 스마트 계약의 자료)에 초점을 둔다. 이더리움의 주 네트워크는 누구나 참여할 수 있는 공공망이다. 그리고 모든 거래 자료와 스마트 계약 자료도 공개된다. 즉, 수신 주소('to')와 전송 주소('from') 사이에서 벌어진 모든 거래를 네트워크의 모든 사용자가 볼 수 있다. 거래 자체 또는 거래에 관여한 주소들을 숨기는 방법은 없으며, 따라서 이더리움의 사용자가 익명성을 완전히 보장받을 방법도 없다. 만일 어떤 주소를 현실 세계의 신원과 연결하는 뭔가가 발견된다면(지금 당장이든, 미래의 한 시점에서든), 해당 거래의 당사자가 밝혀지게 된다. 공공망에서는 모든 자료가 공개이므로 이는 당연한 일이다. 그러나 사설 이더리움 네트워크에서도 네트워크의 모든 자료를 모든 노드가 볼 수 있다는 점은 좀 의외일 것이다.

Zcach나 Monero, Dash 같은 다른 암호화폐들은 좀 더 다양한 수준의 익명성을 제공한다. 이들이 익명성을 제공하는 기법 두 가지를 간단하게만 소개하겠다. 이런 기법들을 이더리움에 적용하는 방법도 이번 장에서 나중에 논의할 것이다.

Monero는 고리 서명(ring signature)이라고 부르는 일종의 디지털 서명을 이용해서 거래의 주소들과 거래로 전송하는 금액을 익명화한다. 고리 서명에 기초한 서비스들을 도입함으로써 이와 비슷한 기법을 이더리움에도 적용할 수 있지만, 그것이 기업에서 사용하기에 충분할 정도로 견고하고 확장 가능한 방법이라고는 하기 어렵다.

Zcash는 **zk-SNARK**(Zero-Knowledge Succinct Non-Interactive Argument of Knowledge; 지식 없는 간결한 비상호작용적 지식 논증) 증명이라는 기법을 사용한다. 이 기법에서 사용자는 어떤 자료의 내용을 보지 않고도, 그리고 자료를 검증하는 사용자와 상호작용하지 않고도 그 자료의 존재를 증명할 수 있다. zk-SNARK를 이더리움과 통합하는 시도가 있긴 하지만, 이 책을 쓰는 현재 여전히 실험적인 수준이다.

따라서 주소와 거래를 익명화하는 안정적이고 확실한 방법은 없는 상황이다. 그렇다면, 거래의 내용을 익명화하는 문제는 어떨까?

결론부터 말하자면, 거래의 내용 및 스마트 계약의 코드와 자료는 누구나 볼 수 있도록 공개된다. 이를 숨길 방법은 없다. 스마트 계약의 코드가 바이트코드로 컴파일되긴 하지만, 누군가가 그것을 역컴파일해서 원래의 코드를 최대한 추측하는 것은 얼마든지 가능한 일이다. 따라서 민감한 정보를 계약 소스 코드에 그대로 집어넣거나 거래의 일부로 전송해서는 안 된다.

한 가지 가능한 일은 민감한 정보를 미리 암호화해서 계약의 코드 또는 거래의 일부로 포함하는 것이다. 다음은 공개 키 암호화를 이용해서 민감한 정보를 안전하게 전송하는 과정이다.

1. 민감한 자료를 수신자의 공개 키를 이용해서 암호화하고, 블록체인 자체에 저장하거나 블록체인 바깥에 저장하고 해당 주소만 블록체인에 저장한다.

2. 암호화된 자료 또는 그 주소를, 자료를 받는 쪽에서 실행하는 스마트 계약에 보내거나 보통의 거래 자료에 포함해서 수신자에게 전송한다.

3. 수신된 자료를 수신자의 개인 키를 이용해서 해독(복호화)한다.

7.3 개인정보보호와 익명성이 중요한 이유

사설 블록체인 또는 컨소시엄 블록체인을 일단의 기업들이 운영하는 상황을 생각해 보면 개인정보보호(privacy)의[1] 특정 측면들이 중요한 이유를 쉽게 이해할 수 있을 것이다.

예를 들어 기업 A, B, C가 하나의 컨소시엄 블록체인을 만든다고 하자. 그 블록체인 네트워크가 외부 세계에 대해서는 닫혀 있지만, 컨소시엄 안에서는 모두에게 공개된다. 즉, A사와 B사 사이의 모든 거래를 C사도 볼 수 있다. 이는 여러 가지 이유에서 바람직하지 않은데, 특히 세 회사가 서로 경쟁 관계라면 더욱 바람직하지 않다. 그리고 컨소시엄 네트워크에서는 회사들 사이의 **B2B**(business-to-business; 기업 대 기업) 상호작용뿐만 아니라 **B2C**(business-to-customer; 기업 대 고객) 상호작용도 진행될 수 있는데, 그러면 또 다른 종류의 기밀성과 개인정보보호가 요구된다.

이번 장의 실습 예제 프로젝트로 들어가기 전에, 현재 사용 가능한 이더리움 기반 사업 플랫폼들을 잠시 살펴보자.

---

1 privacy를 흔히 쓰이는 번역어인 개인정보보호를 옮기긴 했지만, 이 맥락에서 privacy는 문자 그대로 개인(특히 사용자)의 사생활에 관한 것이라기보다는 public의 반대인 private의 명사형으로서의 좀 더 넓은 의미, 즉 기업이든 개인이든 공개하고 싶지 않은 정보를 공개하지 않을 수 있는 권리 또는 그러한 성질을 뜻한다.

7.4 EEA(이더리움 기업 동맹)

줄여서 **EEA**로 표기하는 **Enterprise Ethereum Alliance**(이더리움 기업 동맹)은 기업들이 이더리움을 사업에 활용하기 위한 개방된 표준 기반 아키텍처를 정의하는 것을 목표로 하는 비영리 실무 단체이다. EEA에는 Microsoft, Accenture, J.P.Morgan을 비롯하여 전 세계 유수의 소프트웨어 대기업과 금융 대기업들이 다수 속해 있다. EEA의 실무진은 현재 Enterprise Ethereum Architecture Stack을 정의하고 있는데, 이 스택 자체는 EEA의 전체적인 표준 기반 명세를 작성하는 지침이 될 것이다.

EEA의 명세서는 이더리움의 블록체인을 사업 목적으로 사용하는 표준적인 방식을 정의하는 데 도움을 줄 것이다. 그러나 이더리움의 코드 기반이 오픈소스이기 때문에, 기업용 응용 프로그램을 작성하기 위해 반드시 EEA의 명세를 따라야 하는 것은 아니다. 이더리움의 코드 기반은 그 어떤 방식으로도 사용할 수 있다.

EEA에 관한 좀 더 자세한 정보는 https://entethalliance.org에서 볼 수 있다.

7.4.1 이더리움의 사용권

이더리움 재단(Ethereum Foundation)에 따르면, 이더리움은

> "오픈소스(open-source) 소프트웨어이자 자유 소프트웨어 재단(FSF)의 정의를 따르는 자유
> (free) 소프트웨어(소위 FLOSS)이다."

현실적으로, 이더리움 기술 스택을 구성하는 여러 구성요소의 사용권(license)은 현재 통일되어 있지 않으며, 이후에도 그럴 것이다. 합의 엔진, 네트워킹 코드, 지원 라이브러리를 포함한 스택의 핵심 부분은 아직 사용권이 결정되지 않았지만, 아마도 MIT나 MPL, LGPL 사용권을 따를 것으로 예상한다. 언급한 세 사용권 중 첫째 것은 관대하지만 나머지 둘은 다소 제한적임을 기억하기 바란다. MPL이나 LGPL에서는 사용자가 수정본을 상업적 용도로 배포하는 데 제약이 따르기 때문에, 기업이 코드를 사용하는 방식에 제한이 가해질 가능성이 있다.

사용권이 결정되면 발생할 수 있는 잠재적인 제약들과는 무관하게, 기업 중심적인 이더리움 구현들이 이미 여럿 만들어졌다. Quorum(J.P.Morgan이 만들었다)과 Monax가 좋은 예이다. 이번 장에는 Quorum에 기초한 예제 프로젝트가 나온다.

7.5 서비스로서의 블록체인

서비스로서의 블록체인(Blockchain-as-a-Service, **BaaS**)은 고객이 널리 알려진 블록체인 공공망에 자신만의 클라이언트 노드들을 만들어서 운영하거나 고객만을 위한 사설망을 만들어서 사용 또는 시험해 볼 수 있게 하는 서비스를 말한다. 이러한 서비스들은 클라우드^{cloud}에서 작동한다. 서비스로서의 블록체인이라는 이름은 서비스로서의 소프트웨어(Software-as-a-Service, **SaaS**) 모형을 빗댄 것이다. 현재 대형 클라우드 컴퓨팅 공급 업체들이 BaaS를 제공하고 있다. 몇 가지 예를 들면 다음과 같다.

- Microsoft의 Azure^{애저}는 사용자가 응용 프로그램을 클라우드에 손쉽게 배치하고 관리할 수 있게 하는 서비스이다. 현재 Azure는 이더리움, 하이퍼레저(이 책의 제10장에서 다룬다), R3의 Corda를 위한 템플릿들을 제공한다(https://azure.microsoft.com/en-gb/solutions/blockchain/ 참고).

- Amazon의 AWS도 Azure와 아주 비슷한 서비스이다. AWS도 AWS Blockchain Templates(https://aws.amazon.com/blockchain/templates/)를 통해서 이더리움과 하이퍼레저를 위한 템플릿들을 제공한다.

- 그밖에 IBM, HP, Oracle도 이와 비슷한 서비스들을 제공한다.

7.6 Quorum

Quorum^{쿼럼}(https://www.jpmorgan.com/global/Quorum)은 이더리움 코드 기반을 기업 활동에 맞게 파생(포크)한 것으로, 특히 금융 업무에 초점을 둔 사설 블록체인 기반구조를 제공한다. Quorum을 만든 J.P.Morgan은 사업을 위해 꼭 필요하지만 공공망이 제공하지 못하는 세 가지 요건을 Quorum이 제공한다고 주장한다. 세 가지 요건은 다음과 같다.

- 거래와 계약 자료의 개인정보보호

- 더 높은 성능과 처리량

- 권한 허가 및 관리

7.6.1 개인정보보호

거래 및 계약 자료의 개인정보보호는 Quorum이 가장 강조하는 특징이다. Quorum은 이더리움의 기존 거래 모형을 최대한 활용해서(거래 모형을 완전히 새로 정의하는 것이 아니라) 개인정보보호 기능을 구현한다.

Quorum에서도 공공 거래 및 공공 스마트 계약은 네트워크의 누구나 볼 수 있으며, 이더리움의 기존 기반구조에서 처리된다. 공공 거래와 공공 스마트 계약에 한해서는 Quorum과 이더리움의 차이가 없다. 대신 Quorum의 거래를 '비공개(private)' 거래로 정의해서 오직 거래 당사자들만 그 거래를 볼 수 있게 만드는 기능을 제공한다.

이러한 개인정보보호 기능은 공개 키 암호화에 근거한다. 좀 더 구체적으로 말하면, 비공개 거래를 만들 때는 privateFor라는 Quorum 고유의 거래 매개변수에 거래 수신자의 공개 키를 설정하고, 그 공개 키를 이용해서 거래의 내용을 암호화한다. 따라서 거래의 내용은 오직 수신자의 개인 키로만 해독할 수 있다.

7.6.2 더 높은 성능과 처리량

사설 컨소시엄 블록체인은 모든 사용자에게 완전히 열려 있는 것이 아니라 인증된 특정 참가자들에게만 열려 있다. 따라서, 사용자들이 서로를 신뢰하지 않은 블록체인에서 흔히 쓰이는 합의 알고리즘(이더리움 주 네트워크의 경우 작업 증명)을 굳이 고집할 필요가 없다.

이를 위해 Quorum은 합의 알고리즘을 플러그인 방식으로 손쉽게 변경할 수 있는 기능을 제공한다. 현재 사용 가능한 합의 알고리즘은 다음 두 가지이다.

- **Raft 기반 합의**: 합의에 훨씬 빨리 도달할 수 있다는 장점이 있는 알고리즘으로, 블록 시간이 수 초 규모가 아니라 수 밀리초 규모이다. 또한, 거래 완결성(transaction finality), 즉 일단 거래가 블록에 저장되면 블록에서 거래를 제거할 수 없는 성질을 보장한다. 작업 증명 알고리즘과의 또 다른 차이점은, 이 합의 알고리즘에서는 블록에 추가될 거래가 있는 경우에만 블록이 생성된다는 것이다. 반면 이더리움의 주 네트워크는 거래가 없어도 빈 블록이 생성된다.

- **이스탄불 비잔틴 장애 허용**(Istanbul Byzantine fault tolerance, IBFT): 기존 PBFT에서 영감을 얻은 알고리즘으로, 역시 블록 시간이 짧고 거래 완결성을 제공한다. 좀 더 자

세한 세부사항은 EIP-650(`https://github.com/ethereum/EIPs/issues/650`)에 있으니 참고하기 바란다.

7.6.3 권한 허가와 관리

Quorum의 세 번째 장점은 특정 노드들만 네트워크에 참여할 수 있게 하는 권한 허가 기능이다. 이를 위해 Quorum은 들어오는 연결과 나가는 연결이 허용되는 원격 노드들을 화이트리스트로 관리한다. 이번 장의 실습 예제에서 이를 이용한 권한 관리를 실제로 체험해 볼 것이다.

7.6.4 Quorum 클라이언트

개괄적인 관점에서 하나의 Quorum 클라이언트는 다음과 같은 요소들로 구성된다.

- **Quorum Node**: Quorum 블록체인에 참여하는 노드로, 이더리움의 Geth 클라이언트를 수정한 소프트웨어이다.[2]
- **Constellation**: Constellation은 정보를 안전한 방식으로 전달하기 위한 범용 시스템이다. Constellation 자체는 다음 도식에서 보듯이 **Transaction Manager**와 **Enclave**라는 구성요소로 이루어져 있다.

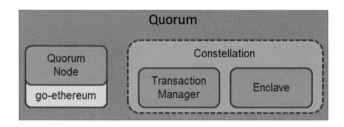

7.6.4.1 Quorum Node

Quorum Node는 이더리움의 Geth 클라이언트를 다음과 같이 수정한 것이다.

- 이더리움의 작업 증명 합의 알고리즘 대신 다른 알고리즘을 사용할 수 있게 했다. 현재 사용할 수 있는 알고리즘은 앞에서 언급한 두 가지이다.

---

2 이하에서 Quorum 네트워크를 구성하는 일반적인 의미에서의 노드는 'Quorum 노드'로, 그러한 노드를 실행하는 특정한 클라이언트 소프트웨어인 Quorum Node는 영문 그대로 'Quorum Node'로 표기한다.

- 아무나 네트워크에 연결할 수 있는 것이 아니라 인증된 노드들만 네트워크에 연결할 수 있도록 P2P 프로토콜을 수정했다.

- 공공 상태와 사설 상태들을 개별적인 두 패트리샤 머클 트리로 관리하도록 이더리움의 상태 관리 및 저장 방식을 수정했다.

- 공개 거래뿐만 아니라 비공개 거래도 처리하도록 블록 검증 기능을 수정했다.

- 가스 가격 메커니즘을 제거했다. 그러나 가스라는 개념은 여전히 쓰인다.

간단히 말해서 Quorum Node는 공개 거래와 비공개 거래 모두 처리할 수 있도록 수정된 Geth이다.

7.6.4.2 Constellation

Constellation은 시스템의 각 노드가 분산 키 서버이자 **메일 전송 에이전트**(mail transfer agent, **MTA**)로 작용하는 일종의 P2P 시스템이다. 각 노드는 PGP 암호화를 이용해서 메시지를 암호화한다. Quorum 시스템에서 비공개 거래는 Constellation의 메시지 암복호화 기능에 의존한다. Constellation 자체는 Transaction Manager와 Enclave라는 두 부분으로 구성된다.

Transaction Manager는 거래 자료를 안전하게 저장함으로써, 그리고 거래 자료를 다른 노드의 Transaction Manager 인스턴스와 안전하게 교환함으로써 거래의 기밀성을 보장한다. 그런데 Transaction Manager 자체는 암호화에 필요한 개인 키에 접근하지 못한다. 개인 키의 관리는 Enclave가 담당한다. Enclave의 임무는 키 생성과 거래 자료의 암호화이다. 이름이 암시하듯이,[3] 이런 작업들을 개별적인 모듈이 처리하는 덕분에 민감한 연산이 격리된다.

7.6.5 예제 프로젝트

Quorum의 개인정보보호 특성을 살펴보기 위해, Quorum이 제공하는 작은 예제에 기초해서 소규모 사설망을 만들어 보기로 하자. 이 실습 예제를 통해, 노드들이 의사소통하는 방식과 비공개 거래를 네트워크에 공표하되 오직 의도된 수신자들만 그 거래에 접근할 수 있게 하는(스마트 계약과의 상호작용 범위 안에서) 방법을 배우게 될 것이다.

---

3 영어 단어 enclave에는 큰 영역으로 둘러싸인 작은 격리 영역(소수 민족 거주지 같은)이라는 의미가 있다.

7.6.5.1 사전 준비

예제 사설망을 실제 네트워크에 구축하는 것도 가능하지만, 손쉽게 설치하고 실행 또는 중지할 수 있는 격리된 환경 안에 구축하는 것이 더 깔끔할 것이다.

우선 다음과 같은 소프트웨어를 설치하기 바란다.

- **VirtualBox**: https://www.virtualbox.org/wiki/Downloads
- **Vagrant**: https://github.com/hashicorp/vagrant

VirtualBox는 유명한 가상화 응용 프로그램이다. 이것을 이용해서 예제 사설망을 하나의 가상 기계(VM) 안에서 실행한다. Vagrant는 환경을 손쉽게 구성, 설정하는 데 쓰이는 도구로, 이를 이용해서 사설망을 손쉽게 초기화하고 실행할 수 있다. 두 소프트웨어를 설치했다면, Quorum 예제를 설치하는 단계로 넘어가자.[4]

우선, Quorum의 GitHub 저장소에서 예제 코드를 내려받아야 한다. Git을 아직 설치하지 않았다면 https://git-scm.com/downloads를 참고해서 지금 설치하기 바란다.

```
$ git clone https://github.com/jpmorganchase/quorum-examples
$ cd quorum-examples
```

quorum-examples/ 디렉터리에는 Vagrantfile이라는 파일이 있다. Vagrant를 실행하면 Vagrant는 이 파일을 읽어서 작업을 진행한다. quorum-examples/의 Vagrantfile에는 사설망을 위한 VirtualBox VM의 옵션들이 정의되어 있는데, 그 옵션 중에는 네트워크의 각 노드의 포트 번호들이 포함된다. quorum-examples/ 디렉터리에는 또한 vagrant/bootstrap.sh라는 스크립트가 있는데, 이것을 실행하면 노드 실행을 위한 소프트웨어가 생성된다.

이제 다음 명령을 실행하면 새로운 VirtualBox VM이 생성되고 Vagrantfile 파일에 따라 설정된다.

```
$ vagrant up
```

---

4 참고로, VirtualBox나 VMWare 등을 이용해서 우분투 VM으로 예제를 실행해 온 독자라면, 우분투 VM 안에서 또다시 VirtualBox를 설치할 필요 없이 윈도우용 VirtualBox와 윈도우용 Vagrant를(그리고 git 등도) 설치한 후 명령 프롬프트 창에서 예제를 따라 하면 된다.

VM을 처음 생성하고 설정하는 데 5~10분 정도 걸릴 것이다. `Vagrantfile`에는 VM에서 실행될 운영체제 이미지(지금 예제의 경우에는 우분투 Xenial 이미지)가 정의되어 있다. 그 이미지를 내려받는 데 시간이 좀 걸린다. 나중에 VM을 다시 실행할 때도 이 명령을 실행하면 되는데, 그때는 지금보다 VM이 훨씬 빨리 실행될 것이다. 생성과 설정이 끝나면 VM이 실행된다. 새 환경과 상호작용하기 위해서는 SSH를 통해서 VM에 연결해야 한다. 명령줄에서 다음을 실행하기 바란다.[5]

```
$ vagrant ssh
```

생성된 VM 인스턴스에는 이번 장의 실습 예제에서 사용할 이더리움 네트워크가 미리 정의되어 있다. 이 네트워크의 파일들은 VM의 quorum-examples/7nodes/ 디렉터리에 있는데, 이름에서 짐작하듯이 이 네트워크는 총 일곱 개의 노드로 구성된다.

7.6.5.2 네트워크 시작

VM 인스턴스의 quorum-examples/examples/7nodes/ 디렉터리에는 네트워크를 실행하고 운영하는 데 쓰이는 여러 개의 스크립트가 있다. 이들을 차례로 살펴보자.

우선, raft-init.sh는 처음에 한 번만 실행하는 스크립트이다. 이 스크립트는 다음과 같은 작업을 수행한다.

- 각 노드에 대해 `geth init --datadir qdata/dd<x> genesis.json`을 실행해서 해당 Quorum Node를 초기화한다. 여기서 `<x>`는 노드의 번호이다. 모든 노드에 대해 동일한 최초 블록 설정 파일(genesis.json)을 사용하므로, 모든 노드는 같은 네트워크에 참여한다.

- 각 노드에 대해 키 쌍을 생성하고 키들을 해당 qdata/dd<x>/keystore 디렉터리에 저장한다.

quorum-examples/7nodes/ 디렉터리에서 다음 명령을 실행하기 바란다.

```
$ ./raft-init.sh
```

---

5 특별한 언급이 없는 한, 이후의 명령들은 모두 SSH 세션에서(즉, VM 인스턴스의 터미널에서) 실행해야 한다. 또한, 명령의 성격에 따라서는 sudo를 이용해야 할 수도 있음을 주의하기 바란다.

다음으로, raft-start.sh는 네트워크의 실행을 적절히 시작하는 스크립트이다. 이 스크립트는 각 노드에 대해 다음과 같은 작업을 수행한다.

- 적절한 매개변수들로 Geth 클라이언트를 실행한다. 결과적으로 각 노드에서 Quorum Node가 실행된다.
- constellation-start.sh 스크립트를 실행해서 Constellation 구성요소를 실행한다. 결과적으로 각 노드에는 적절한 qdata/c<x> 디렉터리가 생성되고, Transaction Manager의 키들이 적절한 장소에 생성된다.

같은 디렉터리에서 다음을 실행하기 바란다.

```
$ ./raft-start.sh
```

모든 작업이 완료되면 다음과 같은 메시지가 출력될 것이다.

```
All nodes configured. See 'qdata/logs' for logs, and run e.g. 'geth attach qdata/
dd1/geth.ipc' to attach to the first Geth node.
```

이제 네트워크가 실행 중인 상태이다. 다음은 네트워크의 일곱 노드 중 세 개를 표시한 도식인데, 각 노드의 **Quorum Node** 부분은 Geth의 P2P 프로토콜을 통해서 서로 연결되고, **Transaction Manager**들은 **Constellation**을 통해서 연결된다.

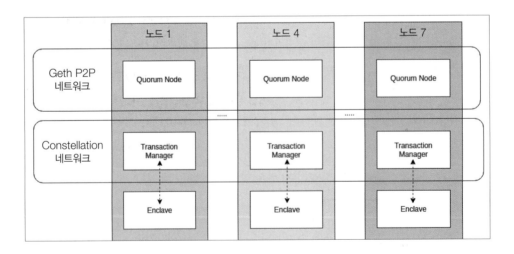

네트워크를 내려야 할 때는 같은 디렉터리의 세 번째 스크립트 stop.sh를 실행하면 된다.

7.6.5.3 네트워크와 상호작용

둘째 단계에서 Geth 클라이언트들을 실행하는 과정에서 각 노드의 자료 디렉터리(qdata/dd<x>)에 IPC 종점(endpoint)들도 생성된다. 이 종점들을 이용해서 각 노드에 접속할 수 있다. 그럼 세 개의 노드에 실제로 접속해 보자. 호스트 컴퓨터에서 터미널을 세 개 더 띄운 후, 각 터미널에서 quorum-examples/ 디렉터리로 가서 vagrant ssh를 호출해서 VM에 접속하기 바란다.

이제 각 터미널의 SSH 세션에서 Geth의 attach 명령을 이용해서 노드에 접속한다. 예를 들어 노드 1에 접속하려면 다음 명령을 실행하면 된다.

```
$ geth attach qdata/dd1/geth.ipc
```

그러면 이전에 사용해 본 적이 있는 JavaScript 콘솔이 나타난다. 이제 여기서 JavaScript를 이용해서 노드와 상호작용하면 된다. 이번 장의 실습 예제는 노드 1, 4, 7을 사용하므로, 노드 4와 7에 대해서도 마찬가지 방식으로 JavaScript 콘솔을 열기 바란다.

7.6.5.4 네트워크 시험

네트워크가 잘 작동하는지 시험하기 위해, Quorum 예제에 포함된 스마트 계약 simplestorage.sol에 대해 두 가지 단위 검사를 실행해 보겠다. 이 계약의 정의는 다음과 같다.

```solidity
pragma solidity ^0.4.15;

contract simplestorage {
    uint public storedData;

    function simplestorage(uint initVal) {
        storedData = initVal;
    }

    function set(uint x) {
        storedData = x;
    }

    function get() constant returns (uint retVal) {
        return storedData;
    }
}
```

이 계약은 외부에서 읽고 쓸 수 있는 하나의 상태 변수를 가진 아주 간단한 스마트 계약이다. 먼저 이 계약을 공개 계약으로 네트워크에 배치한 후 모든 노드가 이 계약과 상호작용할 수 있는지 검사하고, 그런 다음에는 이 계약을 네트워크의 두 노드만 접근할 수 있는 비공개 계약으로 다시 배치해서 같은 검사를 수행한다.

> **NOTE** 이 계약이 Solidity의 예전 버전인 0.4.15로 컴파일하도록 지정되어 있음을 주목하기 바란다. 이는, 이 글을 쓰는 현재 Solidity의 이후 버전들이 Quorum과 문제가 있기 때문이다(https://github.com/jpmorganchase/quorum/issues/371 참고).[6]

계약을 배치할 때는 runscript.sh 스크립트를 이용해서 두 스크립트 중 하나를 실행한다.

- public-contract.js
- private-contract.js

Quorum 예제에 포함된 이 두 스크립트는 web3을 이용해서 계약을 배치하는 데 필요한 ABI와 바이트코드에 대한 참조들을 담고 있다. 두 스크립트의 내용을 살펴보면 ABI들과 바이트코드들이 같음을 알 수 있는데, 사실 같은 계약을 배치하므로 당연한 일이다. 둘의 차이는 계약을 공개로 배치하느냐 비공개로 배치하느냐 뿐이다.

public-contract.js는 다음과 같은 코드를 사용해서 계약을 배치한다.

```
var simple = simpleContract.new(42, {from:web3.eth.accounts[0],
    data: bytecode, gas: 0x47b760}, function(e, contract) { ... }
```

반면 private-contract.js는 다음과 같은 코드를 사용한다.

```
var simple = simpleContract.new(42, {from:web3.eth.accounts[0],
    data: bytecode, gas: 0x47b760, privateFor:
    ["ROAZBWtSacxXQrOe3FGAqJDyJjFePR5ce4TSIzmJ0Bc="]},
    function(e, contract) { ... });
```

---

6 현재는 이 문제가 해결되었으며, 예제 계약의 컴파일러 버전 명세가 ^0.5.0으로 바뀌었다.

두 경우 모두, simple 변수는 새로 배치된 계약을 가리킨다. 생성자의 인수로는 42를 사용하고, 계약을 배치하는 계정으로는 노드 1의 첫 계정을 사용한다. 둘의 차이는, 비공개 계약을 배치하는 경우 privateFor 매개변수를 지정한다는 것이다. 이렇게 하면 계약을 배치하는 데 쓰이는 거래가 비공개 거래가 되어서, 이 계약의 소유자(계약을 배치한 계정)와 privateFor로 지정된 공개 키의 소유자만 거래에 접근할 수 있다.

이 공개 키의 소유자가 누구인지 알고 싶다면 각 노드의 Constellation의 Transaction Manager에 담긴 키들을 점검해 보면 된다. 다음과 같이 공개 키 파일들(tm<x>.pub)을 조사해 보면 이 공개 키가 노드 7의 것임을 알 수 있다. 따라서 이 계약에는 노드 1(계약을 배치한 노드)과 노드 7만 접근해서 계약의 자료를 읽고 쓸 수 있다.

```
$ cat examples/7nodes/keys/tm7.pub
ROAZBWtSacxXQrOe3FGAqJDyJjFePR5ce4TSIzmJ0Bc=
```

공개 계약의 배치

그럼 주 SSH 세션에서 적절한 스크립트를 실행해서 공개 계약을 배치해 보자. 다음처럼 runscript.sh로 public-contract.js를 실행하면 된다. 노드 접속을 runscript.sh가 처리해 주므로 따로 geth 명령을 사용할 필요는 없다.

```
$ ./runscript.sh public-contract.sh
```

공개 계약이 배치되었으니, 이제 모든 노드가 이 계약과 상호작용할 수 있는지 점검해 볼 차례이다. 이를 위해서는 각 노드가 계약의 ABI와 주소를 알아야 한다.

계약의 주소는 앞의 명령에서 출력된 거래 해시를 이용해서 알아낼 수 있다. 앞에서 geth attach 명령으로 띄운 JavaScript 콘솔 중 하나에서 다음을 실행하면 거래의 세부 정보가 출력된다.

```
> eth.getTransactionReceipt("<거래 해시>");
```

출력 중 contractAddress 필드의 값이 계약의 주소이다. 이후 사용하기 편하도록, 다음과 같은 형태의 명령으로 이 값을 하나의 변수에 담아 두자.

```
> var address = "<계약 주소>";
```

계약의 ABI는 public-contract.sh 스크립트에 있다. 이 값 역시 편의를 위해 변수에 배정해 두기로 한다.

```
> var abi = [{"constant":true,"inputs":[],"name":"storedData","outputs":[{"name"
:"","type":"uint256"}],"payable":false,"type":"function"},{"constant":false,"inp
uts":[{"name":"x","type":"uint256"}],"name":"set","outputs":[],"payable":false,"
type":"function"},{"constant":true,"inputs":[],"name":"get","outputs":[{"name":"
retVal","type":"uint256"}],"payable":false,"type":"function"},{"inputs":[{"name"
:"initVal","type":"uint256"}],"type":"constructor"}];
```

이제 이 값들을 이용해서, 배치된 공개 계약을 참조하는 객체를 얻는다.

```
> var public_contract = eth.contract(abi).at(address);
```

이상의 과정을 앞에서 접속한 각 노드에 대해 반복하기 바란다. 지금 목표는 모든 노드에서 상태 변수 storedData에 접근할 수 있는지 확인하는 것이다. 앞에서 보았듯이, 계약의 get 메서드는 storedData의 값을 돌려준다.

노드 1에 접속된 JavaScript 콘솔에서 다음을 실행하면 예상대로 42가 출력된다.

```
> public_contract.get()
42
```

노드 4와 7의 콘솔에서도 이 명령을 실행해서 42라는 결과가 출력되는지 확인하기 바란다. 배치 과정에서 계약을 공개로 설정했기 때문에(좀 더 정확하게는, 비공개로 설정하지 않았기 때문에), 모든 노드에서 계약의 상태 변수를 읽을 수 있다.

비공개 계약의 배치

이번에는 비공개로 배치된 계약의 자료를 모든 노드가 읽을 수 있는지, 아니면 허가된 특정 노드들만 읽을 수 있는지 점검해 보자.

먼저, VM의 터미널(JavaScript 콘솔이 아닌)에서 다음 명령을 실행해서 계약을 비공개로 배치한다.

```
$ ./runscript.sh private-contract.js
```

그런 다음, 각 노드에 대해 다음과 같은 과정(앞에서 한 것과 같다)을 실행한다.

1. 비공개 계약 배치 스크립트의 출력에서 계약의 주소를 찾는다.

2. JavaScript 콘솔에서 그 주소를 address 변수에 배정한다.

3. private-contract.js 파일의 ABI(abi 변수에 배정된 값)를 JavaScript 콘솔의 abi 변수에 배정한다. (지금 예제에서 공개 계약과 비공개 계약의 ABI가 동일하므로, 앞에서 사용하던 JavaScript 콘솔을 계속 사용하고 있다면 이 단계는 생략해도 된다.)

4. 주소와 ABI를 이용해서 계약 참조 객체를 얻는다.

```
> var private_contract = eth.contract(abi).at(address);
```

이제 Quorum의 개인정보보호 기능을 시험할 준비가 되었다. 노드 1과 7에서는 해당 상태 변수의 값을 실제로 읽을 수 있다.

```
> public_contract.get()
42
```

그러나 노드 4(또는, 1과 7 이외의 모든 노드)에서는 다음처럼 0이라는 기본값이 출력되는데, 이는 해당 상태 변수에 접근할 수 없음을 뜻한다.

```
> public_contract.get()
0
```

이렇게 해서, 계약 배치 시 privateFor 옵션을 이용해서 네트워크 안의 자료를 비공개로 만드는 Quorum의 기능을 시험해 보았다.

7.6.5.5 네트워크 접근 권한 관리

누구나 참여할 수 있는 공공망과는 달리 Quorum의 네트워크에는 명시적인 권한 허가 시스템이 포함되어 있다. 이 시스템을 이용하면 네트워크로 들어오는(inbound) 연결이 허용되는 노드들을 명시적으로 지정할 수 있으며, 네트워크 안에서의 노드들의 연결 허용 권한도 명시적으로 지정할 수 있다.

이 예제의 네트워크에서 화이트리스트[whitelist], 즉 연결 허용 노드들의 목록은 permissioned-nodes.json 파일에 들어 있다. 화이트리스트는 다음과 같은 형태의 배열이다.

```
[
"enode://ac6b1096...@127.0.0.1:21000?discport=0&raftport=50401",
"enode://0ba6b9f6...@127.0.0.1:21001?discport=0&raftport=50402",
"enode://579f786d...@127.0.0.1:21002?discport=0&raftport=50403",
"enode://3d9ca595...@127.0.0.1:21003?discport=0&raftport=50404",
"enode://3701f007...@127.0.0.1:21004?discport=0&raftport=50405",
"enode://eacaa74c...@127.0.0.1:21005?discport=0&raftport=50406",
"enode://239c1f04...@127.0.0.1:21006?discport=0&raftport=50407"
]
```

네트워크를 처음 설정할 때, raft-init.sh 스크립트는 이 화이트리스트를 각 노드의 자료 디렉터리(qdata/dd<x>/)에 복사한다. 이후 raft-start.sh는 각 노드를 시작할 때 --permissioned 옵션을 지정하며, 그러면 노드 시작 스크립트는 permissioned-nodes.json 파일을 읽어서 노드들의 권한을 설정한다. 화이트리스트에 포함된 모든 노드는 서로 연결할 수 있다.

권한 관리 시스템을 시험해 보기 위해, 노드 중 하나를 화이트리스트에서 제거한 후 그 노드에서 네트워크의 다른 노드들에 연결할 수 있는지 확인해 보자. 우선 VM의 터미널(vagrant ssh로 실행한 SSH 세션)에서 다음 명령을 실행해서 네트워크를 중지한다.

```
$ ./stop.sh
```

다음으로, 각 노드의 자료 디렉터리에서 해당 JSON 파일들을 삭제한다.

```
$ rm qdata/dd*/static-nodes.json
$ rm qdata/dd*/permissioned-nodes.json
```

그런 다음, 텍스트 편집기로 permissioned-nodes.json의 원본에서 노드 6에 대한 행을 삭제하기 바란다. 그런 다음 ./raft-init.sh로 네트워크를 다시 초기화하고, ./raft-start.sh로 네트워크를 실행한다.

이제 노드 1에 접속해서(geth attach qdata/dd1/geth.ipc) 활성 연결들을 확인해 보자.

```
> admin.peers
```

출력을 살펴보면 노드 6이 없음을 알 수 있을 것이다. 이는 노드 6이 다른 노드들에 연결할 수 없으며, 다른 노드들도 노드 6에 연결할 수 없음을 뜻한다. 이렇게 해서 Quorum의 네트워크 접근 권한 기능이 잘 작동함을 확인해 보았다.

7.7 요약

비교적 짧은 이번 장에서는 가상 환경 안에 사설 Quorum 네트워크를 구축하는 방법을 설명하고, Quorum 노드의 공개 키를 이용해서 거래를 비공개로 만드는, 즉 특정 노드들만 거래의 자료(구체적으로는, 스마트 계약의 상태 변수)에 접근할 수 있게 만드는 방법을 살펴보았다. 마지막으로는 화이트리스트와 --permissioned 옵션을 통해서 네트워크 접근 권한을 관리하는 방법도 간략히 소개했다.

## 제8장

ICO 구현

가상화폐공개라고도 하는 **ICO**(Initial Coin Offering; 초기 코인 제공)는 새로운 암호화폐를 개발하는 조직이 프로젝트 자금을 모으려고 벌이는 행사로, 이 행사에서 사람들은 기존 암호화폐(실제로 유통되며 실질적인 가치가 있는)를 프로젝트팀에게 주고 새 암호화폐를 받는다. 비유하자면 ICO는 프로젝트를 위한 소위 크라우드펀딩^{crowd funding}을 탈중앙화된 방식으로 손쉽고 빠르게 진행하는 것이라 할 수 있다.

이름이 암시하듯이 ICO는 IPO(기업공개)와 비슷하다. 다만, 참가자들이 주식이나 지분이 아니라 가상화폐의 코인 또는 토큰을 받는다는 점이 다르다. 논의의 간결함을 위해 이번 장의 실습 예제에서는 ICO를 공개적인 토큰 판매(token sale)와 같은 것으로 간주하지만, ICO와 토큰 판매가 다른 것이라는 의견도 있다는 점을 기억하기 바란다.

이번 장에서는 이더리움에서 ICO를 실행하는 구체적인 과정을 자세히 살펴본다. 금융과 관련된 ICO의 좀 더 넓은 측면들은 다루지 않는다. 특히, 이번 장에서 다음과 같은 주제는 전혀 논의하지 않는다.

- 여러분의 프로젝트에 ICO가 필요한지 판단하는 방법

- 어떤 ICO에 투자하면 좋을까?

- ICO에 규제가 필요한가? ICO는 어떤 금융 상품에 속할까?

8.1 ICO란 무엇인가?

이더리움에서 하나의 ICO가 진행되는 과정은 간단하다. 참가자들은 ICO를 위해 만들어진 특별한 스마트 계약에 자신의 이더를 전송하고, 그 대가로 그에 상응하는 가치만큼의 토큰들을 받는다. 토큰의 가치(가격)는 토큰 판매 시작 시점에서 고정된다.

이더리움에서 하나의 토큰은 그냥 스마트 계약에 저장된 하나의 잔액(balance), 즉 하나의 수치이다. 단, 이 수치는 소유자의 지갑 주소와 연관된다. 따라서 주어진 한 주소에 연관된 토큰 개수를 저장할 수만 있으면 토큰을 구현할 수 있다. Solidity에서는 그냥 다음과 같은 매핑 자료 구조를 사용하면 된다.

```
mapping (address => uint256) balances;
```

토큰은 사용자의 지갑 안에 저장되는 어떤 것이 아니며, 다른 장소로 이동할 수 있는 것도 아니라는 점을 주의하기 바란다. 사용자의 지갑에 표시되는 토큰은 그냥 지갑이 블록체인에 있는 토큰 계약에서 조회한, 지갑 계정 주소와 연관된 하나의 수치(잔액)이다. 마찬가지로, 사용자가 자신의 지갑에서 토큰 하나를 다른 주소로 보내는 것은 실제로는 지갑이 토큰 계약과 상호작용해서 전송 주소와 수신 주소의 해당 토큰 잔액을 조정하는 것일 뿐이다.

ICO를 위해서는 새 토큰을 정의하는 스마트 계약뿐만 아니라 토큰 판매 방식 자체를 정의하는 스마트 계약도 필요하다. 후자의 계약은 토큰 판매가 진행 중일 때만 필요하다. 이 계약은 이더를 토큰으로 교환하는 작업을 담당하며, 판매 기간이나 새 토큰의 가격 같은 변수들을 정의한다.

마지막으로, 사용자가 ICO 계약과 직접 상호작용하는 것도 가능하겠지만, ICO를 진행하는 프로젝트들은 거의 항상 사용자가 좀 더 사용하기 편한 웹페이지 형태의 인터페이스를 제공한다.

이상의 맥락에서, 이번 장에서는 다음과 같은 주제들을 실습 예제와 함께 다룬다.

- 예제 프로젝트 설정
- 토큰 계약 작성
- 토큰 판매 계약 작성

- 계약의 보안

- 코드 검사

- 계약들을 시험망에 배치

- Etherscan에서 계약 확인

- 사용자를 위한 앞단 웹사이트 작성

그리고 이번 장의 끝에서는 이번 장에서 한 일들을 요약하고 추가로 해볼 만한 일들을 제시한다.

8.2 프로젝트 설정

우선 할 일은 여러분이 예제 프로젝트를 스스로 구축하고 시험해 보는 데 필요한 환경부터 준비하는 것이다. 이번 장의 예제 프로젝트는 제4장 **이더리움을 이용한 P2P 경매**와 제5장 **Truffle과 Drizzle을 이용한 톤틴 게임**에서 소개한 Solidity 언어와 Truffle 프레임워크를 사용한다. 또한, 이하의 설명은 여러분이 Linux 기반 운영체제를 사용하며 명령줄 인터페이스(터미널)에 익숙하다고 가정한다.

아직 Truffle을 설치하지 않았다면 터미널에서 다음 명령을 실행해서 설치하기 바란다.

```
$ npm install -g truffle
```

> **NOTE** 그밖에 필요한 여러 패키지와 Truffle에 국한된 문제 해결 정보는 공식 문서 `https://truffleframework.com/docs/truffle/getting-started/installation`을 참고하기 바란다.

다음으로, 프로젝트 디렉터리를 생성하고 그곳으로 들어간다.

```
$ mkdir PacktCoin
$ cd PacktCoin
```

마지막으로, 다음 명령을 실행해서 Truffle 프로젝트를 초기화한다. 그러면 제5장에서 소개한 디렉터리 구조를 가진 빈 Truffle 프로젝트가 만들어진다.

```
$ truffle init
```

이제 프로젝트 환경이 갖추어졌다. 그럼 토큰 자체를 정의하는 스마트 계약으로 시작하자.

8.3 토큰 계약

이번 장 도입부에서 언급했듯이, 주소를 토큰 잔액과 연관시키는 기능을 갖추기만 한다면 어떤 스마트 계약도 토큰 계약이 될 수 있다. 그렇지만 토큰 계약 개발자가 사용할 수 있는 표준 토큰 구현들도 존재한다. 이 표준 구현들은 계약과의 상호작용을 위한 간단하고도 일관된 인터페이스를 제공하기 때문에, 지갑(이더리움 클라이언트)들은 연동 코드를 한 번만 구현해도 다양한 종류의 토큰을 조회할 수 있게 된다.

토큰 표준은 **ERC**(Ethereum Request for Comments) 문서의 형태로 정의되고 **EIP**(Ethereum Improvement Proposal) 과정을 통해서 공식화된다. 이더리움은 오픈소스 프로젝트인 만큼 누구라도 표준 구현을 이더리움 공동체에 제안하고 논의에 참여할 수 있다.

현재 다양한 토큰 표준이 존재하는데, 이번 예제에서는 가장 중요한 표준 하나를 사용한다. 한 가지 주의할 점은, 표준은 토큰 계약이 할 수 있는 일들을 규정하는 하나의 인터페이스를 정의할 뿐 그런 일들을 "어떻게" 구현해야 하는지는 정의하지 않는다는 점이다.

8.3.1 ERC-20 토큰 표준

이 예제의 토큰은 ERC-20이라는 토큰 표준을 따른다. 이 표준의 명세서는 `https://github.com/ethereum/EIPs/blob/master/EIPS/eip-20.md`에 있다.

ERC-20은 현재 가장 널리 쓰이는 이더리움 토큰 종류이다. 이 토큰 표준의 명세서에 따라 적절한 코드를 예제 토큰 계약에 추가해 나갈 것이다. 표준이 정의하는 인터페이스 요소 중에는 계약에 반드시 포함해야 하는 것들도 있고 선택적인(즉, 생략해도 되는) 것들도 있음을 주의하기 바란다.

독자가 선호하는 텍스트 편집기를 이용해서 프로젝트 디렉터리의 contracts/ 디렉터리에 PacktToken.sol이라는 이름의 파일을 만들기 바란다. 이 파일에 이 예제의 ERC-20 토큰 계약을 정의할 것이다.

파일 첫 부분에서는 Solidity 컴파일러 버전을 선언해야 한다. 이 글을 쓰는 현재 Solidity의 버전은 0.4.24이다. 다음 행을 파일에 추가하기 바란다.

```
pragma solidity ^0.4.24;
```

다음으로, 계약의 뼈대를 추가한다.

```
contract PacktToken {

}
```

그럼 ERC-20 표준 명세서를 기준으로 이 뼈대에 코드를 채워 넣어 보자.

8.3.1.1 name과 symbol(생략 가능)

제일 먼저, 토큰의 이름과 기호를 name과 symbol이라는 상태 변수로 정의한다. 이들이 필수는 아니지만, 흔히들 포함시킨다. 여기서는 원서 출판사 이름을 따서 "Packt ERC20 Token"이라는 이름과 그것을 줄인 "PET"라는 기호를 정의한다. 관련 조회 메서드(getter)가 자동으로 생성되도록 이들을 public으로 선언하기로 하자.

```
string public name = "Packt ERC20 Token";
string public symbol = "PET";
```

8.3.1.2 totalSupply 변수(필수)

이 상태 변수는 총 토큰 공급량, 즉 모든 주소의 토큰 잔액 총합이다. 컴파일 시점에서 관련 조회 메서드가 자동으로 생성되도록 이 역시 public으로 선언한다. 이 총공급량은 생성자에서 설정될 것이므로, 초기치를 정의하지 않고 그냥 선언만 해둔다.

```
uint256 public totalSupply;
```

8.3.1.3 decimals 변수(생략 가능)

EVM과 Solidity는 부동소수점 연산을 지원하지 않으므로, 정수 형식으로 실수를 표현하기 위해 흔히 고정소수점 요령을 사용한다. 이 decimals 상태 변수는 고정소수점 표현의 소수 유효자릿수를 뜻한다. 이를 통해서 소수부가 있는 토큰 개수(잔액)를 표현할 수 있다.

예를 들어 4.5001토큰을 표현한다면, 소수부 유효자릿수가 적어도 4이어야 한다. 일반적으로는 사실상 표준에 해당하는 18을 사용한다.

```
uint8 public decimals;
```

그러나 단순함을 위해 이 예제에서는 정수 토큰만 다루기로 한다. 따라서 이 계약에서는 decimals 변수를 선언만 하고 정의하지 않는다.

8.3.1.4 Transfer 이벤트(필수)

표준에 따르면, 토큰이 한 주소에서 다른 주소로 성공적으로 전송되면 토큰 계약은 반드시 Transfer라는 이벤트를 발생해야 한다. 이벤트에는 해당 거래의 전송 주소와 수신 주소 및 토큰 개수가 포함되어야 한다.

```
event Transfer(address indexed _from,
               address indexed _to,
               uint256 _value);
```

8.3.1.5 balanceOf 변수(필수)

§8.1 "ICO란 무엇인가?"에서 설명했듯이, 주어진 주소의 토큰 잔액을 저장하고 조회할 수만 있다면 그 어떤 계약이라도 토큰 계약이라고 할 수 있다(물론, 토큰이 실제로 쓸모가 있으려면 토큰을 한 주소에서 다른 주소로 전송하는 기능도 있어야 한다). Solidity에서는 다음과 같이 매핑 자료 구조를 이용해서 주소별 잔액을 저장하면 된다.

```
mapping (address => uint256) public balanceOf;
```

이전과 마찬가지로, 해당 조회 메서드가 자동으로 생성되도록 이 상태 변수를 public으로 선언했다.

8.3.1.6 transfer 메서드(필수)

이 메서드는 최소한의 토큰 구현에서 주소–잔액 매핑과 함께 꼭 필요한 요소이다. 이름에서 짐작하듯이 이 메서드는 다른 계정으로 토큰을 전송하는 역할을 한다.

```
function transfer(address _to, uint256 _value)
    public
    returns (bool success)
{
    require(balanceOf[msg.sender] >= _value);

    balanceOf[msg.sender] -= _value;
    balanceOf[_to] += _value;

    emit Transfer(msg.sender, _to, _value);
    return true;
}
```

이 메서드가 하는 일은 다음과 같다.

- 전송을 요청한 사용자가 실제로 전송을 요청한 개수만큼의 토큰을 가지고 있는지 확인한다.
- 전송자의 잔액을 요청된 개수만큼 감소하고, 수신자의 잔액을 그만큼 증가한다.
- 앞에서 언급한 이벤트를 발생한다.
- 마지막으로, 전송에 성공했다는 뜻으로 true를 반환한다. ERC-20 표준에 따르면, 전송 실패 시 이 메서드가 false를 돌려주어도 되고, 또는 예외를 발생해서 거래 자체를 철회 (revert)해도 된다. 지금 예에서는, 만일 토큰 잔액이 부족하면 해당 require()에 의해 거래가 철회된다.

8.3.1.7 생성자

모든 계약에는 생성자(constructor)가 있어야 한다. 생성자는 계약이 처음 배치될 때 한 번만 실행된다. 이 예제 계약의 생성자는 초기 총 토큰 공급량에 해당하는 수치를 받아서 그것을 계약 소유자의 토큰 잔액으로 설정한다. 이는 계약 소유자 계정으로의 토큰 전송에 해당하므로, 해당 Transfer 이벤트도 발생한다. 이런 방식이 표준이 요구하는 것은 아니지만, 사실상 표준에 해당하는 관행으로 통용된다.

```
constructor(uint256 _initialSupply) public {
    balanceOf[msg.sender] = _initialSupply;
    totalSupply = _initialSupply;
    emit Transfer(address(0), msg.sender, totalSupply);
}
```

이제 토큰에 필요한 기능은 모두 갖추어졌다. 그러나 ERC-20 표준을 완전히 준수하려면 몇 가지 추가할 것들이 있다. 다음은 지금까지 만든, 필요한 기능을 갖추었지만 표준을 완전히 준수하지는 않는 토큰 계약의 전체 소스 코드이다.

```
pragma solidity ^0.4.24;

contract PacktToken {
    string public name = "Packt ERC20 Token";
    string public symbol = "PET";

    uint256 public totalSupply;
    mapping (address => uint256) public balanceOf;

    event Transfer(address indexed _from,
                   address indexed _to,
                   uint256 _value);

    constructor(uint256 _initialSupply) public {
        balanceOf[msg.sender] = _initialSupply;
        totalSupply = _initialSupply;
        emit Transfer(address(0), msg.sender, totalSupply);
    }

    function transfer(address _to, uint256 _value)
```

```
        public
        returns (bool success)
    {
        require(balanceOf[msg.sender] >= _value);

        balanceOf[msg.sender] -= _value;
        balanceOf[_to] += _value;

        emit Transfer(msg.sender, _to, _value);

        return true;
    }
}
```

8.3.1.8 전송 위임

지금까지 설명한 기능 외에, 표준은 토큰 소유자가 자신의 토큰 전부 또는 일부의 전송을 다른 사용자에게 위임하는 수단도 정의한다. 이 경우 토큰 소유자는 스스로 토큰들을 전송하는 대신 다른 계정에 전송 권한을 부여한다. 이 기능 덕분에 증권 시장의 주식 중개인(브로커)에 비유할 수 있는 토큰 거래 중개자가 가능해지며, 좀 더 일반화하자면 토큰을 받고 어떤 서비스를 제공하는 스마트 계약을 만들 수 있게 된다.

그럼 표준이 요구하는 전송 위임 기능을 위해 토큰 계약에 추가해야 할 요소들을 차례로 살펴보자.

8.3.1.9 allowance 변수(필수)

토큰 소유자는 하나가 아니라 다수의 계정에 전송을 위임할 수 있다. 예를 들어 앨리스는 밥과 캐럴 모두에게 자신의 계정에 있는 토큰을 전송할 권한을 부여할 수 있으며, 필요하다면 더 많은 계정에 전송 권한을 위임할 수 있다. ERC-20 표준을 따르는 토큰 계약은 그런 위임 계정들을 관리할 수 있어야 한다. 이를 위해 다음과 같이 중첩된 매핑 형식의 **allowance**라는 변수를 선언한다.

```
mapping(address => mapping(address => uint256)) public allowance;
```

바깥쪽 매핑은 토큰 소유자 계정의 주소를 안쪽 매핑에 연관시킨다. 안쪽 매핑은 권한을 위임받은 계정(즉, 앨리스 대신 토큰을 전송하도록 허가된 계정)의 주소를 그 계정이 대신 전송할수 있는 최대 토큰 잔액과 연관시킨다.

이전의 상태 변수들처럼 이 역시 public으로 선언한다(자동으로 조회 메서드가 생성되도록).

8.3.1.10 approve 메서드(필수)

토큰 소유자는 다른 계정에게 토큰 전송(둘째 인수로 지정된 한도까지) 권한을 위임하기 위해이 메서드를 호출한다. 토큰 소유자는 각 위임 계정마다 이 메서드를 호출함으로써 여러 계정에 전송 권한을 위임할 수 있다.

```
function approve(address _spender, uint256 _value)
    public
    returns (bool success)
{
    allowance[msg.sender][_spender] = _value;
    emit Approval(msg.sender, _spender, _value);
    return true;
}
```

토큰 소유자(msg.sender)가 지정된 개수의 토큰을 실제로 가지고 있는지를 이 메서드가 확인하지는 않음을 주목하기 바란다. 이 메서드는 단지 전송 권한을 위임할 뿐이며, 실제 전송은 나중에 일어난다. 전송 권한을 위임한 후에 소유자의 토큰 잔액이 변할 수 있으므로, 지금 이 시점에서 잔액을 점검하는 것은 무의미하다. 잔액은 나중에 실제로 전송을 진행할 때 점검하면된다.

이 메서드는 실패할 만한 작업을 전혀 진행하지 않지만, 그래도 표준은 이 메서드가 성공을알리는 의미로 true를 반환해야 한다고 요구한다. 또한, 표준에 따르면 이 메서드는 다음에 설명할 Approval 이벤트를 반드시 발생해야 한다.

8.3.1.11 Approval 이벤트(필수)

방금 말했듯이, approve() 메서드는 반드시 Approval 이벤트를 발생해야 한다. 이 이벤트의 정의는 다음과 같다.

```
event Approval(address indexed _owner,
               address indexed _spender,
               uint256 _value);
```

8.3.1.12 transferFrom 메서드(필수)

전송 위임의 마지막 퍼즐 조각은 transferFrom 메서드이다. 이 메서드는 approve() 호출로 설정한 개수의 토큰들을, 위임된 계정을 통해서 소유자의 계정에서 다른 계정으로 전송한다.

```
function transferFrom(address _from, address _to, uint256 _value)
    public
    returns (bool success)
{
    require(_value <= balanceOf[_from]);
    require(_value <= allowance[_from][msg.sender]);

    balanceOf[_from] -= _value;
    balanceOf[_to] += _value;
    allowance[_from][msg.sender] -= _value;
    emit Transfer(_from, _to, _value);
    return true;
}
```

이 메서드가 하는 일은 다음과 같다.

- 토큰 소유자의 잔액이 충분한지 점검한다. approve()에서 생략했던 그 점검이다.
- 전송 액수(전송할 토큰 개수)가 allowance 매핑에 설정된, 해당 위임 계정이 전송할 수 있는 최대 토큰 개수를 넘지는 않는지 점검한다.
- 토큰 소유자의 토큰 잔액을 전송 액수만큼 감소한다.
- 위임 계정의 전송 가능한 최대 토큰 개수를 전송 액수만큼 감소한다.
- 수신 계정의 잔액을 전송 액수만큼 증가하고 Transfer 이벤트를 발생한다.

이렇게 해서 표준이 요구하는 토큰 전송 위임 요소들을 모두 구현했다. 이러한 위임 전송 기능을 이용해서 토큰을 받고 서비스를 제공하는 스마트 계약을 구현할 수 있다. 다음은 그런 계약과 토큰 소유자의 상호작용을 나타낸 도식이다.

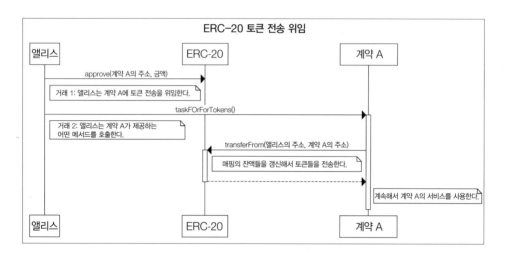

이 상호작용 흐름을 좀 더 자세히 살펴보자.

1. 토큰 소유자 **앨리스**는 토큰을 지급하는 대신 계약 A의 서비스를 사용하고자 한다. 이를 위해 앨리스는 **계약 A**의 주소와 토큰 액수로 approve()를 호출해서 계약 A에게 전송을 위임한다.

2. 앨리스는 계약 A가 제공하는 서비스 메서드 taskFOrForTokens()를 호출해서 자신이 원했던 어떤 작업을 수행한다. taskFOrForTokens()는 먼저 앨리스의 주소와 계약 A의 주소를 인수로 해서 토큰 계약(ERC–20을 따르는)의 transferFrom()을 호출한다.

3. 앨리스의 잔액이 충분하다면, transferFrom() 호출이 성공해서 토큰들이 전송된다. 그러면 taskFOrForTokens()는 앨리스가 요청한 작업을 수행한다.

4. 앨리스의 잔액이 충분하지 않으면 transferFrom() 호출이 실패하며(그러면 구현에 따라서는 거래가 철회되거나 false가 반환된다), 앨리스가 요청한 작업은 수행되지 않는다.

8.3.1.13 완성된 토큰 계약

전송 위임을 위한 코드를 추가함으로써 ERC–20 준수 토큰 계약의 구현이 완성되었다. 다음은 토큰 계약의 전체 코드이다.

```solidity
pragma solidity ^0.4.24;

contract PacktToken {
    string public name = 'Packt ERC20 Token';
    string public symbol = 'PET';

    uint256 public totalSupply;
    mapping (address => uint256) public balanceOf;
    mapping(address => mapping(address => uint256)) public allowance;

    event Transfer(address indexed _from,
                   address indexed _to,
                   uint256 _value);

    event Approval(address indexed _owner,
                   address indexed _spender,
                   uint256 _value);

    constructor(uint256 _initialSupply) public {
        balanceOf[msg.sender] = _initialSupply;
        totalSupply = _initialSupply;
        emit Transfer(address(0), msg.sender, totalSupply);
    }

    function transfer(address _to, uint256 _value)
        public
        returns (bool success)
    {
        require(balanceOf[msg.sender] >= _value);

        balanceOf[msg.sender] -= _value;
        balanceOf[_to] += _value;
        emit Transfer(msg.sender, _to, _value);
        return true;
    }

    function approve(address _spender, uint256 _value)
        public
```

```
            returns (bool success)
    {

        allowance[msg.sender][_spender] = _value;
        emit Approval(msg.sender, _spender, _value);
        return true;
    }

    function transferFrom(address _from, address _to, uint256 _value)
        public
        returns (bool success)
    {

        require(_value <= balanceOf[_from]);
        require(_value <= allowance[_from][msg.sender]);

        balanceOf[_from] -= _value;
        balanceOf[_to] += _value;
        allowance[_from][msg.sender] -= _value;
        emit Transfer(_from, _to, _value);
        return true;
    }
}
```

ICO 구현의 나머지 부분으로 넘어가기 전에, 현재 사용 가능한 다른 주요 토큰 표준 몇 가지를
살펴보자.

8.3.2 ERC-223 토큰 표준

(이번 절에서 소개하는 토큰 표준의 명세서는 `https://github.com/ethereum/EIPs/issues/`
`223`에 있다.)

이 표준은 원래의 ERC-20 표준에 존재하는 잠재적인 문제점을 해결하기 위한 것이다. 그
문제점이란, 한 사용자가 스마트 계약의 주소를 수신 주소로 해서 `transfer()`를 호출하면 해
당 토큰이 영영 소실된다는 것이다. 계약 자신은 `transfer()`를 호출할 수 없으므로, 해당 토
큰을 회수할 방법이 없다.

이 글을 쓰는 현재 ERC-223은 완결된 표준이 아니라 여전히 개방 초안 상태이다. 관련자
들은 전송된 토큰들을 처리할 수 있는 계약이 소유한 계정들에만 토큰들을 전송할 수 있도록
함으로써 토큰들이 동결되는 문제를 해결하려 하고 있다.

이 표준의 핵심은 transfer() 함수의 선언을 적절히 수정하고, 토큰을 받고자 하는 계약은 반드시 전송 과정에서 호출되는 tokenFallback()이라는 메서드를 구현한다는 조건을 두는 것이다. 이 메서드를 구현하지 않은 계약이 소유한 계정으로는 토큰 전송이 거부되며, 따라서 토큰을 받을 계획이 없는 계약에 실수로 토큰이 전송되는 일은 벌어지지 않는다.

다음은 ERC-223을 따르는 토큰 계약이 관여하는 토큰 전송 흐름을 나타낸 도식이다.

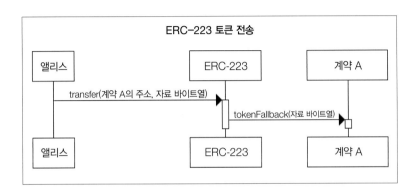

ERC-20에서는 토큰 소유자가 토큰 위임 전송을 위해 approve()와 transferFrom()이라는 두 개의 메서드를 호출해야 했지만, ERC-223에서는 transfer() 하나만 호출하면 된다. 따라서 가스 비용과 블록체인 상태 비용 모두 감소한다.

여기서 자세히 다루지는 않지만, ERC-20과 ERC-223의 후신에 해당하는 토큰 표준 ERC-677과 ERC-777도 있다.

ERC-677은 ERC-20에 대한 ERC-233의 하위 호환성을 위한 표준이다. 즉, 이 표준은 ERC-223이 제공하는 기능성을 ERC-20 토큰에도 사용할 수 있게 하는 것이 목표이다. 반면 ERC-777은 상당히 복잡한 표준으로, 또 다른 표준 후보인 ERC-820이 정의하는 레지스트리 계약을 이용해서 임의의 주소에 대해 그 주소에 있는 계약이 구현하는 인터페이스의 종류를 등록할 수 있게 한다. 이후 토큰 전송 과정에서 ERC-777 계약은 레지스트리를 참조해서 그 주소의 구현을 점검한다.

8.3.3 ERC-721 대체 불가 토큰 표준

(이번 절에서 소개하는 토큰 표준의 명세서는 `https://github.com/ethereum/EIPs/issues/721`에 있다.)

지금까지 논의한 토큰 표준들은 가치(value)라는 개념에 기초한다. 토큰의 가치는 토큰 판매 시작 시점에서 기존 화폐를 기준으로 정해진다. 즉, "토큰 하나는 몇 ETH이다" 같은 정의로 출발한다.

그런데 토큰을 기존 화폐를 기준으로 한 가치가 아니라 다른 어떤 것, 이를테면 명성(reputation)이나 물리적인 물체를 대표하게 할 수도 있다. 달러나 비트코인, 이더 같은 추상적인 가치 단위와는 달리 이런 종류의 토큰은 '대체 불가(non-fungible)'이다. 어떤 종류의 자산이 대체 가능하다는(fungible) 것은 두 당사자가 그 종류의 자산을 같은 양으로 교환했을 때 아무런 차이도 생기지 않는다는 뜻이다. 예를 들어 앨리스의 1ETH와 밥의 1ETH는 그 가치와 효용이 완전히 동일하므로, 이더는 대체 가능한 자산이다. 그러나 독자의 자동차나 인형, CryptoKitty(`https://www.cryptokitties.co/`) 같은 자산은 다른 누군가의 것들과 직접 교환할 수 없으므로 대체 불가 자산에 해당한다. ERC-721은 바로 그런 대체 불가 자산을 토큰화하기 위한 표준이다.

8.4 토큰 판매 계약

앞에서 우리는 ERC-20 토큰 표준을 따르는 새로운 토큰을 구현했다. 이 계약을 이더리움 블록체인에 배치하면 계약의 생성자가 호출되어서 계약 소유자의 토큰 잔액이 총 토큰 공급량으로 설정된다. 이제 남은 일은 이 토큰들을 대중에게 판매해서 (가상의) 프로젝트의 기금을 모으는 것이다. 즉, ICO 또는 토큰 판매를 진행해야 한다.

가장 간단한 형태의 토큰 판매는 그냥 판매 마감일까지 토큰을 팔되 그전에라도 토큰이 모두 팔리면 판매를 종료하는 것이다. 이번 장의 예제에서는 이런 방식의 ICO를 구현한다. 그러나 좀 더 복잡한 토큰 판매 방식들도 있는데, 간략하게만 소개해 보겠다.

8.4.1 최대 모금액 방식

이 토큰 판매 방식에서는 고정된 개수의 토큰들을 고정된 가격으로 미리 정해진 시간(또는 블록 개수) 동안 판매하되, 그전에라도 모든 토큰이 팔리면, 다시 말해 정해진 최대 모금액(hard cap)을 달성하면 판매를 종료한다. 이것이 이번 장의 예제에서 구현할 방식이다.

8.4.2 최소 모금액 방식

이 방식에서는 최소 모금액(soft cap)을 설정하고, 그 모금액을 달성하면 그때부터 일정 기간 판매를 지속한다. 이를 최대 모금액 방식과 결합할 수도 있다. 즉, 최소 모금액을 달성한 후부터 일정 기간 판매를 지속하되, 최대 모금액에 도달하면 마감일 전에라도 판매를 종료하는 것이다.

8.4.3 무제한 방식

그냥 고정된 시간 동안 토큰 개수에 제한을 두지 않고 계속 토큰을 파는 방식이다. 이 경우 환율(기존 화폐 대 토큰 개수 비율)을 고정할 수도 있고 판매가 진행되는 동안 변하게 할 수도 있다. 초기 구매자에게 좀 더 높은 환율을 제공하고, 시간이 지날수록 환율을 낮추는 방식이 흔히 쓰인다. 원래의 이더리움 ICO가 이런 혼합 환율 방식을 사용했다.

이상의 세 가지 방식에서 구매자는 그냥 일정 금액을 지급하고 토큰을 산다. 이보다 좀 더 흥미로운 토큰 판매 방식으로 경매에 기초한 토큰 판매가 있다.

8.4.4 하향식 경매

네덜란드식 경매(dutch auction)라고도 하는 하향식 경매에서는 참가자들이 적정 가격이라고 간주하는 가격을 발견하게 된다. 하향식 경매는 판매자가 제시한 높은 가격으로 시작해서 점차 가격을 낮춘다. 만일 현재 경매가에 대한 매수 신청들의 총 토큰 개수가 총공급량과 같아지면 그 시점에서 경매를 중지하고 해당 매수 신청자들에게 그 가격으로 토큰들을 판매한다. 이러한 하향식 경매는 적절한 가격을 발견하는 과정을 제공한다는 점에서, 그리고 경매 과정이 투명하다는 점에서 인기가 높다. 이 경매에서 모든 매수 신청자는 현재 가격, 총공급량, 시간에 따른 가격 변화를 볼 수 있으며, 각각의 매수 신청도 공개되므로 경매 과정 전체에서 수요와 공급 특성을 파악할 수 있다.

8.4.5 역 하향식 경매

역 하향식 경매(reverse dutch acution)는 하향식 경매와 비슷하되 참가자들에게 판매하는 토큰 비율이 경매 지속 시간에 따라 달라진다. 모든 토큰이 첫날 판매되면 전체의 P%만큼의 토큰들이 참가자들에게 분배되며, 나머지 토큰들은 프로젝트팀이 소유한다. 토큰이 둘째 날 매진된다면, 전체의 $(P+X)$%를 분배한다. 일반화하자면, 한 참가자가 하나의 토큰을 시간 T에 구매한다면, 그 토큰은 최대 $1/T$의 가치를 보장받는다. 그러나 현실이 항상 이론과 부합하지는 않는다. 실제로 Gnosis 토큰 판매에서는 토큰이 매진되어서 사지 못하게 될까 봐 모든 사람이 첫날에 토큰을 구매했기 때문에 토큰 판매가 예상보다 훨씬 일찍 끝났다.

8.4.6 토큰 판매 고려 사항

토큰을 어떤 방식으로 판매하든, 다음과 같은 측면들을 미리 고민해야 한다.

- 판매 시작 시간 또는 블록 번호
- 판매할 토큰 개수(또는 모금액)의 제한 여부 및 그 방식
- 판매 지속 시간
- 판매 종료 조건
- 토큰 판매에 사용할 기존 화폐
- 전체 토큰 공급량 중 팔 토큰과 팀이 가지고 있을 토큰의 비율
- 환율, 즉 토큰의 가격. 환율을 고정하지 않는다면, 환율 변동 방식을 정해야 한다.

이러한 고려 사항들과 토큰 판매 방식은 주어진 프로젝트의 특성과 요구사항에 따라 다를 것이다. 이번 장의 예제 프로젝트에서는 간단한 최대 모금액 방식을 사용한다.

8.5 토큰 판매 계약의 구현

이 예제의 토큰 판매 계약은 이더로 토큰을 팔고 사는 메커니즘을 처리한다. 토큰 판매 계약은 앞에서 만든 ERC-20 기반 토큰 계약과 상호작용해서 자신의 토큰들을 참가자들의 토큰 잔액으로 전송한다. 토큰 계약과의 상호작용을 위해서는 토큰 판매 계약이 ERC-20 계약의 메서드들을 알아야 하는데, 그 방법은 크게 두 가지이다.

- **인터페이스 정의**: Solidity의 `interface` 키워드를 이용해서, ERC-20 계약의 인터페이스 중 토큰 판매 계약이 사용해야 하는 부분을 토큰 판매 계약을 정의하는 Solidity 파일 안에서 정의한다.
- **ERC-20 계약 가져오기**: Solidity의 `import` 문을 이용해서 ERC-20 계약 전체를 토큰 판매 계약 안으로 가져온다. 이번 장의 예제에서는 이 방법을 사용한다.

우선 프로젝트의 `contracts/` 디렉터리에 `PacktTokenSale.sol`이라는 이름의 파일을 만들고, 그 파일의 첫 부분에 다음과 같이 컴파일러 버전을 명시하고 ERC-20 계약을 가져오는 코드와 토큰 판매 계약의 뼈대를 추가하기 바란다.

```
pragma solidity ^0.4.24;

import "./PacktToken.sol";

contract PacktTokenSale {

}
```

8.5.1 생성자

토큰 판매 계약의 생성자는 다음 두 인수를 받는다.

- 앞에서 만든 ERC-20 토큰 계약의 주소
- 토큰 단가

생성자는 이들을 각각 해당 상태 변수에 설정하며, 호출자의 주소도 해당 상태 변수에 추가한다. 다음은 토큰 판매 계약의 뼈대에 상태 변수들과 생성자를 추가한 결과이다.

```
contract PacktTokenSale {
    PacktToken public tokenContract;
    uint256 public tokenPrice;
    address owner;

    constructor(PacktToken _tokenContract, uint256 _tokenPrice) public {
        owner = msg.sender;
        tokenContract = _tokenContract;
        tokenPrice = _tokenPrice;
    }
}
```

8.5.2 토큰 공급량

§8.4.6에서 ICO 실행 시 고려해야 할 사항을 이야기할 때 일반 대중에게 판매할 토큰의 총량, 즉 토큰 공급량을 언급했었다. 전체 토큰 중 일부는 프로젝트팀이 유지하고(이를테면 향후 추가 판매를 위해), 나머지는 토큰 판매를 통해서 사람들에게 판다. 후자가 지금 말하는 토큰 공급량이다. 이 예제에서는 ERC-20 토큰 계약을 배치할 때 설정한 전체 토큰의 50%를 판매하기로 한다. 토큰 판매 계약 안에서 현재 토큰 잔액을 알아야 할 때는 언제라도 다음과 같이 ERC-20 계약의 메서드를 직접 호출하면 된다.

```
tokenContract.balanceOf(this);
```

이 호출은 토큰 판매에 할당된 토큰의 현재 잔액을 돌려준다. 이와 함께, 편의를 위해 현재까지 팔린 토큰 개수도 따로 공용(public) 상태 변수로 두기로 한다.

```
uint256 public tokensSold;
```

8.5.3 토큰 판매 기능 구현

토큰 판매 계약의 주된 기능은 사용자가 토큰을 팔고 사게 하는 것이다. 판매와 구매 모두 buyTokens()라는 하나의 메서드로 처리한다.

```
function buyTokens(uint256 _numberOfTokens)
    public
    payable
{
    require(msg.value == _numberOfTokens * tokenPrice);
    require(tokenContract.balanceOf(this) >= _numberOfTokens);
    tokensSold += _numberOfTokens;
    emit Sell(msg.sender, _numberOfTokens);
    require(tokenContract.transfer(msg.sender, _numberOfTokens));
}
```

코드의 주요 부분을 설명하자면 다음과 같다.

- 이 메서드는 payable로 선언되었다. 토큰 구매를 위해 지급할 이더를 받아야 하므로 반드시 이렇게 선언해야 한다.

- 메서드는 우선 호출과 함께 전송된 이더 금액(msg.value)이 토큰 구매 대금(토큰 개수 곱하기 토큰 단가)과 같은지 점검한다.

- 그런 다음에는 토큰 판매 계약이 요청된 개수만큼의 토큰을 가지고 있는지 점검한다. 앞에서 이야기했듯이, 토큰 잔액(현재 보유 토큰 개수)은 ERC-20 토큰 계약에서 직접 조회한다.

- 잔액이 충분하면, 현재까지 판매된 토큰 개수를 요청된 개수만큼 증가한다.

- 그런 다음 판매가 이루어졌음을 알리는 이벤트를 발생한다.

- 마지막으로, ERC-20 토큰 계약의 transfer 메서드를 호출해서 실제로 토큰을 전송한다. 호출문을 require로 감쌌으므로, 전송이 실패해서 예외가 발생하면 거래가 철회된다 (따라서 지금까지의 모든 변경이 원상 복구된다).

이 메서드가 발생하는 Sell 이벤트의 원형은 다음과 같다.

```
event Sell(address indexed _buyer, uint256 indexed _amount);
```

8.5.4 판매 종료

이제 판매를 종료하는 기능만 추가하면 토큰 판매 계약의 구현이 끝난다. 앞에서 언급했듯이 이 예제의 토큰 판매는 고정 가격의 무제한 판매 방식을 따른다. 특히, 토큰 판매 진행자(토큰 판매 계약 소유자)는 언제라도 판매를 종료할 수 있다. 물론 현실에서는 잠재적인 투자자들이 이런 방식의 ICO를 꺼릴 것이다. 어쨌거나, 판매 종료를 처리하는 메서드는 다음과 같다.

```
function endSale() public {
    require(msg.sender == owner);
    require(tokenContract.transfer(owner,
                                tokenContract.balanceOf(this)));
    msg.sender.transfer(address(this).balance);
}
```

이 endSale() 메서드는 ERC-20 토큰 계약에 남아 있는 모든 토큰을 토큰 판매 계약 소유자에 전송한다. 그런 다음 토큰 판매 계약이 가지고 있는 이더를 모두 토큰 판매 계약 소유자에 전송한다.

마지막 행을 selfdestruct();로 대체할 수도 있다. selfdestruct 함수는 블록체인에서 현재 스마트 계약의 코드를 삭제해서 블록체인의 저장 공간을 회복할 뿐만 아니라, 계약이 가진 모든 이더를 계약의 소유자에 전송한다.

8.5.5 토큰 판매 계약 전체 코드

이제 기본적인 구현이 완성되었다. 프로젝트 디렉터리에서 다음을 실행해서 계약들을 컴파일하기 바란다.

```
$ truffle compile
```

다음은 토큰 판매 계약의 전체 코드이다. 앞에서 언급하지 않은 safeMultiply()라는 함수가 추가되었는데, 이 함수는 다음 절에서 설명한다.

```solidity
pragma solidity ^0.4.24;

import "./PacktToken.sol";

contract PacktTokenSale {
    PacktToken public tokenContract;
    uint256 public tokenPrice;
    uint256 public tokensSold;
    address owner;
    event Sell(address indexed _buyer, uint256 indexed _amount);

    constructor(PacktToken _tokenContract, uint256 _tokenPrice) public {
        owner = msg.sender;
        tokenContract = _tokenContract;
        tokenPrice = _tokenPrice;
    }

    function buyTokens(uint256 _numberOfTokens)
        public
        payable
    {
        require(msg.value == safeMultiply(_numberOfTokens, tokenPrice));
        require(tokenContract.balanceOf(this) >= _numberOfTokens);
        tokensSold += _numberOfTokens;
        emit Sell(msg.sender, _numberOfTokens);
        require(tokenContract.transfer(msg.sender, _numberOfTokens));
    }

    function endSale() public {
        require(msg.sender == owner);
        require(tokenContract.transfer(owner,
                            tokenContract.balanceOf(this)));
        msg.sender.transfer(address(this).balance);
    }

    function safeMultiply(uint256 x, uint256 y)
        internal
        pure
        returns (uint z)
    {
        require(y == 0 || (z = x * y) / y == x);
    }
}
```

8.6 계약의 보안

이렇게 해서 토큰 판매를 위한 두 개의 계약을 작성하고 컴파일해 보았다. 이들을 배치하는 방법은 잠시 후에 이야기하겠다. 일단 블록체인에 배치된 계약은 더 이상 수정할 수 없다. 즉, 배치된 계약은 불변이(immutable; 변경 불가)이다. 이러한 불변이성 때문에, 일단 배치한 계약은 디버깅하기가 꽤 번거롭다. 따라서 애초에 코드를 정확하게 작성하는 것이 중요하다.

계약을 정확히 작성하려면 모범 관행(best practice)들을 따르는 것이 좋다. 다음은 스마트 계약을 작성할 때 명심해야 할 사항들이다.

- 실패와 버그에 대비하라.
- 신중하게 배치하라.
- 계약을 최대한 단순하게 유지하라.
- 도구와 구성요소를 항상 최신으로 갱신하라.
- 블록체인의 작동 방식을 이해한 상태에서 코드를 작성하라.

8.6.1 주요 공격 경로

앞에서 언급한 일반적인 지침 외에, 스마트 계약에 존재할 수 있는 취약점과 구체적인 공격 경로들을 파악하는 것도 중요한 문제이다. 여기서 몇 가지 주요 공격 경로와 방어 방법을 소개하긴 하지만, 스마트 계약의 보안은 대단히 넓은 주제이며 다음에서 말하는 것들은 아주 간략하고 기초적인 수준임을 주의하기 바란다.

8.6.1.1 정수 위넘침/아래넘침

이 예제의 토큰 판매 계약은 safeMultiply()라는 함수를 이용해서 곱셈을 처리한다. 이 함수는 정수 위넘침(integer overflow)이라는 첫 번째 공격 경로를 방어하기 위한 것이다.

만일 safeMultiply()가 없다면 buyTokens() 메서드는 다음과 같은 모습일 것이다.

```
function buyTokens(uint256 _numberOfTokens)
    public
    payable
```

```
{
    require(msg.value == _numberOfTokens * tokenPrice);
    require(tokenContract.balanceOf(this) >= _numberOfTokens);
    emit Sell(msg.sender, _numberOfTokens);
    require(tokenContract.transfer(msg.sender, _numberOfTokens));
}
```

msg.value와 _numberOfTokens, tokenPrice는 모두 uint256 형식의 변수이다. 이 형식의 최댓값은 2^{256}이며, 최댓값을 넘기면 다시 0에서 시작한다. 따라서, _numberOfTokens와 tokenPrice를 곱한 값이 아주 크면 최댓값을 넘겨서 의도와는 달리 작은 값이 될 위험이 있다. 더 큰 위험은, msg.value 값 역시 마찬가지로 작은 값이 되어서 결과적으로 require 호출이 성공한다는 점이다. safeMultiply()는 이런 일이 생기지 않도록 미리 위넘침 여부를 점검한다.

물론 buyTokens()의 두 번째 require() 호출이 _numberOfTokens가 아주 큰 경우를 걸러내긴 하겠지만, 어쨌든 이는 단순한 곱셈 계산에서도 보안을 고려해야 한다는 점을 잘 보여 주는 예이다.

8.6.1.2 재진입 버그

재진입(reentrancy) 버그는 2016년 벌어진 유명한 DAO(Decentralized Autonomous Organization) 해킹 사건의 원인이었다. 이 사건에서 DAO가 소유한 1,150만 ETH 중 360만 ETH가 DAO의 스마트 계약에서 빠져나갔다. 결과적으로 이더리움 네트워크의 포크가 강행되었고, 이더리움 클래식Ethereum Classic 블록체인이 만들어졌다.

다음은 이런 종류의 공격에 취약한 코드의 예이다. 그 어떤 스마트 계약에서도 볼 수 있을 만한 평범한 인출 메서드지만, 심각한 결함이 존재한다.

```
// 이 코드는 안전하지 않음 - 사용하지 마세요!
mapping (address => uint) private userBalances;

function withdrawBalance(uint256 amount) public {
    require(userBalances[msg.sender] >= amount);
    require(msg.sender.call.value(amountToWithdraw)());
    userBalances[msg.sender] = 0;
}
```

문제는 사용자의 잔액을 사용자의 주소로 전송하기 위해 `call.value()`를 사용한다는 점이다. 스마트 계약의 구현 방식에 따라서는 `call.value()`가 내부적으로 다시 `withdrawBalance()`를 호출할 수 있다. 결과적으로 인출이 여러 번 일어나는 루프에 진입하게 된다.

이런 종류의 위험을 피하기 위해서는 `call.value()`(또는, 자금을 전송하는 또 다른 수단인 `send()`) 대신 `transfer()`를 사용해야 한다. `transfer()`는 외부 코드의 실행을 금지하므로 이런 문제가 생기지 않는다. 재진입 버그를 좀 더 확실하게 방지하려면, 점검-효과-상호작용(Checks-Effects-Interactions) 패턴을 사용해야 한다.

다음은 점검-효과-상호작용 패턴에 따라 `withdrawBalance()` 메서드를 작성한 예이다.

```
mapping (address => uint) private userBalances;

function withdrawBalance(uint256 amount) public {
    require(userBalances[msg.sender] >= amount);
    userBalances[msg.sender] -= amount;
    msg.sender.transfer(amount);
}
```

이 메서드는 우선 '점검' 부분을 수행한다. 이 경우 점검해야 할 것은 호출자의 잔액이 인출 금액보다 큰지 확인하는 것뿐이다. 다음으로, '효과'를 적용한다. 이 메서드의 경우 효과는 호출자의 잔액을 변경하는 것이다. 마지막으로, 외부와의 '상호작용'을 수행한다. 이 메서드의 경우 잔액을 사용자의 주소로 전송한다.

이전의 버전은 외부와의 상호작용을 효과 적용보다 먼저 수행했기 때문에 루프에 빠질 위험이 생겼다.

8.6.2 OpenZeppelin

"혼자서 직접 새 암호[화폐]를 만들려 하지 말라(Don't roll your own crypto)"라는 격언이 있는데, 이는 스마트 계약에도 적용된다. 스마트 계약을 작성할 때는, 특히 공격 방어를 염두에 둘 때는, 잘 만들어진 기존 코드를 재사용하는 것이 바람직할 때가 많다. 앞에서 토큰 판매 계약의 보안을 위해 작성했던 `safeMultiply()` 함수 자체에 버그가 있을 수도 있으며, 그러면 오히려 스마트 계약이 더 위험해진다. 그보다는, 암호화폐 공동체에서 널리 쓰여서 그 안전성이 검증된 계약들과 라이브러리를 사용하는 것이 낫다.

안전한 스마트 계약을 구축하기 위한 오픈소스 프레임워크 중에 OpenZeppelin이라는 것이 있다. OpenZeppelin 프로젝트는 다른 스마트 계약에 포함 또는 도입해서 사용할 수 있는 검증된 오픈소스 계약들과 라이브러리들을 제공한다. 널리 쓰이는 OpenZeppelin 라이브러리 중 하나는 SafeMath.sol이다. 다음은 OpenZeppelin 공식 GitHub 저장소(https://github.com/OpenZeppelin/openzeppelin-solidity)의 contracts/math 폴더에 있는 이 파일의 내용으로, 사칙연산의 안전한 구현들을 제공한다.

```solidity
pragma solidity ^0.4.24;

/**
 * @title SafeMath
 * @dev 안전성에 문제가 있으면 예외를 발생하는 산술 연산들
 */
library SafeMath {

  /**
   * @dev 두 수를 곱하되 위넘침 시 예외를 발생한다.
   */
  function mul(uint256 _a, uint256 _b) internal pure
    returns (uint256 c) {
    // 가스 최적화: 'a'가 0이 아님을 단언하는 것보다 이렇게 하는 것이 더
    // 효율적이다. 단, 'b'도 검사하는 경우에는 이득이 사라진다. 참고:
    // https://github.com/OpenZeppelin/openzeppelin-solidity/pull/522
      if (_a == 0) {
          return 0;
      }

      c = _a * _b;
      assert(c / _a == _b);
      return c;
  }

  /**
   * @dev 두 수의 정수 나눗셈. 몫은 폐기한다.
   */
  function div(uint256 _a, uint256 _b) internal pure
    returns (uint256) {
      // assert(_b > 0); // 0으로 나누기가 시도되면 Solidity가
      // 자동으로 예외를 발생한다.
```

```
    // uint256 c = _a / _b;
    // assert(_a == _b * c + _a % _b); // 이 조건이 성립하지 않는
                                       //    경우는 없다.
    return _a / _b;
}


/**
 * @dev 한 수에서 한 수를 빼되, 아래넘침이 발생하면(즉, 후자의 수가
 * 전자보다 더 크면) 예외를 던진다.
 */
function sub(uint256 _a, uint256 _b) internal pure
  returns (uint256) {
    assert(_b <= _a);
    return _a - _b;
}


/**
 * @dev 두 수를 더하되 위넘침 시 예외를 발생한다.
 */
function add(uint256 _a, uint256 _b) internal pure
  returns (uint256 c) {
    c = _a + _b;
    assert(c >= _a);
    return c;
}
}
```

그럼 SafeMultiply()를 폐기하고 OpenZeppelin의 SafeMath.sol 라이브러리를 도입해서 곱셈을 처리하도록 토큰 판매 계약을 변경해 보자. 가장 간단한 방법은 OpenZeppelin의 GitHub 저장소에서 SafeMath.sol 파일을 내려받아서 예제 프로젝트의 contracts/에 복사하고, 그 파일을 다음과 같이 PacktTokenSale.sol에 도입하는 것이다.

```
pragma solidity ^0.4.24;

import "./PacktToken.sol";
import "./SafeMath.sol";

contract PacktTokenSale {
...
```

그런 다음, 곱셈을 수행하는 행을 다음과 같이 수정하면 된다.

```
require(msg.value == SafeMath.mul(_numberOfTokens, tokenPrice));
```

8.7 코드 검사

다음으로 할 일은 지금까지 작성한 코드를 검사하는 것이다. 이를 위해 우리가 계약들의 메서드들을 직접 호출해서 그 결과를 점검할 수도 있지만, 그보다는 Truffle의 단위 검사 프레임워크를 이용해서 검사 과정을 자동화하는 것이 낫다.

참고로, 계약 자체를 검사 주도적인 방식으로, 그러니까 먼저 계약의 바람직한 행동을 정의하고, 그 행동에 대한 검례(test case)들을 작성해서 의도적으로 검사에 실패하고, 그런 다음 해당 행동을 실제로 구현해서 검사에 통과하는 식으로 계약을 작성할 수도 있었다. 이번 장에서는 사용하지 않았지만, Truffle 프레임워크를 사용하는 개발자 중에 **TDD**(Test–Driven Development; 검사 주도적 개발)를 따르는 사람들이 많다.

Truffle의 단위 검사 프레임워크는 JavaScript와 Solidity를 모두 지원한다. 지금 예에서는 JavaScript로 검례들을 작성하기로 한다. 제5장에서 언급했듯이, JavaScript의 경우 Truffle은 Mocha라는 검사 프레임워크(그리고 Chai라는 단언 라이브러리)를 사용한다. Mocha를 사용해 본 독자라면 검사 코드의 전반적인 구조가 익숙할 것이다.

검사를 위해, 프로젝트 디렉터리 안에 test/라는 디렉터리를 만들고, 토큰 계약을 검사하는 JavaScript 파일과 토큰 판매 계약을 검사하는 JavaScript 파일을 작성한다. 두 파일 모두 Mocha를 이용해서 검례를 정의하는 .js 파일이다. 구체적인 검사 코드는 잠시 후에 제시하는데, 나중에 보겠지만 검사가 아주 철저하지는 않다. 좀 더 상세한 검사는 독자의 숙제로 남기겠다.

Truffle에서 계약들을 검사하려면 먼저 계약들을 이더리움 네트워크에 배치해야 한다. 이전에 했듯이 Ganache 사설망과 이더리움 공공 시험망 모두에서 검사를 진행할 것이다. 이전에는 Ropsten 시험망을 사용했지만, 이번 장에서는 Rinkeby 시험망을 소개하고 사용한다. 계약 검사 코드들로 넘어가기 전에, 이더리움의 공공 시험망들을 좀 더 자세히 살펴 보자.

8.7.1 이더리움의 공공 시험망들

이더리움의 두 주요 클라이언트인 Geth와 Parity가 지원하는 시험망은 세 가지이다. 이들은 누구나 접근할 수 있는 공공 시험망이며, 각자 격리된 환경에서 고유의 ETH 화폐로 운영된다. 한 시험망의 노드가 다른 시험망의 노드와 통신하지는 못한다. 즉, 이들은 서로 완전히 다른 플랫폼이다. 또한, 시험망의 이더는 현실 세상에서 금전적 가치가 없음을 주의하기 바란다. 각 시험망 안에서 통상적인 시장 원리에 의해 이더의 금전적 가치가 생성되는 것도 원칙적으로 불가능하지는 않지만, 이들은 시험망이므로 언제라도 중지되거나 초기화될 수 있으며, 따라서 금전적 가치 역시 언제라도 사라질 수 있다.

8.7.1.1 Ropsten

Ropsten(https://ropsten.etherscan.io/)은 셋 중 가장 오래된 시험망이다. 단, 현재의 Ropsten 시험망은 DoS 공격 때문에 운영이 중지된 원래의 Ropsten 대신 만들어진 것이다. Ropsten은 **작업 증명**(PoW) 방식의 블록체인 네트워크로, 누구나 채굴에 참여할 수 있다. 따라서 이더리움 주 네트워크를 가장 잘 재현하는 시험망에 해당한다. 다른 두 시험망과는 달리 Ropsten은 Geth와 Parity가 공통으로 지원한다.

8.7.1.2 Rinkeby

Ropsten과는 달리 Rinkeby(https://rinkeby.etherscan.io/)는 **권한 증명**(PoA) 네트워크이다. PoW 네트워크에서는 채굴이 일반 대중에 개방되지만, PoA 네트워크에서는 신뢰받는 노드들만 일정 간격으로 채굴을 수행한다. 이 덕분에 PoA 네트워크는 스팸 공격에 면역이 있으며, 대체로 좀 더 안정적이다. Rinkeby는 이더리움 개발팀이 시작한 것이라서 현재 Rinkeby를 지원하는 클라이언트는 Geth뿐이다.

8.7.1.3 Kovan

Kovan(https://kovan.etherscan.io/)도 Rinkeby처럼 POA 네트워크인데, Parity 개발팀이 만들었기 때문에 Parity 클라이언트만 지원한다.

8.7.2 계약의 배치

Truffle은 이송(migration)용 파일이라고 부르는 JavaScript 파일들을 이용해서 계약을 이더리움 네트워크(주 네트워크이든, 공공 시험망이든, Ganache 같은 시험용 사설망이든)에 배치한다. 지금은 계약 코드의 검사를 위해 계약들을 Ganache 사설망에 배치하지만, 나중에 토큰 판매를 실제로 실행할 때는 계약들을 Rinkeby 공공 시험망에 배치할 것이다.

아직 Ganache를 설치하지 않았다면, `https://truffleframework.com/ganache`에서 설치 패키지를 내려받아서(또는 운영체제에 맞는 적절한 명령을 실행해서) 설치하기 바란다. Ganache를 실행하면 현재 컴퓨터의 메모리 안에 존재하는 시험용 지역 사설망 블록체인이 만들어진다.

Ganache 사설망이 준비되었다면, 다음으로 할 일은 Truffle 프로젝트가 그 시험망을 사용하도록 설정하는 것이다. 프로젝트 디렉터리의 `truffle.js`(윈도우의 경우에는 `truffle-config.js`) 파일을 다음과 같이 수정하기 바란다. 이 설정은 Ganache 사설망의 포트 번호가 8545라고 가정한 것인데, 만일 독자의 환경에서 포트 번호가 이와 다르다면(이를테면 7545) 해당 번호로 변경해야 한다.

```
module.exports = {
  networks: {
    development: {
      host: "127.0.0.1",
      port: 8545,
      network_id: "*"
    }
  }
};
```

다음으로, Truffle 프로젝트의 `migrations/` 디렉터리에 이송용 JavaScript 파일을 추가해야 한다. Truffle 프로젝트가 초기화되면 기본으로 `1_initial_migration.js`라는 파일이 이 디렉터리에 생기지만, 이 파일은 추가적인 배치 작업을 시작하는 역할만 한다.

다음과 같은 내용으로 `2_deploy_contracts.js`라는 파일을 추가하기 바란다.

```
var PacktToken = artifacts.require('./PacktToken.sol');
```

```
var PacktTokenSale = artifacts.require('./PacktTokenSale.sol');

module.exports = function (deployer) {
  deployer.deploy(PacktToken, 1000000).then(function () {
    return deployer.deploy(
      PacktTokenSale,
      PacktToken.address,
      1000000000000000);
  });
};
```

이 이송용 파일은 다음과 같은 작업을 수행한다.

- 생성자에 총 토큰 공급량 1000000을 지정해서 PacktToken 계약을 배치한다.

- 그런 다음 앞의 토큰 계약의 주소와 토큰 단가 1000000000000000을 생성자에 지정해서 PacktTokenSale 계약을 배치한다. 생성자가 기대하는 토큰 단가의 단위는 웨이이며, 결과적으로 토큰 하나의 가격은 0.001ETH가 된다.

이제 다음 명령을 실행하면 두 계약이 배치된다.

```
$ truffle migrate
```

8.7.3 토큰 계약 검사

그럼 토큰 계약의 코드를 검사해 보자. 여기서는 Truffle의 JavaScript 단위 검사 프레임워크를 사용하기로 한다. 검사용 JavaScript 파일 안에서 토큰 계약을 직접 사용할 수는 없다. Truffle의 JavaScript 단위 검사 프레임워크가 Solidity 코드를 이해하지는 못하기 때문이다. 대신 컴파일 과정에서 생성된 추상 계약을 artifacts.require() 문을 이용해서 검사 스크립트에 도입하고 그것을 통해서 계약 인스턴스에 접근해야 한다.

test/ 디렉터리에 PacktToken.test.js라는 새 파일을 만들고 다음 행을 추가하기 바란다.

```
var PacktToken = artifacts.require('./PacktToken');
```

Mocha에 익숙한 독자라면 describe()로 검례를 작성할 것이라고 기대하겠지만, Truffle

에서는 contract()를 사용한다. contract()는 describe()와 동일한 방식으로 작동하나, 검사의 초기화와 정리를 위한 코드를 포함할 수 있다는 점이 다르다. contract() 호출의 둘째 인수로 콜백 함수(검사 코드를 담을)를 지정하며, 그 콜백 함수로 계정들을 담은 자료 구조의 참조가 전달됨을 주목하기 바란다. 결과적으로, 콜백 함수 안에서 Ganache의 계정들에 접근할 수 있게 된다.

```
contract('PacktToken', async (accounts) => {

});
```

이 예제에서는 JavaScript ES2017의 async/await 구문을 사용하지만, JavaScript ES 2015의 then() 구문(Promise 객체에 기초한)을 사용하는 것도 가능하다. 그럼 간단한 검례를 추가해 보자.

```
it ('initialises the contract with the correct values', async () => {
    let instance = await PacktToken.deployed();

    let name = await instance.name();
    assert.equal(name, 'Packt ERC20 Token', 'has the correct name');
});
```

이후의 검례들도 기본적으로 이 검례와 동일한 틀을 따른다. 이 코드가 하는 일은 다음과 같다.

- Mocha의 it() 구문을 이용해서 하나의 검례를 정의한다.
- 토큰 계약(truffle test 명령의 일부로 배치된)의 인스턴스를 비동기적으로 얻는다.
- 그 인스턴스를 이용해서 토큰의 이름을 비동기적으로 얻는다.
- 그 이름이 우리가 기대했던 것과 같은지 점검한다.

이 검례에 토큰의 기호를 점검하는 코드도 추가할 수 있다.

```
    let symbol = await instance.symbol();
    assert.equal(symbol, 'PET', 'has the correct symbol');
```

다음으로, 계약을 배치할 때 지정한 총공급량이 제대로 설정되었는지 점검하는 검례를 추가해 보자.

```
it ('allocates the total supply on deployment', async () => {
    let instance = await PacktToken.deployed();

    let supply = await instance.totalSupply();
    assert.equal(supply, 1000000, 'sets the correct total supply');
});
```

토큰 계약의 나머지 공공 상태 변수와 메서드들도 이런 식으로 검사하면 된다. 그러나 여기서는 그것들을 토큰 판매 계약에 대한 검사에서 암묵적으로 점검하기로 한다.

8.7.4 토큰 판매 계약 검사

토큰 판매 계약의 검사는 토큰 판매 계약뿐만 아니라 토큰 계약도 참조하기 때문에 앞의 검사보다 약간 더 복잡하다.

우선 프로젝트의 test/ 디렉터리에 PacktTokenSale.test.js라는 새 파일을 만들고, 다음과 같이 두 계약의 추상 계약 참조를 얻는 코드를 추가한다.

```
var PacktTokenSale = artifacts.require('./PacktTokenSale.sol');
var PacktToken = artifacts.require('./PacktToken');
```

다음으로, 이후 검례들이 사용할 몇 가지 변수를 설정한다.

```
contract('PacktTokenSale', async (accounts) => {
    let owner = accounts[0];
    let buyer = accounts[1];
    let tokensToSell = 500000;
    let tokenPrice = 1000000000000000;
    let numberOfTokens;
    ...
});
```

변수 이름에서 짐작하겠지만, Ganache의 첫 계정을 토큰 판매 계약의 소유자로 사용하고, 둘째 계정을 토큰 구매자로 사용한다. tokensToSell 변수에 배정된 수치는 토큰 계약 배치 시 정의되는 총 토큰 공급량의 절반에 해당한다. 실제 토큰 판매에서는 토큰 판매 계약의 최대 토큰 판매 개수를 계약의 소유자가 설정하겠지만, 여기서는 그냥 전체 토큰의 50%를 판매하도록 설정한다.

이전의 검사와 마찬가지로, 이 검사 스크립트로 토큰 판매 계약의 모든 측면을 검사하지는 않는다. 여러분이 추가적인 검례들을 작성하는 방법을 파악하는 데 필요한 정도의, 그리고 토큰 판매 기능과 주소 간 토큰 전송 기능을 점검하는 데 필요한 정도의 검례들만 제시하겠다. 첫 검례는 두 계약이 잘 배치되었는지, 그리고 토큰 판매 계약의 생성자가 토큰 가격을 제대로 설정했는지 점검한다.

```
it ('initialises the contract with the correct values', async () => {
  let tokenSaleInstance = await PacktTokenSale.deployed();

  let tokenSaleAddress = await tokenSaleInstance.address;
  assert.notEqual(tokenSaleAddress, 0x0, 'has an address');

  let tokenAddress = await tokenSaleInstance.tokenContract();
  assert.notEqual(tokenAddress, 0x0, 'has an address');

  let tokenPrice = await tokenSaleInstance.tokenPrice();
  assert.equal(tokenPrice,
               1000000000000000,
               'sets the correct token price');
});
```

둘째 검례는 앞의 검례보다 좀 더 복잡하다. 이 검례는 토큰 판매 기능을 점검한다.

```
it ('allows users to buy tokens', async () => {
  let tokenSaleInstance = await PacktTokenSale.deployed();
  let tokenInstance = await PacktToken.deployed();

  // 토큰 계약이 가진 토큰의 절반을 이 계약으로 전송한다.
  let success = await tokenInstance.transfer(
    tokenSaleInstance.address, tokensToSell, { from: owner });
```

```
numberOfTokens = 40;
let receipt = await tokenSaleInstance.buyTokens(
  numberOfTokens,
  { from: buyer, value: numberOfTokens * tokenPrice });

let buyerBalance = await tokenInstance.balanceOf(buyer);
assert.equal(buyerBalance, numberOfTokens);

let contractBalance = await tokenInstance.balanceOf(
  tokenSaleInstance.address);
assert.equal(contractBalance, tokensToSell - numberOfTokens);
});
```

이 검례가 하는 일은 다음과 같다.

- 우선, 배치된 두 계약의 인스턴스들을 얻는다.

- 진짜 토큰 판매에서처럼, 판매를 시작하기 전에 전체 토큰의 일부(여기서는 50%)를 토큰 판매 계약으로 전송한다.

- 구매자 계정이 토큰 판매 계약의 토큰 40개를 구매한다.

- 그런 다음 토큰 계약의 토큰 잔액이 제대로 갱신되었는지(즉, 토큰 판매 계약이 가진 토큰 개수에서 판매한 토큰 개수를 뺀 것과 같은지) 점검한다.

결과적으로, 이 검례는 토큰 판매 계약의 토큰 판매 기능과 토큰 계약의 토큰 전송 기능을 모두 검사한다.

8.8 계약들을 시험망에 배치

지금까지는 Ganache의 지역 사설 블록체인에서 계약들을 개발하고 검사했다. 이제 한 걸음 나아가서, 계약들을 공공 시험망에 배치해 보자. 그러면 다른 사용자들도 이 계약들을 사용할 수 있게 된다.

계약을 공공 사설망에 배치하는 방법은 여러 가지이다. 주요 방법을 들자면 다음과 같다.

- Remix와 MetaMask를 사용한다.

- 이더리움 지갑과 Mist 브라우저를 사용한다.
- MyCrypto(`https://mycrypto.com`)나 MyEtherWallet(`https://www.myether wallet.com`)을 사용한다.
- Geth나 Parity의 명령줄 환경을 사용한다.
- Geth 또는 Parity와 Truffle을 사용한다.

지금까지 Truffle을 이용해서 계약들을 개발해온 만큼, 배치 역시 Truffle이 관여하는 방법을 선택하는 것이 좋겠다. 좀 더 구체적인 과정은 다음과 같다.

- Geth를 실행하고 Rinkeby 시험망과 동기화한다.
- 새 계정을 생성하고 자금을 확보한다.
- Truffle이 새 Geth 인스턴스와 연동하도록 설정한다.
- 계약들을 배치한다.

8.8.1 Rinkeby에서 Geth 실행

Geth는 가장 인기 있는 이더리움 클라이언트로, 다양한 공공 시험망을 지원한다. 여기서는 권한 증명(PoA) 방식의 공공 시험망인 Rinkeby를 사용한다.

우선, 아직 Geth를 설치하지 않은 독자라면 `https://geth.ethereum.org/downloads/`의 설치 방법을 참고해서 Geth를 설치하기 바란다.

그런 다음 `https://www.rinkeby.io/#geth`의 **Full node** 섹션을 참고해서 적절한 `geth init` 명령으로 Geth를 초기화하기 바란다. 이에 의해 Geth는 하나의 완전 검증 노드(full node)로서 Rinkeby 네트워크에 참여하도록 설정된다.

Geth를 초기화한 다음에는 다음 명령으로 Geth를 실행한다.

```
$ geth --networkid=4 --datadir=$HOME/.rinkeby --rpc --cache=1024 --bootnodes=eno
de://a24ac7c5484ef4ed0c5eb2d36620ba4e4aa13b8c84684e1b4aab0cebea2ae45cb4d375b77ea
b56516d34bfbd3c1a833fc51296ff084b770b94fb9028c4d25ccf@52.169.42.101:30303
```

이 명령은 새 Geth 프로세스를 띄우고 Rinkeby 블록체인 자료와의 동기화를 시작한다. 동기화가 진행되는 동안, 다른 터미널에서 JavaScript 콘솔로 Geth의 노드에 접속해서 나머지 배치 작업을 진행하기로 한다. 새 터미널을 띄운 후 다음 명령을 실행하기 바란다.

```
$ geth attach ~/.rinkeby/geth.ipc
```

블록체인 동기화가 몇 시간 정도 걸릴 수 있다. 중간에 동기화 진척 상황을 보고 싶으면 Java Script 콘솔에서 다음 명령을 실행하면 된다.

```
> eth.syncing
```

만일 이 명령이 false를 돌려준다면 동기화가 끝난 것이다. 이제 다음 명령으로 새 계정을 생성한다.

```
> personal.newAccount("<패스워드>")
```

<패스워드>를 여러분이 원하는 패스워드로 대체해서 실행하면, 이 명령은 새 계정을 생성한 후 그 계정의 주소를 돌려준다. 생성된 계정 주소들은 언제라도 다음 명령으로 확인할 수 있다.

```
> personal.listAccounts
```

다음으로, 새로 만든 계정이 사용할 시험망 이더를 확보해야 한다. 가장 좋은 방법은 Rinkeby 수도꼭지(faucet)에서 이더를 얻는 것이다. https://www.rinkeby.io/#faucet에 새 계정 주소를 입력하고 받고자 하는 이더 금액을 선택하기 바란다. 가장 큰 금액인 18.75를 선택하길 권한다. 시험망 이더가 계정에 들어오려면 시간이 좀 걸릴 것이다. 그동안 Truffle을 설정해 보자.

8.8.2 Geth 연동을 위한 Truffle 설정

앞에서는(§8.7.2) Truffle이 Ganache와 연동되도록 truffle.js를 작성했었다. 이번에는 Truffle이 현재 동기화 중인 Geth 인스턴스와 연동되도록, 그럼으로써 Truffle이 Rinkeby 공공 시험망에 계약들을 배치하도록 truffle.js를 수정해 보자. 텍스트 편집기로 truffle.js를 열고, Ganache를 위한 항목 아래에 다음 항목을 추가하기 바란다.

```
rinkeby: {
    host: "localhost",
```

```
    port: 8545,
    network_id: "4", // Rinkeby
    from: "<앞에서 만든 계정 주소>",
    gas: 5000000,
  },
```

이 설정에서 주목할 부분은 다음과 같다.

- `network_id`는 연결할 네트워크의 ID이다. 4는 Rinkeby를 뜻한다.
- `from`은 이 노드의 주소인데, §8.8.1 **Rinkeby에서 Geth 실행**에서 만든 계정 주소를 넣으면 된다.
- `gas`는 계약 배치에 사용할 최대 가스양이다(이후의 과정을 수행하는 데 문제가 없도록 충분히 큰 값을 지정했다).

배치로 넘어가기 전에, 배치에 사용할 계정의 잠금을 풀어야 한다. JavaScript 콘솔에서 다음 명령을 실행하면 된다. `<패스워드>`에는 앞에서 계정 생성 시 지정한 패스워드를 넣어야 한다.

```
> personal.unlockAccount(personal.listAccounts[0],"<패스워드>")
```

계정의 잠금이 잘 해제되었다면, 이제 터미널에서(JavaScript 콘솔이 아니라) 다음 명령을 실행해서 이송(배치) 과정을 진행한다.

```
$ truffle migrate --network rinkeby
```

그러면 다음과 같은 메시지들이 출력될 것이다.

```
Running migration: 2_deploy_contracts.js
  Deploying PacktToken...
  ... 0xb62b416b2d33235ca9e59693db0ed7c5485457a3fef77b8ac8b807c094619c5d
  PacktToken: 0xe35949af5cd0c957c6ef54f92ef59dc311f40114
  Deploying PacktTokenSale...
  ... 0x338b60c9a6d916695d8a30835a273a4625f7e3a084c5514818a19288b34431c4
  PacktTokenSale: 0x601baf6e646cbe4fa91fdd6cc9619c6e5d538d22
Saving successful migration to network...
  ... 0x7ff158ab6d363441326a7402d3c137d322cd3a7283c732839579ab25f3cd8288

Saving artifacts...
```

이 출력에서 긴 해시들은 계약을 배치한 거래들의 해시이고 짧은 해시는 배치된 계약들의 주소이다. 여러분의 구체적인 해시들은 위에 나온 것과 다를 것이다. Rinkeby의 블록 탐색기 (https://rinkeby.etherscan.io)에서 이 해시들로 해당 거래 또는 계약의 상태를 조회할 수 있다.

8.8.3 Truffle 콘솔

계약들이 배치되었으니, 계약들이 의도한 대로 초기화되었는지도 점검해 보자. 이번에는 Truffle 콘솔에서 배치된 계약들에 직접 접근한다. 우선, 다음 명령으로 Truffle 콘솔을 띄우기 바란다.

```
$ truffle console --network rinkeby
```

다음으로, 콘솔에서 다음 명령을 실행해서 토큰 계약의 인스턴스를 얻는다.

```
truffle(rinkeby)> PacktToken.deployed().then(function(instance) { tokenInstance
= instance; })
undefined
```

이제 이 인스턴스(tokenInstance)를 이용해서 공개 상태 변수들을 확인할 수 있다.

```
truffle(rinkeby)> tokenInstance.name()
'Packt ERC20 Token'

truffle(rinkeby)> tokenInstance.symbol()
'PET'

truffle(rinkeby)> tokenInstance.totalSupply().then(function(supply)
{ tokenSupply = supply; })
undefined

truffle(rinkeby)> tokenSupply.toNumber()
1000000
```

토큰 계약의 생성자는 판매할 토큰 전체(총공급량)를 토큰 계약의 소유자, 즉 토큰 계약을 배치한 계정에 전송한다. 앞에서 우리는 Geth 클라이언트를 통해서 계약들을 배치했으므로, 계약 소유자는 Geth의 JavaScript 콘솔에서 생성한 그 계정이다. Truffle 콘솔에서 Geth의 계정들을 알고 싶으면 다음 명령을 실행하면 된다.

```
truffle(rinkeby)> web3.eth.accounts
```

앞에서 계정을 더 만들지 않았다면, 이 명령은 하나의 주소만 출력할 것이다. 그 주소(또는 여러 주소의 첫 번째 주소)를 이용해서 다음 명령들을 실행해 보면 총공급량이 잘 설정되었는지 확인할 수 있다.

```
truffle(rinkeby)> tokenInstance.balanceOf("<계정_주소>").then(function(balance)
{ ownerBalance = balance; })
undefined

truffle(rinkeby)> ownerBalance.toNumber()
1000000
```

8.8.4 토큰 판매 계약의 토큰 확보

앞에서 보았듯이, 토큰 계약이 배치되면 토큰 계약의 생성자는 자신의 총 토큰 잔액을 계약 소유자에 배정한다. 그런데 이 예제의 토큰 판매에서 모든 토큰을 판매하지는 않는다. 일부 토큰은 토큰 계약 소유자(전체 프로젝트 관리자의 계정이라고 가정)의 것으로 남겨둔다. 이를 위해 전체 토큰 중 일부만 토큰 판매 계약 주소로 전송한다.

앞에서 토큰 판매 계약을 검사하는 스크립트를 작성할 때, 개별 검례들을 실행하기 전에 몇 가지 변수들을 설정했었다. 그중 하나는 판매할 토큰 개수를 정의하는 tokensToSell이었으며, 이 변수에 전체 토큰의 50%에 해당하는 500,000을 배정했었다. 이번에도 전체 토큰의 절반만 일반 대중에게 판매하기로 한다. 따라서 전체 토큰 중 50만 개만 토큰 판매 계약에 보내야 한다.

Truffle 콘솔에서 다음 명령을 실행해서 앞에서 배치한 토큰 판매 계약의 인스턴스를 얻는다.

```
truffle(rinkeby)> PacktTokenSale.deployed().then(function(saleInstance) { token
SaleInstance = saleInstance; })
undefined
```

이제 언제라도 tokenSaleInstance.address로 토큰 판매 계약의 주소를 참조할 수 있다.

토큰들을 전송하려면 해당 Geth 계정의 잠금이 해제되어야 한다. 아직 하지 않았다면 §8.8.2를 참고해서 잠금을 풀기 바란다. 이제 토큰 계약의 transfer 메서드를 실행해서 토큰들을 전송한다.

```
truffle(rinkeby)> tokenInstance.transfer(tokenSaleInstance.address, 500000,
{ from: web3.eth.accounts[0] })
```

이 메서드를 실행하기 위한 거래가 승인되려면 15에서 30초 정도 걸릴 것이다. 거래가 승인되면 거래 영수증이 반환된다. 그러면 다음 명령들로 토큰 잔액이 잘 갱신되었는지 확인할 수 있다.

```
truffle(rinkeby)> tokenInstance.balanceOf("<계정_주소>").then(function(balance)
{ ownerBalance = balance; })
Undefined

truffle(rinkeby)> ownerBalance.toNumber()
500000

truffle(rinkeby)> tokenInstance.balanceOf(tokenSaleInstance.address).then(func
tion(balance) { saleBalance = balance; })
Undefined

truffle(rinkeby)> saleBalance.toNumber()
500000
```

이제 토큰 판매 계약에 토큰들이 확보되었다. 이제 토큰 판매를 실행할 준비가 끝났다.

8.9 Etherscan에서 계약 코드 확인

계약들을 Rinkeby에 배치하고 토큰 판매 계약에 토큰들도 채워 넣었으니 이제 언제라도 토큰 판매를 시작할 수 있다. 그러나, 신중한 투자자라면 우리의 계약들의 투명성에 관한 확신이 없이는 선뜻 지갑을 열지 않을 것이다. Etherscan에서 이 계약들의 바이트코드를 볼 수 있긴 하지만, 바이트코드는 사람이 읽고 이해하기가 쉽지 않기 때문에 투자자들에게 우리의 투명성을 입증하기에 좋은 수단이 아니다.

이 문제에 대한 한 가지 해결책은 https://rinkeby.etherscan.io/verifyContract에 있는 계약 검증 서비스를 이용해서 Etherscan에 있는 계약 코드를 검증하고 그 결과를 공표하는 것이다. 이를 위해서는 각 계약에 대해, 계약 검증 서비스 페이지의 여러 입력 필드들에 다음과 같은 정보를 제공해야 한다.

- **Contract Address** 필드: 계약의 주소. 배치 명령의 출력에 있다.
- **Contract Name**: 계약의 이름. 이 예제의 경우 PacktToken과 PacktTokenSale이다.
- **Compiler**: Truffle이 계약을 컴파일하는 데 사용한 Solidity 컴파일러의 버전. 터미널에서 truffle version 명령을 실행해서 알아낼 수 있다.
- **Optimization**: 계약 컴파일 시 최적화 적용 여부. 기본적으로 Truffle은 최적화를 적용하지 않으므로 **No**를 선택하면 된다.
- 그 아래의 큰 텍스트 입력 상자에는 계약의 Solidity 소스 코드를 입력한다. 프로젝트의 contract 디렉터리에 있는 해당 .sol 파일의 내용을 입력하면 된다.
- 계약 배치 시 계약의 생성자에 인수들을 지정한 경우, 하단의 **2) Constructor Arguments ABI-encoded** 텍스트 입력 상자에 생성자 인수들을 부호화한 ABI 문자열을 입력해야 한다. 이 ABI는 Etherscan에서 알아낼 수 있다. Rinkeby용 Etherscan 메인 페이지(https://rinkeby.etherscan.io/)에서 계약의 주소를 입력해서 계약 페이지로 간 후 **Code** 탭의 **Constructor Arguments** 필드에 있는 문자열을 복사하면 된다.

> **NOTE** 토큰 계약의 경우에는 위의 과정으로 충분하지만, 토큰 판매 계약의 경우에는 토큰 계약과 SafeMath.sol 라이브러리를 도입하기 때문에 이보다 좀 더 복잡한 과정이 필요하다. 검증을 위해서는 세 계약 파일을 합쳐야 하는데, 계약 검증 서비스 페이지 상단의 **MultiPart Solidity Source Code Verifier** 링크를 따라가면 나오는 페이지를 활용하길 권한다.

마지막으로, 필드들을 적절히 채운 후 페이지 하단의 **Verify and Publish** 버튼을 클릭하면 검증 과정이 실행된다.

계약들을 Rinkeby 공공 시험망에 배치하고 코드를 검증받는 과정까지 모두 마쳤다면, 다음으로 할 일은 사람들이 토큰을 살 수 있는 앞단(frontend) 웹페이지를 만드는 것이다.

8.10 앞단 웹사이트 작성

계약들이 잘 배치되긴 했지만, 현재는 이더리움 클라이언트에 접속한 JavaScript 콘솔 또는 계약과 연동하는 서드파티 웹사이트를 통해서만 계약들과 상호작용할 수 있다. 개발자들이라면 이런 인터페이스가 익숙하겠지만, 투자자들과 공공 시험망의 일반적인 구성원들이라면 너무 높은 장애물로 느낄 것이다. 따라서 사람들이 좀 더 편하게 토큰 판매에 참여할 수 있는 수단이 필요하다.

이제부터는 사용자들이 간단하고 빠르게 우리의 토큰을 구매할 수 있는 간단한 단일 페이지 웹사이트를 만든다. 웹사이트를 완성하고 나면 다음과 같은 모습의 웹페이지를 보게 될 것이다.

이 웹페이지는 다음과 같은 요소들로 구성된다.

- 토큰의 이름과 현재 토큰 가격

- 사용자의 현재 토큰 잔액

- 사용자의 계정 주소

- 구매할 토큰 개수를 입력하는 텍스트 필드와 구매를 진행하는 버튼

- 전체 ICO의 진행 상태를 보여주는 진행 표시줄

이런 웹페이지를 만드는 방법은 여러 가지겠지만, 앞단 디자인의 세부사항은 이 책의 초점이 아니므로 아주 기본적인 기술들을 이용해서 간단한 페이지를 만드는 것으로 만족하기로 한다. 독자가 앞단 개발자이고 자주 사용하는 앞단 프레임워크가 있다면, 얼마든지 그것을 활용해서 더 멋진 페이지를 만들기 바란다.

8.10.1 앞단 개발 환경 설정

우선 웹사이트 구축에 필요한 개발 환경부터 갖추기로 하자. 필요한 구성요소들은 대부분 NPM을 통해서 설치되므로, 가장 먼저 할 일은 NPM 자체를 설치 또는 최신 버전으로 갱신하는 것이다. 아직 설치하지 않은 독자라면 `https://www.npmjs.com/get-npm`을 참고하기 바란다.

NPM을 설치한 다음에는 프로젝트 루트 디렉터리로 가서 다음을 실행한다.

```
$ npm init
```

그러면 프로젝트의 여러 매개변수를 묻는 대화식 과정이 시작되며, 그 과정이 끝나면 질문의 답들로 `package.json` 파일이 만들어진다. 다음은 생성된 `package.json` 파일의 예인데, 이를 참고해서 적절한 답을 입력하기 바란다.

```json
{
  "name": "packtcoin",
  "version": "1.0.0",
  "description": "\"Packt Token Sale ICO\"",
  "main": "app.js",
  "directories": {
    "test": "test"
  },
  "scripts": {
    "test": "test",
  },
  "author": "<작성자 이름>",
  "license": "ISC",
}
```

이 예제의 웹페이지 개발을 위해서는 다음과 같은 의존 모듈들도 설치해야 한다.

- lite-server: 경량 웹 서버이다. 이것은 개발 도중에만 사용해야 한다. 실제로 토큰 판매를 진행하기 위해 앞단을 공공 웹 서버에 설치하려면 다른 대안이 필요하다.
- browser-sync: lite-server가 의존하는 모듈이다. 앞단에 필요한 파일들을 제공하는 용도로 쓰인다.

lite-server는 다음 명령으로 설치하면 된다. browser-sync 모듈도 자동으로 추가된다.

```
$ npm install --save lite-server
```

다음으로, package.json 파일에 웹 서버 실행을 위한 항목을 추가해야 한다. scripts 섹션에 다음과 같이 dev 항목을 추가하기 바란다.

```
"scripts": {
  "test": "test",
  "dev": "lite-server"
},
```

browser-sync도 설정이 필요하다. 프로젝트 루트 디렉터리에 bs-config.json이라는 파일을 만들고, 다음과 같이 build/contracts/ 디렉터리와 src/ 디렉터리(잠시 후에 작성한다)를 추가한다.

```
{
  "server": {
    "baseDir": ["./src", "./build/contracts"]
  }
}
```

8.10.1.1 앞단 디렉터리 구조

앞단의 파일들은 프로젝트 루트 디렉터리에 src/라는 새 디렉터리를 만들고 그 안에 배치한다. CDN(content delivery network)을 활용하는 덕분에 최소한의 파일들만으로 웹사이트를 구축할 수 있다. 앞단 파일들의 디렉터리 구조는 다음과 같다.

```
...
 ¦
 ¦--- src/
 ¦    ¦
 ¦    +--- js/
 ¦    ¦ ¦
 ¦    ¦ +--- app.js
 ¦    ¦
 ¦    +--- index.html
 ...
```

index.html은 단일 페이지 사이트의 HTML 코드를 담은 파일이고 app.js 파일은 사용자 상
호작용을 처리하는 JavaScript 코드를 담은 파일이다. Bootstrap을 이용해서 웹페이지에 스
타일을 적용할 것이라서 css/ 디렉터리는 따로 두지 않았다.

웹페이지에 필요한 다른 구성요소들은 모두 CDN에서 가져온다. 그 구성요소들은 다음과
같다.

- 사용자 인터페이스의 스타일 적용을 위한 Bootstrap.
- 앞단이 블록체인과 상호작용하는 데 필요한 web3 라이브러리.
- 앞단 코드에서 배치된 계약을 좀 더 직관적으로 다룰 수 있는 인터페이스를 제공하는
  Truffle Contract 라이브러리.
- Bootstrap에 필요한 jQuery.

8.10.1.2 index.html

이 파일의 코드의 주요 부분을 간략히 설명한 후 전체 코드를 제시하겠다. 다시 말하지만 이 책
은 HTML이나 앞단 개발 튜토리얼이 아니며, 이 예제는 단지 ICO를 위한 웹페이지의 예를 하
나 보여주기 위한 것일 뿐이다.

우선, 파일 끝부분에서는 여러 JavaScript 파일들을 웹페이지 안으로 가져온다.

```
<script src="https://cdnjs.cloudflare.com/ajax/libs/jquery/3.3.1/jquery.js"></scri
pt>
<script src="https://stackpath.bootstrapcdn.com/bootstrap/4.1.3/js/bootstrap.min.j
s" integrity="sha384-ChfqqxuZUCnJSK3+MXmPNIyE6ZbWh4IMqE241rYiqJxyMiZ6OW/JmZQ5stwEU
```

```
LTy" crossorigin="anonymous"></script>
<script src="https://cdn.jsdelivr.net/gh/ethereum/web3.js/dist/web3.min.js"></scri
pt>
<script src="https://cdn.jsdelivr.net/npm/truffle-contract@3.0.6/dist/truffle-cont
ract.min.js"></script>
<script src="js/app.js"></script>
```

각 JavaScript 파일을 간단히 설명하면 다음과 같다.

- CDN에서 가져오는 jquery.js는 Bootstrap이 요구하는 jQuery 라이브러리를 정의한다.

- CDN에서 가져오는 boostrap.min.js와 관련 CSS 파일들은 앞단의 스타일 적용을 위한 Bootstrap 프레임워크를 정의한다.

- CDN에서 가져오는 web3.min.js는 블록체인과의 상호작용을 위한 web3 공급자를 정의한다.

- 역시 CDN에서 가져오는 truffle-contract.min.js는 계약과 좀 더 편하게 상호작용하기 위한 인터페이스를 정의한다.

- js/ 디렉터리에서 가져오는 app.js는 사용자와 웹페이지의 상호작용을 처리하는 JavaScript 코드를 담고 있다.

이 웹페이지의 다른 부분들은 Bootstrap을 통해서 적절히 스타일링된다. 그럼 주요 부분을 살펴보자.

우선, 다음은 페이지 전체의 제목을 표시한다.

```
<div class="col-lg-12">
  <h4 class="text-center" style="margin-top: 100px">
    Packt Token ICO Sale
  </h4>
  <hr />
</div>
```

h4 요소에 스타일이 인라인으로 지정되어 있음을 주목하기 바란다. 이 페이지 전체에서, Bootstrap에 정의된 스타일 이외의 스타일은 개별적인 .css를 두어서 따로 정의하지 않고 이처럼 해당 요소 자체에서 인라인으로 설정한다.

다음은 토큰 판매 정보(토큰 가격)와 사용자 정보(사용자 주소 및 지금까지 구매한 토큰 개수)를 표시하는 부분이다. 이 부분은 사용자가 MetaMask 플러그인을 브라우저에 설치했다고 가정한다.

```html
<div id="content" class="text-center" style="display: none;">
  <p>
    This is the <span id="tokenName"></span> sale.
    The token price is <span id="tokenPrice"></span> ETH.
  </p>
  <p>
    Your token balance is: <span id="tokenBalance"></span>
    <span id="tokenSymbol"></span>
  </p>
  <p>Your active account is: <span id="accountAddress"></span></p>
</div>
```

span 요소들의 텍스트는 이후 app.js가 해당 id 속성을 통해서 동적으로(계약들에서 조회한 정보를 이용) 표시한다.

다음은 사용자가 토큰을 구매하는 데 사용하는 HTML 양식(form)이다. 이 부분 역시 Bootstrap으로 스타일들을 적용한다. 구매할 토큰 개수를 입력하고 양식 제출(submit) 버튼을 클릭하면 잠시 후에 설명할 app.js에 정의된 onSubmit 처리 함수가 양식 제출을 처리한다.

```html
<form onSubmit="App.buyTokens(); return false;" role="form">
  <div class="form-group">
    <div class="input-group mb-3">
      <input id="numberOfTokens" type="number" class="form-control"
        aria-describedby="basic-addon2" value="1" min="1" pattern="[0-9]">
      <div class="input-group-append">
        <button class="btn btn-outline-primary" type="submit">
          Buy PET Tokens
        </button>
      </div>
    </div>
  </div>
</form>
```

마지막으로, 다음은 ICO 진행 상황을 하나의 진행 표시줄(progress bar) 형태로 보여주는 부분이다.

```
<div>
  <div class="progress">
    <div id="progress" class="progress-bar progress-bar-striped progress-bar-anima
ted" role="progressbar" aria-valuenow="75" aria-valuemin="0" aria-valuemax="100">
</div>
  </div>
  <p>
    <span id="tokensSold"></span> / <span id="tokensAvailable"></span>
  </p>
  <hr />
</div>
```

이상의 부분들을 포함한 index.html의 전체 코드는 다음과 같다.

```
<!DOCTYPE html>
<html lang="en">
<head>
  <link href="https://stackpath.bootstrapcdn.com/bootstrap/4.1.3/css/bootstrap.min
.css" rel="stylesheet" integrity="sha384-MCw98/SFnGE8fJT3GXwEOngsV7Zt27NXFoaoApmYm
81iuXoPkFOJwJ8ERdknLPMO" crossorigin="anonymous">
  <title>Packt Token ICO Sale</title>
</head>
<body>
  <div class="container" style="width: 650px">
    <div class="col-lg-12">
      <h4 class="text-center" style="margin-top: 100px">
        Packt Token ICO Sale
      </h4>
      <hr />
    </div>
    <div id="contentLoader">
      <p class="text-center">Loading...</p>
    </div>
    <div id="content" class="text-center" style="display: none;">
      <p>
        This is the <span id="tokenName"></span> sale.
        The token price is <span id="tokenPrice"></span> ETH.
      </p>
```

```html
<p>
  Your token balance is: <span id="tokenBalance"></span> <span id="tokenSym
  bol"></span>
</p>
<p>Your active account is: <span id="accountAddress"></span></p>
<br />

<form onSubmit="App.buyTokens(); return false;" role="form">
  <div class="form-group">
    <div class="input-group mb-3">
      <input
        id="numberOfTokens"
        type="number"
        class="form-control"
        aria-describedby="basic-addon2"
        value="1"
        min="1"
        pattern="[0-9]">
      <div class="input-group-append">
        <button class="btn btn-outline-primary" type="submit">
          Buy PET Tokens
        </button>
      </div>
    </div>
  </div>
</form>

<br>
<div class="progress">
  <div
    id="progress"
    class="progress-bar progress-bar-striped progress-bar-animated"
    role="progressbar"
    aria-valuenow="75"
    aria-valuemin="0"
    aria-valuemax="100"></div>
</div>
<p><span id="tokensSold"></span> / <span id="tokensAvailable"></span></p>
<hr />
</div>
</div>
<script src="https://cdnjs.cloudflare.com/ajax/libs/jquery/3.3.1/jquery.js"></
script>
<script src="https://stackpath.bootstrapcdn.com/bootstrap/4.1.3/js/bootstrap.mi
```

```
        n.js" integrity="sha384-ChfqqxuZUCnJSK3+MXmPNIyE6ZbWh4IMqE241rYiqJxyMiZ6OW/JmZQ
        5stwEULTy" crossorigin="anonymous"></script>
    <script src="https://cdn.jsdelivr.net/gh/ethereum/web3.js/dist/web3.min.js"></
        script>
    <script src="https://cdn.jsdelivr.net/npm/truffle-contract@3.0.6/dist/truffle-
        contract.min.js"></script>
    <script src="js/app.js"></script>
  </body>
</html>
```

HTML 코드가 완성되었으니, 이제 JavaScript 코드로 눈을 돌리자. 필요한 JavaScript 코드
의 대부분은 **CDN**에서 가져온 기존 JavaScript 라이브러리들이고, 앞단 '앱'을 위해 특별히 작
성한 것은 app.js 뿐이다. 그럼 이 파일을 살펴보자.

8.10.1.3 app.js

사용자와의 구체적인 상호작용을 처리하는 JavaScript 코드는 src/js/ 디렉터리의 app.js 파
일에 들어 있다.

이 파일의 첫 부분은 이후의 함수들이 사용할 변수들을 정의한다.

```
App = {
  web3Provider: null,
  contracts: {},
  account: '0x0',
  loading: false,
  tokenPrice: 0,
  tokensSold: 0,
  tokensAvailable: 500000,
  ...
```

그다음은 앱을 초기화하는 함수이다.

```
init: function() {
  return App.initWeb3();
},
```

이 함수가 호출하는 **initWeb3** 함수는 web3 공급자를 대표하는 **web3** 객체를 초기화한다.

```
initWeb3: function() {
  if (typeof web3 !== 'undefined') {
    App.web3Provider = web3.currentProvider;
    web3 = new Web3(web3.currentProvider);
  } else {
    App.web3Provider =
        new Web3.providers.HttpProvider('http://localhost:8545');
    web3 = new Web3(App.web3Provider);
  }
  return App.initContracts();
},
```

이 함수는 web3 공급자를 설정하는 표준적인 패턴을 보여준다. **if** 문은 web3 객체가 현재 페이지에 주입되었는지 확인한다. 사용자의 브라우저에 MetaMask가 실행되고 있다면 이 **if**의 조건식이 참이 된다. 만일 web3 객체가 정의되어 있지 않으면 **else** 절이 실행된다. **else** 절은 지역 컴퓨터의 8545 포트에서 실행 중인 노드에 연결을 시도한다. Ganache가 실행 중이거나, Geth 같은 이더리움 클라이언트가 공공망 또는 사설망에 접속해 있으면 이 연결이 성립되어서 **web3** 객체가 설정된다. 그 외의 경우도 있겠지만, 여기서는 그냥 ICO에 참여하고자 하는 사용자가 반드시 MetaMask나 이더리움 클라이언트를 사용한다고 가정하고 더 이상의 처리는 하지 않는다.

그다음은 배치된 계약들에 대한 참조를 얻고 해당 주소들을 콘솔에 출력하는(디버깅을 위해) 함수이다.

```
initContracts: function() {
  $.getJSON("PacktTokenSale.json", function(packtTokenSale) {
    App.contracts.PacktTokenSale = TruffleContract(packtTokenSale);
    App.contracts.PacktTokenSale.setProvider(App.web3Provider);
    App.contracts.PacktTokenSale.deployed().then(
    function(packtTokenSale) {
      console.log("Dapp Token Sale Address:", packtTokenSale.address);
    });
  }).done(function() {
    $.getJSON("PacktToken.json", function(packtToken) {
      App.contracts.PacktToken = TruffleContract(packtToken);
```

```
            App.contracts.PacktToken.setProvider(App.web3Provider);
            App.contracts.PacktToken.deployed().then(function(packtToken) {
              console.log("Dapp Token Address:", packtToken.address);
            });

            App.listenForEvents();
            return App.render();
          });
        });
    },
```

그다음 함수는 배치된 계약들의 Sell 이벤트를 감지해서 해당 판매 정보로 페이지를 갱신한다.

```
listenForEvents: function() {
    App.contracts.PacktTokenSale.deployed().then(function(instance) {
      instance.Sell({}, {
        fromBlock: 0,
        toBlock: 'latest',
      }).watch(function(error, event) {
        console.log("event triggered", event);
        App.render();
      });
    });
},
```

그다음 함수는 좀 더 길다. 이 함수는 배치된 계약의 자료를 읽어서 사용자 인터페이스의 해당 요소를 적절히 갱신한다. 대부분은 계약의 여러 정보(계정 주소, 토큰 가격 등등)를 index. html의 해당 요소에 지정된 ID 값(id 속성)을 이용해서 해당 부분에 반영하는 것일 뿐이므로, 따로 설명할 필요는 없을 것이다. 한 가지 주목할 만한 부분은 loader 변수와 content 변수가 쓰이는 행들이다. 이 행들은 계약의 자료를 불러오는 동안에는 해당 요소들을 숨기고, "Loading…"이라는 메시지만 나타나게 한다.

```
render: function() {
    if (App.loading) {
      return;
    }
```

```
App.loading = true;

const loader  = $('#contentLoader');
const content = $('#content');

loader.show();
content.hide();

web3.eth.getCoinbase(function(err, account) {
  if (err === null) {
    App.account = account;
    $('#accountAddress').html(account);
  }
});

App.contracts.PacktTokenSale.deployed().then(function(instance) {
  packtTokenSaleInstance = instance;
  return packtTokenSaleInstance.tokenPrice();
}).then(function(tokenPrice) {
  App.tokenPrice = tokenPrice;
  $('#tokenPrice').html(
      web3.fromWei(App.tokenPrice, "ether").toNumber());
  return packtTokenSaleInstance.tokensSold();
}).then(function(tokensSold) {
  App.tokensSold = tokensSold.toNumber();
  $('#tokensSold').html(App.tokensSold);
  $('#tokensAvailable').html(App.tokensAvailable);

  var progress =
      (Math.ceil(App.tokensSold) / App.tokensAvailable) * 100;
  $('#progress').css('width', progress + '%');

  App.contracts.PacktToken.deployed().then(function(instance) {
    packtTokenInstance = instance;
    return packtTokenInstance.balanceOf(App.account);
  }).then(function(balance) {
    $('#tokenBalance').html(balance.toNumber());
    return packtTokenInstance.name();
  }).then(function(name) {
    $('#tokenName').html(name);
    return packtTokenInstance.symbol();
  }).then(function(symbol) {
    $('#tokenSymbol').html(symbol);
    App.loading = false;
```

```
      loader.hide();
      content.show();
    });
  });
},
```

마지막 함수는 HTML의 onSubmit 처리부에 대응되는 buyTokens()이다. 이 함수는 토큰 판매 계약의 메서드들을 호출해서 토큰 판매를 처리한다.

```
buyTokens: function() {
  $('#content').hide();
  $('#contentLoader').show();
  const numberOfTokens = $('#numberOfTokens').val();
  App.contracts.PacktTokenSale.deployed().then(function(instance) {
    return instance.buyTokens(numberOfTokens, {
      from: App.account,
      value: numberOfTokens * App.tokenPrice,
    });
  }).then(function(result) {
    console.log(result);
    $('form').trigger('reset');
  });
}
```

다음은 지금까지 설명한 함수들로 이루어진 app.js의 전체 코드이다.

```
App = {
  web3Provider: null,
  contracts: {},
  account: '0x0',
  loading: false,
  tokenPrice: 0,
  tokensSold: 0,
  tokensAvailable: 500000,

  init: function() {
    return App.initWeb3();
  },

  initWeb3: function() {
```

```
  if (typeof web3 !== 'undefined') {
    App.web3Provider = web3.currentProvider;
    web3 = new Web3(web3.currentProvider);
  } else {
    App.web3Provider =
      new Web3.providers.HttpProvider('http://localhost:7545');
    web3 = new Web3(App.web3Provider);
  }
  return App.initContracts();
},

initContracts: function() {
  $.getJSON("PacktTokenSale.json", function(packtTokenSale) {
    App.contracts.PacktTokenSale = TruffleContract(packtTokenSale);
    App.contracts.PacktTokenSale.setProvider(App.web3Provider);
    App.contracts.PacktTokenSale.deployed().then(
    function(packtTokenSale) {
      console.log("Dapp Token Sale Address:", packtTokenSale.address);
    });
  }).done(function() {
    $.getJSON("PacktToken.json", function(packtToken) {
      App.contracts.PacktToken = TruffleContract(packtToken);
      App.contracts.PacktToken.setProvider(App.web3Provider);
      App.contracts.PacktToken.deployed().then(function(packtToken) {
        console.log("Dapp Token Address:", packtToken.address);
      });

      App.listenForEvents();
      return App.render();
    });
  });
},

listenForEvents: function() {
  App.contracts.PacktTokenSale.deployed().then(function(instance) {
    instance.Sell({}, {
      fromBlock: 0,
      toBlock: 'latest',
    }).watch(function(error, event) {
      console.log("event triggered", event);
      App.render();
    });
  });
},
```

```
render: function() {
  if (App.loading) {
    return;
  }
  App.loading = true;

  const loader  = $('#contentLoader');
  const content = $('#content');

  loader.show();
  content.hide();

  web3.eth.getCoinbase(function(err, account) {
    if (err === null) {
      App.account = account;
      $('#accountAddress').html(account);
    }
  });

  App.contracts.PacktTokenSale.deployed().then(function(instance) {
    packtTokenSaleInstance = instance;
    return packtTokenSaleInstance.tokenPrice();
  }).then(function(tokenPrice) {
    App.tokenPrice = tokenPrice;
    $('#tokenPrice').html(
        web3.fromWei(App.tokenPrice, "ether").toNumber());
    return packtTokenSaleInstance.tokensSold();
  }).then(function(tokensSold) {
    App.tokensSold = tokensSold.toNumber();
    $('#tokensSold').html(App.tokensSold);
    $('#tokensAvailable').html(App.tokensAvailable);

    var progress =
        (Math.ceil(App.tokensSold) / App.tokensAvailable) * 100;
    $('#progress').css('width', progress + '%');

    App.contracts.PacktToken.deployed().then(function(instance) {
      packtTokenInstance = instance;
      return packtTokenInstance.balanceOf(App.account);
    }).then(function(balance) {
      $('#tokenBalance').html(balance.toNumber());
      return packtTokenInstance.name();
    }).then(function(name) {
      $('#tokenName').html(name);
```

```
            return packtTokenInstance.symbol();
        }).then(function(symbol) {
            $('#tokenSymbol').html(symbol);
            App.loading = false;
            loader.hide();
            content.show();
        });
    });
    },

    buyTokens: function() {
      $('#content').hide();
      $('#contentLoader').show();
      const numberOfTokens = $('#numberOfTokens').val();
      App.contracts.PacktTokenSale.deployed().then(function(instance) {
        return instance.buyTokens(numberOfTokens, {
          from: App.account,
          value: numberOfTokens * App.tokenPrice,
        });
      }).then(function(result) {
        console.log(result);
        $('form').trigger('reset');
      });
    }
};

App.init();
```

8.10.2 앞단 코드 실행

이제 앞단 코드가 완성되었고 앞단 코드를 제공할 웹 서버(lite-server)도 준비되었다. 그럼 지역에서 웹 서버를 실행해서 앞단 웹사이트에 접속해 보자. 터미널에서 다음 명령을 실행하기 바란다.

```
$ npm run dev
```

그러면 lite-server가 실행되고, 자동으로 브라우저가 뜨면서 앞단 웹페이지가 열린다.

8.10.3 앞단과 상호작용

앞단을 시험해 보려면 다음 조건들을 충족해야 한다.

- 브라우저에서 MetaMask가 Rinkeby 시험망에 접속되어 있어야 한다.
- ICO에 참여하려면 이더를 내고 토큰을 구매해야 하므로, MetaMask의 계정에 충분한 자금(이더)이 있어야 한다.

이 조건들을 갖추었다면, 앞단의 입력 필드에 구매하고자 하는 토큰 개수를 입력하고 그 옆의 버튼을 클릭하기 바란다. 그러면 거래 승인을 묻는 MetaMask 창이 나타날 것이다. 승인하면 토큰이 실제로 판매된다.

토큰 판매를 알리는 Sell 이벤트가 도착할 때까지 앞단 페이지는 **Loding...**이라는 메시지를 표시한다. 약 15~30초 정도의 시간이 지나서 이벤트가 도착하면 페이지 하단의 판매된 토큰 개수가 갱신된다.

토큰 개수 갱신까지 확인했다면, ICO 앞단 웹사이트가 잘 작동하는 것이다. 그런데 현재의 앞단 웹사이트는 지역 웹 서버에서 제공되므로 여러분만 접근할 수 있다. 이 ICO를 다른 모든 이더리움 사용자와 함께 진행하고 싶다면, 앞단을 공공 웹 서버, 즉 인터넷과 연결된 웹 서버로 옮겨야 한다. 이 과제는 다음 장에서 "탈중앙화된" 방식으로 해결하지만, 연습 삼아 좀 더 전통적인 방식의 웹 서버를 독자 스스로 준비하는 것도 좋을 것이다.

8.11 요약

이번 장에서는 ICO를 준비하고 시행하는 구체적인 문제들을 논의했다. 우선 ICO가 무엇인지 설명하고, 사용 가능한 여러 토큰 표준을 살펴보았으며, 몇 가지 토큰 판매 방식들도 소개했다. 그런 다음에는 실제 ICO 구현으로 넘어가서, 먼저 ERC-20 표준을 따르는 토큰 계약을 작성하고, 그에 기초해서 토큰 판매를 처리하는 계약도 작성했다. 그런 다음 최소한의 검사 코드를 작성하고 계약들을 지역 Ganache 사설망에 배치해서 검사한 후 Rinkeby 공공 시험망에 배치했다. 마지막으로는 사용자가 Rinkeby에 배치된 계약들과 상호작용할 수 있는 간단한 앞단 웹페이지도 만들어 보았다.

이제 남은 일은 이 ICO 앞단을 세상에 공개하는 것이다. 다음 장에서는 흔히 쓰이는 중앙 집중화된 웹 호스팅 서비스에 의존하지 않고 앞단 웹사이트를 구축하는 두 가지 방법을 설명한다.

8.12 추가 개선 및 확장 사항들

이번 장은 ICO 구현의 핵심 측면들만 언급했다. 이번 장에서 언급하지 않은 또는 좀 더 깊게 파고들 만한 측면들이 많이 있다. 이번 장의 예제 ICO에서 좀 더 개선, 확장할 만한 사항들을 제시하자면 다음과 같다.

- **상세한 검사**: 이번 장의 계약 검사 코드는 최소한의 형태일 뿐, 계약들의 모든 측면을 완전히 검사하지는 않는다. 계약들을 좀 더 상세하고 완전하게 검사하는 검례들을 추가해 보기 바란다.

- **다양한 토큰 판매 방식**: 본문에서 몇 가지 토큰 판매 방식을 소개하긴 했지만, 예제는 그중 가장 기본적인 방식 하나만 구현했다.

- **다양한 토큰 표준**: 마찬가지로, 승인된 또는 논의 중인 토큰 표준 몇 가지를 본문에서 소개하긴 했지만, 예제는 가장 널리 쓰이는 것 하나만 구현했다.

- **OpenZeppelin 활용**: 본문에서 계약의 안전성을 논의하면서 OpenZeppelin을 소개하고 `SafeMath.sol`에서 OpenZeppelin의 함수 하나를 사용해 보기도 했다. 그러나 OpenZeppelin은 IOC 구현과 관련해서 이번 장에서 언급한 것보다 훨씬 많은 것을 제공한다. 예를 들어 OpenZeppelin에는 다양한 토큰 표준과 토큰 판매 방식이 구현되어 있다. 또한, OpenZeppelin이 제공하는 예제 코드에는 코드 검사 파일들도 충실하게 갖추어져 있다.

- **앞단 웹사이트 개선**: 예제의 웹페이지는 아주 기초적인 수준이었다. 앞단 웹페이지를 널리 쓰이는 또는 독자가 선호하는 앞단 프레임워크를 이용해서 다양한 방식으로 개선, 확장할 수 있을 것이다.

## 제9장

분산 저장소 IPFS와 Swarm

지금까지 이더리움을 공부하면서, 이더리움 블록체인이 대량의 자료를 저장하기에는 너무 비싸며, 애초에 그런 용도로 만들어진 것이 아님을 확실히 알았을 것이다. 블록체인에 정보를 저장한다는 것은 정보를 블록체인의 상태 자료로서 저장하는 것이며, 그러려면 가스로 비용을 지급해야 한다.

이번 장에서는 IPFS와 Swarm^스웜이라는 두 가지 분산 저장 플랫폼을 이용해서 자료를 탈중앙화된 방식으로 저장하는 방법을 논의한다. 두 플랫폼을 소개한 후에는 두 플랫폼의 설치 방법과 기본적인 사용법을 설명하고, 제8장 **ICO 구현**에서 만든 ICO DApp을 두 플랫폼을 이용해서 호스팅하는 방법을 소개한다. 마지막으로, 좀 더 본격적인 IPFS 활용 방법을 보여주는 취지에서, 앞단(frontend) 웹페이지에서 프로그램(JavaScript 코드)을 통해서 IPFS와 상호작용하는 간단한 예제를 제시한다.

9.1 배경지식

이더리움 가상 기계(EVM)는 256비트(32바이트) 워드들에 대해 작동한다. 그런데 이더리움 블록체인에 256비트 워드 하나를 저장하는 데에는 20,000가스의 비용이 든다. 따라서 1KB의 자료를 저장하려면 64만 가스가 필요하다. 이 글을 쓰는 현재 가스 가격은 약 4.5Gwei(0.0000000045 ETH)이므로, 1KB의 자료를 저장하는 데 드는 비용은 약 0.00288ETH이다.

간단히 계산해 보면, 자료 1GB당 비용은 2,880ETH이다. 1ETH가 약 220달러라고 하면, 1GB의 자료를 저장하는 데 무려 62만 1천 달러의 비용이 드는 셈이다. 이는 1GB당 저장 비용이 몇 센트 수준인 전통적인 중앙집중적 클라우드 저장소에 비해 엄청나게 높은 가격이다.

블록체인 자체에 대량의 자료를 저장하는 것이 비현실적이라면, 논리적인 대안은 자료를 중앙집중적 저장소에 저장하고, 블록체인에는 자료의 위치만 저장하는 것이다. 즉, 블록체인을 하나의 탈중앙화된 자료층(data layer)으로 두고, 실제 자료 저장소와 앞단 웹사이트는 전통적인 중앙집중적 서버에 두는 식으로 DApp을 구성할 수 있다.

다음은 흔히 쓰이는 소프트웨어 구성요소들을 이용해서 이런 구조를 구성한 예이다.

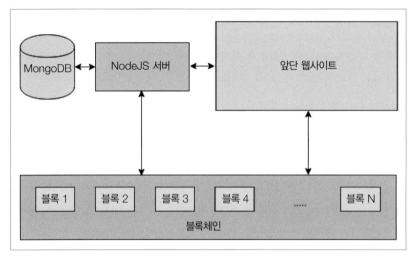

탈중앙화 블록체인 뒷단과 중앙집중적 앞단 및 저장소의 조합

용도에 따라서는 이것이 탈중앙화된 자료층과 중앙집중적 저장층(storage layer)의 적절한 타협일 수 있다. 이것이 블록체인 자체에 자료를 저장하는 데 따르는 비용을 피하는 효과적인 방법임은 분명하다. 그러나 이보다 더 나은 방식이 있다. 즉, 블록체인에 자료를 직접 저장하지 않을 뿐만 아니라 저장층도 탈중앙화하는 것이 가능하다.

web3 기술 스택의 초기 버전들은 이더리움의 **Swarm** 플랫폼을 탈중앙화 저장소로 사용했다. Swarm은 일반적인 블록체인 자료뿐만 아니라 DApp의 앞단 코드를 분산 저장하기 위해 고안된 플랫폼이다.

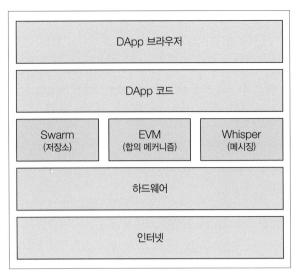

web3 기술 스택

Swarm과 같은 성격의 플랫폼으로 **IPFS**(InterPlanetary File System; 행성 간 파일 시스템)이라는 것도 있다. 이번 장에서 살펴보겠지만 이 두 플랫폼은 서로 비슷하며, 동일한 코드를 두 플랫폼에서 실행하는 것도 어느 정도까지는 가능하다.

9.2 Swarm과 IPFS

두 가지 탈중앙화 저장 플랫폼의 실제 활용 방법으로 들어가기 전에, 둘의 유사점과 차이점을 간단하게나마 짚어 보자.

두 프로젝트의 목표는 기본적으로 같다. 둘 다 범용 탈중앙화 저장층과 내용 전달 프로토콜(content delivery protocol)을 제공하는 것을 목표로 한다. 이를 위해 두 플랫폼 모두 클라이언트 노드들로 이루어진 P2P 네트워크에 내용(콘텐츠)을 저장하고 조회한다. 내용의 해시를 내용이 담긴 파일에 접근하는 식별자(주소)로 사용한다는 점도 둘이 같다.

IPFS와 Swarm 모두 보통의 파일들을 저장할 수 있다. 즉, 두 플랫폼에 HTML, CSS, JavaScript 등 DApp을 구성하는 파일들을 저장할 수 있으므로, 두 플랫폼을 전통적인 뒷단(backend) 서버처럼 활용하는 것이 가능하다.

통째로 저장하기에는 너무 큰 파일을 위해 두 프로젝트는 BitTorrent 프로토콜과 비슷한 방식으로 파일을 여러 조각으로 저장하는 수단을 제공한다. BitTorrent 프로토콜의 한 가지 문제점은 파일을 제공(시딩seeding)하는 사용자에게 보상을 제공하지 않는다는 것이다. 즉, 파일 제공자를 위한 동기 부여가 부족하다. 그래서 소수의 제공자가 다수의 사용자에게 파일을 공급하는 상황이 흔히 벌어진다.

이런 문제점을 피하기 위해 IPFS와 Swarm은 클라이언트를 실행하는 사용자들에게 금전적 보상으로 동기를 부여하는 기능을 지원한다. Swarm은 이더리움 Geth 클라이언트와 함께 실행되므로, 그러한 동기 부여 기능이 자동으로 적용된다.

IPFS의 경우에는 Filecoin(`http://filecoin.io`)에 기초한 개별적인 동기 부여층을 명시적으로 적용해야 한다.

두 플랫폼이 여러모로 비슷하지만, 차이점도 있다. 무엇보다도, 개발자의 관점에서 가장 중요한 차이점은 IPFS 프로젝트가 더 성숙했으며 더 널리 쓰인다는 점이다. 반면 Swarm은 이더리움 생태계와 좀 더 자연스럽게 통합되어 있다는 장점이 있다.

또한, 바탕 기술 측면에서도 두 플랫폼의 차이가 있다. 예를 들어 Swarm은 **내용 주소화 분할 저장**(content-addressed chunkstore) 기술을 사용하지만 IPFS는 **분산 해시 테이블**(distributed hash table, DHT)을 사용한다. 더 나아가서, 이더리움 스택과 밀접한 관련이 있는 Swarm은 이더리움의 DevP2P 프로토콜(`https://github.com/ethereum/wiki/wiki/%C3%90%CE%9EVp2p-Wire-Protocol`)을 지원하지만, IPFS는 좀 더 일반적인 libp2p 네트워크 계층(`https://github.com/libp2p`)을 사용한다.

이번 장의 목적에서는 이 정도의 유사점과 차이점으로 충분하다. 두 플랫폼의 좀 더 상세한 비교는 `https://github.com/ethersphere/go-ethereum/wiki/IPFS-&-SWARM` 문서를 보기 바란다.

9.2.1 IPFS 설치

그럼 IPFS부터 살펴보자. 우선, IPFS 네트워크에 파일을 올리고 파일의 내용을 볼 수 있도록 지역 컴퓨터에 IPFS용 도구들을 설치해야 한다. `https://docs.ipfs.io/guides/guides/`

install/의 설명을 참고해서 독자의 운영체제와[1] CPU 아키텍처에 맞는 버전을 설치하기 바란다.

설치가 끝났으면, 터미널에서 다음을 실행해서 IPFS 노드를 초기화한다.

```
$ ipfs init
```

그러면 다음과 같은 출력이 표시될 것이다.

```
initializing ipfs node at /Users/jbenet/.go-ipfs
generating 2048-bit RSA keypair...done
peer identity: Qmcpo2iLBikrdf1d6QU6vXuNb6P7hwrbNPW9kLAH8eG67z
to get started, enter:

    ipfs cat /ipfs/QmS4ustL54uo8FzR9455qaxZwuMiUhyvMcX9Ba8nUH4uVv/readme
```

출력의 마지막 줄에 제시된 명령(ipfs cat ...)을 실제로 실행하면 IPFS의 환영 메시지를 포함한 readme 파일의 내용이 표시된다.

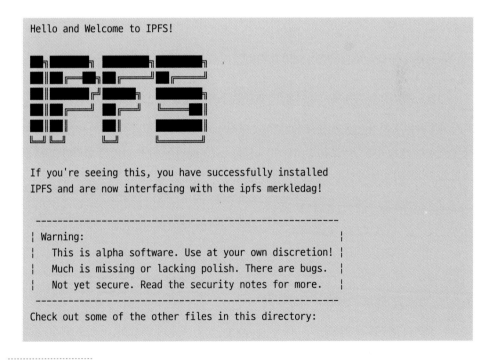

```
Hello and Welcome to IPFS!
```

```
If you're seeing this, you have successfully installed
IPFS and are now interfacing with the ipfs merkledag!


 --------------------------------------------------------
¦ Warning:                                               ¦
¦   This is alpha software. Use at your own discretion!  ¦
¦   Much is missing or lacking polish. There are bugs.   ¦
¦   Not yet secure. Read the security notes for more.    ¦
 --------------------------------------------------------
Check out some of the other files in this directory:
```

---

[1] 이번 절과 다음 절(§9.2.2)의 기본 예제들은 Linux 환경에 국한되지 않지만, §9.3의 ICO 관련 예제는 제8장의 ICO 예제를 위해 준비한 개발 환경을 기준으로 하므로 그냥 Linux에 설치하는 것이 편할 것이다.

```
./about
./help
./quick-start    <-- usage examples
./readme         <-- this file
./security-notes
```

이제 IPFS 노드가 초기화되었다. 그러나 아직 IPFS 네트워크에 연결된 것은 아니다. 연결하려면 다음 명령을 실행해야 한다.

```
$ ipfs daemon
```

IPFS 네트워크에 잘 연결되었는지 확인하기 위해, 새 터미널에서 다음 명령을 실행해 보기 바란다.

```
$ ipfs swarm peers
```

현재 연결된 다른 노드들의 목록이 나타나면 연결이 잘 된 것이다. 이제 IPFS 네트워크에 저장된 파일들을 보거나 지역 파일을 네트워크에 올릴 수 있다. 먼저, 네트워크에 이미 저장되어 있는 파일을 살펴 보자.

다음은 네트워크에 있는 고양이 이미지 파일을 지역 컴퓨터로 내려받는 명령이다.

```
$ ipfs cat /ipfs/QmW2WQi7j6c7UgJTarActp7tDNikE4B2qXtFCfLPdsgaTQ/cat.jpg > cat.jpg
```

혹시 혼동하는 독자가 있을까 해서 말하지만, `ipfs cat`의 'cat'은 고양이가 아니라 파일의 내용을 출력하는 명령이다.[2] 네트워크 파일의 내용을 `cat.jpg`라는 지역 파일로 출력함으로써, 결과적으로 네트워크의 파일을 내려받는 셈이 된다.

---

2 참고로, Unix류 운영체제들에서 흔히 볼 수 있는 cat 명령은 "연결하다"라는 뜻의 영어 동사 catenate에서 비롯되었다. cat은 흔히 파일의 내용을 출력하는 데 쓰이지만, 원래 의도한 용도는 cat file1 file2 file2 > file 형태로 실행해서 여러 파일을 하나의 파일로 연결하는 것이다.

이처럼 ipfs 명령을 이용해서 네트워크의 파일에 접근하는 것 외에, 다음과 같은 통로들로 파일에 접근할 수도 있다.

- 지역 브라우저 기반 사용자 인터페이스(http://localhost:5001/webui):

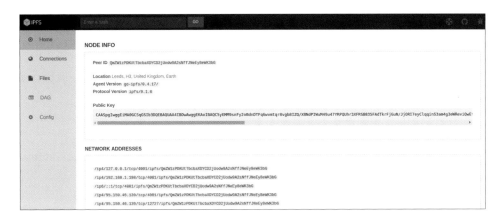

- IPFS 클라이언트가 지역 호스트의 8080 포트를 통해 제공하는 지역 IPFS 게이트웨이:

```
$ curl "http://127.0.0.1:8080/ipfs/QmW2WQi7j6c7UgJTarActp7tDNikE4B2qXtFCfLPdsga
TQ/cat.jpg" > local_gateway_cat.jpg
```

- 원격 공공 IPFS 게이트웨이:

```
$ curl "https://ipfs.io/ipfs/QmW2WQi7j6c7UgJTarActp7tDNikE4B2qXtFCfLPdsgaTQ/cat.
jpg" > public_gateway_cat.jpg
```

이렇게 해서 네트워크의 파일을 지역 컴퓨터로 가져오는 기능을 확인해 보았다. 다음으로는 지역 파일을 네트워크에 올리는 기능을 시험해 보자.

하나의 파일을 네트워크에 추가하는 가장 간단한 방법은 다음과 같이 파일의 경로를 지정해서 ipfs add 명령을 실행하는 것이다.

```
$ ipfs add <파일 경로>
```

이 명령은 추가된 파일의 해시를 출력한다. 이 해시는 IPFS 네트워크에서 파일의 주소로 쓰인다. 이 주소는 파일의 내용에 기초하며, 앞의 예에서 보았듯이 이 주소를 이용해서 해당 파일에 접근할 수 있다.

디렉터리를 통째로 올리는 것도 가능한데, 이에 관해서는 나중에 ICO 웹사이트의 파일들을 네트워크에 올릴 때 다시 이야기한다.

9.2.2 Swarm 설치

이번에는 Swarm을 살펴보자. Swarm의 설치는 IPFS보다 조금 복잡하다. 또한, Swarm은 반드시 Geth 클라이언트가 실행되고 있어야 작동한다. 아직 설치하지 않았다면, `https://github.com/ethereum/go-ethereum/wiki/Installing-Geth`를 참고해서 독자의 운영체제에 맞는 Geth를 설치하기 바란다.

Geth를 설치했다면, `https://swarm-guide.readthedocs.io/en/latest/installation.html`을 참고해서 독자의 운영체제에 맞게 Swarm을 설치하기 바란다.

설치가 끝났으면, 다음 명령을 실행해서 설치가 잘 되었는지 확인한다.

```
$ swarm version
Swarm
Version: 0.3.2-stable
Git Commit: 316fc7ecfc10d06603f1358c1f4c1020ec36dd2a
Go Version: go1.10.1
OS: linux
```

지역 Swarm 클라이언트를 실행하기 전에, 아직 Geth 계정을 준비하지 않았다면 다음 명령으로 계정을 생성하기 바란다.

```
$ geth account new
```

이 명령이 출력한 계정 주소로 다음 명령을 실행하면 비로소 Swarm 클라이언트가 Swarm 네트워크에 연결된다.

```
$ swarm --bzzaccount <계정 주소>
```

이제 Swarm 네트워크에 파일을 하나 올려 보자. 현재 터미널에서 Swarm 클라이언트가 실행 중인 상태에서, 다른 터미널을 열어서 다음 명령을 실행하기 바란다. 이 명령은 앞에서 IPFS에서 내려받은 고양이 이미지를 Swarm 네트워크에 올린다.

```
$ swarm up cat.jpg
5f94304f82dacf595ff51ea0270b8f8ecd593ff2230c587d129717ec9bcbf920
```

명령이 출력한 해시는 `cat.jpg` 파일과 연관된 Swarm 매니페스트[manifest] 파일의 해시이다. Swarm 매니페스트 파일은 업로드된 파일에 관한 정보를 담은 JSON 파일이다. `cat.jpg` 파일을 올리면 그와 함께 해당 매니페스트 파일도 업로드된다. 이후 `cat.jpg` 파일을 내려받을 때 Swarm 네트워크는 이 매니페스트 파일로부터 `cat.jpg` 파일의 MIME 형식을 파악한다.

파일이 잘 올라갔는지 확인하는 방법은 여러 가지이다. 하나는 지역 Swarm 클라이언트가 8500번 포트에서 제공하는 HTTP API를 사용하는 것이다. 브라우저로 `http://localhost:8500`에 접속하면 이 API를 손쉽게 사용할 수 있는 웹 인터페이스가 나타난다. 이 웹페이지에 Swarm이 돌려준 해시를 입력하면 고양이 이미지를 볼 수 있을 것이다.

또 다른 방법은 Swarm의 공공 게이트웨이를 사용하는 것이다. 브라우저로 `http://swarm-gateways.net/`로 가서 앞의 파일 해시를 입력하거나 직접 `http://swarm-gateways.net/bzz:/<파일 해시>/` 형태의 URL을 열면 고양이 이미지를 볼 수 있다.

9.3 ICO 예제의 앞단 웹사이트 호스팅

제8장 **ICO 구현**에서 우리는 ICO를 구현하고 실행하는 데 필요한 모든 구성요소를 살펴보았다. 예제 ICO의 뒷단은 ERC-20 토큰 계약과 토큰 판매 계약으로 구성되는데, 둘 다 이더리움의 Rinkeby 시험망에 배치했다.

예제 ICO의 앞단은 HTML과 CSS, JavaScript로 이루어진 전형적인 웹사이트인데, 제8장에서는 이를 지역 웹 서버에 배치했다. 앞단은 web3의 JavaScript 구현인 web3.js와 브라우저 확장 기능인 MetaMask를 통해서 블록체인 뒷단과 상호작용했다.

이번 장에서는 앞단을 전통적인 중앙집중적 서버 대신 IPFS와 Swarm 네트워크에 배치함으로써 ICO의 모든 요소를 탈중앙화한다.

9.3.1 IPFS에서 앞단 제공

그럼 앞단 웹사이트를 IPFS에 배치해 보자. 예제 프로젝트의 파일 중 앞단 웹사이트에 필요한 파일들만 모아서 하나의 디렉터리에 넣고 그 디렉터리를 IPFS 네트워크에 올리기로 한다. 앞단이 작동하는 데 꼭 필요한 파일들은 다음과 같다.

- src/ 디렉터리에 있는 앞단 웹사이트 파일들.

- build/contract/ 디렉터리에 있는, 배치된 계약들에 관한 정보를 담은 JSON 파일들.

예제 ICO 프로젝트의 루트 디렉터리에서 다음 명령들을 실행하면 새 디렉터리에 이 파일들이 모두 복사된다.

```
$ mkdir dist
$ rsync -r src/ dist/
$ rsync -r build/contract/ dist/
```

이제 새 디렉터리 자체를 이전에 사용해 본 add 명령을 이용해서 IPFS 네트워크에 올린다. 재귀적인(recursive) 적용을 뜻하는 -r 옵션을 지정했기 때문에, 이 디렉터리 자체에 있는 파일들뿐만 아니라 이 디렉터리의 모든 하위 디렉터리의 모든 파일도 업로드된다.

```
$ ipfs add -r dist/
added QmXnB22ZzXCw2g5AA1EnNT1hTxexjrYwSzDjJgg8iYnubQ dist/Migrations.json
added Qmbd5sTquZu4hXEvU3pQSUUsspL1vxoEZqiEkaJo5FG7sx dist/PacktToken.json
added QmeBQWLkTZDw84RdQtTtAG9mzyq39zZ8FvmsfAKt9tsruC dist/PacktTokenSale.json
added QmNi3yyX7gGTCb68C37JykG6hkCvqxMjXcizY1fb1JsXv9 dist/SafeMath.json
added Qmbz7fF7h3QaRFabyPUc7ty2MN5RGg9gJkodq2b8UydkYP dist/index.html
added QmfKUdy8NGaYxsw5Tn641XGJcbJ1jQyRsfvkDKej56kcXy dist/js/app.js
added Qmc3xyRTJ2wNt2Ep5BFvGnSRyQcjk5FhYXkVfvobG26XAm dist/js
added QmQytFqNoyk8H1ZEaHe9wkGcbcUgaRbReEzurPBYRnbjNB dist
```

명령의 출력 중 부모 디렉터리(dist)의 해시를 따로 저장해 두기 바란다. 이 해시로 공공 IPFS 게이트웨이에 접속하면 완전히 탈중앙화된 ICO 앞단 웹사이트를 만날 수 있다. 앞의 출력을 기준으로 한다면, 브라우저로 https://ipfs.io/ipfs/QmQytFqNoyk8H1ZEaHe9wkGcbcUgaRbReEzurPBYRnbjNB/를 열면 된다.

이렇게 해서 예제 ICO 웹사이트의 완전 탈중앙화 버전이 완성되었다. 사용법은 이전의 중앙집중적 서버 버전과 동일하다. 이전처럼 HTML 양식들과 브라우저의 MetaMask 플러그인을 이용하면 된다.

그런데 중앙집중적 서버 버전보다 웹페이지가 좀 느리게 뜰 수도 있다. 이러한 성능 감소는 진정으로 탈중앙화된, 검열 저항성을 가진 웹사이트를 만드는 데 필요한 비용으로 간주하면 될 것이다.

9.3.1.1 IPNS

ICO 앞단 파일들을 수정하면 앞의 과정을 다시 반복해서 파일들을 IPFS에 올려야 한다. 그럴 때마다 관련 IPFS 파일 해시가 변하며, 따라서 앞단 웹사이트에 접속하는 IPFS URL도 바뀐다. 웹사이트를 수정할 때마다 사용자에게 새로운 URL을 알려 주어야 한다는 것은 그리 바람직하지 않다.

한 가지 해결책은 **IPNS**(InterPlanetary Naming System; 행성 간 명명 체계)를 사용하는 것이다. IPNS 기반 주소는 바탕 파일들이 변경되어도 변하지 않는다.

그럼 앞단 웹사이트의 현재 버전에 대한 IPNS 주소를 발급받아 보자. 다음처럼 앞단 주 디렉터리의 해시를 지정해서 `ipfs name publish` 명령을 실행하면 된다.

```
$ ipfs name publish QmQytFqNoyk8H1ZEaHe9wkGcbcUgaRbReEzurPBYRnbjNB
```

잠시 후에 다음과 같은 출력이 나타날 것이다.

```
Published to QmZW1zPDKUtTbcbaXDYCD2jUodw9A2sNffJNeEy8eWK3bG:
/ipfs/QmQytFqNoyk8H1ZEaHe9wkGcbcUgaRbReEzurPBYRnbjNB
```

첫 줄의 해시가 'peerID'라고 부르는 IPNS 주소이고 둘째 줄은 원본 디렉터리의 IPFS 경로이다. IPNS 주소에서 원래의 IPFS 디렉터리 경로를 얻는 명령은 `ipfs name resolve`이다.

```
$ ipfs name resolve QmZW1zPDKUtTbcbaXDYCD2jUodw9A2sNffJNeEy8eWK3bG
/ipfs/QmQytFqNoyk8H1ZEaHe9wkGcbcUgaRbReEzurPBYRnbjNB
```

이제 다음 URL을 이용해서 현재 버전의 앞단 웹사이트에 접속할 수 있다(중간에 `ipfs/`가 아니라 `ipns/`가 있음음 주목할 것).

```
https://ipfs.io/ipns/QmZW1zPDKUtTbcbaXDYCD2jUodw9A2sNffJNeEy8eWK3bG/
```

이후 앞단의 파일들을 수정할 때마다 다음 명령들을 실행하면 IPNS 주소가 갱신된다.

```
$ ipfs add -r dist/
$ ipfs name publish <새 디렉터리 해시>
```

IPNS 주소(peerID) 자체는 변하지 않으므로, 앞에서 언급한 URL로 접속하면 변경된 dist/의 파일들을 보게 된다.

그런데 IPNS 주소도 여전히 일반 사용자가 사용하기에는 그리 편하지 않다. IPNS 주소를 통상적인 도메인과 연관시킬 수 있다면 사용자는 좀 더 짧고 의미 있는 URL을 통해서 우리의 웹사이트에 접근할 수 있을 것이다. 그러려면 여러분이 소유한 도메인의 DNS TXT 레코드를 적절히 설정해서 IPNS 주소가 통상적인 URL로 이어지게 해야 한다.

그러나 이 접근 방식은 중앙집중 의존성이 커진다는 문제점을 가지고 있다. 중앙집중적 DNS 서버를 이용해서 웹사이트 주소를 처리한다는 것은 애초에 IPFS와 IPNS를 사용하기로 했던 취지와 어긋난다. 안타깝게도 IPFS의 경우 지금으로서는 딱히 만족스러운 해결책이 없다.

지금까지 IPFS를 이용해서 예제 ICO의 앞단 웹사이트를 완전히 탈중앙화하고, IPNS를 이용해서 고정된 주소까지 얻어 보았다. 다음 절부터는 Swarm을 이용해서 같은 일을 수행해 본다.

9.3.2 Swarm에서 앞단 제공

웹사이트를 Swarm 네트워크에 추가하는 방법은 앞에서 했던 것과 거의 같다. 아래의 내용에서는 Swarm 클라이언트가 실행 중이고(§9.2.2 참고), 필요한 앞단 파일들을 모두 dist/ 디렉터리에 모아 두었다고(§9.3.1 참고) 가정한다.

지역 파일을 Swarm 네트워크에 올리는 명령은 swarm up이다. 올릴 디렉터리(dist/)와 함께, --recursive 옵션과 --defaultpath 옵션(빈 경로(/)가 요청되었을 때 제공할 자원을 지정하는)도 지정해야 한다.

```
$ swarm --defaultpath dist/index.html --recursive up dist/
2a504aac8d02f7715bea19c6c19b5a2be8f7ab9442297b2b64bbb04736de9699
```

파일들이 잘 올라갔으면 명령은 해당 디렉터리의 해시를 출력한다. 이제 이 해시를 이용해서 Swarm의 해당 디렉터리에 접근할 수 있다. 지금 예의 경우, 지역 Swarm 클라이언트의 HTTP 게이트를 통해 접근하는 URL은 다음과 같다.

```
http://localhost:8500/bzz:/2a504aac8d02f7715bea19c6c19b5a2be8f7ab9442297b2b64bbb04
736de9699/
```

그리고 Swarm의 공공 게이트웨이를 통한 URL은 다음과 같다.

```
http://swarm-gateways.net/bzz:/2a504aac8d02f7715bea19c6c19b5a2be8f7ab9442297b2b64b
bb04736de9699/
```

이제 앞단 웹사이트가 Swarm에 배치되었다. IPFS의 경우와 마찬가지로, 이 URL들은 그리 사용자 친화적이 아니다. 다행히 Swarm의 경우에는 이더리움 블록체인에 기초한 분산 확장성 명명 시스템인 **ENS**(Ethereum Name Service)를 이용해서 이 문제를 좀 더 만족스럽게 해결할 수 있다.

9.3.2.1 ENS

ENS의 목표는 사용자가 이더리움 주소나 Swarm 해시를 안전하면서도 좀 더 편하게 다룰 수 있게 하는 것이다. ENS를 이용해서 사용자는 이더리움 주소나 Swarm 해시를 packttoken.eth 같은 좀 더 사용자 친화적인 문자열과 연관시킬 수 있다. 이는 DNS가 사용자 친화적 URL을 IP 주소로 변환하는 것과 비슷하다.

여기서는 시험용 도메인을 Rinkeby 시험망에 등록해 본다. Rinkeby는 .test 도메인들을 지원하지만, .eth 도메인들은 지원하지 않는다. .eth는 주 네트워크와 Ropsten 시험망만 지원한다. 이는 예제의 목적에서 장점이기도 한데, 왜냐하면 .eth 도메인을 등록하는 데는 시간이 오래 걸리지만(경매 과정을 거쳐야 한다) .test 도메인은 훨씬 빨리 등록되기 때문이다. 단, .test 도메인은 28일이 지나면 만료된다는 점을 기억하기 바란다.

ENS는 다음과 같은 여러 스마트 계약들로 이루어져 있다.

- **ENS 루트 계약**: ENS 루트 계약(root contract)은 최상위 .eth 도메인과 .test 도메인

을 관리하는 등록 대행 계약들과 개별 도메인의 변환을 처리하는 주소 해석 계약들을 관리한다.

- **등록 대행 계약**: 등록 대행 계약(registrar contract)은 DNS 등록 대행업체와 비슷한 일은 한다. 이 계약은 특정한 하나의 도메인에 속하는 이름들을 관리한다. 주 네트워크의 .eth에 대한 등록 대행 계약과 Ropsten의 .test에 대한 등록 대행 계약, 그리고 Rinkeby의 .test에 대한 등록 대행 계약이 따로 있다.

- **주소 해석 계약**: 주소 해석 계약(resolver contract)은 이더리움 주소 또는 Swarm 해시와 사용자 친화적 도메인 이름 사이의 변환을 실제로 처리한다.

그럼 앞단 웹사이트를 위한 .test 도메인을 Rinkeby에 등록해 보자. 우선 할 일은 관련 계약의 ABI 정의와 보조 함수들을 담은 JavaScript 파일을 준비하는 것이다. 이것을 이용하면 등록 과정이 훨씬 간단해진다. 그 파일은 https://github.com/ensdomains/ens/blob/master/ensutils-testnet.js에 있다. 이 파일의 코드를 복사해서 홈 디렉터리에 ensutils-testnet.js 파일을 만들기 바란다.

그런데 현재 ensutils-testnet.js는 Ropsten 시험망의 ENS 계약들을 사용한다. 우리는 Rinkeby 시험망을 사용할 것이므로, 관련 ENS 계약의 주소를 변경할 필요가 있다.

220번 행 부근을 보면 ens 변수를 설정하는 배정문이 있는데, 이를 다음처럼 Rinkeby ENS 루트 계약에 맞게 수정하기 바란다.

```
var ens = ensContract.at('0xe7410170f87102df0055eb195163a03b7f2bff4a');
```

다음으로, 1,314행 부근을 보면 주소 해석 계약과 관련된 배정문이 있다. 이를 다음처럼 Rinkeby의 공공 주소 해석 계약에 맞게 수정한다.

```
var publicResolver =
    resolverContract.at('0x5d20cf83cb385e06d2f2a892f9322cd4933eacdc');
```

이제 보조 JavaScript 파일이 준비되었다. 도메인을 등록하려면 Rinkeby 네트워크에 연결된 Geth 노드가 실행되고 있어야 한다. 제8장 **ICO 구현**의 §8.8.1에서 ICO 계약들을 배치할 때 했던 것처럼, 다음 명령을 실행해서 Geth 노드를 실행하고 최신 블록을 동기화할 때까지 기다리기 바란다.

```
$ geth --networkid=4 --datadir=$HOME/.rinkeby --rpc --cache=1024 --bootnodes=
enode://a24ac7c5484ef4ed0c5eb2d36620ba4e4aa13b8c84684e1b4aab0cebea2ae45cb4d375b7
7eab56516d34bfbd3c1a833fc51296ff084b770b94fb9028c4d25ccf@52.169.42.101:30303
```

동기화가 끝났으면, 새 터미널에서 Geth의 JavaScript 콘솔로 들어가서 Rinkeby ENS 계약 보조 JavaScript 파일을 적재한다.

```
$ geth attach ~/.rinkeby/geth.ipc
> loadScript("./ensutils-testnet.js")
true
```

이제 이 파일이 정의하는 계약 참조 객체들을 이용해서 Rinkeby에 배치된 등록 대행 계약과 주소 해석 계약에 접근할 수 있다. 우선, 우리가 원하는 이름을 사용할 수 있는지 확인한다.

```
> testRegistrar.expiryTimes(web3.sha3("packt_ico"))
0
```

이 명령은 주어진 이름이 만료되는 시점의 타임스탬프를 돌려준다. 0은 해당 이름이 사용 가능하다는 뜻이다.

이제 등록 대행 계약을 이용해서 도메인 이름을 등록한다. 단, 등록 시 비용이 부과되므로 Geth의 첫 계정에 충분한 이더가 있어야 한다(§8.8.1 참고).

```
> testRegistrar.register(web3.sha3("packt_ico"), eth.accounts[0], {from: eth.ac
counts[0]})
"0xe0397a6e518ce37d939a629cba3470d8bdd432d980531f368449149d40f7ba92"
```

출력은 해당 이름 등록 거래의 해시이다. Etherscan에서 이 해시로 거래를 조회해 보면 거래가 블록체인에 포함되었는지 확인할 수 있다. 거래가 블록체인에 포함되었으면, 등록 대행 계약을 이용해서 만료 시점과 소유자 계정을 확인해 보기 바란다.

```
> testRegistrar.expiryTimes(web3.sha3("packt_ico"))
1538514668

> ens.owner(namehash("packt_ico.test"))
"0x396ebfd1a0ec6e6cefe6035acf487900a10fcf56"
```

이제 우리는 하나의 ENS 도메인 이름을 소유했다. 그러나 이 이름 자체는 아직 아무런 쓸모가 없다. 다음으로 할 일은 이 이름을 우리의 앞단 웹사이트와 연결하는 것인데, 그러려면 ensutils-testnet.js에 정의된 계약 참조를 통해서 공공 주소 해석 계약의 메서드를 호출해야 한다.

다음은 공공 주소 해석 계약을 이용해서 Swarm에 있는 앞단 주 디렉터리의 해시를 새 도메인 이름에 연결하는 명령이다. 해시 앞에 반드시 0x를 붙여야 해당 메서드가 해시를 제대로 처리한다는 점을 주의하기 바란다.

```
> publicResolver.setContent(namehash("packt_ico.test"), '0x2a504aac8d02f7715bea1
9c6c19b5a2be8f7ab9442297b2b64bbb04736de9699', {from: eth.accounts[0]});
"0xaf51ba63dcedb0f5c44817f9fd6219544a1d6124552a369e297b6bb67f064dc7"
```

이렇게 해서, ENS의 공공 등록 대행 계약을 이용해서 도메인 이름을 등록하고 공공 주소 해석 계약을 이용해서 도메인 이름을 Swarm 해시에 연결했다.

다음으로 할 일은 ENS 루트 계약에게 우리의 도메인 이름을 처리하는 데 사용할 주소 해석 계약의 주소를 알려주는 것이다.

```
> ens.setResolver(namehash("packt_ico.test"), publicResolver.address, {from: eth
.accounts[0]})
"0xe24b4c35f1dadb97b5e00d7e1a6bfdf4b053be2f2b78291aecb8117eaa8eeb11"
```

ENS 루트 계약에서 우리의 도메인 이름을 처리하는 등록 대행 계약의 주소를 조회해 보면, 실제로 Rinkeby의 .test에 대한 등록 대행 계약의 주소를 볼 수 있다.

```
> ens.resolver(namehash("packt_ico.test"))
"0x5d20cf83cb385e06d2f2a892f9322cd4933eacdc"
```

마지막으로 남은 일은 지역 Swarm 클라이언트가 주소 해석 계약을 사용하도록 설정하는 것이다. 이를 위해서는 --ens-api 옵션으로 Geth 클라이언트로의 IPC 경로를 지정해서 Swarm 클라이언트를 실행해야 한다. 이 경로에는 Rinkeby의 ENS 루트 계약의 주소가 포함되어 있으며, Swarm 클라이언트는 이를 이용해서 ENS 도메인 이름을 해석한다.

Swarm 클라이언트가 실행 중이었다면 종료한 후 터미널에서 다음과 같은 형태의 명령을 실행하기 바란다.

```
$ swarm --bzzaccount <독자의 Rinkeby 계정> --ens-api 0xe7410170f87102df0055eb19516
3a03b7f2bff4a@/home/<독자의 사용자 이름>/.rinkeby/geth.ipc --datadir ~/.rinkeby
```

여기까지 마쳤으면, 이제부터는 지역 URL http://localhost:8500/bzz:/packt_ico.test/
를 통해서 예제 ICO의 앞단 웹사이트에 접속할 수 있다.

만일 다른 사람들도 새 도메인에 접속하게 하고 싶다면, 다시 말해 지역 컴퓨터가 아니라
Swarm의 공공 게이트웨이를 통해서 새 도메인에 접속할 수 있게 하려면, 주 네트워크의 .eth
도메인을 등록해야 한다. 지금 우리는 Rinkeby 시험망에 속한 Geth 클라이언트에 연결된 지
역 Swarm 클라이언트를 통해서 .test 도메인에 접속한다. 그러나 공공 게이트웨이는 이더리
움 주 네트워크에 연결되어 있으므로 주 네트워크의 ENS 계약들에만 접근할 수 있으며, 따라
서 .test가 아니라 .eth 도메인이 필요하다.

9.4 IPFS 파일 업로더 프로젝트

이제부터는 IPFS의 HTTP API를 프로그램을 통해서, 즉 코드 수준에서 활용하는 방법을 좀
더 자세히 살펴본다. 좀 더 구체적으로 말하면, 간단한 HTML과 JavaScript로 웹페이지를 만
들어서 사용자가 명령줄 환경이 아니라 웹 브라우저에서 IPFS에 파일을 올리게 한다.

이 예제는 JS-IPFS-API라는 JavaScript 라이브러리를 이용해서 브라우저 안에서 지역
IPFS 노드(§9.2.1에서 설치, 설정한)와 직접 상호작용한다. 이 API 라이브러리를 주 IPFS 프
로토콜의 JavaScript 구현인 JS-IPFS와 혼동하지는 말기 바란다.

IPFS의 HTTP API 전체를 살펴보는 것이 이번 예제의 목표는 아니다. 이 예제의 목표는 이
API의 기본적인 사용법을 보여주는 것일 뿐이다. 이 API의 다른 여러 메서드를 상세히 알고
싶다면 https://github.com/ipfs/js-ipfs-api의 문서들을 참고하기 바란다.[3]

---

3 앞 문단에서 언급한 JS-IPFS와의 혼동 문제 때문인지 확실하지는 않지만, 현재 JS-IPFS-API의 GitHub 저장소 https://github.
com/ipfs/js-ipfs-api에 접속하면 https://github.com/ipfs/js-ipfs-http-client라는 다른 저장소로 자동으로 연결된다. 새
로운 IPFS HTTP JavaScript 라이브러리는 이번 장의 예제가 사용하는 라이브러리와는 인터페이스가 다르지만, 바탕에 깔린 기본 개
념은 동일한 것으로 보인다. 다행히 구 API의 CDN JavaScript 파일이 아직 살아 있어서 예제의 실행에는 문제가 없지만, 새 라이브러
리에 맞게 예제의 코드를 수정해 보는 것도 IPFS 활용 방법을 익히는 데 큰 도움이 될 것이다.

9.4.1 프로젝트 설정

이 예제를 위해서는 IPFS 데몬을 이전과는 다르게 설정해서 실행해야 한다. IPFS가 아직 실행 중이라면 중지하기 바란다.

이번 예제가 제대로 작동하려면 IPFS가 교차 출처 요청을 허용해야 한다. 다르게 말하면, **CORS**(Cross-Origin Resource Sharing, 교차 출처 자원 공유) 관련 HTTP 헤더들을 브라우저에 제공해야 한다. 그렇게 하면 브라우저는 지역 도메인에 있는 지역 웹 서버에서 제공된 웹페이지가 그와는 다른 지역 도메인에 있는 지역 IPFS 게이트웨이에 요청을 보낼 수 있게 한다. CORS 헤더 설정 명령들은 다음과 같다.

```
$ ipfs config --json API.HTTPHeaders.Access-Control-Allow-Methods '["GET", "POST",
"PUT", "OPTIONS"]'
$ ipfs config --json API.HTTPHeaders.Access-Control-Allow-Origin '["*"]'
```

이 명령들을 실행한 후 `ipfs daemon` 명령을 실행해서 IPFS를 다시 시작하기 바란다.

이 예제에서는 개발용 지역 웹 서버에서 웹페이지를 제공할 것이다. 이전 예제에서처럼 IPFS 자체에 웹페이지를 올려서 'IPFS에 호스팅된 IPFS 파일 업로더'를 구현하는 것은 독자의 숙제로 남기겠다.

우선 프로젝트 디렉터리부터 만들자.

```
$ mkdir packtIpfsUploader
$ cd packtIpfsUploader
```

그런 다음 npm을 이용해서 프로젝트를 초기화한다. 질문들에 그냥 Enter 키를 눌러서 기본값을 선택하면 된다.

```
$ npm init
```

다음으로, 웹 서버 패키지를 설치한다.

```
$ npm install --save lite-server
```

마지막으로, `package.json` 파일에 서버를 손쉽게 시작하기 위한 항목을 추가한다.

```
...
"scripts": {
  "test": "echo \"Error: no test specified\" && exit 1",
  "dev": "lite-server"
},
...
```

9.4.2 웹페이지

이 예제의 웹사이트는 `index.html` 파일과 `main.js` 파일로 이루어진 단일 웹페이지 사이트이다. 이 웹페이지는 업로드할 지역 파일을 선택하는 입력 필드 하나와 업로드 과정을 시작하는 버튼 하나로 이루어진다.

파일이 잘 올라가면 그 파일에 대한 IPFS 링크가 페이지에 표시된다. 다음이 그러한 모습이다.

파일 업로드 성공 후의 사용자 인터페이스

9.4.2.1 index.html 파일

HTML 파일은 아주 간단하다. 스타일은 기본적으로 Bootstrap을 따르되, 세부적인 스타일은 따로 CSS 파일을 두지 않고 그냥 해당 HTML 요소 자체에서 지정한다. 이 HTML 파일은 외부 CDN들에서 다음과 같은 의존 요소들을 가져온다.

- **Bootstrap**의 CSS 파일과 JavaScript 파일들: 스타일 적용에 쓰인다.

- **jQuery**: Bootstrap이 요구한다.

- **IPFS API 라이브러리**: 지역 IPFS 클라이언트와 상호작용하는 데 쓰인다.

- **buffer 모듈**: 파일의 자료를 IPFS에 전달할 수 있는 형태의 버퍼로 변환하는데 쓰인다.[4]

HTML 파일 자체는 설명이 필요 없을 정도로 간단하므로, 설명 없이 그냥 전체 코드를 제시하겠다.

```html
<!DOCTYPE html>
<html lang="en">
<head>
  <meta charset="UTF-8">
  <meta name="viewport" content="width=device-width, initial-scale=1.0">
  <meta http-equiv="X-UA-Compatible" content="ie=edge">
  <link href="https://stackpath.bootstrapcdn.com/bootstrap/4.1.3/css/bootstrap.
min.css" rel="stylesheet" integrity="sha384-MCw98/SFnGE8fJT3GXwEOngsV7Zt27NXFoaoAp
mYm81iuXoPkFOJwJ8ERdknLPMO" crossorigin="anonymous">
  <title>IPFS File Uploader</title>
</head>
<body>
  <div class="container" style="width: 650px">
    <div class="col-lg-12">
      <h4 class="text-center" style="margin-top: 100px">
        IPFS File Uploader
      </h4>
      <hr />
    </div>
    <div class="input-group">
      <div class="custom-file">
        <input type="file" class="custom-file-input" id="fileToUpload">
        <label class="custom-file-label" for="fileToUpload">
          Choose file...
        </label>
      </div>
```

---

4 이 HTML 파일은 Node.js 모듈을 브라우저에서 바로 사용하게 하는 서비스의 하나인 wzrd.in을 통해서 buffer 모듈을 브라우저에 적재하는데, 이 책을 번역하는 현재 wzrd.in의 서버가 그리 안정적이지 못하다. main.js는 buffer 모듈에 의존하므로, buffer 모듈이 적재되지 않으면 결과적으로 파일 업로드가 작동하지 않는다. wzrd.in 대신 사용할 만한 브라우저화 서비스로는 bundle.run이 있다. 혹시 wizrd.in 때문에 예제가 잘 작동하지 않는다면, HTML 파일의 끝부분에서 <script src="https://wzrd.in/standalone/buffer"></script>를 이를테면 <script src="https://bundle.run/buffer"></script>로 바꾸어 보기 바란다.

```
      <div class="input-group-append">
        <button
          class="btn btn-outline-secondary"
          type="button"
          onclick="uploadFile()">
          Upload
        </button>
      </div>
    </div>
    <hr />
    <div id="filePath" style="display: none;">
      File uploaded to:
      <a id="ipfsUrl" href="">
        <span id="ipfsUrlString"></span>
      </a>
    </div>
  </div>

  <script src="https://cdnjs.cloudflare.com/ajax/libs/jquery/3.3.1/jquery.js"></
   script>
  <script src="https://stackpath.bootstrapcdn.com/bootstrap/4.1.3/js/bootstrap.
   min.js" integrity="sha384-ChfqqxuZUCnJSK3+MXmPNIyE6ZbWh4IMqE241rYiqJxyMiZ6OW/
   JmZQ5stwEULTy" crossorigin="anonymous"></script>
  <script src="https://wzrd.in/standalone/buffer"></script>
  <script src="https://unpkg.com/ipfs-api@9.0.0/dist/index.js" integrity="sha384-
   5bXRcW9kyxxnSMbOoHzraqa7Z0PQWIao+cgeg327zit1hz5LZCEbIMx/LWKPReuB"
   crossorigin="anonymous"></script>
  <script src="main.js"></script>

</body>
</html>
```

9.4.2.2 main.js

IPFS와의 상호작용을 처리하는 main.js의 JavaScript 코드는 좀 더 설명이 필요할 것이다. 주된 동작은 HTML 페이지의 버튼을 클릭하면 호출되는 uploadFile() 함수에서 실행된다. 이함수는 다음과 같은 작업을 진한다.

- 사용자가 지정한 파일의 내용을 FileReader를 이용해서 이진 자료 버퍼로 읽어 들인다.

- 지역 IPFS 클라이언트의 호스트와 포트 번호로 IpfsApi 생성자를 호출해서, 지역 IPFS

클라이언트와 연결된 ipfs 객체를 생성한다.

- ipfs.files.add() 메서드를 이용해서 파일을 IPFS에 추가한다.
- 메서드가 돌려준 해시를 이용해서 파일에 접근하는 URL을 만들고 사용자에게 표시한다.

다음은 main.js의 전체 코드이다. 언급한 uplaodFild() 함수 외에, 선택된 파일의 경로를 얻는 코드와 그 파일의 이름을 입력 필드에 적절히 표시하는 jQuery 코드도 있다.

```javascript
// 사용자가 HTML 양식을 이용해서 선택한 파일의 경로를 얻는다.
const filePath = $('#filePath');

// 파일이 선택되면 파일의 이름을 입력 필드에 표시한다.
$('#fileToUpload').on('change',function(){

  let fileName = $(this).val().split('\\').pop();
  $(this).next('.custom-file-label').html(fileName);
  filePath.hide();
});

function uploadFile() {
  // 파일을 읽어 들이는 데 사용할 FileReader 인스턴스를 생성한다.
  const reader = new FileReader();

  // 파일 읽기가 끝나면 호출되는 콜백 함수를 정의한다.
  reader.onloadend = () => {
    // 전역 window 객체의 한 메서드로 존재하는 IpfsApi 생성자를 생성한다.
    const ipfs = window.IpfsApi('localhost', 5001);

    // 파일의 내용을 IPFS가 지원하는 형식의 버퍼에 넣는다.
    const buf = buffer.Buffer(reader.result);

    // 파일 버퍼를 IPFS 네트워크에 추가한다. 오류 시에는 함수에서 나간다.
    ipfs.files.add(buf, (err, result) => {
      if (err) {
        console.error(err);
        return
      }

      // 사용자에게 표시할 IPFS URL을 만든다.
      const outputUrl = `https://ipfs.io/ipfs/${result[0].hash}`;
      const link = document.getElementById('ipfsUrl');
      link.href = outputUrl;
```

```
    document.getElementById("ipfsUrlString").innerHTML= outputUrl;

    // 사용자에게 URL을 표시한다.
    filePath.show();
  });
};

// HTML 입력 필드(input 요소)에서 파일 경로를 얻는다.
const file = document.getElementById("fileToUpload");

// 파일을 고정 길이의 이진 자료 버퍼로 읽어 들인다. 읽기가 끝나면
// 앞에서 정의한 콜백 함수가 실제 파일 업로드를 수행한다.
reader.readAsArrayBuffer(file.files[0]);
}
```

이상의 두 파일을 프로젝트 디렉터리에 만들었다면, 이제 다음 명령으로 지역 웹 서버를 실행하기 바란다.

```
$ npm run dev
```

웹 서버가 실행되면서 자동으로 웹 브라우저가 뜨면서 http://localhost:3000(또는, 포트 3000이 이미 쓰이고 있다면 그다음 번호)이 열릴 것이다.

표시된 웹페이지에서 **Browse** 버튼을 클릭하면 운영체제 고유의 파일 탐색기가 나타난다. 거기서 지역 파일을 하나 선택한 후 웹페이지에서 **Upload** 버튼을 클릭하면 그 파일이 JS-IPFS 클라이언트를 통해서 지역 IPFS 노드에 추가되며, 공공 IPFS 게이트웨이에서 그 파일에 접근할 수 있는 URL도 표시된다.

이상의 파일 업로더는 지역 컴퓨터의 웹 서버가 제공한다. 파일 업로더를 일반 대중에게 공개하고 싶다면, 앞단 파일들을 중앙집중적 호스팅 서버에 두거나, 아니면 이번 장에서 이야기한 방식대로 앞단 파일들을 IPFS 자체에 추가하면 될 것이다.

9.5 요약

이번 장에서는 탈중앙화된 블록체인 자료층을 탈중앙화된 저장층으로 보강한다는 착안을 소개하고, 탈중앙화된 저장소로 사용할 수 있는 IPFS와 Swarm을 살펴보았다. 두 플랫폼의 설치 방법과 기본적인 사용 방법을 논의했으며, ICO 웹사이트를 이들에 배치하는 과정도 설명했다.

이번 장의 후반부에서는 IPFS API를 코드 수준에서 활용하는 방법을 보여주는 아주 간단한 예제도 제시했다.

제10장

하이퍼레저에 기초한 공급망 관리

제7장에서 우리는 Quorum을 이용해서 기업 간 사업망을 구축하는 예제를 통해서 블록체인을 사업에 적용하는 문제를 잠깐 맛보았다. 이번 장에서는 논의를 좀 더 확장해서, **하이퍼레저 패브릭**Hyperledger Fabric이라는 기업용 블록체인 솔루션을 소개한다. 하이퍼레저 프로젝트는 블록체인 업계에서 가장 큰 프로젝트 중 하나이다. 하이퍼레저는 안정적인 기업 주도적 블록체인 프레임워크를 구축하는 것을 목적으로 하는 전 세계적 프로젝트로, 리눅스 재단(Linux foundation)이 관장하며 여러 분야의 선두 기업들이 참여하고 있다.

이번 장과 다음 장에서는 하이퍼레저의 핵심부를 실용적인 관점에서 논의한다. 특히 하이퍼레저 패브릭이 무엇이고 어떻게 작동하는지 소개하고, 하이퍼레저를 논의할 때 흔히 쓰이는 주요 용어와 개념도 설명한다.

이번 장은 블록체인 기반 공급망(supply chain) 응용 프로그램을 구축하는 예제를 통해서 하이퍼레저를 설명한다. 이 예제를 통해서 블록체인, 특히 하이퍼레저를 이용한 사업적 거래가 전통적인 거래에 비해 훨씬 투명하고 신뢰성이 높으며 불필요한 분쟁에 휘말릴 위험이 적다는 점을 알게 될 것이다.

또한, 이번 장에서 여러분은 다음과 같은 실천적 기술들도 배우게 될 것이다.

- 사설 하이퍼레저 네트워크 설정
- 체인코드(이더리움의 스마트 계약에 대응되는) 작성 및 배치
- 체인코드와 상호작용하는 웹 인터페이스 구축

10.1 식품 업계의 공급망

전통적인 공급망은 비효율적이다. 비효율성의 주된 원인은 투명성(가시성) 부족과 신뢰성 있는 보고(reporting) 능력 부족이다. 자신의 제품을 유통하는 전체 공급망과 관련된 가시성 부족 때문에 곤란을 겪는, 그래서 해당 업계의 다른 업체에 대한 직접적인 경쟁력을 상실하는 기업들이 많이 있다.

전통적인 공급망 모형에서는 한 개체에 대한 정보가 완전히 투명하지 않을 때가 많다. 그래서 보고가 부정확해지고 상호운용성(interoperability)이 부족해진다. 일부 정보는 이메일이나 문서(인쇄된)로 제공되지만, 제품이 전체 공급망의 어디에 있는지 추적하기가 어렵기 때문에 그런 정보로는 완전히 상세한 가시성과 추적성(traceability)을 보장할 수 없다. 또한, 소비자가 자신이 구매한 제품의 진정한 가치를 아는 것도 거의 불가능하다.

블록체인은 투명하고 안전한 불변이적 탈중앙화 시스템이므로, 전통적인 공급망 업계를 완전히 혁신할 잠재력을 가지고 있다. 좀 더 구체적으로, 블록체인은 다음과 같은 분야를 개선함으로써 좀 더 효과적인 공급망 체계를 구축할 수 있다.

- 전체 공급망에서 제품의 위치 추적.
- 공급망에서 제품의 검사 및 인증
- 전체 공급망의 정보를 공급망 참여자(participant)들과 공유
- 더 나은 감사 가능성(auditability) 제공

이번 장에서 예로 드는 식품 공급망은 꽤나 복잡하다. 한 제품이 최종 목적지인 소비자에게 도달하려면 공급망에 참여하는 다수의 단위가 서로 협력해야 한다. 다음은 이번 장의 예제에서 가정하는 식품 공급망의 전반적인 구조이다. 참고로 이 구조는 다단계(multi-echelon) 공급망에 속한다.

이러한 공급망의 매 단계에는 잠재적인 보안 취약점, 통합 문제, 기타 비효율성 문제가 존재한다. 현재 식품 공급망에 대두되는 주된 위협은 위조 식품(counterfeit food)과 식품 사기(food fraud)이다. 이런 위협들에 맞서, 이번 장의 예제에서는 하이퍼레저 블록체인에 기초한, 완전한 가시성과 추적 능력을 가진 식품 추적 시스템을 구축한다. 더욱 중요한 것은, 이 예제 시스템은 제품의 세부사항을 변경 불가능하고 실질적인 방식으로 기록함으로써 식품의 진본성(authenticiy)을, 다시 말해 식품이 정품임을 보장한다.

이상으로 이번 장 예제에 관한 소개를 마무리하겠다. 예제로 들어가기 전에, 먼저 하이퍼레저 프로젝트를 간략히 살펴보자.

10.2 간략한 하이퍼레저 소개

제7장 **기업용 블록체인**에서 언급했듯이, 블록체인 네트워크는 크게 공공 블록체인, 컨소시엄 또는 연합 블록체인, 사설 블록체인이라는 세 종류로 나뉜다. 하이퍼레저는 기업들이 사설 또는 허가형(permissioned) 컨소시엄 블록체인 네트워크(네트워크에 속한 노드의 제어권과 권한을 여러 조직이 공유하는 형태의)를 구축하는 데 도움을 주는 것을 목적으로 한 프로젝트이다.

하이퍼레저는 기업 간 협업으로 만들어진 일단의 오픈소스 도구들과 블록체인 하위 프로젝트들로 구성된다. 이번 장에서는 하이퍼레저의 주된 두 구성요소인 하이퍼레저 패브릭과 하이퍼레저 컴포저를 소개한다. 그 밖의 도구들은 다음 장에서 만나게 될 것이다.

10.2.1 하이퍼레저 패브릭

하이퍼레저 패브릭Hyperledger Fabric은 하이퍼레저 프로젝트의 초석과도 같은 것으로, 리눅스 재단이 관장한다. 하이퍼레저 패브릭은 **분산 원장 기술**(distributed ledger technology, **DLT**)에 기초한 허가형 블록체인인데, 원래는 IBM과 Digital Asset이 만들었다. 패브릭은 순서 결정자(orderer)와 **멤버십 서비스 공급자**(membership services provider, **MSP**) 같은 다양한 구성요소들로 이루어진 모듈식 프레임워크로 설계되었다. 패브릭은 플러그인 방식의 합의 모형을 제공하는 유연한 프레임워크이지만, 현재는 거의 모든 하이퍼레저 네트워크들이 부분적으로 신뢰 가능한 환경에서 운영된다는 가정하에서 허가형 투표 기반 합의 모형만 제공한다.

하이퍼레저 패브릭에서는 익명의 채굴자가 임의의 거래를 검증해야 할 필요가 없으며, 관련 암호화폐를 보상으로 제공해서 채굴자들의 동기를 부여해야 할 필요도 없다. 블록체인에 참여해서 거래를 진행하려는 모든 참가자는 반드시 인증(authentication)을 거쳐야 한다. 이전 장들에서 설명한 이더리움처럼 하이퍼레저 패브릭도 스마트 계약을 지원한다. 단, 하이퍼레저에서는 스마트 계약 대신 체인코드라는 용어를 사용한다. 스마트 계약처럼 체인코드도 시스템의 응용 논리를 서술하고 실행한다. 그러나 이더리움과는 달리 하이퍼레저 패브릭은 거래 처리를 위해 값비싼 채굴 계산 과정을 요구하지 않는다. 덕분에 블록체인이 커져도 지연 시간이 적다.

이더리움이나 비트코인 같은 블록체인과 하이퍼레저 패브릭의 차이점은 블록체인의 종류나 암호화폐 비의존성뿐만이 아니다. 하이퍼레저 패브릭은 내부 구성과 작동 방식도 다른 블록체인들과 다르다. 전형적인 하이퍼레저 네트워크를 구성하는 핵심 요소들은 다음과 같다.

- **원장**(ledger): 원장은 블록들의 사슬(즉, 블록체인)을 저장한다. 모든 상태 전이의 모든 역사적 불변이(변경 불가) 기록이 여기에 저장된다.

- **노드**(node): 노드는 블록체인을 구성하는 논리적 개체이다. 세 종류의 노드가 있다.

  - **클라이언트**: 클라이언트(client) 노드는 사용자의 요청에 따라 거래를 네트워크에 제출하는 응용 프로그램이다.

  - **동위**: 동위(peer) 노드 또는 동급 노드는 거래를 커밋하고(commit) 원장 상태를 갱신하는 개체이다.

  - **순서 결정자**: 순서 결정자(orderer) 또는 순서 결정 노드(ordering node)는 클라이언트 노드와 동위 노드 사이의 공유 통신 채널을 만들고, 블록체인의 거래들을 블록 단위로 묶어서 동위 노드들(거래를 검증하고 커밋하는)에 전달한다.

이러한 핵심 요소들과 함께, 하이퍼레저 패브릭은 다음과 같은 핵심적인 설계 특징들에 기초한다.

- **체인코드**: 체인코드chaincode는 이더리움의 스마트 계약과 비슷하다. 체인코드는 고수준 언어로 작성된 하나의 프로그램으로, 원장의 현재 상태 데이터베이스에 대해 실행된다.

- **채널**: 채널channel은 네트워크의 여러 구성원이 기밀 정보를 공유하는 데 사용하는 사설 통신 하위망(subnet)이다. 각 거래는 채널에서 처리되며, 한 채널에서 처리되는 거래는 오직 그 채널에 대해 인증되고 승인된 구성원만 볼 수 있다.

- **보증자**: 보증 노드(endorsing node; 또는 배서 노드)라고도 부르는 보증자(endorser; 또는 배서자)는 클라이언트 응용 프로그램이 제안한 거래를 검증하고 해당 체인코드를 실행한 결과를 그 클라이언트에게 돌려준다.

- **멤버십 서비스 공급자**: 흔히 **MSP**로 줄여서 표기하는 멤버십 서비스 공급자는 인증서를 발급하고 검증함으로써 신원 확인 및 인증 과정을 처리한다. MSP는 신뢰할 수 있는 인증 기관(CA)을 식별하고, 신뢰 도메인의 구성원(멤버)들을 정의하고, 행위자(actor)가 수행할 수 있는 구체적인 역할(일반 구성원, 관리자, 등등)을 결정한다.

10.2.1.1 전체적인 거래 흐름

하이퍼레저 패브릭이 다른 블록체인들과 어떻게 다른지, 그리고 내부적으로 어떻게 작동하는지 이해하기 위해, 하나의 거래가 승인되는 과정을 살펴보자. 다음은 전형적인 하이퍼레저 네트워크에서 하나의 거래가 처리되는 전 과정을 나타낸 도식이다.

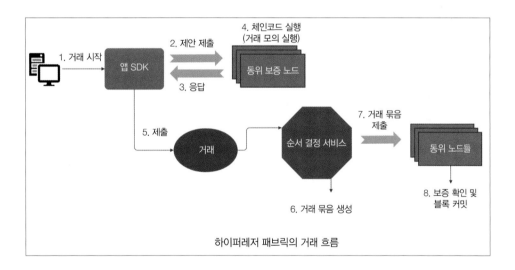

하이퍼레저 패브릭의 거래 흐름

제일 먼저, 사용자가 하이퍼레저 패브릭 기반 클라이언트 응용 프로그램에 요청을 보내서 거래를 시작한다. 클라이언트 응용 프로그램은 거래 제안(transaction proposal)을 동위 보증 노드들에 제출한다. 동위 노드들은 거래에 명시된 체인코드를 원장 상태의 지역 복사본에 대해 실행해서 거래를 모의 실행(simulation)하고 그 결과를 클라이언트 응용 프로그램에 보낸다. 그러면 클라이언트 응용 프로그램은 거래와 보증 결과를 순서 결정 서비스(ordering service)에 보낸다. 순서 결정 서비스는 보증 결과들을 확인하고, 각 채널의 거래들을 순서대로 하나의 블록으로 묶어서 그 채널의 모든 동위 노드들에 공표한다. 그러면 각 채널의 동위 노드들이 거래들을 확인하고 블록체인에 커밋한다.

이번 장에서 예로 드는 식품 공급망의 경우 하이퍼레저 패브릭 블록체인은 식품 출처 자료, 가공 자료, 배송 세부사항 등을 영구적으로 기록하고 투명하게 공유함으로써 공급망의 여러 참가자를 연결할 수 있다. 이후의 예제에서, 식품 공급망의 승인된 참가자들은 예제 체인코드(§10.4.1)를 호출하며, 이에 의해 실행된 모든 거래 기록은 원장에 영구적으로 저장된다. 그 기록은 모든 참가자가 조회할 수 있다.

10.2.2 하이퍼레저 컴포저

하이퍼레저 프로젝트에는 패브릭이나 Iroha 같은 블록체인 프레임워크 외에도 컴포저, Hyperledger Explorer, Cello 같은 도구들을 제공한다. 하이퍼레저 컴포저Hyperledger Composer는 하이퍼레저 블록체인 응용 프로그램을 좀 더 쉽게 개발할 수 있는 도구이다. 컴포저는 CTO(모형 제작 언어), 플레이그라운드(빠른 검사와 배치를 위한 브라우저 기반 개발 환경), 그리고 명령줄 인터페이스(CLI) 도구들로 구성된다. 컴포저는 하이퍼레저 패브릭 실행 시간과 기반구조를 지원하며, 컴포저의 API들은 내부적으로 패브릭 API를 활용한다. 컴포저는 패브릭 네트워크에서 실행된다. 이는 컴포저로 만든 업무용 응용 프로그램을 하이퍼레저 패브릭에 배치해서 실행할 수 있음을 뜻한다.

지금까지 하이퍼레저 패브릭의 주요 구성요소를 간략하게나마 살펴보았다. 그럼 하이퍼레저 블록체인 네트워크를 실제로 설정하고 운영해 보자.

10.3 개발 환경 설정

이하의 설명에서는 예제 프로젝트를 우분투에서 개발한다고 가정한다. 또한, 예제 하이퍼레저 응용 프로그램은 개발 환경과는 독립된 VM에서 실행한다. 그럼 예제 프로젝트의 개발과 실행에 필요한 요소들을 살펴보자.

10.3.1 사전 준비

예제 프로젝트의 개발과 실행을 위해서는 다음과 같은 도구들이 필요하다.

- VirtualBox(`https://www.virtualbox.org/wiki/Downloads`) 또는 실제 컴퓨터에서 실행되는 우분투(16.04, 64비트)

- Git(`https://git-scm.com/`)

- Go 언어(`https://golang.org/dl/`)

- Docker 엔진(`https://docs.docker.com/install/linux/docker-ce/ubuntu/`). 버전 17.03 또는 그 이상이 필요하다.

- Docker Compose(`https://docs.docker.com/compose/install/`). 버전 1.8 또는 그 이상이 필요하다.

- Curl(`https://curl.haxx.se/`)

- Node.js(`https://nodejs.org/en/`) 버전 8.x 이상, 9 미만[1]

- NPM 버전 5.x

- Python 2.7.x와 pip

> **TIP** Go 사이트에 나온 대로 tar 파일을 이용해서 Go를 설치했다면, `export PATH=$PATH:/usr/local/go/bin`을 `~/.profile` 파일에 추가해서 go 실행 파일의 경로를 시스템 경로에 등록하는 것도 빼먹지 말기 바란다.

해당 프로젝트의 공식 문서화를 참고해서 이들을 적절히 설치하기 바란다.

10.3.2 하이퍼레저 패브릭 설치

다음으로, 지역 하이퍼레저 패브릭 런타임을 설치하고 예제용 사설망을 구축해 보자.

§10.3.1에서 언급한 도구들이 모두 갖추어졌다고 할 때, 우선 예제 프로젝트를 위한 디렉터리부터 만들기로 하자. 개발용 우분투의 홈 디렉터리에 `food-supply-chain/`이라는 이름의 디렉터리를 생성하기 바란다. 이 디렉터리에 패브릭 프로젝트와 네트워크 설정 파일들을 담아 둘

---

[1] Node.js 버전 9부터는 이번 장과 다음 장의 예제에 필요한 일부 Node.js 패키지가 제대로 설치되지 않는다. nvm 같은 Node 버전 관리자를 이용해서 8.x 버전(이를테면 8.16.0)을 설치하길 권한다.

것이다.

이제 예제 프로젝트 디렉터리로 가서 다음 명령을 실행하기 바란다.

```
$ curl -sSL https://raw.githubusercontent.com/hyperledger/fabric/release-1.2/scri
pts/bootstrap.sh | bash
```

이 명령은 현재 운영체제에 맞는, 하이퍼레저 패브릭 1.2를 위한 Docker^{도커} 이미지들을 일괄적으로 설치한다.

> **TIP** 이 명령의 bash 부분을 bash -s 버전_번호 형태로 바꾸거나 스크립트 URL의 /release-1.2/ 부분의 버전 번호를 변경해서 다른 릴리스를 설치할 수 있다.

10.4 패브릭의 체인코드

이제부터 재미있는 부분이 시작된다. 이번 절에서는 패브릭을 위한 스마트 계약인 체인코드를 작성해 본다.

체인코드는 하이퍼레저 네트워크 구성원들이 합의한 업무 논리(business logic)를 처리하는 스마트 계약이다. 체인코드는 블록체인 네트워크의 논리적 연산을 수행하는 코드로, 임의의 통상적인 프로그래밍 언어로 작성할 수 있으며 컨테이너 안에서 실행된다. 현재(패브릭 1.1부터) 체인코드를 작성할 수 있는 기존 프로그래밍 언어는 Go와 JavaScript이다. 이번 장에서는 Go 언어를 이용해서 식품 공급망 예제의 체인코드를 작성한다. 따라서, 이번 장의 예제를 제대로 이해하려면 Go 언어에 관해 어느 정도 알 필요가 있다. Go 언어의 공식 문서들(https://golang.org/doc/)을 읽어 보고, 웹 기반 IDE인 Go Playground(https://play.golang.org/)에서 실습도 해보기 바란다.

이번 장의 예제에서 전체 공급망의 논리를 체인코드로 모두 구현하는 것은 비현실적인 목표일 것이다. 이번 장의 예제에서는 앞에서 언급한 단순화된 식품 공급망을 위한 아주 간단한 논리만 구현하기로 한다.

10.4.1 체인코드 작성

코딩으로 들어가기 전에 개발 환경을 잠시 언급하겠다. Go 프로그램 개발 시 Go를 위한 통합 개발 환경(IDE)을 사용할 수도 있고, 그냥 Vim이나 메모장 같은 텍스트 편집기를 이용할 수도 있다. Go를 지원하는 IDE는 많이 있는데, 흔히 쓰이는 것은 Visual Studio Code (https://code.visualstudio.com/docs/languages/go), JetBrains의 Goland, Eclipse 의 goEclipse 플러그인 등이다. 필자는 Visual Studio Code(줄여서 VSC)를 추천한다. VSC의 설치 및 설정은 해당 공식 문서화를 참고하기 바란다.

체인코드를 구체적으로 살펴보기 전에, 이 책의 서문에서 언급한 출판사 사이트 또는 GitHub 저장소에서 예제 파일들을 내려받길 강력히 권한다. 지금 작성하는 체인코드는 GitHub 저장소의 chapter10/food-supply-chain/chaincode/foodcontract/ 디렉터리에 있는 foodcontract.go 파일에 해당한다.

체인코드의 첫 부분에서는 그 체인코드의 작동에 필요한 Go 의존 모듈들을 도입(import) 해야 한다. 이 체인코드의 경우 shim과 peer, protobuf 모듈이 필요하다.

```
package main
import (
    "encoding/json"
    "fmt"
    "strconv"
    "time"
    "github.com/hyperledger/fabric/core/Chaincode/shim"
    pb "github.com/hyperledger/fabric/protos/peer"
)
```

모든 체인코드는 적어도 다음 인터페이스를 구현해야 한다(https://godoc.org/github.com/hyperledger/fabric/core/chaincode/shim#Chaincode에 있는 shim 패키지에서 발췌 했음).[2]

---

2 참고로, 이 책을 번역하는 현재 Query는 Chaincode 인터페이스에 속하지 않는다. 상태 질의(조회) 기능은 그냥 Invoke를 통해서 지원하도록 바뀌었으며, §10.4.3에서 보겠지만 예제 체인코드도 그런 식으로 구현되어 있다.

```
type Chaincode interface {
    Init(stub *ChaincodeStub, function string, args []string)
        ([]byte, error)
    Invoke(stub *ChaincodeStub, function string, args []string)
        ([]byte, error)
    Query(stub *ChaincodeStub, function string, args []string)
        ([]byte, error)
}
```

체인코드는 이 인터페이스에 선언된 세 핵심 함수를 자신의 목적에 맞게 정의해야 한다. 그럼 예제 체인코드 FoodContract에서 이들을 구현해 보자. 일단은 foodcontract.go에 다음과 같이 최소한의 뼈대만 추가한다.

```
type FoodContract struct{}
// 체인코드 객체들과 변수들을 선언한다.
func (t *SimpleChaincode) Init(stub shim.ChaincodeStubInterface)
  pb.Response {
    return shim.Success([]byte("Init called"))
}

func (t *SimpleChaincode) Invoke(stub shim.ChaincodeStubInterface)
  pb.Response {
    return shim.Success([]byte("Invoke called"))
}

// 다른 함수들을 선언한다.
func main() {
    err := shim.Start(new(FoodContract))
    if err != nil {
        fmt.Printf("Error creating new Food Contract: %s", err)
    }
}
```

이제부터 이 뼈대에 실제 코드를 채워 넣을 것이다. Init() 함수부터 시작하자.

10.4.2 Init 함수

Init 함수는 블록체인 네트워크가 체인코드의 인스턴스를 처음 생성할 때 호출된다. 이 함수의 주된 용도는 체인코드의 내부 자료를 초기화하는 것이다. 다른 언어의 생성자와 비슷한 역할을 한다고 생각하면 된다(비록 Go가 언어 차원에서 생성자를 지원하지는 않지만).

예제 체인코드는 식품 공급망을 관리하기 위한 것이므로, 체인코드 안에서 개별 식품을 대표하는 뭔가가 필요하다. 다음은 식품 하나를 대표하는 Food 객체의 UML 도식이다.

```
Food

OrderId : String
FoodId : String
ConsumerId: String
ManufactureId: String
WholesalerId: String
RetailerId: String
LogisticsId: String
Status: String
RawFoodProcessDate: String
ManufactureProcessDate: String
WholesaleProcessDate: String
ShippingProcessDate: String
RetailProcessDate: String
DeliveryDate: String
OrderPrice: Int
```

이름으로 짐작하겠지만, OrderId는 전체 공급망에서 이 식품의 주문을 추적하기 위한 주문 식별자(ID)이다. 이와 비슷하게, 공급망에 관여하는 모든 개체에는 고유한 식별자와 그 개체의 처리를 시작한 시각을 나타내는 타임스탬프가 부여된다. 예를 들어 식품 자체에는 FoodId와 RawFoodProcessDate가, 소매상에는 RetailerId와 RetailProcessDate가 부여된다. 공급망의 각 단계에서는 현재 상태와 개체 관련 ID, 그리고 해당 처리 일시가 갱신된다.

orderId를 통해서 사용자는 현재 거래 정보와 상태를 손쉽게 추적할 수 있다. 공급망의 마지막 단계에서 식품이 소비자에 배달되면 체인코드는 deliverDate를 갱신하고, 해당 식품의 상태(Status)를 소비자가 식품을 받았음을 뜻하는 문자열로 설정한다.

체인코드에서는 이 식품 객체를 다음과 같이 food라는 구조체로 정의한다.

```
type FoodContract struct {}
type food struct {
    OrderId                 string
    FoodId                  string
    ConsumerId              string
    ManufactureId           string
    WholesalerId            string
    RetailerId              string
    LogisticsId             string
    status                  string
    RawFoodProcessDate      string
    ManufactureProcessDate  string
    WholesaleProcessDate    string
    ShippingProcessDate     string
    RetailProcessDate       string
    OrderPrice              int
    ShippingPrice           int
    DeliveryDate            string
}
```

이제 이에 기초해서 Init 함수를 구현해 보자.

```
func (t *FoodContract) Init(stub shim.ChaincodeStubInterface)
  pb.Response {
    return setupFoodSupplyChainOrder(stub)
}
```

Init 함수는 주어진 ChaincodeStubInterface 스텁stub으로 setupFoodSupplyChainOrder 함수를 호출해서 실질적인 초기화를 진행한다. 체인코드를 작성할 때는 이처럼 실제 초기화를 Init이 아니라 다른 개별적인 함수에서 실행하는 방법이 권장된다. 다음은 실제 초기화를 수행하는 함수이다.

```
func setupFoodSupplyChainOrder(stub shim.ChaincodeStubInterface)
  pb.Response {
    _, args := stub.GetFunctionAndParameters()
    orderId := args[0]
```

```
    consumerId := args[1]
    orderPrice, _ := strconv.Atoi(args[2])
    shippingPrice, _ := strconv.Atoi(args[3])
    foodContract := food{
        OrderId:       orderId,
        ConsumerId:    consumerId,
        OrderPrice:    orderPrice,
        ShippingPrice: shippingPrice,
        Status:        "order initiated"
    }
    foodBytes, _ := json.Marshal(foodContract)
    stub.PutState(foodContract.OrderId, foodBytes)
    return shim.Success(nil)
}
```

ChaincodeStub은 GetFunctionAndParameters()라는 메서드를 제공한다. 이 메서드는 Init()이나 Invoke()에 전달된 인수들을 돌려준다. setupFoodSupplyChainOrder 함수는 이 인수들로 지역 변수들을 초기화하거나 체인코드의 다른 함수들을 호출해서 초기화 작업을 수행한다. 기본적으로 이 인수들은 클라이언트 응용 프로그램이 제공한 것이다. 소비자가 식품을 주문하면 소비자 ID와 식품 가격, 그리고 자동으로 생성된 주문 ID 등이 전달된다. 이 함수는 이를 이용해서 foodContract 객체를 생성한다. 그런 다음 그 객체를 json.Marshal을 이용해서 바이트 스트림으로 변환하고, ChaincodeStubInterface.putstate 메서드를 이용해서 패브릭 원장에 기록한다(orderId를 키로 해서). 마지막으로, 이 함수는 초기화가 잘 진행되었음을 뜻하는 상태 코드에 해당하는 shim.success(nil)을 돌려준다.

10.4.3 Invoke 함수

Invoke() 함수는 응용 프로그램이 체인코드의 특정 함수를 호출하면(invoke) 실행된다. 응용 프로그램은 호출하고자 하는 체인코드 함수의 이름과 그 함수에 전달할 인수들을 지정해서 Invoke()를 호출한다. 예제 체인코드의 Invoke() 함수는 다음과 같다.

```
func (t *FoodContract) Invoke(stub shim.ChaincodeStubInterface)
  pb.Response {
    function, args := stub.GetFunctionAndParameters()
    if function == "createRawFood" {
```

```
            return t.createRawFood(stub, args)
    } else if function == "manufactureProcessing" {
            return t.manufactureProcessing(stub, args)
    } else if function == "wholesalerDistribute" {
            return t.wholesalerDistribute(stub, args)
    } else if function == "initiateShipment" {
            return t.initiateShipment(stub, args)
    } else if function == "deliverToRetail" {
            return t.deliverToRetail(stub, args)
    } else if function == "completeOrder" {
            return t.completeOrder(stub, args)
    } else if function == "query" {
            return t.query(stub, args)
    }
    return shim.Error("Invalid function name")
}
```

체인코드에 대한 각각의 거래에 대해 이 Invoke 함수가 한 번씩 호출된다. 이 함수의 인수로
전달된 ChaincodeStubInterface 스텁의 GetFunctionAndParameters 메서드를 통해서 애초
에 응용 프로그램이 지정한 함수 이름과 인수들을 얻을 수 있다. 이 함수는 주어진 함수 이름에
해당하는 적절한 체인코드 함수를 호출한다.

논의의 간결함을 위해, 그리고 이번 장의 주제와는 무관한 Go 언어의 세부사항을 장황하게
설명하는 일을 피하기 위해, Invoke를 통해서 호출되는 여러 체인코드 함수 중 몇 가지만 설명
하겠다(설명하지 않는 다른 함수들도 설명하는 함수들과 비슷한 방식으로 작동하므로, 코드를
이해하는 데 큰 어려움이 없을 것이다). 우선 살펴볼 함수는 createRawFood이다.

```
func (f *FoodContract) createRawFood(stub shim.ChaincodeStubInterface,
    args []string) pb.Response {
    orderId := args[0]
    foodBytes, _ := stub.GetState(orderId)
    fd := food{}
    json.Unmarshal(foodBytes, &fd)
    if fd.Status == "order initiated" {
        fd.FoodId = "FISH_1"
        currentts := time.Now()
        fd.RawFoodProcessDate = currentts.Format("2006-01-02 15:04:05")
        fd.Status = "raw food created"
    } else {
```

```
        fmt.Printf("Order not initiated yet")
    }
    foodBytes, _ = json.Marshal(fd)
    stub.PutState(orderId, foodBytes)
    return shim.Success(nil)
}
```

코드에서 보듯이, createRawFood는 ChaincodeStubInterface 스텁 하나와 명령줄 인수들을 담은 배열을 받는다. 첫 명령줄 인수는 주문 ID에 해당한다. 이를 orderId 변수에 설정하고, 그것을 이용해서 패브릭 원장에서 식품 자료(바이트 스트림)를 조회한 후 json.Unmarshal 을 이용해서 원래의 식품 객체(JSON 형식의)를 복원한다. 우선 현재 상태가 주문이 시작되었음을 뜻하는 "order initiated"인지 확인하고, 그런 경우 식품 개체의 처리 시작 시 각을 YYYY-mm-dd hh:mm:dd 형식의 현재 시스템 시간으로 갱신한다. Go에서 currentts. Format("2006-01-02 15:04:05")는 주어진 타임스탬프(currentts)를 주어진 서식 문자열 에 따라 변환한 문자열을 돌려준다. 또한, 식품 개체의 상태를 식품 원재료(미가공 식품)가 생 산되었음을 뜻하는 "raw food created"로 설정한다. 마지막으로, 이 식품 객체를 다시 바이 트 스트림으로 변환한 후 stub.PutState 메서드를 호출해서 블록체인에 커밋하고, 성공을 뜻 하는 shim.Success를 클라이언트에게 돌려준다.

§10.1에서 이야기했듯이, 이 예제의 식품 공급망에는 여섯 종류의 행위자(actor)들이 관여 한다. 바로 식품 원재료 생산자, 식품 가공 업체, 도매상(총판), 물류(유통) 업체, 소매상, 소 비자이다. 따라서 예제 체인코드는 이 여섯 행위자의 역할 및 블록체인과의 상호작용을 표현하 는 함수들을 갖추어야 한다. 그 함수들을 간단히 소개하면 다음과 같다.

- createRawFood: 생산자가 식품 원재료를 생산하면 이 함수를 호출한다.

- manufatureProcessing: 원재료를 가공 업체로 보낼 때 이 함수를 호출한다.

- wholesaleDistribute: 제품(가공된 식품)을 도매상에 보낼 때 이 함수를 호출한다.

- initiateShipment: 도매상이 물류 업체의 배송 과정을 시작할 때 이 함수를 호출한다.

- deliverToRetail: 물류 업체가 제품을 소매상에 배달할 때 이 함수를 호출한다.

- completeOrder: 소비자가 최종적으로 제품을 구매해서 전체 주문 과정이 완료될 때 이 함수를 호출한다.

다음은 전체적인 과정을 보여주는 순서도이다.

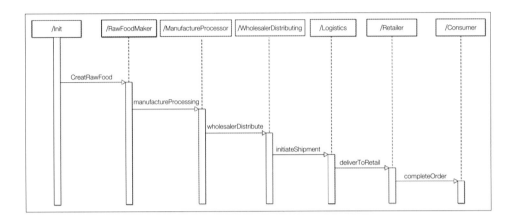

소비자(고객)가 제품을 받으면 주문이 완료되며, 그러면 completeOrder가 호출되어서 주
문의 상태가 갱신된다. 이 함수의 정의는 다음과 같다.

```
func (f *FoodContract) completeOrder(stub shim.ChaincodeStubInterface,
  args []string) pb.Response {
    orderId := args[0]
    foodBytes, err := stub.GetState(orderId)
    fd := food{}
    err = json.Unmarshal(foodBytes, &fd)
    if err != nil {
        return shim.Error(err.Error())
    }
    if fd.Status == "Retailer started" {
        currentts := time.Now()
        fd.DeliveryDate = currentts.Format("2006-01-02 15:04:05")
        fd.Status = "Consumer received order"
    } else {
        fmt.Printf("Retailer not initiated yet")
    }
    foodBytes0, _ := json.Marshal(fd)
    err = stub.PutState(orderId, foodBytes0)
    if err != nil {
        return shim.Error(err.Error())
    }
    return shim.Success(nil)
}
```

10.4.3.1 하이퍼레저 자료 저장소

이 메서드를 설명하려면, 하이퍼레저의 주요 개념 중 하나인 세계 상태(world state; 또는 전체 상태, 전역 상태)를 소개할 필요가 있겠다.

이 createRawFood 함수의 끝부분에서는 putState라는 메서드를 호출한다. putState(<키>, <값>) 형태의 호출은 하이퍼레저의 자료 저장소에 있는, 주어진 키에 해당하는 상태를 주어진 값으로 갱신한다.

아마도 자료의 불변이성에 관한 의문을 제기하는 독자가 있을 것이다. putState는 블록체인에 있는 자료를 변경할까? 이 질문에 답하려면, 하이퍼레저 패브릭에서는 원장이 세계 상태와 블록체인이라는 서로 구별되는 두 부분으로 나뉜다는 점을 알아야 한다.

원장의 첫 부분인 세계 상태는 원장의 모든 상태(모든 체인코드 상태)의 현재 값들을 키-값 쌍 형태로 저장하는 하나의 데이터베이스이다. 세계 상태는 각 동위 노드가 하나의 거래를 검증하고 커밋할 때마다 채워진다. 패브릭은 기본적으로 두 종류의 세계 상태 데이터베이스를 지원한다. 하나는 이더리움에 쓰이는 LevelDB이고 다른 하나는 CouchDB이다. 전자가 기본 상태 데이터베이스로, 키-값 저장소를 제공한다. 후자는 업무 논리를 지원하기 위한 좀 더 복합적인 자료 형식을 저장하는 데 쓰이는, 좀 더 진보된 데이터베이스이다. 그러나 패브릭의 세계 상태 데이터베이스 메커니즘은 유연한 플러그인 방식이라서, 원한다면 다른 종류의 데이터베이스도 사용할 수 있다.

원장의 둘째 부분인 블록체인은 지금까지의 세계 상태의 모든 변경 사항이 기록된 하나의 거래 장부에 해당한다. 좀 더 구체적으로, 블록체인은 변경 불가능한 블록들의 사슬을 저장하는 하나의 파일 기반 원장이다. 간단히 말해서, 블록체인에는 지금까지의 거래 자료들이 순서대로 저장되어 있다.

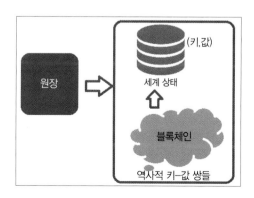

정리하자면, putState(<키>, <값>)은 세계 상태에 있는 원장 상태 자료를 갱신하며, 전체 상태 자료를 포함한 거래 기록은 허가된 노드들만 볼 수 있는 불변이 레코드로서 블록체인에 영구히 저장된다.

10.4.4 query 함수

마지막으로 정의할 핵심 함수는 query이다. 이 함수는 응용 프로그램이 체인코드의 상태를 조회(질의)할 때 호출한다. 예제 체인코드에서 query의 정의는 간단하다. 그냥 주어진 키 (orderId)에 해당하는 값, 즉 food 객체를 조회해서 돌려주면 된다.

```go
func (f *FoodContract) query(stub shim.ChaincodeStubInterface,
  args []string) pb.Response {
    var ENIITY string
    var err error
    if len(args) != 1 {
        return shim.Error(
            "Incorrect number of arguments. Expected ENIITY Name")
    }
    ENIITY = args[0]
    Avalbytes, err := stub.GetState(ENIITY)
    if err != nil {
        sonResp :=
            "{\"Error\":\"Failed to get state for " + ENIITY + "\"}"
        return shim.Error(jsonResp)
    }
    if Avalbytes == nil {
        jsonResp := "{\"Error\":\"Nil order for " + ENIITY + "\"}"
        return shim.Error(jsonResp)
    }
    return shim.Success(Avalbytes)
}
```

이 정의에서 중요한 부분은 GetState(ENIITY) 호출문이다. GetState 메서드는 세계 상태에서 주어진 키에 해당하는 값을 찾아서 돌려준다.

10.4.4.1 오류 처리

흥미롭게도 하이퍼레저 패브릭은 독자적인 오류 처리 패키지(github.com/pkg/errors)를 제공한다. 이 패키지를 이용하면 Go가 기본으로 제공하는 오류 처리 기능을 사용할 때보다 오류를 훨씬 효과적으로 처리할 수 있다. 다음은 이 패키지를 활용하는 예이다.

```
import (
    "fmt"
    "github.com/pkg/errors"
)

// 오류를 스택으로 감싼다.
func wrapWithStack() error {
    err := displayError ()
    return errors.Wrap(err,
        "wrapping an application error with stack trace")
}

func displayError() error {
    return errors.New("example error message")
}

func main() {
    err := displayError()
    fmt.Printf("print error without stack trace: %s\n\n", err)
    fmt.Printf("print error with stack trace: %+v\n\n", err)
    err = wrapWithStack()
    fmt.Printf("%+v\n\n", err)
}
```

이 오류 패키지에는 유용한 함수들이 많이 들어 있다. 예를 들어 error.wrap은 주어진 오류에 대한 호출 스택 추적 정보를 생성하는 데 쓰인다(Go의 표준 오류 처리 기능은 호출 스택 정보를 제공하지 않는다). 호출 스택 추적 정보 또는 호출 스택 자취(call stack trace)는 디버깅에 아주 유용하다. 또한, error.New는 주어진 메시지로 새 오류를 발생하고, 호출 시점에서의 스택 자취를 기록한다. shim 패키지도 shim.Error()라는 오류 처리 메서드를 제공하는데, 이 메서드는 주어진 오류 메시지를 클라이언트에 전송할 수 있는 형태의 적절한 응답 객체로 변환해서 돌려준다.

한 예로, 다음은 initiateShipment 함수의 정의이다. 이 함수는 오류 발생 시 shim.Error 를 이용해서 적절한 응답 메시지를 클라이언트에게 돌려준다.

```go
func (f *FoodContract) initiateShipment(
  stub shim.ChaincodeStubInterface, args []string) pb.Response {
    orderId := args[0]
    foodBytes, err := stub.GetState(orderId)
    fd := food{}
    err = json.Unmarshal(foodBytes, &fd)
    if err != nil {
        return shim.Error(err.Error())
    }
    if fd.Status == "wholesaler distribute" {
        fd.LogisticsId = "LogisticsId_1"
        currentts := time.Now()
        fd.ShippingProcessDate = currentts.Format("2006-01-02 15:04:05")
        fd.Status = "initiated shipment"
    } else {
        fmt.Printf("Wholesaler not initiated yet")
    }
    foodBytes0, _ := json.Marshal(fd)
    err = stub.PutState(orderId, foodBytes0)
    if err != nil {
        return shim.Error(err.Error())
    }
    return shim.Success(nil)
}
```

지금까지 Go 언어로 구현된 예제 체인코드의 주요 부분을 살펴보았다. 다음 절에서는 이 체인 코드를 배치할 지역 하이퍼레저 네트워크를 구축하고, 식품 공급망에서 식품을 추적하는 과정 을 모의 실행해 본다.

10.5 사업망 구축

하이퍼레저 패브릭은 동위 노드들을 실행하는 내장 Docker 이미지를 제공한다. 따라서, Docker Compose를 이용해서 여러 패브릭 구성 컨테이너들을 띄움으로써 식품 공급망을 구축할 수 있다. 패브릭 네트워크를 구축하기 전에, 먼저 식품 공급망의 위상구조를 적절히 설계해야 한다. 앞에서 언급했듯이 식품 공급망은 여섯 종류의 개체들(식품 원재료 생산자, 식품 가공 업체, 도매상, 물류 업체, 소매상, 소비자)로 이루어진다. 이 예제에서는 여섯 개체를 포함하는 세 가지 조직(organization)과 하나의 보증 노드, 그리고 하나의 채널로 하나의 사업망(business network)[3]을 구축한다. 이 개체들은 패브릭 네트워크의 체인코드를 실행해서 블록체인 응용 프로그램과 상호작용하고, 원장의 세계 상태를 갱신하고, 거래를 기록한다.

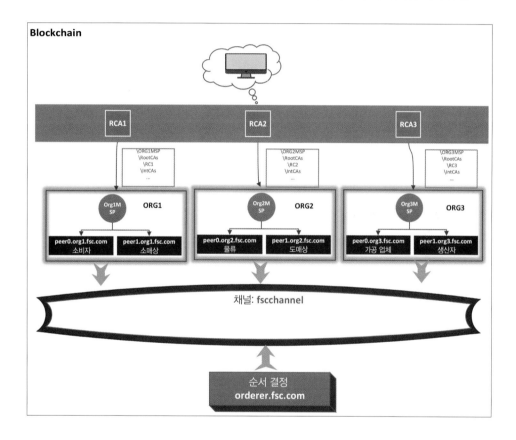

이 구조에서 조직 **ORG1**은 소비자와 소매상을 대표하는 두 동위 노드(peer0.org1.fsc.com과 peer1.org1.fsc.com)를 관장하며, 소비자가 소매상에서 식품을 주문하는 과정에서 벌어지

---

3 이번 장과 다음 장에서 사업망은 문맥에 따라 현실의 사업망("해외 사업망을 구축한다" 같은 표현에 쓰이는)을 뜻하기도 하고 현실의 사업망을 디지털로 모형화한 컴퓨터 네트워크를 뜻하기도 하는데, 문맥을 통해서 충분히 구분할 수 있을 것이므로 꼭 필요한 경우가 아닌한 '실제 사업망'이나 '디지털 사업망' 같은 표현 대신 그냥 '사업망'을 사용한다.

는 상호작용을 처리한다. 한편 **ORG2**는 물류 업체와 도매상을 대표하는 두 동위 노드(peer0.org2.fsc.com과 peer1.org2.fsc.com)를 관장하며, 물류 업체에 대한 도매상의 초기 배송 요청을 처리한다. 마지막으로 **ORG3**은 식품 가공 업체와 식품 원재료 생산자를 대표하는 두 동위 노드(peer0.org3.fsc.com과 peer1.org3.fsc.com)를 관장하며, 식품 원재료를 가공 및 포장을 위해 가공 업체로 보내는 과정을 처리한다.

10.5.1 하이퍼레저의 개인정보보호

하이퍼레저는 허가형 블록체인이다. 즉, 네트워크의 모든 참가자와 구성요소는 고유한 신원(identity)을 가지며, 각 신원은 x.509 같은 인증서에 배정된다. 이러한 메커니즘을 뒷받침하는 주된 요소는 MSP(멤버십 서비스 공급자)이다. MSP는 네트워크의 모든 구성원의 개인정보권을 보장한다. 그리고 MSP는 각 참가자가 조직 안에서 차지하는 역할을 식별하고 네트워크와 채널의 맥락에서 참가자에게 접근 권한을 부여하는 능력을 가지고 있다. MSP는 크게 세 종류로 나뉜다.

- **네트워크 MSP**: 네트워크의 구성원들을 정의한다.
- **채널 MSP**: 주어진 채널에서 특정한 활동을 할 수 있는 구성원을 채널의 방침(정책)들에 따라 정의한다.
- **동위/순서 결정 MSP**: 하나의 동위 노드 또는 순서 결정 노드를 위한 지역 MSP로, 같은 조직에 속하는 구성원들을 식별한다.

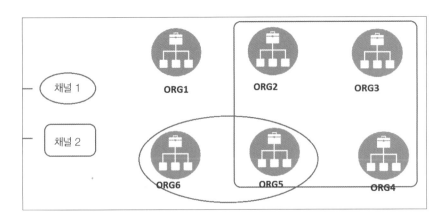

이 그림은 두 부류의 구성원들에 대한 두 개의 채널을 보여준다. **채널 1**은 두 조직 **ORG5**와 **ORG6**을 위한 것이고 **채널 2**는 **ORG2**, **ORG3**, **ORG4**, **ORG5**를 위한 것이다. 이 두 그룹에 대해 각각 다른 채널 MSP가 적용된다. **ORG5**와 **ORG6**은 **채널 1**의 거래들을 볼 수 있고 **ORG2**, **ORG3**, **ORG4**, **ORG5**는 **채널 2**의 거래들을 볼 수 있다. **ORG5**는 두 채널 모두에 참여하므로 두 채널의 모든 거래를 볼 수 있지만, **ORG6**은 **채널 2**의 거래들을 보지 못한다. 마찬가지로, **ORG2**, **ORG3**, **ORG4**은 **채널 1**의 거래들을 볼 수 없다.

10.5.2 Docker Compose 파일로 서비스 정의

업무용 네트워크의 논리적 구조를 살펴보았으니, 이를 예제 식품 공급망에 적용해 보자. 여기서는 Docker Compose^{도커 컴포즈}를 이용해서 해당 패브릭 컨테이너들을 실행한다. 우선 할 일은 컨테이너에서 실행할 서비스들을 `docker-compose.yml` 파일을 이용해서 정의하는 것이다.

이 서비스 정의 파일을 작성하기 전에, 프로젝트의 구조부터 살펴보자. 예제 프로젝트 디렉터리 **food-supply-chain/**의 구조는 다음과 같다. 이 파일들은 모두 서문에서 언급한 출판사 사이트 또는 GitHub 저장소에서 구할 수 있다.

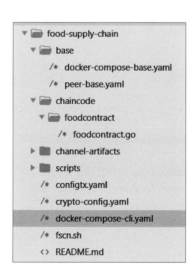

base/ 디렉터리에는 기본 정의 파일 `peer-base.yaml`과 `docker-compose-base.yaml`이 있다. 이들은 패브릭의 동위 노드로 작동할 Docker 컨테이너를 구성하는 데 쓰인다. `chaincode/`

디렉터리의 foodcontract/ 디렉터리에는 체인코드 파일(Go 소스 코드)이 있다.

나중에 이야기하겠지만, channel-artifacts/의 configtx.yaml은 configtxgen이라는 도구를 이용해서 생성한 설정 파일이다. scripts/ 디렉터리의 script.sh와 utils.sh는 하이퍼레저 네트워크를 설정하고 체인코드 실행 시나리오를 정의하는 셸 스크립트들이고 fscn.sh는 다른 서비스들의 실행을 시작하는 셸 스크립트이다.

그럼 Docker를 설정해 보자. 편의를 위해, 내려받은 파일들 중 docker-compose-cli.yaml 파일과 base/ 디렉터리를 독자의 작업용 디렉터리에 복사하기 바란다. 또는, 패브릭 공식 예제의 fabric-samples/first-network 디렉터리(https://github.com/hyperledger/fabric-samples/tree/release-1.2/first-network)에 있는 해당 파일들을 받아서 적절히 수정해도 된다. 순서 결정 노드와 동위 노드의 서비스들을 정의하는 docker-compose-base.yaml 파일은 다음과 같은 모습이다.

```
# 예제로 배우는 블록체인
version: '2'
services:
  orderer.fsc.com:
    container_name: orderer.fsc.com
    image: hyperledger/fabric-orderer
    environment:
      - ORDERER_GENERAL_LOGLEVEL=debug
      - ORDERER_GENERAL_LISTENADDRESS=0.0.0.0
      - ORDERER_GENERAL_GENESISMETHOD=file
      - ORDERER_GENERAL_GENESISFILE=/var/hyperledger/orderer/orderer.genesis.block
      - ORDERER_GENERAL_LOCALMSPID=OrdererMSP
      - ORDERER_GENERAL_LOCALMSPDIR=/var/hyperledger/orderer/msp
      - ORDERER_GENERAL_TLS_ENABLED=true
      - ORDERER_GENERAL_TLS_PRIVATEKEY=/var/hyperledger/orderer/tls/server.key
      - ORDERER_GENERAL_TLS_CERTIFICATE=/var/hyperledger/orderer/tls/server.crt
      - ORDERER_GENERAL_TLS_ROOTCAS=[/var/hyperledger/orderer/tls/ca.crt]
    working_dir: /opt/gopath/src/github.com/hyperledger/fabric
    command: orderer
    volumes:
    - ../channel-artifacts/genesis.block:/var/hyperledger/orderer/orderer.genesis.block
    - ../crypto-config/ordererOrganizations/fsc.com/orderers/orderer.fsc.com/msp:/var/hyperledger/orderer/msp
    - ../crypto-config/ordererOrganizations/fsc.com/orderers/orderer.fsc.com/tls/
```

```
        :/var/hyperledger/orderer/tls
      ports:
        - 7050:7050
   peer0.org1.fsc.com:
     container_name: peer0.org1.fsc.com
     extends:
       file: peer-base.yaml
       service: peer-base
     environment:
       - CORE_PEER_ID=peer0.org1.fsc.com
       - CORE_PEER_ADDRESS=peer0.org1.fsc.com:7051
       - CORE_PEER_GOSSIP_EXTERNALENDPOINT=peer0.org1.fsc.com:7051
       - CORE_PEER_LOCALMSPID=Org1MSP
     volumes:
        - /var/run/:/host/var/run/
        - ../crypto-config/peerOrganizations/org1.fsc.com/peers/peer0.org1.fsc.com
        /msp:/etc/hyperledger/fabric/msp
        - ../crypto-config/peerOrganizations/org1.fsc.com/peers/peer0.org1.fsc.com
        /tls:/etc/hyperledger/fabric/tls
     ports:
       - 7051:7051
       - 7053:7053

   peer1.org1.fsc.com:
     container_name: peer1.org1.fsc.com
     extends:
       file: peer-base.yaml
       service: peer-base
 ...
```

다른 동위 노드들(peer*.org*.fsc.com)도 peer0.org1.fsc.com과 같은 방식으로(해당 도메인 이름을 넣어서) 정의하면 된다. 좀 더 구체적인 예제를 원한다면 하이퍼레저 GitHub 저장소에 있는 예제 파일(https://github.com/hyperledger/composer/blob/master/packages/composer-tests-functional/hlfv1/docker-compose.yml)을 참고하기 바란다.

동위 노드의 설정 항목들을 보면 file: peer-base.yaml이 있는데, 이는 peer-base.yaml 파일의 설정을 적용하라는 뜻이다. 이 파일의 내용은 다음과 같다.

```
# 식품 공급망을 위한 동위 네트워크 설정
version: '2'
```

```
services:
  peer-base:
    image: hyperledger/fabric-peer
    environment:
      - CORE_VM_ENDPOINT=unix:///host/var/run/docker.sock
      - CORE_VM_DOCKER_HOSTCONFIG_NETWORKMODE=${COMPOSE_PROJECT_NAME}_fscn
      - CORE_LOGGING_LEVEL=DEBUG
      - CORE_PEER_TLS_ENABLED=true
      - CORE_PEER_GOSSIP_USELEADERELECTION=true
      - CORE_PEER_GOSSIP_ORGLEADER=false
      - CORE_PEER_PROFILE_ENABLED=true
      - CORE_PEER_TLS_CERT_FILE=/etc/hyperledger/fabric/tls/server.crt
      - CORE_PEER_TLS_KEY_FILE=/etc/hyperledger/fabric/tls/server.key
      - CORE_PEER_TLS_ROOTCERT_FILE=/etc/hyperledger/fabric/tls/ca.crt
    working_dir: /opt/gopath/src/github.com/hyperledger/fabric/peer
    command: peer node start
```

이 파일에서 가장 중요한 부분은 command로 시작하는 행이다. 이 항목은 컨테이너를 시작할 때
실행할 명령을 지정한다.

10.5.3 자원과 프로파일

다음으로 할 일은 configtx.yaml 파일을 수정하는 것이다. 패브릭이 정의하는 모든 내부 자
원을 나열한 이 파일은 나중에 채널 및 관련 부산물(artifact)들을 생성하는 데 쓰인다. 다음은
식품 공급망 네트워크를 위한 configtx.yaml 파일이다.

```
# 예제로 배우는 블록체인
Profiles:
    FSCOrgsOrdererGenesis:
        Orderer:
            <<: *OrdererDefaults
            Organizations:
                - *OrdererOrg
        Consortiums:
            FoodSupplyChainConsortium:
                Organizations:
                    - *Org1
                    - *Org2
                    - *Org3
```

```
    FSCOrgsChannel:
        Consortium: FoodSupplyChainConsortium
        Application:
            <<: *ApplicationDefaults
            Organizations:
                - *Org1
                - *Org2
                - *Org3
######################################################################
#   섹션: Organizations
#   - 이 섹션은 이후 다른 여러 설정 파일들이 참조할 조직 개체들을
#   정의한다.
######################################################################
Organizations:
    - &OrdererOrg
        Name: OrdererOrg
        ID: OrdererMSP
        MSPDir: crypto-config/ordererOrganizations/fsc.com/msp
    - &Org1
        Name: Org1MSP
        ID: Org1MSP
        MSPDir: crypto-config/peerOrganizations/org1.fsc.com/msp
        AnchorPeers:
            - Host: peer0.org1.fsc.com
              Port: 7051
    - &Org2
        Name: Org2MSP
        ID: Org2MSP
        MSPDir: crypto-config/peerOrganizations/org2.fsc.com/msp
        AnchorPeers:
            - Host: peer0.org2.fsc.com
              Port: 7051
    - &Org3
        Name: Org3MSP
        ID: Org3MSP
        MSPDir: crypto-config/peerOrganizations/org3.fsc.com/msp
        AnchorPeers:
            - Host: peer0.org3.fsc.com
              Port: 7051
Orderer: &OrdererDefaults
    OrdererType: solo
    Addresses:
        - orderer.fsc.com:7050
    BatchTimeout: 2s
```

```
    BatchSize:
        MaxMessageCount: 10
        AbsoluteMaxBytes: 20 MB
        PreferredMaxBytes: 512 KB
    Kafka:
        Brokers:
            - 127.0.0.1:9092
    Organizations:
Application: &ApplicationDefaults
    Organizations:
```

이 파일은 각 조직의 여러 매개변수를 정의한다. 특히, 각 조직의 MSP 관련 설정 항목들이 정의되어 있다.

사용할 수 있는 모든 설정 항목은 패브릭 공식 예제의 configtx.yaml 파일(https://github.com/hyperledger/fabric-test/blob/master/feature/configs/configtx.yaml)을 참고하기 바란다.

10.5.4 패브릭 채널과 최초 블록

식품 공급망 네트워크를 돌리려면 다양한 부산물들이 필요하다. 구체적으로 말하면 최초 블록, 채널, 앵커 동위 노드 거래가 필요한데, 다행히 configtxgen이라는 도구를[4] 이용해서 이들을 손쉽게 생성할 수 있다. 예제 디렉터리에서 다음 명령들을 실행하면 된다.[5]

```
$ configtxgen -profile FSCOrgsOrdererGenesis -outputBlock ./channel-artifacts/ge
nesis.block
$ export CHANNEL_NAME="fscchannel"
$ configtxgen -profile FSCOrgsChannel -outputCreateChannelTx ./channel-artifacts/
channel.tx -channelID $CHANNEL_NAME
```

첫 명령은 순서 결정 최초 블록을 생성하고, 마지막 명령은 채널 구성(설정) 거래인 channel.tx를 생성한다. 두 명령 모두, 앞에서 본 configtx.yaml 파일의 항목들을 참고한다.

---

4 configrxgen 실행 파일은(그리고 잠시 후에 등장하는 peer도) §10.3.2의 설치 과정에서 예제 프로젝트 디렉터리 안에 생성된 bin 디렉터리에 있다. 이후의 내용은 이 bin 디렉터리가 시스템 경로(환경 변수 PATH)에 적절히 추가되었다고 가정한다.

5 만일 첫 명령이 오류를 낸다면, 그리고 오류 메시지에 인증서(certificate)를 찾지 못했다는 문구가 있다면, 먼저 §10.5.5를 참고해서 관련 인증서들을 생성한 후 다시 시도해 보기 바란다.

여러 조직으로 이루어진 채널을 만든 후에는, 앵커 동위 노드(anchor peer node)를 지정해야 한다. 앵커는 서로 다른 조직에서 온 동위 노드들 사이의 "입소문" 통신(gossip communication) 과정을 시작한다. 공식 문서화(https://hyperledger-fabric.readthe docs.io/en/release-1.2/glossary.html#anchor-peer)에 따르면, 앵커 노드는 하나의 채널에서 앵커 노드가 속한 조직과는 다른 조직의 동위 노드가 앵커 노드 조직의 동위 노드와 통신하기 위해 거쳐야 하는 진입점에 해당한다.

다음은 여러 조직의 앵커 노드를 지정하는 채널 구성 갱신 거래를 configtxgen을 이용해서 생성하는 명령들이다.

```
$ configtxgen -profile FSCOrgsChannel -outputAnchorPeersUpdate ./channel-artifac
ts/Org1MSPanchors.tx -asOrg Org1MSP -channelID $CHANNEL_NAME
$ configtxgen -profile FSCOrgsChannel -outputAnchorPeersUpdate ./channel-artifac
ts/Org2MSPanchors.tx -asOrg Org2MSP -channelID $CHANNEL_NAME
$ configtxgen -profile FSCOrgsChannel -outputAnchorPeersUpdate ./channel-artifac
ts/Org3MSPanchors.tx -asOrg Org3MSP -channelID $CHANNEL_NAME
```

다음은 이 거래들을 이용해서 FSCOrgsChannel 채널의 특정 조직의 앵커 동위 노드를 갱신하는 명령이다(환경 변수 $ORG를 원하는 조직의 번호로 정의해야 한다).

```
$ peer channel update -f ./channel-artifacts/Org${ORG}MSPanchors.tx -c $CHANNEL_
NAME -o orderer.fsc.com:7050 --tls $CORE_PEER_TLS_ENABLED --cafile $ORDERER_CA >
&log.txt
```

이 명령을 실행하면 다음과 비슷한 결과가 출력될 것이다.

```
Update Anchor ...
CORE_PEER_TLS_ROOTCERT_FILE=/opt/gopath/src/github.com/hyperledger/fabric/peer/crypto/peerOrganizations/org1.fsc.com/peers/peer0.org1.fsc.com/tls/ca.crt
CORE_PEER_TLS_KEY_FILE=/opt/gopath/src/github.com/hyperledger/fabric/peer/crypto/peerOrganizations/org1.fsc.com/peers/peer0.org1.fsc.com/tls/server.key
CORE_PEER_LOCALMSPID=Org1MSP
CORE_VM_ENDPOINT=unix:///host/var/run/docker.sock
CORE_PEER_TLS_CERT_FILE=/opt/gopath/src/github.com/hyperledger/fabric/peer/crypto/peerOrganizations/org1.fsc.com/peers/peer0.org1.fsc.com/tls/server.crt
CORE_PEER_TLS_ENABLED=true
CORE_PEER_MSPCONFIGPATH=/opt/gopath/src/github.com/hyperledger/fabric/peer/crypto/peerOrganizations/org1.fsc.com/users/Admin@org1.fsc.com/msp
CORE_PEER_ID=cli
CORE_LOGGING_LEVEL=DEBUG
CORE_PEER_ADDRESS=peer0.org1.fsc.com:7051
2018-09-29 23:37:29.688 UTC [msp] GetLocalMSP -> DEBU 001 Returning existing local MSP
2018-09-29 23:37:29.688 UTC [msp] GetDefaultSigningIdentity -> DEBU 002 Obtaining default signing identity
2018-09-29 23:37:29.691 UTC [channelCmd] InitCmdFactory -> INFO 003 Endorser and orderer connections initialized
2018-09-29 23:37:29.691 UTC [msp] GetLocalMSP -> DEBU 004 Returning existing local MSP
2018-09-29 23:37:29.691 UTC [msp] GetDefaultSigningIdentity -> DEBU 005 Obtaining default signing identity
2018-09-29 23:37:29.692 UTC [msp] GetLocalMSP -> DEBU 006 Returning existing local MSP
2018-09-29 23:37:29.692 UTC [msp] GetDefaultSigningIdentity -> DEBU 007 Obtaining default signing identity
2018-09-29 23:37:29.692 UTC [msp/identity] Sign -> DEBU 008 Sign: plaintext: 0A92060A074F7267314D53501286062D...2A0641646D696E732A0641646D696E73
2018-09-29 23:37:29.692 UTC [msp/identity] Sign -> DEBU 009 Sign: digest: F9A28ED47E853F4A6D17D1F113EFE0D0E3398C4E3B96CC660A029A54506A6E35
2018-09-29 23:37:29.692 UTC [msp] GetLocalMSP -> DEBU 00a Returning existing local MSP
2018-09-29 23:37:29.692 UTC [msp] GetDefaultSigningIdentity -> DEBU 00b Obtaining default signing identity
2018-09-29 23:37:29.692 UTC [msp] GetLocalMSP -> DEBU 00c Returning existing local MSP
2018-09-29 23:37:29.692 UTC [msp] GetDefaultSigningIdentity -> DEBU 00d Obtaining default signing identity
2018-09-29 23:37:29.692 UTC [msp/identity] Sign -> DEBU 00e Sign: plaintext: 0ACAA060A1608021A0608B999C0DD0522...4J08FCF83F27D313D77ECD4FFB9D8DFE
2018-09-29 23:37:29.692 UTC [msp/identity] Sign -> DEBU 00f Sign: digest: 94451A0C82591021ED77DC1F4ADB7BDDF2E50FF705486DAC46E35C890DFACEF0
2018-09-29 23:37:29.707 UTC [channelCmd] update -> INFO 010 Successfully submitted channel update
2018-09-29 23:37:29.707 UTC [main] main -> INFO 011 Exiting.....
===================== Updates Anchor peer1.org1 on the channel "fscchannel" =====================
```

10.5.5 동위 노드와 순서 결정 노드의 인증서 생성

앞에서 언급했듯이, 노드들은 MSP가 허락하는 경우에만 사업망에 참여할 수 있다. 일반적으로 MSP는 하나의 **인증 기관**(certificate authority, **CA**)에 해당한다.

이번 절에서는 식품 공급망에 참여하는 모든 구성요소의 필수 X.509 인증서들을 cryptogen 도구를 이용해서 생성한다. 우선 이 도구의 설정을 위한 crypto-config.yaml을 살펴보자.

```
OrdererOrgs:
  # ---------------------------------------------------------------------
  # Orderer
  # ---------------------------------------------------------------------
  - Name: Orderer
    Domain: fsc.com
    Specs:
      - Hostname: orderer
# ---------------------------------------------------------------------
# "PeerOrgs" - 동위 노드들을 관리하는 조직들의 정의
# ---------------------------------------------------------------------
PeerOrgs:
  # ---------------------------------------------------------------------
  # Org1
p.420----
  # ---------------------------------------------------------------------
  - Name: Org1
    Domain: org1.fsc.com
    Template:
      Count: 2
    Users:
      Count: 2
  # ---------------------------------------------------------------------
  # Org2
  # ---------------------------------------------------------------------
  - Name: Org2
    Domain: org2.fsc.com
    Template:
      Count: 2
    Users:
      Count: 2
  # ---------------------------------------------------------------------
  # Org3
  # ---------------------------------------------------------------------
```

```
    - Name: Org3
      Domain: org3.fsc.com
      Template:
        Count: 2
      Users:
        Count: 2
```

이 설정 파일은 동위 노드들을 위한 조직 세 개와 순서 결정 노드를 위한 조직 하나를 정의한다. 이 설정 파일에 대해 좀 더 알고 싶다면 하이퍼레저 패브릭 공식 예제(https://github.com/hyperledger/fabric-samples)의 `first-network/crypto-config.yaml`의 주석들을 참고하기 바란다. 설정 파일을 준비했으면, 다음 명령을 실행해서 각 동위 노드와 순서 결정 노드의 인증서들을 생성한다.

```
$ cryptogen generate --config=./crypto-config.yaml
```

이 명령을 실행하면 다음과 비슷한 결과가 출력될 것이다.

```
org1.fsc.com
org2.fsc.com
org3.fsc.com
```

10.5.6 Docker 컨테이너 실행

이제 네트워크를 실행할 준비가 거의 끝났다. 한 가지만 더 하면 된다. 바로 docker-compose-cli.yaml을 편집하는 것이다.

이 파일은 크게 `networks` 섹션과 `services` 섹션으로 구성된다. 전자는 네트워크 이름을, 후자는 동위 노드 컨테이너들과 순서 결정 노드 컨테이너, 클라이언트 컨테이너 서비스들을 정의한다. 클라이언트 컨테이너(`cli`)는 사용자가 동위 노드들과 상호작용(채널 생성, 체인코드 배치 등등)하기 위해 명령을 입력하는 데 쓰인다.

다음은 docker-compose-cli.yaml의 예이다.

```
version: '2'
networks: # 블록체인 네트워크의 이름을 정의한다.
```

```
fscn:
#services 섹션은 모든 동위 서비스와 관련 컨테이너를 정의한다.
services:
# 패브릭 네트워크의 순서 결정자로 작용할 서비스의 이름
orderer.fsc.com:
extends:
file: base/docker-compose-base.yaml
service: orderer.fsc.com
container_name: orderer.fsc.com
networks:
- fscn
peer0.org1.fsc.com:
container_name: peer0.org1.fsc.com
extends:
file: base/docker-compose-base.yaml
service: peer0.org1.fsc.com
networks:
- fscn
peer1.org1.fsc.com:
container_name: peer1.org1.fsc.com
extends:
file: base/docker-compose-base.yaml
service: peer1.org1.fsc.com
networks:
- fscn
....
# 클라이언트 섹션
cli:
container_name: cli
image: hyperledger/fabric-tools
tty: true
```

클라이언트 섹션(cli)의 environment 섹션은 명령 실행을 위한 여러 환경 변수를 정의한다.

```
environment:
  - GOPATH=/opt/gopath
  - CORE_VM_ENDPOINT=unix:///host/var/run/docker.sock
  - CORE_LOGGING_LEVEL=DEBUG
  #- CORE_LOGGING_LEVEL=INFO
  - CORE_PEER_ID=cli
  - CORE_PEER_ADDRESS=peer0.org1.fsc.com:7051
  - CORE_PEER_LOCALMSPID=Org1MSP
```

```
  - CORE_PEER_TLS_ENABLED=true
  - CORE_PEER_TLS_CERT_FILE=/opt/gopath/src/github.com/hyperledger/fabric/peer/
crypto/peerOrganizations/org1.fsc.com/peers/peer0.org1.fsc.com/tls/server.crt
  - CORE_PEER_TLS_KEY_FILE=/opt/gopath/src/github.com/hyperledger/fabric/peer/
crypto/peerOrganizations/org1.fsc.com/peers/peer0.org1.fsc.com/tls/server.key
  - CORE_PEER_TLS_ROOTCERT_FILE=/opt/gopath/src/github.com/hyperledger/fabric/
peer/crypto/peerOrganizations/org1.fsc.com/peers/peer0.org1.fsc.com/tls/ca.crt
  - CORE_PEER_MSPCONFIGPATH=/opt/gopath/src/github.com/hyperledger/fabric/peer/
crypto/peerOrganizations/org1.fsc.com/users/Admin@org1.fsc.com/msp
working_dir: /opt/gopath/src/github.com/hyperledger/fabric/peer
command: /bin/bash -c './scripts/script.sh ${CHANNEL_NAME} ${DELAY}; sleep
$TIMEOUT'
```

그리고 volumes 섹션은 환경 변수 정의에 쓰이는 여러 경로를 정의한다.

```
volumes:
  - /var/run/:/host/var/run/
  - ./Chaincode/:/opt/gopath/src/github.com/Chaincode
  - ./crypto-config:/opt/gopath/src/github.com/hyperledger/fabric/peer/crypto/
  - ./scripts:/opt/gopath/src/github.com/hyperledger/fabric/peer/scripts/
  - ./channel-artifacts:/opt/gopath/src/github.com/hyperledger/fabric/peer/channel
-artifacts
depends_on:
  - orderer.fsc.com
  - peer0.org1.fsc.com
  - peer1.org1.fsc.com
  - peer0.org2.fsc.com
  - peer1.org2.fsc.com
  - peer0.org3.fsc.com
  - peer1.org3.fsc.com
networks:
  - fscn
```

클라이언트 섹션의 command: 항목에 있는 네트워크 실행 명령은 다음과 같은 환경 변수들을 참조한다.

```
CHANNEL_NAME
TIMEOUT
DELAY
```

첫 변수 CHANNEL_NAME은 채널의 이름을 담는다. 이 변수는 이전에 configtxgen을 사용할 때 정의했었다. TIME_OUT은 초 단위 만료 시간인데, 설정하지 않으면 기본값인 60초가 적용된다. 즉, CLI 컨테이너는 60초 후에 종료된다. 아래의 docker-compose 명령을 실행하기 전에 이들을 적절히 정의하기 바란다.

이제 다음과 같이 docker-compose-cli.yaml을 지정해서 docker-compose 명령을 실행하면 드디어 예제 식품 공급망이 실행된다.

```
$ sudo docker-compose -f docker-compose-cli.yaml up
```

별문제가 없다면 네트워크가 실행되고 터미널에 다음과 같은 메시지들이 출력될 것이다.

```
ubuntu@ip-172-31-15-76:~/apps/blockchain-by-example/food-supply-chain$ sudo docker-compose -f docker-compose-cli.yaml up
WARNING: The CHANNEL_NAME variable is not set. Defaulting to a blank string.
WARNING: The DELAY variable is not set. Defaulting to a blank string.
WARNING: The TIMEOUT variable is not set. Defaulting to a blank string.
WARNING: The COMPOSE_PROJECT_NAME variable is not set. Defaulting to a blank string.
Creating peer0.org3.fsc.com ... done
Creating peer0.org2.fsc.com ... done
Creating peer1.org2.fsc.com ... done
Creating peer1.org3.fsc.com ... done
Creating peer0.org1.fsc.com ... done
Creating orderer.fsc.com    ... done
Creating peer1.org1.fsc.com ... done
Creating cli               ... done
Attaching to peer0.org2.fsc.com, peer0.org1.fsc.com, peer1.org2.fsc.com, peer0.org3.fsc.com, orderer.fsc.com, peer1.org3.fsc.com, peer1.org1.fsc.
com, cli
peer0.org2.fsc.com       | 2018-09-29 07:30:03.955 UTC [viperutil] getKeysRecursively -> DEBU 001 Found map[string]interface{} value for peer.BCCSP
peer0.org2.fsc.com       | 2018-09-29 07:30:03.956 UTC [viperutil] getKeysRecursively -> DEBU 002 Found map[string]interface{} value for peer.BCCSP.
PKCS11
peer0.org2.fsc.com       | 2018-09-29 07:30:03.956 UTC [viperutil] getKeysRecursively -> DEBU 003 Found map[string]interface{} value for peer.BCCSP.
```

TIP 모든 것이 잘 돌아가는지 확인하고 싶다면, docker ps 명령으로 현재 실행 중인 컨테이너들을 살펴보기 바란다. 동위 노드들과 순서 결정 노드, 그리고 클라이언트 컨테이너가 나타나야 한다.

10.5.7 채널 참여 및 체인코드 설치

패브릭 네트워크를 실행한 후에는 일련의 명령들을 통해서 블록체인과 상호작용할 수 있다. docker-compose-cli.yaml의 cli 섹션에 다음과 같은 명령이 있다.

```
/bin/bash -c './scripts/script.sh ${CHANNEL_NAME} ${DELAY}; sleep $TIMEOUT'
```

동위 노드가 여섯이고 조직이 셋이므로, 각 노드와 조직의 이름을 명시적으로 지정해서(하드코딩) 셸 스크립트를 작성한다면 코드가 대단히 장황해질 것이다. 그러한 번잡함을 피하기 위해, 동위 노드 관련 패브릭 명령을 실행하는 스크립트 함수가 동위 노드와 조직 식별자를 매개변수들로 받게 한다. 예를 들어 다음은 scripts/script.sh의 한 함수로, 모든 동위 노드를 채널에 참여시킨다.

```
joinChannel () {
  for org in 1 2 3; do
    for peer in 0 1; do
      joinChannelWithRetry $peer $org
      echo "======= peer${peer}.org${org} joined on the channel \"$CHANNEL_NAME\"
=========== "
      sleep $DELAY
      echo
    done
  done
}
```

이 함수가 호출하는 joinChannelWithRetry 함수는 scripts/utils.sh에 있다.

```
joinChannelWithRetry () {
  PEER=$1
  ORG=$2
  setGlobals $PEER $ORG
  peer channel join -b $CHANNEL_NAME.block >&log.txt
  ..
}
```

또한, scripts/script.sh는 다음과 같은 명령들로 여러 동위 노드(소비자, 소매상 등등)
를 위한 체인코드들을 설치한다.

```
echo "Installing Chaincode on consumer peer: peer0.org1..."
installChaincode 0 1
echo "Installing Chaincode on retailer peer: peer1.org1..."
installChaincode 1 1
..
```

이 명령이 호출하는 installChaincode 함수는 scripts/utils.sh에 있다.

```
installChaincode () {
  PEER=$1
```

```
    ORG=$2
    setGlobals $PEER $ORG
    peer Chaincode install -n fsccc -v 1.0 -l ${LANGUAGE} -p github.com/Chaincode/fo
    odcontract >&log.txt
    res=$?
    cat log.txt
    verifyResult $res "Chaincode installation on peer${PEER}.org${ORG} has Failed"
    echo "=================== Chaincode is installed on remote peer${PEER}.org${ORG}
    ================ "
    echo
}
```

utils.sh는 또한 여러 주요 환경 변수들도 정의한다. 예를 들어 다음은 조직 2의 첫 번째 동위 노드와 상호작용하는 데 쓰이는 환경 변수들이다.

```
CORE_PEER_MSPCONFIGPATH=/opt/gopath/src/github.com/hyperledger/fabric/peer/crypto/
peerOrganizations/org2.fsc.com/users/Admin@org2.fsc.com/msp
CORE_PEER_ADDRESS=peer0.org2.fsc.com:7051
CORE_PEER_LOCALMSPID="Org2MSP" CORE_PEER_TLS_ROOTCERT_FILE=/opt/gopath/src/github.
com/hyperledger/fabric/peer/crypto/peerOrganizations/org2.fsc.com/peers/peer0.
org2.fsc.com/tls/ca.crt
```

이들은 기본적으로 docker-compose-cli.yaml에 정의되어 있지만, 자동화를 위한 셸 스크립트를 좀 더 쉽게 구현할 수 있도록 이처럼 utils.sh 파일에도 따로 정의되어 있다.

10.6 체인코드 컴파일 및 배치

네트워크가 실행 중이고 체인코드도 작성해 두었으니, 체인코드를 컴파일해서 네트워크에 배치해 보자. Go 언어로 작성된 체인코드를 컴파일하는 명령은 go build이다.

프로젝트 디렉터리의 Chaincode 폴더에 있는 체인코드 소스 코드를 직접 컴파일해서 배치하는 개발자들도 있지만, 그것이 모범 관행은 아니다. 일반적으로는 docker-compose-cli.yaml의 cli 섹션에서 GOPATH를 다음과 같이 /opt/gopath로 정의하고, volumes 섹션에서 Chaincode 경로도 적절히 정의한다.

```
cli:
  container_name: cli
  image: hyperledger/fabric-tools
  tty: true
  environment:
    - GOPATH=/opt/gopath
    - CORE_VM_ENDPOINT=unix:///host/var/run/docker.sock
    - CORE_LOGGING_LEVEL=DEBUG
  ....
  working_dir: /opt/gopath/src/github.com/hyperledger/fabric/peer
  command: /bin/bash -c './scripts/script.sh ${CHANNEL_NAME} ${DELAY}; sleep
$TIMEOUT'
  volumes:
    - /var/run/:/host/var/run/
    - ./Chaincode/:/opt/gopath/src/github.com/Chaincode
    - ./crypto-config:/opt/gopath/src/github.com/hyperledger/fabric/peer/crypto/
```

이러한 설정에 의해 프로젝트의 Chaincode/ 디렉터리는 /opt/gopath/src/github.com/
Chaincode에 대응된다. 이후 Composer의 명령을 이용해서 패브릭 네트워크를 띄우면 컴파
일된 체인코드 파일이 해당 경로로 복사된다.

이제 docker exec -it cli bash 명령으로 클라이언트 Docker 이미지를 실행한 후 해당
터미널(bash)에서 다음 명령을 실행해서 체인코드를 기본 동위 노드(조직 1의 0번 동위 노드)
에 배치하기 바란다.

```
$ peer Chaincode install -n fsccc -v 1.0 -p github.com/Chaincode/foodcontract
```

여기서 -n 옵션은 네트워크 이름을 지정하고 -v는 체인코드의 버전을 지정한다. 별문제가 없
으면 이 명령은 성공을 뜻하는 상태 코드 200을 출력한다.

10.6.1 체인코드와 상호작용

체인코드를 배치한 후에는 다음과 같은 명령으로 체인코드의 인스턴스를 생성한다.

```
$ peer chaincode instantiate -o orderer.fsc.com:7050 -C $CHANNEL_NAME -n fsccc -
v 1.0 -c '{"Args":["init","order_001","John_1","100","5"]}' -P "OR('Org1MSP.memb
er','Org2MSP.member','Org3MSP.member')"
```

이 명령의 -c 옵션(소문자)에는 체인코드의 생성자에 해당하는 Init 함수에 전달할 인수들의 배열에 해당하는 JSON 문자열을 지정한다. 기억하겠지만 §10.4.2에서 정의한 Init 함수는 setupFoodSupplyChainOrder 함수를 호출해서 실질적인 초기화 작업을 수행하는데, 특히 여러 변수의 값을 설정한다. 지금 예에서 order_001, John_1, 100, 5는 각각 변수 orderId, consumerId, orderPrice, shippingPrice에 설정된다. -P 옵션에는 이 체인코드와 연관된 보증 정책을 서술하는 문자열을 지정한다.

10.7 프로젝트 실행

지금까지 우리는 패브릭이 제공하는 다양한 도구를 이용해서 네트워크를 설정하고, 체인코드를 배치, 인스턴스화했다. 이제부터는 패브릭의 다른 도구들을 이용해서 예제 식품 공급망의 전 과정을 시험해 본다. 이번에도 독자가 이전에 언급한 출판사 사이트 또는 GitHub 저장소에서 이번 장의 파일들을 내려받았다고 가정한다.

우선, 프로젝트 루트 디렉터리의 fscn.sh 스크립트를 이용해서 네트워크를 시작하기 바란다. 이 스크립트는 Docker 이미지들을 이용해서 빠르게 하이퍼레저 패브릭 네트워크를 시동한다. 구체적인 명령은 sudo ./fscn.sh -m up이다.[6]

네트워크가 실행되면, 앞에서 언급한 script.sh를 실행해서 식품 공급망을 설정한다. 이 스크립트는 채널을 생성하고, 모든 동위 노드를 채널에 참여시키고, 모든 동위 노드에 체인코드를 설치하고 인스턴스화하고, 여러 가지 조회 함수를 호출하는 등의 일련의 필수 과정을 수행한다. 앞에서 언급했듯이, 이 과정에서 script.sh는 utils.sh에 정의된 함수들을 활용한다.

---

6 참고로 이 명령은 환경 변수 CHANNEL_NAME, CLI_TIMEOUT, CLI_DELAY를 참조한다. 셋의 의미는 §10.5.6에서 설명한 CHANNEL_NAME, TIMEOUT, DELAY와 같다.

다음은 이 스크립트의 초반 출력이다. fscchannel 채널이 성공적으로 생성된 시점까지의
메시지들이 나와 있다.

script.sh는 실행 과정에서 체인코드에 정의된 모든 함수를 호출한다. 간결함을 위해, 출력
중 createRawFood 메서드 호출과 관련된 부분만 제시하겠다.

위의 결과는 utils.sh에 정의된 chaincodeInvokeCreateRawFood 함수가 출력한 것이다. 이

셀 스크립트 함수의 정의는 다음과 같다.

```
# 체인코드의 함수를 호출해서 식품 원재료 항목을 생성한다.
chaincodeInvokeCreateRawFood() {
    PEER=$1
    ORG=$2
    setGlobals $PEER $ORG
    if [ -z "$CORE_PEER_TLS_ENABLED" -o "$CORE_PEER_TLS_ENABLED" = "false" ]; then
        peer chaincode invoke -o orderer.fsc.com:7050 -C $CHANNEL_NAME -n fsccc -c
'{"Args":["createRawFood","order_001"]}' >&log.txt
    else
        peer chaincode invoke -o orderer.fsc.com:7050 --tls $CORE_PEER_TLS_ENABLED
--cafile $ORDERER_CA -C $CHANNEL_NAME -n fsccc -c '{"Args":["createRawFood","order
_001"]}' >&log.txt
    fi
    res=$?
    cat log.txt
    verifyResult $res "Invoke:CreateRawFood execution on PEER$PEER failed "
    echo "Invoke:CreateRawFood transaction on PEER $PEER on channel '$CHANNEL_
NAME' is successful. "
    echo
}
```

출력의 끝부분에는 체인코드에서 조회한 식품의 현재 상태 자료가 나온다.

이상으로, 리눅스의 셸 스크립트와 명령줄 도구들을 이용해서 패브릭 네트워크에 배치된 체인코드와 상호작용해 보았다. 그런데 이런 방식이 아주 편하다고는 하기 힘들다. 다음 절부터는 REST API를 이용해서 좀 더 추상적인 방식으로 체인코드와 상호작용한다.

10.7.1 REST API/JSON-RPC를 통한 상호작용

지금까지 우리는 셸 스크립트를 이용해서 식품 공급망의 흐름 전체를 성공적으로 모의 실행해 보았다. 이번 절에서는 사용자가 웹페이지를 통해서 패브릭 네트워크와 상호작용하는 웹 응용 프로그램을 패브릭의 REST API를 이용해서 구축한다. 이 예제 웹 응용 프로그램은 인증 기관 (CA)을 네트워크에 참여시키고 원장의 자료를 조회하는 방법을 보여준다. 이번 예제 역시 앞에서 만든 식품 공급망의 자료를 조회한다.

10.7.1.1 개발 환경 준비

아직 하지 않았다면, 앞에서 언급한 예제 GitHub 저장소에서 예제 파일들을 내려받기 바란다. 이번 예제 프로젝트의 루트 디렉터리는 `blockchain-by-example/fsc-restful`이다. 이 예제는 `github`: `https://github.com/hyperledger/fabric-samples`에 있는 패브릭 공식 예제 프로젝트를 수정한 것이다.

이전 예제에서 실행한 패브릭 네트워크와 컨테이너들이 남아 있으면 혼란이 생길 수 있으므로, 우선 예제 프로젝트의 루트 디렉터리로 가서 다음 명령을 실행해서 현재 실행 중인 모든 컨테이너를 종료한다.

```
$ sudo ./script.sh -m down
```

그런 다음 사용하지 않는 네트워크들을 모두 제거한다.

```
$ docker network prune
```

이제 `webapp/` 디렉터리로 가서 웹 응용 프로그램에 필요한 패키지들을 설치한다.

```
$ npm install
```

npm이 여러 패키지를 설치하려면 시간이 좀 걸릴 수 있다. 설치가 모두 끝나면 예제 루트 디렉터리(fsc-restful)로 돌아가서 이 예제를 위한 패브릭 네트워크를 실행한다.

```
$ sudo ./script -m up
```

다음으로, 식품 공급망 체인코드를 네트워크에 설치하고, 초기 고객 주문 자료를 지정해서 체인코드의 인스턴스를 생성하고, createRawfoodChaincode 함수를 호출해서 식품 원재료를 생산한다.

```
$ peer Chaincode install -n fsccc -v 1.0 -p "$CC_SRC_PATH" -l "$LANGUAGE"
$ peer Chaincode instantiate -o orderer.example.com:7050 -C mychannel -n fsccc
-l "$LANGUAGE" -v 1.0 -c '{"Args":["init","order_001","John_1","100","5"]}'
$ peer Chaincode invoke -o orderer.example.com:7050 -C mychannel -n fsccc -c '{
"Args":["createRawFood","order_001"]}'
```

10.7.1.2 사용자 등록

웹 응용 프로그램에 필요한 의존 패키지들을 설치하고 체인코드도 인스턴스화했으니, 이제 웹 응용 프로그램을 띄워 보자. node server.js 명령을 실행하면 웹 응용 프로그램을 제공하는 Node.js 서버(이하 노드 서버)가 실행되고, 자동으로 웹 브라우저가 뜨면서 http://<지역 서버 IP>:3000이 열린다. 그러면 다음과 같은 모습의 웹페이지가 나타날 것이다.

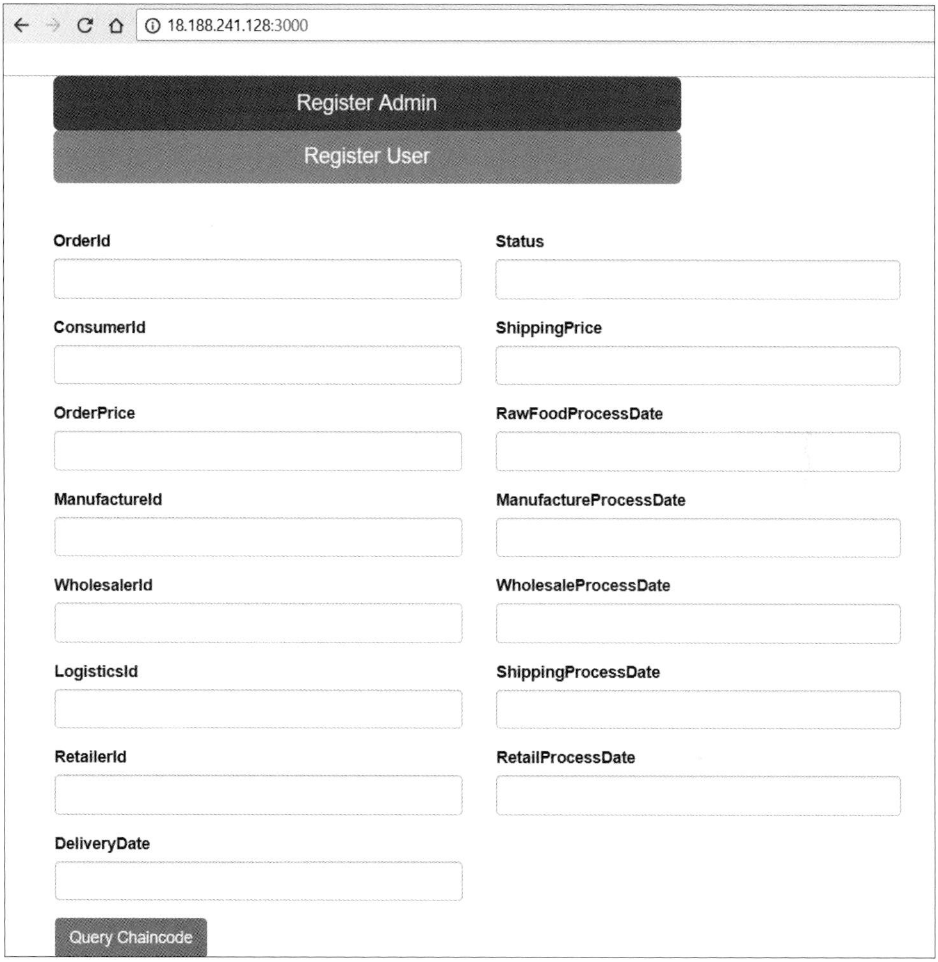
18.188.241.128:3000
Register Admin
Register User
OrderId
Status
ConsumerId
ShippingPrice
OrderPrice
RawFoodProcessDate
ManufactureId
ManufactureProcessDate
WholesalerId
WholesaleProcessDate
LogisticsId
ShippingProcessDate
RetailerId
RetailProcessDate
DeliveryDate
Query Chaincode

제일 먼저 패브릭 클라이언트의 관리자(admin)를 배정해 보자. **Register Admin** 버튼을 클릭하면 admin이라는 이름의 관리자 클라이언트 사용자가 패브릭 네트워크에 등록된다.

내부적으로 노드 서버(server.js)는 패브릭 네트워크에 admin 사용자를 인증된 사용자로서 CA에 등록하라는 요청을 보낸다. 결과적으로 hrc-key-store라는 인증서 관련 디렉터리가 생성된다.

> **NOTE** 패브릭 네트워크를 다시 구축한 경우에는 반드시 이 폴더를 비워야 한다. 그렇게 하지 않으면 이전 네트워크에서 생성된 CA가 적용되므로 오류가 발생한다.

그럼 노드 서버가 admin 사용자를 패브릭 블록체인에 등록하는 과정을 살펴보자.

server.js의 앞부분에서 보듯이, 노드 서버는 fabric-ca-client와 fabric-client라는 Node.js 패키지들과 GRpc 프로토콜을 이용해서 패브릭 네트워크와 상호작용한다.

fabric-ca-client 패키지는 패브릭의 사용자 인증서 관리를 위한 인증 기관 클라이언트를 제공한다. 이 클라이언트를 통해서 인증서를 인증 기관에 등록, 등재할 수 있다.

fabric-client는 패브릭의 전반적인 기능에 접근하기 위한 클라이언트를 제공한다. 이 클라이언트를 통해서 동위 노드들이나 순서 결정 노드와 상호작용할 수 있으며, 체인코드를 설치하고 인스턴스화하거나, 거래를 전송하거나, 상태를 조회(질의)할 수 있다.

다음은 admin 사용자를 등록하는 과정이다.

1. 패브릭 클라이언트(Fabric_Client 인스턴스)를 위한 키 저장소(hfc-key-store)를 준비한다.

2. 인증 기관 클라이언트의 인스턴스를 생성한다: new Fabric_CA_Client('http://localhost:7054', tlsOptions, 'ca.example.com', crypto_suite)

3. admin 사용자에 대한 문맥 객체를 얻는다: context = fabric_client.getUserContext('admin', true)

4. admin 사용자를 생성한다: fabric_client.createUser({username: 'admin', ... })

이상의 과정을 수행하는 코드는 다음과 같다.

```
app.get('/registerAdmin',function(req,res) {
    var fabric_client = new Fabric_Client();
    var fabric_ca_client = null;
    var admin_user = null;
    var member_user = null;
    var store_path = path.join(__dirname, 'hfc-key-store');
    Fabric_Client.newDefaultKeyValueStore({ path: store_path}).then(
      (state_store) => {
        // 키 저장소를 패브릭 클라이언트에 배정한다.
        fabric_client.setStateStore(state_store);
        var crypto_suite = Fabric_Client.newCryptoSuite();
        var crypto_store =
            Fabric_Client.newCryptoKeyStore({path: store_path});
        crypto_suite.setCryptoKeyStore(crypto_store);
        fabric_client.setCryptoSuite(crypto_suite);
        var tlsOptions = {
            trustedRoots: [],
            verify: false
        };
        fabric_ca_client = new Fabric_CA_Client(
            'http://localhost:7054', tlsOptions,
            'ca.example.com',crypto_suite);
        return fabric_client.getUserContext('admin', true);
    }).then((user_from_store) => {
        if (user_from_store && user_from_store.isEnrolled()) {
            console.log('Successfully loaded admin from persistence');
            admin_user = user_from_store;
```

```
                    return null;
            } else {
                // CA 서버에 등재해야 한다.
                return fabric_ca_client.enroll({
                    enrollmentID: 'admin',
                    enrollmentSecret: 'adminpw'
                }).then((enrollment) => {
                    console.log('Successfully enrolled admin user "admin"');
                    return fabric_client.createUser({username: 'admin',
                        mspid: 'Org1MSP', cryptoContent: { privateKeyPEM:
                        enrollment.key.toBytes(), signedCertPEM:
                        enrollment.certificate }});
                }).then((user) => {
                    admin_user = user;
                    return fabric_client.setUserContext(admin_user);
                }).catch((err) => {
                });
            }
    }).then(() => {
..
    }).catch((err) => {
    });
});
```

관리자를 등록한 다음에는, 실제로 식품 공급망을 사용할 사용자도 하나 등록해야 한다. **Register User** 버튼을 클릭하면 노드 서버는 user1이라는 이름의 사용자를 앞에서와 비슷한 과정을 통해서 패브릭에 등록한다. 새 사용자는 앞에서 생성한 관리자 계정이 허가하고 인증한 CA 서버에 등재된다. CA는 새 사용자의 신원(identity)에게 원장을 조회하고 갱신하는 권한을 부여한다.

10.7.1.3 웹페이지에서 체인코드 상태 조회

그럼 원장의 자료를 읽는 권한이 있는 사용자를 이용해서 체인코드의 상태를 조회해 보자.

웹페이지의 **Query Chaincode**를 클릭하면 노드 서버는 체인코드 API를 이용해서 현재 원장 상태 정보를 조회한다. 다음은 원장에서 조회한 orderId, orderPrice, shippingPrice, rawFoodProcessDate의 값이 웹페이지의 해당 필드에 표시된 모습이다.

다음은 **Query Chaincode**를 클릭했을 때 노드 서버에서 실행되는 코드이다. 이 코드 역시 패브릭 클라이언트 API(fabric_client)를 이용해서 동위 노드와 채널에 접속하고 자료를 조회한다.

```
app.get('/queryChaincode',function(req,res){
        // 패브릭 네트워크에 접속하기 위한 클라이언트를 생성한다.
        var fabric_client = new Fabric_Client();
        var channel = fabric_client.newChannel('mychannel');
        var peer = fabric_client.newPeer('grpc://localhost:7051');
        channel.addPeer(peer);
        var member_user = null;
        var store_path = path.join(__dirname, 'hfc-key-store');
        var tx_id = null;
        Fabric_Client.newDefaultKeyValueStore({ path: store_path})
          .then((state_store) => {
                ...
           return fabric_client.getUserContext('user1', true);
        }).then((user_from_store) => {
           ....
           const request = {
               chaincodeId: 'fsccc',
               fcn: 'query',
               args: ['order_001']
           };
           // 질의 요청을 동위 노드에 전송한다.
           return channel.queryByChaincode(request);
```

이렇게 해서, 기존의 명령줄 도구가 아니라 우리가 작성한 프로그램으로 하이퍼레저 패브릭 네트워크에 접속해서 자료를 조회하는 작업도 성공적으로 완수했다. 이상의 예제를 통해서 웹 응용 프로그램을 패브릭 블록체인과 통합하는 방법을 배울 수 있었을 것이다.

10.7.2 하이퍼레저 컴포저

앞에서 우리는 예제를 위한 하이퍼레저 네트워크를 구축해 보았는데, 여러 도구의 도움을 받았음에도 그 구축 과정이 그리 간단하지는 않았다. 다행히, 하이퍼레저 컴포저를 사용하면 상황이 훨씬 나아진다.

§10.2.2에서 언급했듯이, 하이퍼레저 컴포저는 하이퍼레저 블록체인 응용 프로그램을 좀 더 쉽게 개발하기 위한 개방형 도구 모음이자 프레임워크이다. 하이퍼레저 컴포저의 기본 언어는 다른 여러 프로젝트도 널리 사용하는 JavaScript이다. 덕분에 사용자는 익숙한 언어를 이용해서 사업망을 정의하고, 자산을 생성하고, 거래를 실행할 수 있다.

10.7.2.1 하이퍼레저 컴포저와 플레이그라운드 준비

그럼 간단한 실습 예제를 통해서 하이퍼레저 컴포저 활용법을 살펴보자. 하이퍼레저는 하나의 응용 프로그램 개발 환경으로, 이것을 이용하면 하이퍼레저 패브릭(https://hyperledger-fabric.readthedocs.io/en/latest/) 블록체인 응용 프로그램을 좀 더 쉽고 빠르게 작성할 수 있다.

우선 가장 중요한 도구인 composer-cli를 설치하자. 이 도구는 다양한 프로젝트 관리 및 운영, 개발 기능을 제공한다.

```
$ npm install -g composer-cli@0.19
```

다음으로, 하이퍼레저 컴포저가 사용하는 프로젝트 템플릿들을 생성하는 기능을 제공하는 generator-hyperledger-composer를 설치한다.

```
$ npm install -g generator-hyperledger-composer
```

그리고 하이퍼레저 컴포저용 REST 서버인 composer-rest-server를 설치한다. 이 서버가 있으면 웹 인터페이스를 통해서 업무용 하이퍼레저 네트워크와 체인코드에 접근할 수 있다.

```
$ npm install -g composer-rest-server
```

또한, 웹 응용 프로그램의 뼈대를 생성하는 데 사용할 Yeoman을 설치한다. 앞에서 설치한 템플릿 생성기(generator-hyperledger-composer)를 사용하려면 이것이 필요하다.

```
$ npm install -g yo
```

마지막으로, 웹페이지를 통해서 패브릭 네트워크를 설정하고, 체인코드를 배치하고, 네트워크의 상태를 조회할 수 있는 웹 기반 사용자 인터페이스인 컴포저 플레이그라운드Composer Playground를 설치한다.

```
$ npm install -g composer-playground
```

10.7.2.2 컴포저 플레이그라운드 실행

컴포저 플레이그라운드를 설치한 후에는 다음 명령으로 해당 Docker 컨테이너를 실행한다.

```
$ sudo docker run --name composer-playground --publish 8080:8080 --detach hyper
ledger/composer-playground
```

컨테이너가 실행되면 웹 브라우저로 `localhost:8080`을 열어 보기 바란다. 그러면 다음과 같은 환영 페이지가 나타날 것이다.

언제라도 다음 명령으로 플레이그라운드를 종료할 수 있다.

```
$ sudo docker rm --force composer-playground
```

이제 이 '놀이터(playground)'에서 재미있는 시간을 보낼 준비가 모두 끝났다.

우선, 새 사업망을 생성하자. **Deploy a new business network** 버튼을 클릭하면 네트워크를 설정하는 페이지가 나타난다. 네트워크 이름(첫 입력 필드)에 `fsn-business-network`를 입력하고, 아래쪽의 네트워크 템플릿 중 **empty-business-network**를 선택한 후 오른쪽 아래의 **Deploy** 버튼을 클릭하기 바란다.

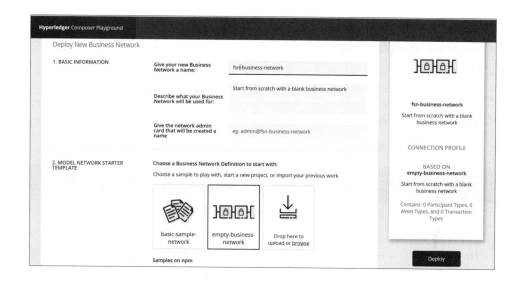

fsn-business-network 네트워크가 생성된 후 **Connect now** 버튼을 클릭하면 네트워크에
연결된다.

새 네트워크를 위해 몇 가지 파일이 자동으로 생성되는데, 그중 하나는 확장자가 .cto인 모
형(model) 파일이다. 이 파일은 하이퍼레저 컴포저가 제공하는 객체 지향 비슷한 모형 작성
언어를 이용해서 업무 영역(domain)의 모형을 정의한 것이다. 여기서 이 언어를 더 설명하지
는 않겠다. 자세한 내용은 해당 문서화(https://hyperledger.github.io/composer/v0.19/

reference/cto_language)를 참고하기 바란다. 그냥 예제 GitHub 저장소의 chapter10/
hyperledger-composer/composerModel.txt에 있는 코드를 다음처럼 플레이그라운드의
models/model.cto에 붙여 넣는 것으로 마무리하고 넘어가자.

chapter10/hyperledger-composer/composerModel.txt

```
Web fsn-network                    Define    Test

FILES                         Model File models/model.cto  ✏

About                         1
README.md, package.json       2    namespace org.fsn.testnetwork
                              3    asset Food identified by orderId {
Model File                    4       o String orderId
models/model.cto              5       o String status
                              6       o String date
Script File                   7       o String orderPrice
lib/script.js                 8       o String shippingPrice
                              9       o String foodId
Access Control                10      --> Consumer consumer
permissions.acl               11
                              12   }
                              13   participant Consumer identified by consumerId {
                              14      o String consumerId
                              15      o String firstName
                              16      o String lastName
                              17   }
                              18   transaction Order {
                              19      --> Food food
                              20      --> Consumer newConsumer
                              21   }
```

다음으로, 거래를 처리할 JavaScript 코드를 추가한다. 예제 GitHub 저장소 hyperledger-
composer/orderFoodProduct.js의 내용을 다음과 같이 lib/script.js에 붙여 넣기 바
란다.[7]

----

7 만일 플레이그라운드에 lib/script.js가 없으면, 왼쪽 아래의 Add a file 버튼을 클릭하고 Script FIle(.js)를 선택해서 추가하기 바
란다.

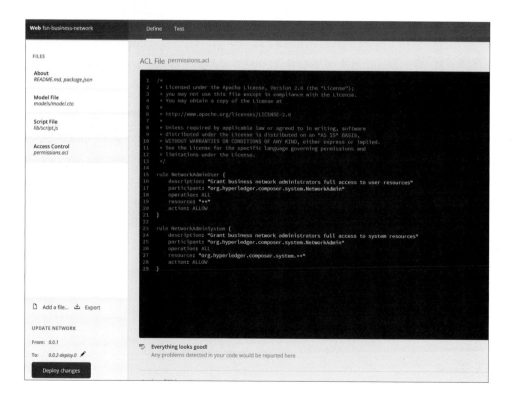

```
FILES                          Script File  lib/script.js  ✏

About                          1    /**
README.md, package.json        2     * @param {org.fsn.testnetwork.Order} order - order food product
                               3     * @transaction
Model File                     4     */
models/model.cto               5    function orderFoodProduct(order) {
                               6      order.food.consumer= order.newConsumer;
Script File                    7      return getAssetRegistry('org.fsn.testnetwork.Food')
lib/script.js                  8        .then(function (assetRegistry) {
                               9          return assetRegistry.update(order.food);
Access Control                 10       });
permissions.acl               11    }
```

마지막으로, 접근 제어 정책을 정의해야 한다. 다행히 미리 만들어진 `permissions.acl`을 그대로 사용하면 된다. 이 접근 제어 정책은 기본 네트워크 관리자에게 사업망의 모든 것을 제어할 수 있고 모든 시스템 수준 연산을 수행할 수 있는 권한을 부여한다.

```
Web fsn-business-network          Define    Test

FILES                             ACL File  permissions.acl

About                             1    /*
README.md, package.json           2     * Licensed under the Apache License, Version 2.0 (the "License");
                                  3     * you may not use this file except in compliance with the License.
Model File                        4     * You may obtain a copy of the License at
models/model.cto                  5     *
                                  6     * http://www.apache.org/licenses/LICENSE-2.0
Script File                       7     *
lib/script.js                     8     * Unless required by applicable law or agreed to in writing, software
                                  9     * distributed under the License is distributed on an "AS IS" BASIS,
Access Control                    10    * WITHOUT WARRANTIES OR CONDITIONS OF ANY KIND, either express or implied.
permissions.acl                   11    * See the License for the specific language governing permissions and
                                  12    * limitations under the License.
                                  13    */
                                  14
                                  15   rule NetworkAdminUser {
                                  16       description: "Grant business network administrators full access to user resources"
                                  17       participant: "org.hyperledger.composer.system.NetworkAdmin"
                                  18       operation: ALL
                                  19       resource: "**"
                                  20       action: ALLOW
                                  21   }
                                  22
                                  23   rule NetworkAdminSystem {
                                  24       description: "Grant business network administrators full access to system resources"
                                  25       participant: "org.hyperledger.composer.system.NetworkAdmin"
                                  26       operation: ALL
                                  27       resource: "org.hyperledger.composer.system.**"
                                  28       action: ALLOW
                                  29   }

🗋 Add a file...  ⬇ Export

UPDATE NETWORK

From:  0.0.1
To:    0.0.2-deploy.0  ✏         ⇨  Everything looks good!
                                     Any problems detected in your code would be reported here
Deploy changes
```

이제 왼쪽 아래의 **Deploy changes** 버튼을 클릭해서 변경된 사항들을 적용하고, 위쪽의 **Test** 탭을 클릭하기 바란다. 이제부터 이 예제 네트워크를 시험해 보자.

우선 사업망에 참여할 사용자를 추가해야 한다. 왼쪽에서 **Consumer** 탭이 선택된 상태에서 오른쪽 위의 **Create new participant** 버튼을 클릭하고, 다음을 참고해서 필드들을 적절히 수정한 후 **Create new** 버튼을 클릭하면 새 참여자가 생성된다.

In registry: **org.fsn.testnetwork.Consumer**

JSON Data Preview

```
1  {
2    "$class": "org.fsn.testnetwork.Consumer",
3    "consumerId": "Brian",
4    "firstName": "Brian",
5    "lastName": "Wu"
6  }
```

다음으로, 자산(asset; 지금 예제에서는 소비자가 주문한 식품)을 생성해야 한다. 왼쪽에서 **Food** 탭을 선택하고 오른쪽 위에서 **Create new asset** 버튼을 클릭한 후, 필드들을 적절히 수정하되, consumer 필드는 그대로 두기 바란다. 그런 다음 **Create new** 버튼을 클릭하면 새 자산이 생성된다.

이제 **Food**에 새로 생성된 자산이 나타날 것이다.

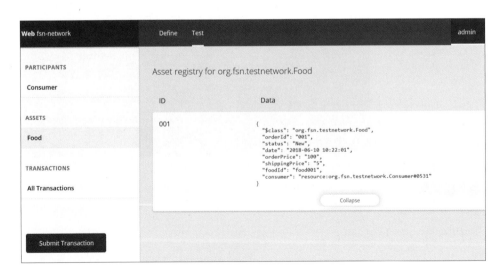

그럼 이 자산을 주문하는 거래를 실행해 보자. **Submit Transaction**을 클릭한 후 food 필드 끝의 일련번호를 앞에서 orderId에 지정한 값으로 대체하고, newConsumer 끝의 식별자를 이전에 참여자를 등록할 때 consumerId에 지정한 값으로 대체하기 바란다.

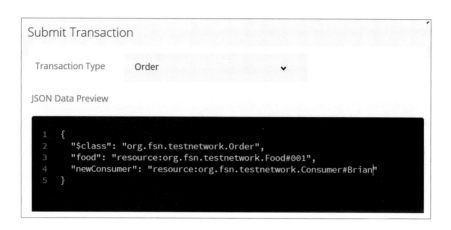

그런 다음 **Submit**을 클릭하면 거래의 결과가 표시된다. 또한, 왼쪽에서 **All transactions** 탭을 클릭하면 다음과 같이 거래 기록이 나타난다. 특정 거래의 **View record** 링크를 클릭하면 그 거래의 세부사항이 나오는데, 여기서 거래의 ID와 거래가 처리된 시각을 확인할 수 있다.

Date, Time	Entry Type	Participant	
2018-06-10, 02:59:00	Order	admin (NetworkAdmin)	view record
2018-06-10, 02:53:42	AddAsset	admin (NetworkAdmin)	view record
2018-06-10, 02:52:00	AddParticipant	admin (NetworkAdmin)	view record

Food 탭에서 식품 자산의 필드들을 살펴보면 consumer 필드가 앞의 거래에서 지정한 사용자 식별자에 맞게 갱신되었음을 확인할 수 있을 것이다.

간단한 실습 예제였지만 하이퍼레저 컴포저와 컴포저 플레이그라운드의 기본적인 사용법을 익히기에는 충분했을 것이다. 또한, 패브릭의 기본 도구들을 직접 사용하는 대신 이런 도구를 사용하면 작업이 얼마나 편해지는지도 실감할 수 있었을 것이다.

10.8 요약

이번 장에서는 하이퍼레저 프로젝트를 소개하고, 주요 구성요소인 하이퍼레저 패브릭에 관해 많은 것을 이야기했다. 특히 우리는 하이퍼레저 패브릭을 위한 스마트 계약인 체인코드를 Go 언어를 이용해서 작성하고 패브릭에 배치하는 방법을 살펴보았다. 이제는 여러분이 스스로 체인코드를 작성하는 것도 그리 어려운 일이 아닐 것이다. 또한, 이번 장에서는 RPC 프로토콜을 통해서 하이퍼레저 패브릭과 상호작용하는 웹 응용 프로그램을 구축하는 방법도 논의했다. 끝부분에서는 패브릭 응용 프로그램을 좀 더 쉽게 구축할 수 있는 하이퍼레저 컴포저라는 중요한 도구를 소개했다.

다음 장에서도 계속 하이퍼레저를 공부할 것이니 좀 지쳤더라도 기운을 내기 바란다. 다음 장에서는 하이퍼레저에 기초한 신용장 시스템을 구축해 본다.

## 제11장

하이퍼레저를 이용한 신용장 관리

이전 장인 제10장에서는 식품 업계를 위한 블록체인 기반 공급망을 구축하는 예제를 통해서 하이퍼레저 패브릭의 중요한 기본 개념들을 학습했다. 이번 장에서도 계속해서 하이퍼레저를 공부한다. 특히, 이번 장에서는 금융 분야의 주요 개념인 **신용장**(letter of credit, **L/C**)에 관한 예제를 통해서 하이퍼레저 프로젝트의 필수 구성요소들을 좀 더 살펴본다. 신용장은 블록체인을 금융·재무 분야에 적용하는 예제들에 흔히 등장하는데, 이는 신용장 예제가 블록체인 활용과 관련해서 까다로운 문제점들을 해결하는 방법을 보여주기에 적합하기 때문이다.

이번 장 전반에서는 하이퍼레저 패브릭에 관한 지식을 심화하고 몇 가지 고급 도구들도 소개한다. 또한, 하이퍼레저에 기초한, 규모가변성과 상호운용성이 좋은 업무용 솔루션을 개발하고 관리하는 방법도 설명한다.

이번 장의 주요 주제는 다음과 같다.

- 하이퍼레저 컴포저 활용
- 하이퍼레저 네트워크의 등재 및 신원 관리
- 신용장을 위한 체인코드 작성
- IBM 클라우드 상의 하이퍼레저

신용장 처리는 하나의 장에서 완전히 구현하고 설명하기에는 너무 복잡한 과정이므로, 이번 장에서는 신용장의 주된 개념들만 구현하는 데 초점을 둔다는 점을 미리 밝혀 두겠다.

11.1 신용장의 개념과 설계

신용장은 구매자가 지급한 특정 금액의 결제 대금을 판매자가 특정 통화(화폐)로 받게 될 것을 은행이 보장하는 서류이다. 단, 판매자는 반드시 신용장에 엄밀하게 정의된 조항들을 고정된 기간 안에 충족해야 한다. 판매자가 모든 조항을 충족했는데도 구매자가 대금을 상환하지 않으면 은행이 대금 전액 또는 잔액(이미 상환한 금액이 있는 경우)을 보전해 준다.

신용장은 국제무역에서 가장 흔히 쓰이는 결제 방법이다. 서로 신뢰하지 않는 거래 당사자들 사이의 국제무역에서는 흔히 은행들이 결제를 처리한다. 발행 은행(issuing bank; 또는 개설 은행)이 수입업자의 요청에 따라 신용장을 발행해서 확인 은행(confirming bank)에 보내면, 확인 은행은 신용장의 조항들에 따라 대금을 수출업자에게 지급한다. 다음은 신용장 처리 흐름을 단순화한 도식이다. 실제 거래는 이보다 훨씬 복잡할 수 있다.

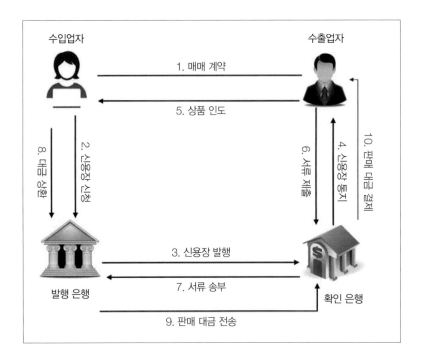

신용장 처리 절차는 여러 참여자(participant) 사이의 복잡한 금융 및 관리 업무에 의존하기 때문에 비효율적이고 시간이 많이 걸리기 쉽다. 블록체인 기술은 제삼자의 인증이 필요하지 않은 보안 네트워크를 통해서 금융 자료와 서류를 공유함으로써 이러한 절차를 크게 단순화할

수 있다. 실제로, 국제적인 금융 회사인 BBVA는 블록체인을 이용해서 국제무역 거래 자료의 전송, 확인, 승인에 걸리는 시간을 통상적인 7~10일에서 단 2.5시간으로 줄였다고 한다.

이번 장에서는 하이퍼레저 패브릭 기술을 이용해서 신용장을 처리하는 예제를 살펴본다. 이 예제를 통해서 전체적인 신용장 처리 절차의 효율성을 블록체인 기술이 어떻게 개선할 수 있는지 알 수 있을 것이다.

11.2 개발 환경 준비

Go 언어에 익숙하지 않아서 체인코드 작성에 어려움을 겪는 독자들은 이번 장이 반가울 것이다. 이번 장에서는 익숙한 JavaScript와 배우기가 그리 어렵지 않은 모형화 언어(modeling language)를 이용해서 하이퍼레저 컴포저에서 좀 더 추상화된 방식으로 체인코드를 개발하는 방법을 소개한다.

구체적인 개발로 들어가기 전에, 제10장의 §10.3 **개발 환경 설정**을 참고해서 필수 소프트웨어들(Go 언어는 제외)을 설치하기 바란다.

11.2.1 IDE 설정

이번 신용장 예제에서는 하이퍼레저 컴포저를 이용해서 사업망(business network)을 설정하고 스마트 계약(체인코드)을 개발한다. 예제의 파일들은 모두 평범한 텍스트 파일이므로 아무 텍스트 편집기나 사용해도 되지만, 필자는 편의를 위해 Visual Studio Code를 사용했다. 원한다면 https://code.visualstudio.com에서 Visual Studio Code를 내려받아서 설치하기 바란다.

Visual Studio Code에서는 하이퍼레저를 위한 확장 기능을 이용해서 컴포저의 모형 정의 파일을 좀 더 쉽게 작성할 수 있으며, 모형 정의의 오류들도 편하게 확인할 수 있다. Visual Studio Code의 **View | Extensions** 메뉴에서 'Hyperledger Composer'를 검색해서 설치하면 된다.

거창한 IDE를 사용하고 싶지 않은 독자는 그냥 손에 익은 텍스트 편집기를 사용해도 좋다.

11.2.2 하이퍼레저 패브릭 네트워크 실행

제10장에서 패브릭 네트워크를 구축하는 방법과 하이퍼레저 컴포저 및 플레이그라운드를 설치하고 사용하는 방법을 살펴보았다. 이번 장에서는 하이퍼레저 컴포저의 공식 GitHub 저장소에 있는 몇 가지 보조 스크립트들(https://github.com/hyperledger/composer-tools/tree/master/packages/fabric-dev-servers)을 이용해서, 개발용 하이퍼레저 패브릭(버전 1.2 이하) 네트워크를 이전 장과는 다른 방식으로 설정, 실행한다.

우선 프로젝트 디렉터리부터 만들자. 독자의 홈 디렉터리에 fabric-dev-servers/라는 디렉터리를 생성하고 그 디렉터리로 들어가기 바란다.

```
$ mkdir ~/fabric-dev-servers && cd ~/fabric-dev-servers
```

다음으로, 웹 응용 프로그램의 뼈대를 생성하는 데 사용할 Yeoman을 설치한다. 나중에 템플릿 생성기(generator-hyperledger-composer)를 사용하려면 이것이 필요하다.

```
$ npm install -g yo
```

다음으로는 앞에서 언급한 generator-hyperledger-composer를 설치한다. 이것은 하이퍼레저 컴포저가 사용할 프로젝트 템플릿들을 생성해 주는 Yeoman 모듈이다.

```
$ npm install -g generator-hyperledger-composer
```

그런 다음에는 다음 명령을 실행해서 프로젝트 디렉터리에 하이퍼레저 패브릭을 위한 스크립트들을 설치한다. 이 스크립트들을 실행하려면 대상 시스템에 bash와 Docker가 설치되어 있어야 함을 주의하기 바란다.

```
$ curl -O https://raw.githubusercontent.com/hyperledger/composer-tools/master/
packages/fabric-dev-servers/fabric-dev-servers.tar.gz
$ tar -xvf fabric-dev-servers.tar.gz
```

이렇게 하면 세 버전(버전 1.0, 1.1, 1.2)의 패브릭 네트워크를 설정하는 스크립트들을 담은 하나의 개발용 서버 패키지가 갖추어진다. 특정 버전을 선택하려면 환경 변수 HL_FABRIC_VERSION을 hlfv1*(여기서 *는 버전 번호; 예를 들어 버전 1.1을 원한다면 hlfv11)로 설정하면 된다.

> **TIP** 공식 문서화에 따르면, 하이퍼레저 컴포저 v0.16.x를 사용하는 경우에는 하이퍼레저 패브릭 V1.0을 선택하는 것이 좋고, 컴포저 v0.17, v0.18, v0.19에는 패브릭 V.1.1이 잘 맞는다. 그리고 컴포저 v0.20 이상을 사용하는 경우에는 패브릭 V1.2를 사용하는 것이 좋다.

우선 ./teardownAllDocker.sh와 ./teardownFabric.sh을 실행해서, 현재 실행 중인 Docker나 패브릭 런타임들을 모두 종료한다.

```
$ sudo ./teardownAllDocker.sh ./teardownFabric.sh
```

이 스크립트는 세 가지 옵션을 제시하는데, 1번을 선택해서 컨테이너들을 모두 종료하고 제거하면 된다.

그런 다음에는 ./downloadFabric.sh를 실행해서 지역 하이퍼레저 런타임을 내려받는다.

```
$ sudo ./downloadFabric.sh
```

이 스크립트는 하이퍼레저 패브릭 네트워크의 핵심 구성요소들(패브릭 인증 기관, 패브릭 동위 노드, 패브릭 체인코드 환경, 패브릭 순서 결정 노드)을 위한 일단의 하이퍼레저 프로젝트 런타임 Docker 이미지들을 내려받는다.

모든 준비가 끝났으면, 컴포저로 신용장 응용 프로그램을 개발해 보자.

11.3 컴포저 응용 프로그램 생성

제10장에서 간단히 소개했듯이, 하이퍼레저 컴포저는 하이퍼레저 패브릭 블록체인 위에서 작동한다. 하이퍼레저 컴포저는 개발자가 용례(use case^{유스 케이스})들을 빠르게 개발하고 블록체인 솔루션을 손쉽게 배치하는 데 도움이 되는 일단의 도구를 제공한다. 하이퍼레저 컴포저 응용 프로그램은 JavaScript로 만들어지며, Node.js와 NPM을 비롯한 현대적인 도구들을 적극 활용한다. 컴포저는 업무 중심적 추상화를 제공함으로써 사업망의 디지털화와 모형화를 돕는다.

실용적인 관점에서 하이퍼레저 컴포저는 다음과 같은 유용한 도구들의 집합이다.

- CTO라고 하는 모형화 언어
- 사업망을 빠르게 구축하고 시험해 볼 수 있는 웹 인터페이스인 컴포저 플레이그라운드
- 하이퍼레저 컴포저로 모형화한 사업망을 하이퍼레저 패브릭 네트워크의 실행 인스턴스와 통합하는 **명령줄 인터페이스**(command-line interface, **CLI**) 도구들

컴포저 플레이그라운드는 이전 장에서 소개했다. 이번 장에서는 CTO와 CLI 도구들에 초점을 둔다.

11.3.1 하이퍼레저 컴포저를 이용한 사업망 구축

하이퍼레저 컴포저를 이용하면 사용자가 실제 업무에 사용하는 사업망을 빠르게 모형화할 수 있다. 사업망 모형을 만들려면 업무에 참여하는 단위들을 식별하고 그 역할을 정의해야 한다. 하나의 사업망에는 다수의 참여자가 접속하며, 네트워크의 각 관리자는 여러 개의 동위 노드들을 관장한다. 그리고 그 동위 노드들은 하이퍼레저의 원장 자료를 복제해서 소유한다.

우선, 새 업무용 네트워크를 위한 디렉터리를 준비하자. 적절한 새 디렉터리(이를테면 ~/blockchain-by-example/letterofcredit/)를 만들고, 그 디렉터리(이하 '예제 디렉터리')로 들어가기 바란다.

다음으로, Yeoman을 이용해서 업무용 네트워크 프로젝트 템플릿을 생성한다. 터미널에서 `yo hyperledger-composer:businessnetwork` 명령을 실행하면 새 응용 프로그램을 위한 템플릿을 생성하는 과정이 진행된다. Yeoman은 여러 가지 질문을 던지는데, 다음을 참고해서

각 질문에 적절히 답하기 바란다.

```
Welcome to the business network generator
? Business network name: lc-network
? Description: LC Business network
? Author name:  your name
? Author email: your Email
? License: Apache-2.0
? Namespace: org.example.lc
? Do you want to generate an empty template network? Yes: generate an empty template network
   create package.json
   create README.md
   create models/org.example.lc.cto
   create permissions.acl
   create .eslintrc.yml
```

마지막 질문(빈 템플릿 네트워크 생성 여부)에 Yes를 선택하면 다음과 같은 여러 파일이 생성된다.

```
.
├── models
│   └── org.example.lc.cto
├── package.json
├── permissions.acl
└── README.md
```

그럼 이 파일들로 정의되는 컴포저 네트워크의 각 부분을 차례로 살펴보자.

11.3.1.1 모형 정의

하이퍼레저 컴포저는 업무를 위한 자산(asset애셋)들과 관련 거래들을 대표하는 사업망의 디지털 모형(model)을 사용자가 좀 더 편하게 작성하는 수단으로 모형 파일이라는 것을 제공한다. 확장자가 .cto인 모형 파일은 CTO라고 하는 특별한 객체 지향적 모형화 언어로 작성된다. 일반적으로 하나의 모형 파일은 다음과 같은 요소들로 구성된다.

- 이름공간(namespace) 정의

- 자산, 참여자, 거래, 이벤트를 포함한 일단의 자원 정의

- 다른 이름공간에서 가져온 자원들과 선언들(필요한 경우)

신용장 사업망의 모형을 정의하기 전에, 간단한 예제를 통해서 모형 정의의 기본적인 개념들을 익혀 보자.

Yoeman이 생성한 **org.example.lc.cto** 파일(**lc-network/models** 디렉터리에 있다)을 열고 다음과 같이 수정하기 바란다.

```
namespace org.example.lc

asset SampleAsset identified by assetId {
 o String assetId
 o String value
  --> SampleParticipant owner
}
transaction TransactionExample {
  --> SampleAsset asset
  o String newValue
}

event AssetEvent{
  -->SampleAsset asset
}

participant SampleParticipant identified by participantId {
o String participantId
}
```

이 간단한 예제 모형 파일은 모형을 구성하는 네 종류의 자원인 자산(asset), 거래 (transaction), 참여자(participant), 이벤트(event)를 각각 하나씩 정의한다.

예를 들어 SampleAsset은 asset이라는 키워드로 정의되어 있으므로 하나의 자산이 된다. **identified by** 구문은 이 자산을 식별하는 수단(지금 경우는 assetId 필드)을 지정한다. 이 자산은 두 개의 필드를 포함한다. 각 필드는 o **필드형식 필드이름** 형태로 정의된다.

한편, transaction 키워드로 정의된 TransactionExample은 하나의 거래를 나타낸다. 이 거래는 SampleAsset의 기존 인스턴스(자산)와 연관된다. **-->** 기호는 주어진 자원과 연산자 우변에 있는 객체 사이에 관계가 존재함을 나타낸다. 이후에 보겠지만, 이 거래는 자신의 newValue 필드를 이용해서 그 인스턴스의 value 속성을 변경한다.

참여자와 이벤트의 정의 역시, 키워드가 participant와 event라는 점을 빼면 자산(asset) 이나 거래(transaction)와 같은 구문을 따른다.

11.3.1.2 거래를 JavaScript로 구현

예제 모형의 참여자, 자산, 거래를 정의했다면, 다음으로 할 일은 업무 논리(business logic^비지스 로직; 또는 사업 논리)를 거래 처리 함수의 형태로 구현하는 것이다. 이 함수는 체인코드나 스마트 계약이 하는 일을 수행한다고 할 수 있다.

이번 장 도입부에서 언급했듯이, 이 거래 처리 함수는 제10장에서 본 Go 언어가 아니라 JavaScript 언어, 좀 더 정확히 말하면 ECMAScript ES5 언어로 작성된다.

거래 구현을 위해, 예제 디렉터리에 `lib/`라는 새 디렉터리를 만들고 그 안에 다음과 같은 내용으로 `logic.js`라는 파일을 만들기 바란다.

```javascript
/**
 * 예제 자산 생성
 * @param {org.example.lc.cto.TransactionExample} tx
 *     - TransactionExample 거래
 * @transaction
 */
async function TransactionExample (tx) {

    // 팩토리 객체를 얻는다.
    var factory = getFactory();
    // 새 자산을 생성한다.
    var asset = factory.newResource('org.example.lc', 'SampleAsset',
        'ASSET_1');
    // 거래 소유자와 새 자산 사이의 소유 관계를 생성한다.
    asset.owner= factory.newRelationship(namespace,'SampleParticipant',
        tx.owner.getIdentifier());
    // 이 자산에 해당하는 자산 등기부 객체를 얻는다.
    let assetRegistry = getAssetRegistry('org.example.lc.SampleAsset');
    // 자산 등기부에 자산을 추가한다.
    await assetRegistry.add(tx.asset);

    // 새 자산이 생성되었음을 알리는 이벤트를 발생한다.
    let event = getFactory().newEvent('org.example.lc', 'SampleEvent');
    event.asset = tx.asset;
    emit(event);

}
```

이 예제 스크립트는 TransactionExample이 하는 일을 설명하는 주석으로 시작한다. 이 주석은 사람이 읽기 위한 것일 뿐만 아니라 컴포저를 위한 것이기도 하다. 주석의 첫 줄은 사람을 위한 것이다. 둘째 줄에는 반드시 @param이 있어야 한다. @param은 이 거래 처리 함수의 실행을 촉발할 거래의 자원 이름(모형 파일에 정의된)을 지정한다. 자원 이름 다음은 이 함수를 호출할 때 지정한 인수를 받을 매개변수 이름(지금 경우 tx)이다. 마지막의 @transaction도 필수이다. 이것이 있어야 컴포저가 이 함수를 거래 처리 함수로 취급한다.

거래 처리 함수는 @param으로 지정된 거래를 대표하는 형식(지금 예의 경우 Transaction Example)을 암묵적으로 정의한다. 함수의 매개변수(지금 경우 tx)에는 그 형식의 객체가 배정된다.

이 거래 처리 함수는 getFactory 함수와 newResource 함수를 이용해서 SampleAsset 자산의 인스턴스를 생성한다. 새 자산의 속성들은 표준적인 JavaScript 객체의 속성들처럼 설정할 수 있다(이를테면 asset.value=xyz 등).

다음으로, 함수는 newRelationship을 이용해서 거래 소유자와 새 자산 사이의 소유 관계를 설정한다. 이때 정의에 지정된 이름공간과 거래 소유자의 신원을 지정한다.

마지막으로, 이 자산을 위한 '등기부'에 해당하는 적절한 AssetRegistry 객체를 얻고 Add 메서드를 이용해서 자산을 등록한 후 해당 이벤트를 발생한다.

11.3.1.3 접근 제어 정의

사업망의 권한들을 좀 더 구체적으로 정의하고 싶다면 **ACL**(access control list, **접근 제어 목록**) 파일을 수정하면 된다. 확장자가 .acl인 ACL 파일의 ACL 규칙들을 이용해서 특정 사용자(역할)에게 특정 사업망 영역 모형 요소들의 생성, 조회, 갱신, 삭제 권한을 부여할 수 있다. ACL 규칙은 크게 단순 규칙(simple rule)과 조건부 규칙(conditional rule)으로 나뉜다.

단순 ACL 규칙은 자원에 대한 참여자의 접근을 제어하는 데 쓰인다. 다음은 단순 규칙의 예이다.

```
rule ExampleSimpleRule {
    description: "Example Description of Simple Rule"
    participant: "org.example.SampleParticipant"
```

```
    operation: ALL
    resource: "org.example.SampleAsset"
    action: ALLOW
}
```

이 단순 규칙은 참여자 SampleParticipant가 org.example.SampleAsset 자산의 자원들에 대해 모든 연산을 수행할 수 있게 한다.

조건부 ACL 규칙은 가변적인 조건에 따라 적용되는 규칙을 서술한다. 다음은 사용자와 거래 종류에 관한 조건에 한 자산에 대한 연산들을 허용하는 조건부 규칙의 예이다.

```
rule ExampleConditionalRuleWithTransaction {
    description: "Description of the Condition Rule With Transaction"
    participant(u): "org.example.SampleParticipant"
    operation: READ, CREATE, UPDATE
    resource(m): "org.example.SampleAsset"
    transaction(tx): "org.example.TransactionExample"
    condition: (m.owner.getIdentifier() == u.getIdentifier())
    action: ALLOW
}
```

이 규칙은 주어진 참여자가 org.example.SampleAsset 자산의 소유자이며 org.example.TransactionExample이라는 거래를 제출해서 읽기 연산이나 생성, 갱신 연산을 수행하려 하는 경우에만 그 연산을 허용한다.

지금 예제에서는 단순함을 위해 그냥 모든 참여자에게 모든 권한을 부여하지만, 실제 프로젝트라면 특정 자원과 거래에 대한 특정 참여자들의 접근을 구체적으로 제어하는 상세한 ACL 규칙들을 반드시 정의해야 한다.

```
/**
 * lc-network를 위한 ACL 규칙들
 */
rule Default {
    description: "Allow all participants access to all resources"
    participant: "ANY"
    operation: ALL
    resource: "org.example.lc.*"
```

```
      action: ALLOW
  }

  rule SystemACL {
    description: "System ACL to permit all access"
    participant: "ANY"
    operation: ALL
    resource: "org.hyperledger.composer.system.**"
    action: ALLOW
  }
```

이상으로 최소한의 예제 하이퍼레저 컴포저 사업망 모형과 체인코드, 그리고 권한 ACL을 만들어 보았다.

이제 사업망을 모형화하는 방법은 어느 정도 감을 잡았을 것이다. 그럼 이에 기초해서 우리의 신용장 예제를 구현해 보자. ACL 파일(`permissions.acl`)은 그대로 사용하고, 다른 파일들(`logic.js`와 `org.example.lc.cto`)은 새로 작성한다.

11.4 신용장 사업망

앞에서 우리는 하이퍼레저 컴포저 사업망의 기본적이고 필수적인 구성요소인 모형, 스크립트, 권한 ACL을 살펴보았다. 이번 절에서는 앞에서 배운 지식을 신용장 용례에 적용한다. 앞에서 Yeoman으로 생성한 예제 프로젝트의 파일들과 모형화 요소들을 기반으로, 필요한 파일들만 수정하거나 새로 작성할 것이다.

11.4.1 초기 신용장 모형

§11.1 **신용장의 개념과 설계**에서 보았듯이, 신용장 용례에는 네 명의 행위자(actor)가 있다. 바로 구매자(수입업자), 판매자(수출업자), 발행 은행, 확인 은행이다. 그럼 이 네 행위자로 구성된 신용장 사업망의 CTO 모형을 살펴보자.

```
namespace org.example.lc
enum ParticipantType {
  o BUYER
  o SELLER
  o ISSUING_BANK
  o CONFIRMING_BANK
}

// 참여자들
// 은행
participant Bank identified by bankID {
  o String bankID
  o String name
  o ParticipantType type
}
// 사용자
participant User identified by userId {
  o String userId
  o String name
  o String lastName optional
  o String companyName
  o ParticipantType type
  --> Bank bank
}
```

이 모형 정의 파일은 우선 네 종류의 참여자(구매자, 판매자, 발행 은행, 확인 은행)를 대표하는 열거형을 정의한다. 이 예에서 보듯이, CTO에서 열거형을 정의할 때는 enum ParticipantType처럼 enum 키워드 다음에 열거형 이름을 명시한다. 열거형을 정의한 다음에는, 은행을 대표하는 참여자 형식인 Bank를 정의한다. 발행 은행인지 확인 은행인지를 구별하기 위해, ParticipantType 형식의 type이라는 속성을 두었음을 주목하기 바란다.

그다음은 사용자를 대표하는 참여자 형식 User이다. 이 형식에는 사용자를 식별하기 위한 userId 속성과 사용자 이름 및 회사 이름을 위한 속성들, 그리고 사용자가 상대하는 은행을 가리키는 속성이 있다. 예를 들어 구매자는 발행 은행을 상대하고, 판매자는 확인 은행을 상대한다.

다음으로, 신용장 사업망 모형은 신용장 자산을 다음과 같이 정의한다.

```
// 열거형
enum LCStatus {
  o CONTRACT
  o REQUEST_LC
  o ISSUE_LC
  o ADVICE_LC
  o DELIVER_PRODUCT
  o PRESENT_DOCUMENT
  o DELIVERY_DOCUMENT
  o BUYER_DEBIT_PAYMENT
  o BANKS_PAYMENT_TRANSFER
  o SELL_RECEIVED_PAYMENT
  o CLOSED
}
// 자산
asset LetterOfCredit identified by letterId {
  o String letterId
  --> User buyer
  --> User seller
  --> Bank issuingBank
  --> Bank confirmingBank
  o Rule[] rules
  o ProductDetails productDetails
  o String [] evidence
  o LCStatus status
  o String closeReason optional
}
concept ProductDetails {
  o String productType
  o Integer quantity
  o Double pricePerUnit
}
concept Rule {
  o String ruleId
  o String ruleText
}
```

§11.1의 흐름도에서 보았듯이, 전체 신용장 처리 과정은 열 개의 단계로 구성된다. LCStatus 열거형은 처리 과정이 현재 어떤 단계인지를 나타내는 상태 부호로 쓰인다. 흐름도의 열 단계

외에, 전체 과정이 끝났음을 뜻하는 CLOSED라는 상태도 추가했다.

그다음은 신용장을 대표하는 LetterOfCredit 자산의 정의이다. letterId는 신용장의 ID로, 사업망의 모든 참여자는 신용장 ID를 이용해서 특정 신용장의 처리 상태를 조회할 수 있다. 이 신용장 자산은 네 참여자와 연관된다(--> 구문들). Rule 배열인 rules 속성은 인증된 참여자들만 수행할 수 있는 규칙들을 위한 것이다. 그다음의 productDetails 속성은 제품의 세부 정보를 담고, evidence 배열은 요구된 서류들을 표시하려면 충족해야 하는 특정 단계들에 관한 증거들을 담는다. LCStatus 열거형 형식의 status 속성은 블록체인에서 현재 신용장 처리 상태를 나타낸다.

concept 키워드로 정의된 ProductDetails는 상품의 종류와 수량, 단가를 담고, Rule은 앞 문단에서 언급한 규칙의 식별자와 이름을 담는다. 컴포저 모형 정의 언어에서 concept는 자산이나 참여자, 거래에서 참조할 정보를 담는 일종의 추상 클래스 같은 것이다.

자산들과 참여자들을 정의했으니, 신용장 처리 과정의 각 단계를 수행하는 거래들을 정의해 보자.

11.4.2 참여자들의 네트워크 참여

신용장 처리 과정을 시작하려면 모든 참여자가 네트워크에 연결되어야 한다. 이 실습 예제에서 구매자(수입업자)의 이름은 David Wilson이고 판매자(수출업자)는 Jason Jones, 발행 은행은 First Consumer Bank, 확인 은행은 Bank of Eastern Export라고 가정한다.

먼저 모형 CTO 파일에 초기 객체 설정을 위한 거래를 추가하고,

```
// 초기 설정을 위한 거래
transaction CreateDemoParticipants {
}
```

이 거래를 처리하는 함수를 lib/logic.js에 정의한다.

```
/**
 * 예제 시연을 위한 참여자들을 생성한다.
```

```
 * @param {org.example.lc.CreateDemoParticipants} createDemoParticipants
     - CreateDemoParticipants 거래
 * @transaction
 */
async function createDemoParticipants() { // eslint-disable-line no-unused-vars
    const factory = getFactory();
    const namespace = 'org.example.lc';
    // 은행들을 생성한다.
    const bankRegistry =
        await getParticipantRegistry(namespace + '.Bank');
    const issuingbank = factory.newResource(namespace, 'Bank', 'BI');
    issuingbank.name = 'First Consumer Bank';
    issuingbank.type = 'ISSUING_BANK';
    await bankRegistry.add(issuingbank);
    const confirmingbank =
        factory.newResource(namespace, 'Bank', 'BE');
    confirmingbank.name = 'Bank of Eastern Export';
    confirmingbank.type = 'CONFIRMING_BANK';
    await bankRegistry.add(confirmingbank);

    // 사용자들을 생성한다.
    const userRegistry =
        await getParticipantRegistry(namespace + '.User');
    const buyer = factory.newResource(namespace, 'User', 'david');
    buyer.name = 'David';
    buyer.lastName= 'Wilson';
    buyer.bank = factory.newRelationship(namespace, 'Bank', 'BI');
    buyer.companyName = 'Toy Mart Inc';
    buyer.type = 'BUYER';
    await userRegistry.add(buyer);
    const seller = factory.newResource(namespace, 'User', 'jason');
    seller.name = 'Jason';
    seller.lastName= 'Jones';
    seller.bank = factory.newRelationship(namespace, 'Bank', 'EB');
    seller.companyName = 'Valley Toys Manufacturing';
    seller.type = 'SELLER';
    await userRegistry.add(seller);
}
```

이 코드는 하나의 비동기 함수를 정의한다. 이 비동기 함수는 신용장 처리 과정에 관여하는 행위자들을 대표하는 객체들(모형에 정의된 참여자들)을 생성하고, 그것들을 참여자 등기부 userRegistry 객체에 추가한다.

앞에서 언급했듯이, 신용장 처리 과정은 10단계이다. 그럼 각 단계를 수행하는 거래와 해당 처리 함수를 모형 정의 파일과 거래 논리 스크립트 파일에 추가해 보자.

11.4.3 초기 합의(매매 계약)

§11.1의 흐름도에서 보았듯이, 첫 단계는 구매자가 판매자로부터 어떤 상품을 얼마나 구매할 것인지를 합의해서 두 당사자가 매매 계약을 맺는 것이다. 이 단계에 해당하는 Initial Application 거래의 정의를 모형 정의 파일에 추가하자. 이 거래는 신용장 ID(letterId)와 관련 참여자들에 적용되는 규칙들, 그리고 상품의 세부 정보에 해당하는 속성들을 가지며, 구매자와 판매자, 그리고 두 은행과 연관된다. 거래를 정의한 다음에는 이 단계의 수행을 알리는 이벤트도 정의한다.

```
transaction InitialApplication {
  o String letterId
  --> User buyer
  --> User seller
  --> Bank issuingBank
  --> Bank confirmingBank
  o Rule[] rules
  o ProductDetails productDetails
}
event InitialApplicationEvent {
  --> LetterOfCredit lc
}
```

다음은 이 InitialApplication 거래를 처리하는 함수이다.

```
/**
 * 신용장 자산을 생성한다.
 * @param {org.example.lc.InitialApplication} application -
   초기 합의를 위한 거래(InitialApplication)의 인스턴스
 * @transaction
 */
async function initialApplication(application) { //eslint-disable-line no-unused-
vars
    const factory = getFactory();
```

```
    const namespace = 'org.example.lc';

    const letter = factory.newResource(namespace, 'LetterOfCredit',
        application.letterId);
    letter.buyer = factory.newRelationship(namespace, 'User',
        application.buyer.getIdentifier());
    letter.seller = factory.newRelationship(namespace, 'User',
        application.seller.getIdentifier());
    letter.issuingBank = factory.newRelationship(namespace,'Bank',
        application.buyer.bank.getIdentifier());
    letter.confirmingBank = factory.newRelationship(namespace, 'Bank',
        application.seller.bank.getIdentifier());
    letter.rules = application.rules;
    letter.productDetails = application.productDetails;
    letter.evidence = [];
    letter.status = 'CONTRACT';
    letter.step=0;
    // 신용장 자산을 저장한다.
    const assetRegistry =
        await getAssetRegistry(letter.getFullyQualifiedType());
    await assetRegistry.add(letter);
    // 관련 이벤트를 발생한다.
    const applicationEvent =
        factory.newEvent(namespace, 'InitialApplicationEvent');
    applicationEvent.lc = letter;
    emit(applicationEvent);
}
```

이 함수는 신용장 자산의 인스턴스를 생성하고, newRelationship 메서드를 이용해서 신용장과 참여자들 사이의 관계를 설정한다. 그런 다음에는 신용장 처리 상태(status 속성)를 CONTRACT로 설정하고, 현재 단계를 뜻하는 step 속성을 0으로 설정한다.

다음으로, getAssetRegistry 메서드를 이용해서 신용장 자산들을 등록할 등기부 객체를 얻는다. 이때 getfullyQualifiedType 메서드를 이용해서 신용장 자산의 구체적인 형식(CTO 파일로 정의된)을 지정한다. 이 메서드는 주어진 인스턴스의 완전 한정(fully qualified) 형식 이름을 돌려준다. 그런 다음에는 add 메서드를 이용해서 신용장 자산을 블록체인에 추가한다.

마지막으로, 이 함수는 이름공간과 이벤트 형식 이름으로 newEvent 메서드를 호출해서 InitialApplicationEvent 형식의 이벤트 객체를 생성하고, emit 함수를 호출해서 이 이벤트를 발생한다.

11.4.4 구매자의 신용장 신청

초기 합의가 끝나면 구매자는 발행 은행의 신용장 신청 양식을 채우고 서명해서 신용장을 신청한다. 이 단계를 위해 모형 CTO 파일에 **BuyerRequestLC** 거래와 관련 이벤트의 정의를 추가하자.

```
transaction BuyerRequestLC {
  --> LetterOfCredit lc
  --> User buyer
}
event BuyerRequestLCEvent {
  --> LetterOfCredit lc
  --> User buyer
}
```

해당 거래 처리 함수는 다음과 같다. 이 함수는 신용장이 이미 닫혔거나 다른 단계로 넘어갔으면 예외를 발생한다. 그렇지 않으면, 즉 아직 초기 합의 상태이면 상태를 REQUEST_LC로 갱신하고 step을 1로 설정한다.

```
/**
 * 구매자가 발행 은행에 신용장을 신청한다.
 * @param {org.example.lc.BuyerRequestLC} request -
 * 구매자의 신용장 신청을 위한 거래의 인스턴스
 * @transaction
 */
async function buyerLCRequest(request) { // eslint-disable-line no-unused-vars
    const factory = getFactory();
    const namespace = 'org.example.lc';

    let letter = request.lc;

    if (letter.status === 'CLOSED') {
        throw new Error (
            'This letter of credit has already been closed');
    } else if (letter.step !== 0) {
        throw new Error (
            'This letter of credit should be in step 0 - CONTRACT');
    }
    letter.status = 'REQUEST_LC';
```

```
        letter.step = 1;

        const assetRegistry =
            await getAssetRegistry(letter.getFullyQualifiedType());
        await assetRegistry.update(letter);

        // 관련 이벤트를 발생한다.
        const buyerRequestLCEvent =
            factory.newEvent(namespace, 'BuyerRequestLCEvent');
        buyerRequestLCEvent.lc = letter;
        emit(buyerRequestLCEvent);
    }
```

이 함수는 하이퍼레저 컴포저가 제공하는 기본적인 예외 처리 방법을 보여준다. throw new
Error 구문은 주어진 메시지와 함께 예외를 발생한다. 예외가 발생하면 거래가 실패하고, 지금
까지의 모든 변경 사항이 철회(roll back; 원상 복구)된다.

코드의 나머지 부분은 이전 단계의 거래 처리 함수와 거의 비슷하다. 등기부 객체의 update 메
서드를 이용해서 블록체인의 신용장 자산을 갱신한다는 점이 다를 뿐이다(앞에서는 add 메서
드를 사용했다).

11.4.5 신용장 발행

구매자가 신용장을 신청하면 발행 은행은 제출된 신청 양식을 검토해서 승인한 후 확인 은행에
전송한다. 이 단계를 위한 IssuingBankApproveLC 거래와 관련 이벤트의 정의는 다음과 같다
(모형 정의 파일에 추가하면 된다).

```
transaction IssuingBankApproveLC {
  --> LetterOfCredit lc
}

event IssuingBankApproveLCEvent {
  --> LetterOfCredit lc
}
```

이 거래를 처리하는 함수는 이전 단계의 것과 비슷하다. 이전처럼 getAssetRegistry로 기존 신용장 자산을 찾아서 신용장 처리 상태를 ISSUE_LC로 갱신하고 단계 번호(step)를 2로 설정한 후 IssuingBankApproveLCEvent 이벤트를 발생한다.

```
/**
 * 발행 은행이 구매자의 신용장을 발행한다.
 * @param {org.example.lc.IssuingBankApproveLC} request -
 * 신용장 발행을 위한 거래의 인스턴스
 * @transaction
 */
async function issuingBankApproveLC(request){ // eslint-disable-line no-unused-vars
    const factory = getFactory();
    const namespace = 'org.example.lc';

    let letter = request.lc;

    if (letter.status === 'CLOSED') {
        throw new Error (
            'This letter of credit has already been closed');
    } else if (letter.step!== 1) {
        throw new Error (
            'This letter of credit should be in step 1 - REQUEST_LC');
    }
    letter.status = 'ISSUE_LC';
    letter.step=2;
    const assetRegistry =
        await getAssetRegistry(request.lc.getFullyQualifiedType());
    await assetRegistry.update(letter);

    // 관련 이벤트를 발생한다.
    const issuingBankApproveLCEvent =
        factory.newEvent(namespace, 'IssuingBankApproveLCEvent');
    issuingBankApproveLCEvent.lc = letter;
    emit(issuingBankApproveLCEvent);
}
```

11.4.6 신용장 통지

발행 은행이 승인 후 전송한 신용장 서류를 받은 확인 은행은 그 신용장을 판매자에게 보낸다. 이 신용장 통지 단계를 위한 ConfirmingBankAdviceLC 거래와 관련 이벤트의 정의는 다음과 같다.

```
transaction ConfirmingBankAdviceLC {
 --> LetterOfCredit lc
}

event ConfirmingBankAdviceLCEvent {
 --> LetterOfCredit lc
}
```

해당 거래 처리 함수는 신용장 처리 상태를 ADVISE_LC로, step을 3으로 갱신한 후 발행 은행에 신용장을 보냈음을 뜻하는 이벤트를 발생한다.

```
/**
 * 확인 은행에 신용장을 보낸다.
 * @param {org.example.lc.ConfirmingBankAdviceLC} request -
 * 확인 은행 신용장 통지를 위한 거래의 인스턴스
 * @transaction
 */
async function confirmingBankAdviceLC(request){ // eslint-disable-line no-unused-
vars
    const factory = getFactory();
    const namespace = 'org.example.lc';

    let letter = request.lc;

    if (letter.status === 'CLOSED') {
        throw new Error (
            'This letter of credit has already been closed');
    } else if (letter.step!== 2) {
        throw new Error (
            'This letter of credit should be in step 2 - ISSUE_LC');
    }
    letter.status = 'ADVICE_LC';
    letter.step=3;
```

```
    const assetRegistry =
        await getAssetRegistry(request.lc.getFullyQualifiedType());
    await assetRegistry.update(letter);

    // 관련 이벤트를 발생한다.
    const confirmingBankAdviceLCEvent =
        factory.newEvent(namespace, 'ConfirmingBankAdviceLCEvent');
    confirmingBankAdviceLCEvent.lc = letter;
    emit(confirmingBankAdviceLCEvent);
}
```

11.4.7 상품 인도

확인 은행이 보낸 신용장을 받은 판매자는 드디어 상품을 구매자에게 보낸다. 이 단계를 위한 SellerDeliverGoods 거래와 관련 이벤트의 정의는 다음과 같다.

```
transaction SellerDeliverGoods {
  --> LetterOfCredit lc
  o String evidence
}

event SellerDeliverGoodsEvent {
  --> LetterOfCredit lc
}
```

해당 거래 처리 함수는 신용장 처리 상태를 DELIVER_PRODUCT로, step을 4로 갱신한다.

```
/**
 * 판매자가 상품을 배송한다.
 * @param {org.example.lc.SellerDeliverGoods} request -
   상품 인도를 위한 거래의 인스턴스
 * @transaction
 */
async function sellerDeliverGoods(request) { // eslint-disable-line no-unused-vars
    const factory = getFactory();
    const namespace = 'org.example.lc';

    let letter = request.lc;
```

```
    if (letter.status === 'CLOSED') {
        throw new Error (
            'This letter of credit has already been closed');
    } else if (letter.step!== 3) {
        throw new Error (
            'This letter of credit should be in step 3 - ADVICE_LC');
    }
    letter.status = 'DELIVER_PRODUCT';
    letter.step=4;
    letter.evidence.push(request.evidence);
    const assetRegistry =
        await getAssetRegistry(request.lc.getFullyQualifiedType());
    await assetRegistry.update(letter);

    // 관련 이벤트를 발생한다.
    const sellerDeliverGoodsEvent =
        factory.newEvent(namespace, 'SellerDeliverGoodsEvent');
    sellerDeliverGoodsEvent.lc = letter;
    emit(sellerDeliverGoodsEvent);
}
```

11.4.8 서류 제출

상품을 보낸 판매자는 해당 서류(실제 문서)를 확인 은행에 제출한다. 이 단계를 위한 Seller
PresentDocument 거래와 관련 이벤트의 정의는 다음과 같다.

```
transaction SellerPresentDocument {
  --> LetterOfCredit lc
  o String evidence
}
event SellerPresentDocumentEvent {
  --> LetterOfCredit lc
}
```

해당 거래 처리 함수는 신용장 처리 상태를 PRESENT_DOCUMENT로, step을 5로 갱신한다.

```
/**
 * 판매자가 상품 인도 관련 서류를 제출한다.
 * @param {org.example.lc.SellerPresentDocument} request -
   판매자의 서류 제출을 위한 거래의 인스턴스
 * @transaction
 */
async function sellerPresentDocument(request) { // eslint-disable-line no-unused-
vars
    const factory = getFactory();
    const namespace = 'org.example.lc';

    let letter = request.lc;

    if (letter.status === 'CLOSED') {
        throw new Error (
            'This letter of credit has already been closed');
    } else if (letter.step!== 4) {
        throw new Error (
            'This letter of credit should be in step 4 - ADVICE_LC');
    }
    letter.status = 'PRESENT_DOCUMENT';
    letter.step=5;
    letter.evidence.push(request.evidence);
    const assetRegistry =
        await getAssetRegistry(request.lc.getFullyQualifiedType());
    await assetRegistry.update(letter);

    // 관련 이벤트를 발생한다.
    const sellerPresentDocumentEvent =
        factory.newEvent(namespace, 'SellerPresentDocumentEvent');
    sellerPresentDocumentEvent.lc = letter;
    emit(sellerPresentDocumentEvent);
}
```

신용장 자산에는 evidence 배열이 있는데, 여기에는 전체 과정의 모든 증거 자료 서류가 들어
있다. 이 함수는 판매자가 확인 은행에 제출한 서류(의 디지털 버전)들을 push 메서드를 이용
해서 배열에 넣는다(letter.evidence.push(request.evidence)). 이미 알겠지만, push()
메서드는 배열의 끝에 새 항목을 추가한다.

11.4.9 서류 송부

이 단계에서는 확인 은행이 서류를 발행 은행에 보낸다. 이를 위한 ConfirmingBankDeliver
Document 거래와 관련 이벤트의 정의는 다음과 같다.

```
transaction ConfirmingBankDeliverDocument {
  --> LetterOfCredit lc
  o String evidence
}
event ConfirmingBankDeliverDocumentEvent {
  --> LetterOfCredit lc
}
```

해당 거래 처리 함수는 신용장 처리 상태를 DELIVERY_DOCUMENT로, step을 6으로 갱신한다.

```
/**
 * 확인 은행이 발행 은행에 서류를 보낸다.
 * @param {org.example.lc.ConfirmingBankDeliverDocument} request
  - 서류 송부를 위한 거래의 인스턴스
 * @transaction
 */
async function confirmingBankDeliverDocument(request) { // eslint-disable-line no-
unused-vars
    const factory = getFactory();
    const namespace = 'org.example.lc';

    let letter = request.lc;

    if (letter.status === 'CLOSED') {
        throw new Error (
            'This letter of credit has already been closed');
    } else if (letter.step!== 5) {
        throw new Error (
        'This letter of credit should be in step 5 - PRESENT_DOCUMENT');
    }
    letter.status = 'DELIVERY_DOCUMENT';
    letter.step=6;
    letter.evidence.push(request.evidence);
    const assetRegistry =
        await getAssetRegistry(request.lc.getFullyQualifiedType());
    await assetRegistry.update(letter);
```

```
    // 관련 이벤트를 발생한다.
    const confirmingBankDeliverDocumentEvent =
      factory.newEvent(namespace, 'ConfirmingBankDeliverDocumentEvent');
    confirmingBankDeliverDocumentEvent.lc = letter;
    emit(confirmingBankDeliverDocumentEvent);
}
```

11.4.10 대금 상환

구매자는 상품을 받고 대금을 상환한다. 이 단계를 위한 BuyerDepositPayment 거래와 관련 이벤트의 정의는 다음과 같다.

```
transaction BuyerDepositPayment {
  --> LetterOfCredit lc
}

event BuyerDepositPaymentEvent {
  --> LetterOfCredit lc
}
```

해당 거래 처리 함수는 신용장 처리 상태를 BUYER_DEBIT_PAYMENT로, step을 7로 갱신한다.

```
/**
 * 구매자가 대금을 상환한다.
 * @param {org.example.lc.BuyerDepositPayment} request -
   구매자의 대금 상환을 위한 거래의 인스턴스
 * @transaction
 */
async function buyerDepositPayment(request) { // eslint-disable-line no-unused-vars
    const factory = getFactory();
    const namespace = 'org.example.lc';

    let letter = request.lc;

    if (letter.status === 'CLOSED') {
        throw new Error (
            'This letter of credit has already been closed');
    } else if (letter.step!== 6) {
```

```
    throw new Error (
  'This letter of credit should be in step 6 - DELIVERY_DOCUMENT');
  }
  letter.status = 'BUYER_DEBIT_PAYMENT';
  letter.step=7;

  const assetRegistry =
      await getAssetRegistry(request.lc.getFullyQualifiedType());
  await assetRegistry.update(letter);

  // 관련 이벤트를 발생한다.
  const buyerDepositPaymentEvent =
      factory.newEvent(namespace, 'BuyerDepositPaymentEvent');
  buyerDepositPaymentEvent.lc = letter;
  emit(buyerDepositPaymentEvent);
}
```

11.4.11 대금 전송

구매자가 물품을 받아서 대금을 치르면 발행 은행은 그 금액을 확인 은행에 보낸다. 이 단계를 위한 BanksTransferPayment 거래와 관련 이벤트의 정의는 다음과 같다.

```
transaction BanksTransferPayment {
  --> LetterOfCredit lc
}

event BanksTransferPaymentEvent {
  --> LetterOfCredit lc
}
```

해당 거래 처리 함수는 신용장 처리 상태를 BANKS_PAYMENT_TRANSFER로, step을 8로 갱신한다.

```
/**
 * 발행 은행이 대금을 전송한다.
 * @param {org.example.lc.BanksTransferPayment} request -
   발행 은행의 대금 전송을 위한 거래의 인스턴스
```

```
 * @transaction
 */
async function banksTransferPayment(request) { // eslint-disable-line no-unused-
vars
    const factory = getFactory();
    const namespace = 'org.example.lc';

    let letter = request.lc;

    if (letter.status === 'CLOSED') {
        throw new Error (
            'This letter of credit has already been closed');
    } else if (letter.step!== 7) {
        throw new Error (
    'This letter of credit should be in step 6 - BUYER_DEBIT_PAYMENT');
    }
    letter.status = 'BANKS_PAYMENT_TRANSFER';
    letter.step=8;

    const assetRegistry =
        await getAssetRegistry(request.lc.getFullyQualifiedType());
    await assetRegistry.update(letter);

    // 관련 이벤트를 발생한다.
    const banksTransferPaymentEvent =
        factory.newEvent(namespace, 'BanksTransferPaymentEvent');
    banksTransferPaymentEvent.lc = letter;
    emit(banksTransferPaymentEvent);
}
```

11.4.12 판매자에게 대금 결제

발행 은행이 보낸 대금이 도착하면 확인 은행은 그것을 판매자에게 지급한다. 이 단계를 위한
sellerReceivedPayment 거래와 관련 이벤트의 정의는 다음과 같다.

```
transaction SellerReceivedPayment {
  --> LetterOfCredit lc
}
event SellerReceivedPaymentEvent {
```

```
    --> LetterOfCredit lc
}
```

해당 거래 처리 함수는 신용장 처리 상태를 SELL_RECEIVED_PAYMENT로, step을 9로 갱신한다.

```
/**
 * 판매자에게 대금을 결제한다.
 * @param {org.example.lc.SellerReceivedPayment} request -
   판매자 대금 결제를 위한 거래의 인스턴스
 * @transaction
 */
async function sellerReceivedPayment(request) { // eslint-disable-line no-unused-
vars
    const factory = getFactory();
    const namespace = 'org.example.lc';

    let letter = request.lc;

    if (letter.status === 'CLOSED') {
        throw new Error (
            'This letter of credit has already been closed');
    } else if (letter.step!== 8) {
        throw new Error (
'This letter of credit should be in step 6 - BANKS_PAYMENT_TRANSFER');
    }
    letter.status = 'SELL_RECEIVED_PAYMENT';
    letter.step=9;

    const assetRegistry =
        await getAssetRegistry(request.lc.getFullyQualifiedType());
    await assetRegistry.update(letter);

    // 관련 이벤트를 발생한다.
    const sellerReceivedPaymentEvent =
        factory.newEvent(namespace,'SellerReceivedPaymentEvent');
    sellerReceivedPaymentEvent.lc = letter;
    emit(sellerReceivedPaymentEvent);
}
```

11.4.13 신용장 처리 종료

구매자가 상품을 받고 판매자가 그 대금을 받았다면 신용장 처리 과정이 모두 끝난 것이다. 다음은 이를 위한 거래와 관련 이벤트의 정의이다.

```
transaction Close {
  --> LetterOfCredit lc
  o String closeReason
}

event CloseEvent {
  --> LetterOfCredit lc
  o String closeReason
}
```

해당 거래 처리 함수는 신용장 처리 상태를 CLOSED로 설정한다.

```
/**
 * 신용장 처리 과정을 끝낸다.
 * @param {org.example.lc.Close} closeRequest - Close 거래 인스턴스
 * @transaction
 */
async function close(closeRequest) { // eslint-disable-line no-unused-vars
    const factory = getFactory();
    const namespace = 'org.example.lc';

    let letter = closeRequest.lc;

    if (letter.status === 'SELL_RECEIVED_PAYMENT') {
        letter.status = 'CLOSED';
        letter.closeReason = closeRequest.closeReason;

        // 신용장 처리 상태를 갱신한다.
        const assetRegistry = await getAssetRegistry(
            closeRequest.lc.getFullyQualifiedType());
        await assetRegistry.update(letter);

        // 관련 이벤트를 발생한다.
        const closeEvent = factory.newEvent(namespace, 'CloseEvent');
```

```
            closeEvent.lc = closeRequest.lc;
            closeEvent.closeReason = closeRequest.closeReason;
            emit(closeEvent);
        } else if (letter.status === 'CLOSED') {
            throw new Error(
                'This letter of credit has already been closed');
        } else {
            throw new Error('Cannot close this letter of credit');
        }
    }
}
```

이렇게 해서 모형 정의와 거래 처리 함수들이 완성되었다. 그럼 이 '체인코드'를 패브릭 네트워크에 배치해서 의도한 대로 작동하는지 시험해 보자.

11.5 신용장 예제의 배치

우선 하이퍼레저 패브릭 네트워크를 시동해야 한다. 터미널에서 fabric-dev-servers/ 디렉터리로 간 후 ./startFabric.sh 스크립트를 실행하기 바란다.

```
$ cd ~/fabric-dev-servers
$ sudo ./startFabric.sh
```

다음으로, ./createPeerAdminCard.sh 스크립트를 실행해서 동위 관리자 카드(peer admin card), 즉 동위 노드를 관리하는 계정을 식별하는 사업망 카드를 생성한다. 그러면 다음과 비슷한 출력이 나올 것이다.

```
ubuntu@ip-172-31-15-76:~/fabric-dev-servers$ ls
createComposerProfile.sh   DevServer_connection.json   fabric-dev-servers.tar.gz   _loader.sh      startFabric.sh   teardownAllDocker.sh
createPeerAdminCard.sh     downloadFabric.sh           fabric-scripts             package.json    stopFabric.sh    teardownFabric.sh
ubuntu@ip-172-31-15-76:~/fabric-dev-servers$ ./createPeerAdminCard.sh
Development only script for Hyperledger Fabric control
Running 'createPeerAdminCard.sh'
FABRIC_VERSION is unset, assuming hlfv11
FABRIC_START_TIMEOUT is unset, assuming 15 (seconds)

Using composer-cli at v0.19.5

Successfully created business network card file to
        Output file: /tmp/PeerAdmin@hlfv1.card

Command succeeded

Successfully imported business network card
        Card file: /tmp/PeerAdmin@hlfv1.card
        Card name: PeerAdmin@hlfv1

Command succeeded

The following Business Network Cards are available:

Connection Profile: hlfv1
┌─────────────────┬──────────────┬─────────────────────┐
│                 │              │                     │
│ PeerAdmin@hlfv1 │ PeerAdmin    │                     │
└─────────────────┴──────────────┴─────────────────────┘

Issue composer card list --card <Card Name> to get details a specific card

Command succeeded

Hyperledger Composer PeerAdmin card has been imported, host of fabric specified as 'localhost'
```

여기까지 별 오류 없이 잘 진행되었다면, 신용장 처리를 위한 사업망의 구축으로 넘어가자.

11.5.1 사업망 배치

가장 먼저 할 일은 사업망에 관한 정보를 담은 아카이브 파일을 만드는 것이다. 예제 디렉터리의 lc-network/ 디렉터리로 가서 컴포저의 **명령줄 인터페이스**(CLI)인 composer를 다음과 같이 실행하면 된다.

```
$ composer archive create -t dir -n .
```

이렇게 하면 현재 디렉터리(lc-network/)에 lc-network@0.0.1.bna라는 사업망 아카이브(business network archive) 파일이 만들어진다. 이제 다음 명령을 실행해서 이 사업망 아카이브 파일을 네트워크에 설치한다.

```
$ composer network install --card PeerAdmin@hlfv1 --archiveFile lc-network@0.0.1
.bna
```

앞에서 ./createPeerAdminCard.sh 스크립트로 생성한 PeerAdmin 사업망 카드를 --card 옵션을 이용해서 지정했음을 주목하기 바란다. 이제 composer card list를 실행하면 이

PeerAdmin 카드가 나타날 것이다.

다음으로, 사업망을 실제로 실행한다.

```
$ composer network start --networkName lc-network --networkVersion 0.0.1 --netwo
rkAdmin admin --networkAdminEnrollSecret adminpw --card PeerAdmin@hlfv1 --file n
etworkadmin.card
```

이 명령은 사업망을 실행할 뿐만 아니라, 지정된 관리자(--networkAdmin admin)의 인증을
위한 networkadmin.card 파일도 생성한다. 이 파일은 이후 REST 서버에 쓰인다.

다음으로, 네트워크 관리자의 신원을 사용 가능한 사업망 카드로 내보낸다.

```
$ composer card import --file networkadmin.card
```

이제 다음 명령을 실행하면 사업망이 잘 배치되었는지 확인할 수 있다.

```
$ composer network ping --card admin@lc-network
```

11.5.2 REST 서버 실행

REST API는 익숙한 웹 기술을 이용해서 패브릭 네트워크와 상호작용할 수 있는 편리한 수단
이다. 제10장에서 했던 것처럼, 여기서도 사업망에 접근하는 REST 인터페이스를 composer-
rest-server 도구를 이용해서 실행한다. 우선, 예제 디렉터리로 가서 다음 명령을 실행한다.

```
$ composer-rest-server
```

이 명령은 몇 가지 서버 설정 사항을 묻는데, 다음 화면을 참고해서 적절히 답하기 바란다.

TIP 실제 운영 환경에서는 보안을 위해 TLS API 키 보안 설정을 활성화하는 것이 강력히 권장된다.

그럼, 앞에서 개발한 신용장 사업망을 이 REST 인터페이스를 이용해서 시험해 보자. 브라우저에서 `http://<localhost 또는 REST 서버 IP>:3000`을 열면 다음과 같은 웹페이지가 나타날 것이다.

이 웹페이지는 네트워크 모형에 정의된 자산들과 거래들을 표시한다. 한 항목을 클릭하면 해당 거래를 실행할 수 있는 수단이 나타난다. 그럼 이들을 이용해서 신용장 처리 단계들을 순서대로 실행해 보자.

11.5.3 신용장 처리 프로젝트 시험

이제부터 신용장 처리 과정의 모든 단계를 차례로, 그러니까 §11.4에서 거래들을 구현한 순서대로 시험해 보겠다. 가장 먼저 실행할 것은 모든 이해관계자(참여자)를 네트워크에 참여시키는 CreateDemoParticipants 거래이다.

11.5.3.1 참여자들의 네트워크 참여

제일 먼저 할 일은 모든 참여자를 네트워크에 참여시키는 것이다. 참고로, §11.4.2에서 언급했듯이 구매자는 David Wilson이고 판매자는 Jason Jones, 발행 은행은 First Consumer Bank, 확인 은행은 Bank of Eastern Export이다. 시작 페이지에서 CreateDemoParticipants 거래에 해당하는 항목을 클릭하면 적용 가능한 REST 메서드들이 나타난다. 거기서 POST 메서드 항목을 확장한 후 **Try it out!** 버튼을 클릭하기 바란다. 거래가 잘 실행되면 다음처럼 HTTP 상태 코드 200이 표시될 것이다.

비슷한 방법으로 User에 대해 **GET** 메서드를 실행하면 다음과 같이 블록체인에 생성된 사용자들을 확인할 수 있다.

```
Curl

curl -X GET --header 'Accept: application/json' 'http://18.220.135.130:3000/api/User'

Request URL

http://18.220.135.130:3000/api/User

Response Body

[
  {
    "$class": "org.example.lc.User",
    "userId": "david",
    "name": "David",
    "lastName": "Wilson",
    "companyName": "Toy Mart Inc",
    "type": "BUYER",
    "bank": "resource:org.example.lc.Bank#BI"
  },
  {
    "$class": "org.example.lc.User",
    "userId": "jason",
    "name": "Jason",
    "lastName": "Jones",
    "companyName": "Valley Toys Manufacturing",
    "type": "SELLER",
    "bank": "resource:org.example.lc.Bank#EB"
  }
]
```

이번에는 Bank에 대해 GET을 실행해 보기 바란다. 그러면 블록체인에 생성된 두 은행을 확인할 수 있다.

```
Curl

curl -X GET --header 'Accept: application/json' 'http://18.220.135.130:3000/api/Bank'

Request URL

http://18.220.135.130:3000/api/Bank

Response Body

[
  {
    "$class": "org.example.lc.Bank",
    "bankID": "BE",
    "name": "Bank of Eastern Export",
    "type": "CONFIRMING_BANK"
  },
  {
    "$class": "org.example.lc.Bank",
    "bankID": "BI",
    "name": "First Consumer Bank",
    "type": "ISSUING_BANK"
  }
]

Response Code

200
```

11.5.3.2 초기 합의

이 단계에서 구매자와 판매자는 상품의 가격과 수량에 합의한 후 InitialApplication 거래를 제출한다. 이때 새 신용장에 포함될 합의 규칙들을 지정해야 한다.

이를 위해, 다음의 JSON 문자열을 해당 POST 항목의 **Parameter** 섹션에 있는 **data** 텍스트 상자에 입력한 후 **Try it out!**을 클릭한다.

```
{
  "$class": "org.example.lc.InitialApplication",
  "letterId": "LC-CA-501P10",
  "buyer": "resource:org.example.lc.User#david",
  "seller": "resource:org.example.lc.User#jason",
  "issuingBank": "resource:org.example.lc.Bank#BI",
  "confirmingBank": "resource:org.example.lc.Bank#EB",
  "rules": [ {
      "ruleId": "LC-CA-501P10-AGREEMENT-1",
      "ruleText": "The Scooter will be received in working order"
    },
    {
      "ruleId": "LC-CA-501P10-AGREEMENT-2",
      "ruleText": "The Scooter will be received within 35 days"
    }],
  "productDetails": {
    "$class": "org.example.lc.ProductDetails",
    "productType": "Scooter",
    "quantity": 50000,
    "pricePerUnit": 30
  }
}
```

이 거래가 잘 실행되면 신용장 자산이 생성된다. 신용장 자산(LetterOfCredit)을 조회하면 상태 코드 200이 나올 것이다.

11.5.3.3 신용장 신청

이 단계에서는 구매자가 발행 은행의 신용장 신청 서류에 서명해서 신용장을 신청한다. 이에 해당하는 거래는 신용장 처리 상태를 REQUEST_LC로 설정한다.

앞 단계에서 했던 것처럼 BuyerRequestLC 거래의 POST 메서드를 이용해서 다음과 같은 자료를 서버에 제공하기 바란다.

```json
{
  "$class": "org.example.lc.BuyerRequestLC",
   "lc": "resource:org.example.lc.LetterOfCredit#LC-CA-501P10"
}
```

이 JSON 자료는 $class와 lc라는 두 필드로 구성된다. 전자는 모형 정의 파일에 정의된 거래 처리 함수의 완전 한정 이름(fully qualified name)으로, 이름공간 org.example.lc 다음에 함수 이름 BuyerRequestLC가 붙은 형태이다. 후자는 대상 자원을 지정하는데, 값의 구조는 다음과 같다.

```
"resource:{모형 이름공간}.{자산 이름}#{자산 Id}"
```

지금 예에서 자산 ID LC-CA-501P10은 앞 단계에서 letterId 필드에 지정한 값과 같다.

하이퍼레저 컴포저는 이 ID를 이용해서 블록체인에서 해당 신용장 자산을 찾고 상태를 REQUEST_LC로 변경한다. 이 과정이 모두 성공하면 HTTP 200 상태 코드가 표시된다.

11.5.3.4 신용장 발행

이 단계에서 발행 은행은 신용장 신청 서류를 승인하고 신용장을 확인 은행에 전송한다. 이 단계를 위해, 다음 자료를 IssuingBankApproveLC 거래의 POST 메서드로 REST 서버에 전송하기 바란다.

```json
{
   "$class": "org.example.lc.IssuingBankApproveLC",
   "lc": "resource:org.example.lc.LetterOfCredit#LC-CA-501P10"
}
```

이 자료는 앞 단계의 자료와 거의 비슷하다. 거래의 이름이 다를 뿐, 신용장 자산을 지정하는 값(resource:org.example.lc.LetterOfCredit#LC-CA-501P10)은 이전과 동일하다.

거래가 잘 실행되면 신용장 상태가 ISSUE_LC로 바뀐다.

11.5.3.5 신용장 통지

이 단계에서 확인 은행은 신용장이 왔음을 판매자에게 알린다. 이 단계가 잘 실행되면 신용장 처리 상태는 ADVISE_LC로 바뀐다.

ConfirmingBankAdviceLC 거래의 POST 메서드로 다음 자료를 전송하기 바란다.

```
{
  "$class": "org.example.lc.ConfirmingBankAdviceLC",
  "lc": "resource:org.example.lc.LetterOfCredit#LC-CA-501P10"
}
```

신용장 자산을 조회해 보면 처리 상태가 ADVISE_LC로 바뀌었음을 확인할 수 있을 것이다.

11.5.3.6 상품 인도

이 단계에서 판매자는 상품을 구매자에게 보낸다. 신용장 처리 상태는 DELIVER_PRODUCT로 바뀐다. SellerDeliverGoods 거래의 POST 메서드로 다음 자료를 보내기 바란다.

```
{
  "$class": "org.example.lc.SellerDeliverGoods",
  "lc": "resource:org.example.lc.LetterOfCredit#LC-CA-501P10",
  "evidence": "77603075985295a937b28cf0128f4e7f"
}
```

이제 신용장 자산을 조회해 보면 신용장 처리 상태가 DELIVER_PRODUCT로 바뀌었음을 확인할 수 있을 것이다.

11.5.3.7 서류 제출

상품을 보낸 판매자는 해당 서류(실제 문서)를 확인 은행에 제출한다. 신용장 처리 상태는 PRESENT_DOCUMENT로 바뀐다.

SellerPresentDocument 거래의 POST 메서드로 다음 자료를 전송하기 바란다.

```
{
  "$class": "org.example.lc.SellerPresentDocument",
  "lc": "resource:org.example.lc.LetterOfCredit#LC-CA-501P10",
  "evidence": "acd2280df872c844ccfdf60ec7360819"
}
```

이제 신용장 자산을 조회해 보면 신용장 처리 상태가 PRESENT_DOCUMENT로 바뀌었음을 확인할 수 있을 것이다.

11.5.3.8 서류 송부

이 단계에서 확인 은행은 서류를 발행 은행으로 보낸다. 신용장 처리 상태는 DELIVERY_DOCUMENT로 바뀐다.

ConfirmingBankDeliverDocument 거래의 POST 메서드로 다음 자료를 전송하기 바란다.

```
{
  "$class": "org.example.lc.ConfirmingBankDeliverDocument",
  "lc": "resource:org.example.lc.LetterOfCredit#LC-CA-501P10",
  "evidence": "a61524a8d2b5986c90dd3b84e8406290"
}
```

신용장 자산을 조회해 보면 신용장 처리 상태가 DELIVERY_DOCUMENT로 바뀌었음을 확인할 수 있을 것이다.

11.5.3.9 대금 상환

이 단계에서 구매자는 상품의 대금을 상환한다. 신용장 처리 상태는 BUYER_DEBIT_PAYMENT로 바뀐다.

BuyerDepositPayment 거래의 POST 메서드로 다음 자료를 전송하기 바란다.

```
{
  "$class": "org.example.lc.BuyerDepositPayment",
  "lc": "resource:org.example.lc.LetterOfCredit#LC-CA-501P10"
}
```

신용장 자산을 조회해 보면 신용장 처리 상태가 BUYER_DEBIT_PAYMENT로 바뀌었음을 확인할 수 있을 것이다.

11.5.3.10 대금 전송

이 단계에서 발행 은행은 대금을 확인 은행에 보낸다. 신용장 처리 상태는 BANKS_PAYMENT_ TRANSFER로 바뀐다.

BanksTransferPayment 거래의 POST 메서드로 다음 자료를 전송하기 바란다.

```
{
  "$class": "org.example.lc.BanksTransferPayment",
  "lc": "resource:org.example.lc.LetterOfCredit#LC-CA-501P10"
}
```

신용장 자산을 조회해 보면 신용장 처리 상태가 BANKS_PAYMENT_TRANSFER로 바뀌었음을 확인할 수 있을 것이다.

11.5.3.11 판매자에게 대금 결제

이 단계에서 확인 은행은 상품의 대금을 판매자에게 지급한다. 신용장 처리 상태는 SELL_ RECEIVED_PAYMENT로 바뀐다.

SellerReceivedPayment 거래의 POST 메서드로 다음 자료를 전송하기 바란다.

```
{
  "$class": "org.example.lc.SellerReceivedPayment",
  "lc": "resource:org.example.lc.LetterOfCredit#LC-CA-501P10"
}
```

신용장 자산을 조회해 보면 신용장 처리 상태가 SELL_RECEIVED_PAYMENT로 바뀌었음을 확인할 수 있을 것이다.

11.5.3.12 신용장 처리 종료

신용장 처리 과정의 마지막 단계이다. 이 단계에서는 전 과정을 종료하는 거래를 실행하고, 신용장 처리 상태를 CLOSED로 설정한다.

Close 거래의 POST 메서드로 다음 자료를 전송하기 바란다.

```
{
  "$class": "org.example.lc.Close",
  "lc": "resource:org.example.lc.LetterOfCredit#LC-CA-501P10",
  "closeReason": "LC completed"
}
```

지금까지의 과정을 문제없이 따라 한 독자에게는 축하의 인사를 보낸다. 이렇게 해서 여러분은 사업망 모형을 정의, 배치하고 업무용 REST API 웹 인터페이스를 통해서 원래 의도했던 용례를 실행해 보았다.

11.6 IBM 클라우드와 하이퍼레저 패브릭 연동

전에는 IBM Bluemix라고 불렀던 IBM 클라우드(https://www.ibm.com/cloud/)는 기업용 (enterprise) 블록체인 플랫폼을 유연한 **서비스로서의 블록체인**(blockchain-as-a-service, **BaaS**) 형태로 제공한다. 해당 블록체인 플랫폼은 오픈소스 하이퍼레저 패브릭에 기초한 것이다. 사용자는 바탕 기반구조를 신경 쓰지 않고도 IBM 클라우드에 안전한 기업용 블록체인을 손쉽게 만들고, 배치하고, 관리할 수 있다.

IBM 클라우드는 개발자가 블록체인의 학습을 위해 사용하기에는 비싼 서비스이다. 앞에서 살펴본 신용장 예제 같은 커스텀 사업망을 배치하려면 유료 요금제(프리미엄 플랜)가 필요하므로, 여기서는 무료 스타터 플랜이 제공하는 예제 중 하나인 Marbles를 소개하는 것으로 만족하기로 하겠다.

이 예제 응용 프로그램은 구슬(marble)을 만들고, 체인코드를 실행해서 그 구슬을 블록체인에 저장한다. 사용자는 웹 UI를 이용해서 구슬을 생성하거나 특성들을 갱신한다. 웹 UI는 하이퍼레저 패브릭 클라이언트 SDK와 RPC 프로토콜을 통해서 네트워크의 체인코드를 호출한다.

IBM 클라우드에서 이 예제를 실행하려면 우선 IBM 클라우드 계정을 만들어야 한다. 계정을 만들고 로그인한 후 카탈로그 페이지(https://cloud.ibm.com/catalog)로 가서 블록체인 서비스를 검색하기 바란다.

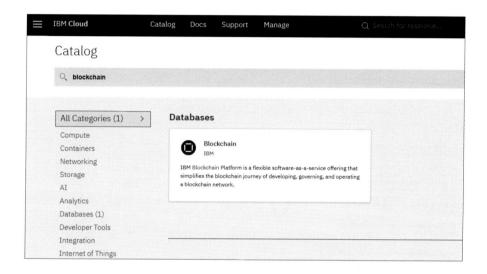

Blockchain 서비스를 클릭하면 서비스 상세 페이지가 나온다. 페이지 아래쪽에 과금제를 선택하는 부분이 있는데, 무료인[1] **Starter Membership Plan**을 선택한 후 **Create**(또는 **작성**) 버튼을 클릭해서 블록체인 서비스를 작성한다.

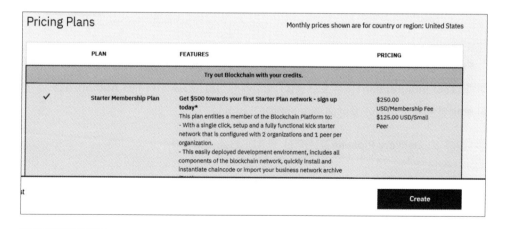

---

[1] 2019년 5월 현재 Starter Membership Plan은 유료(기본료 없는 종량제)임을 주의하기 바란다. 완전 무료인 Lite 계정은 아쉽게도 블록체인 서비스를 제공하지 않는다. 이 책이 나온 이후로 가격 정책이 언제라도 변할 수 있으므로, 반드시 최신 버전의 요금 정보를 꼼꼼히 살펴보고 선택하길 권한다.

다음으로는 네트워크를 시동하고 Marbles 예제를 위한 도구 체인(toolchain)을 설정해야 한다. 이 예제의 GitHub 저장소에서 `https://github.com/IBM-Blockchain/marbles/blob/master/.bluemix/README.md` 페이지를 열고 **Get Marbles** 링크를 클릭하기 바란다. 그러면 다음과 같은 페이지가 나타나는데, 아래쪽을 보면 Marbles 예제의 도구 체인을 생성하는 **Create**(또는 **작성**) 버튼이 있다.

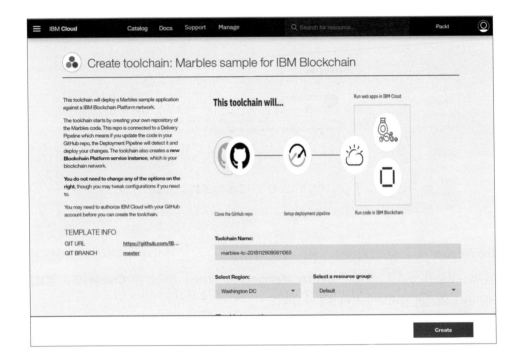

이 버튼을 클릭하기 전에, IBM 클라우드가 여러분의 GitHub 계정에 접근할 수 있게 해야 한다. **Tool Integreation**(또는 **도구 통합**) 섹션에서 GitHub를 선택하고 **Authorize**(또는 **권한 부여**)를 클릭해서 권한 부여 과정을 진행하기 바란다.

다음으로, **Delivery Pipeline**을 선택한 후 API 키를 작성한다.

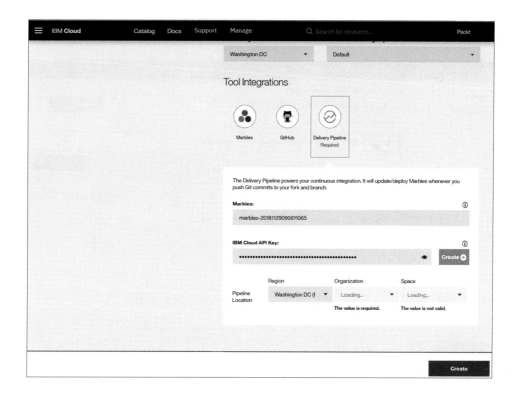

이제 페이지 하단의 **Create**(또는 **작성**) 버튼을 클릭하면 Marbles 예제가 블록체인에 배치되기 시작한다.

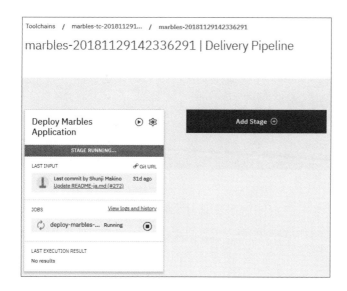

배치가 끝나면 **Marbles Node.js application**을 클릭한다.

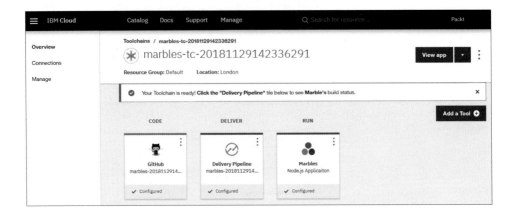

그러면 Marbles 예제의 웹 UI가 나타난다.

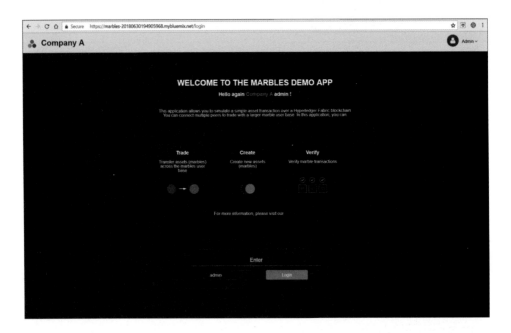

하단 로그인 창에 admin을 입력해서 로그인하면 환경 메시지와 함께 설정 방법을 선택하는
Express 버튼과 **Guided** 버튼이 제시된다. 간단한 설정을 위해 **Express**를 클릭하기 바란다.

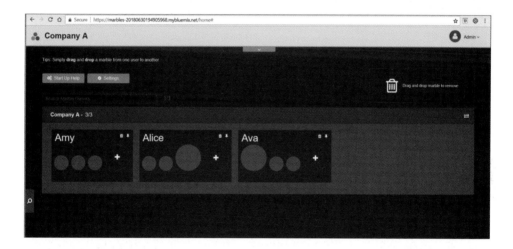

이제 Marbles 응용 프로그램의 홈페이지가 나타난다. 미리 설정된 세 명의 사용자가 가진 구슬들을 볼 수 있다.

사용자 **Ava**의 구슬 추가 버튼(+)을 클릭하면 구슬 생성을 위한 대화상자가 나타난다.

구슬의 색과 크기를 선택한 후 **Create** 버튼을 클릭하면 Ava에게 새 구슬이 추가된다.

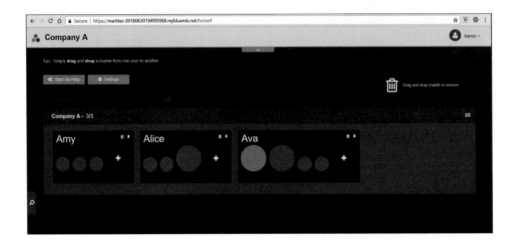

이상으로, 간단한 하이퍼레저 패브릭 블록체인 예제 응용 프로그램을 통해서 IBM 클라우드가 제공하는 '서비스로서의 블록체인'을 체험해 보았다.

　IBM 클라우드는 여러분의 블록체인 프로젝트에 쉽게 통합할 수 입는 내장 서비스들을 갖춘 강력한 플랫폼이다. 예를 들어, 승인된 네트워크 참여자들이 공유하는 응용 자료를 Watson(IBM의 인공지능 솔루션)을 이용해서 분석하고 커스텀화하는 것도 가능하다.

11.7 요약

이번 장에서는 신용장 예제를 통해서 하이퍼레저 컴포저를 공부했다. 신용장 처리 과정을 대표하는 사업망 모형을 정의하고 구축했으며, 사업망을 하나의 아카이브 파일(.bna)로 포장해서 패브릭 네트워크에 배치했다. 또한, HTTP를 통해서 사업망과 상호작용하기 위한 컴포저 REST 서버도 설정했다. 이번 장의 끝부분에서는 Marbles라는 예제 응용 프로그램을 통해서 IBM 클라우드가 제공하는 서비스로서의 블록체인(BaaS)도 체험해 보았다.

　이번 장을 잘 공부했다면 여러분은 하이퍼레저 패브릭과 컴포저를 이용해서 좀 더 복잡한 블록체인 프로젝트를 구축할 수 있게 되었을 것이다. 또한, 제10장을 통해서 하이퍼레저 같은 사업 중심의 블록체인과 비트코인이나 이더리움 같은 암호화폐 위주의 블록체인이 어떻게 다른지도 배웠을 것이다. 혹시 하이퍼레저가 그리 마음에 들지 않는다면, 대안으로 Corda 프로젝트(https://www.corda.net/)를 살펴보길 권한다.

INDEX

INDEX

INDEX

INDEX

INDEX